开城中学六十年

潘恒俊 ◎ 主编

安徽师范大学出版社
ANHUI NORMAL UNIVERSITY PRESS

· 芜湖 ·

图书在版编目(CIP)数据

开城中学六十年 / 潘恒俊主编 . — 芜湖 : 安徽师范大学出版社 , 2021.3
ISBN 978-7-5676-3955-3

Ⅰ.①开… Ⅱ.①潘… Ⅲ.①开城中学 – 校史 Ⅳ.①G639.285.44

中国版本图书馆CIP数据核字(2021)第048163号

开城中学六十年
KAICHENG ZHONGXUE LIUSHI NIAN

潘恒俊◎主编

责任编辑 : 何章艳　　责任校对 : 孙新文
封面题字 : 周鉴明　　徽标设计 : 丁韶文
装帧设计 : 王晴晴　　责任印制 : 桑国磊
出版发行 : 安徽师范大学出版社
　　　　　芜湖市北京东路1号安徽师范大学赭山校区
网　　　址 : http://www.ahnupress.com/
发 行 部 : 0553-3883578　5910327　5910310(传真)
印　　　刷 : 江苏凤凰数码印务有限公司
版　　　次 : 2021年3月第1版
印　　　次 : 2021年3月第1次印刷
规　　　格 : 700 mm×1000 mm　1/16
印　　　张 : 28.75　　插　页 : 96
字　　　数 : 500千字
书　　　号 : ISBN 978-7-5676-3955-3
定　　　价 : 195.90元

如发现印装质量问题,影响阅读,请与发行部联系调换。

《开城中学六十年》编委会

顾　问：王惠舟　　范先白　　蒋克钊　　童朝胜

主　任：潘恒俊

副主任：章金罗　　程荷生　　周　勇　　周鉴明　　赵同峰　　班风顺

编　委：徐先挺　　耿松林　　童毅之　　伍开卯　　钱之俊　　杨正芳

　　　　俞佳培　　孔祥迎　　丁毅信　　谢士棠　　焦　峰　　张加好

　　　　耿业定　　周德平　　周春林　　包晓兵　　周丹慧　　张晓凤

　　　　张光荣　　董　俊　　杨能清　　丁富华

安徽省奋发为开城中学

陈贤龙

永安河畔羊山之陽庠序雄踞春染松崗六十周星存續千年翰墨飄

香學校綠古鎮而得名閑城因閑中而添彩

草創之初枯藤老樹寒鴉义家舉目荒蕪菜路結廬躍進堂

分晝夜搬磚運木歡歌不絕於途茅屋設壇何礙誨人不倦

油燈如豆權當鑿壁偷光

六十年間團結奮進欣逢盛世校貌全新樓宇參差錯落綠蔭掩

映玲瓏各抱地勢四季花馨术實創新與國同頻共振蹄身示範

令名遠近蜚聲治校殫精竭慮耕耘無計晨昏春筍還風拔節

雄鷹蓄勢凌雲欣欣兮人才輩出燦燦兮俊彩星馳放眼神州何

慶無閑中學子繼觀百業哪行缺吾校精英

社會轉型華章不續資源整合當繪新圖然則造福桑梓名照汗

青不朽澤被後世杏壇永放光輝

而今豐碑端立枝史皇皇勒石載籍風願既償幸哉幸哉

辛丑春 潘恒俊校長撰閑城中學六十年賦 周春林書

校园风光

开城中学老校门

校友赠送的雕塑

开城中学新校门

航拍教学区全景

第一教学楼

综合楼

教工住宅楼

学生公寓

校园生活

1994年秋季,县教委主任王惠舟陪同巢湖地区行署教委主任黄诗豪来校视察。左起依次为 蒋克钊、王惠舟、童朝胜、黄诗豪、费世雄、叶宗生、张海山、潘恒俊。

1996年10月,应学校邀请,方式明、潘惠民、叶魁三位老校长回到曾经工作过的开城中学。前排左起依次为 李本茂、潘惠民、方式明、叶魁、潘恒俊、范先白;中排左起依次为 耿业定、童朝胜、赵光轩、蒋克钊、钟平、周勇;后排左起依次为 万士忠、小车司机、章金罗、伍先能、卢劲松、赵健。

学校教职工代表大会

　　1990年10月,我校在全县第一个建实验中心,县教委在我校举行现场会推广我校经验,县教委主任吴代坦在会上讲话。

　　1990年10月,副县长李长春、开城区委书记汪为俊为学校实验中心落成剪彩。

　　1986年6月,伍安东同学被选招为空军飞行员,学校为他召开欢送大会。

　　1986年4月,著名诗人田间的夫人葛文应邀来校作报告,潘恒俊校长在报告会上致辞。

　　师生参观无为县大型水利工程——凤凰颈排灌站后,学校领队人员与襄安区、刘渡镇党政领导合影。

学校与开城派出所共建治安联防办公室，确保校园安全。

　　1996年12月,退伍返乡的校友宇亚平,在长途汽车上与持刀抢劫歹徒英勇搏斗,身负多处刀伤,终于保住全车旅客生命和财物安全,受到党和政府大力表彰。图为宇亚平出院后回母校作先进事迹报告。

学生参加植树劳动

学生书法比赛现场

学校军乐队在训练

学法用法演讲比赛，请法官担任评委
（中排左起第七人为开城法庭庭长王善法）

放风筝比赛结束后合影

1990年冬季田径运动会闭幕式

　　校园原为义冢地,白蚁猖獗,经过多年防治,挖出数个白蚁巢穴,终除蚁害。

学校领导与白蚁防治专家在校门前留影

　　1989年9月，开城中学第十一届学生会干部与学校领导合影。前排左起依次为 阮冬梅、王瑛；中排左起依次为 政教处副主任周勇、副校长李本茂、校长潘恒俊、副校长蒋克钊、政教处主任耿业定；后排左起依次为 谢华、汪建军、张冰、焦峰、蒋文波、钱俊杰、万昌虎、卢杨。

部分教师及其荣誉证书

潘恒俊
全国优秀教师

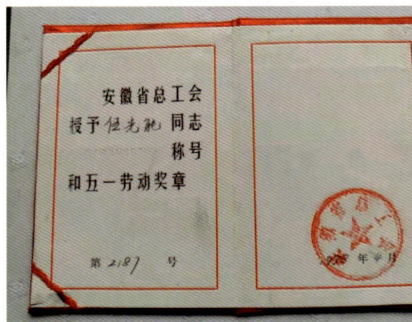

伍先能
安徽省五一劳动奖章获得者

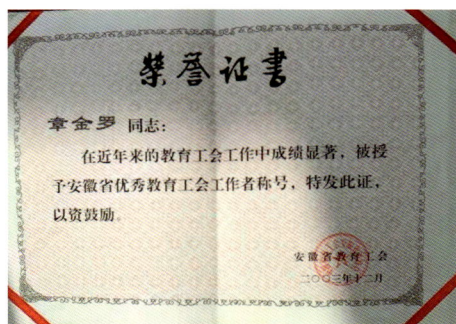

章金罗
安徽省优秀教育工会工作者

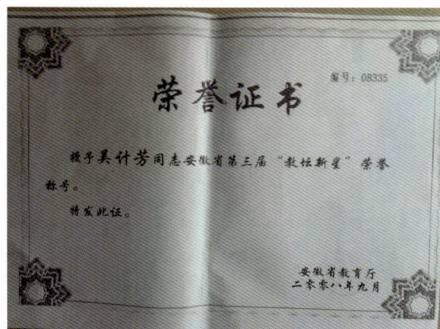

吴计芳
安徽省第三届"教坛新星"

刘善堂
安徽省优秀体育教师

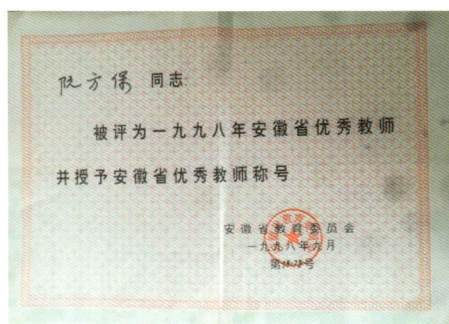

阮方保
安徽省优秀教师

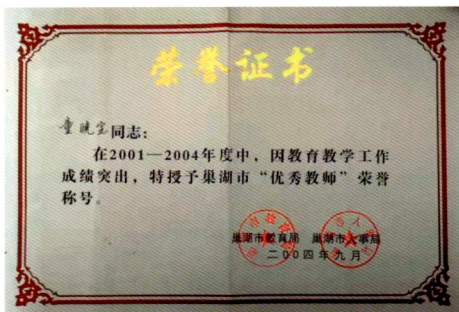

童晓宝
巢湖市优秀教师

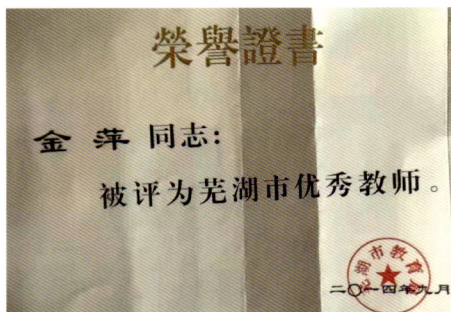

金萍
芜湖市优秀教师

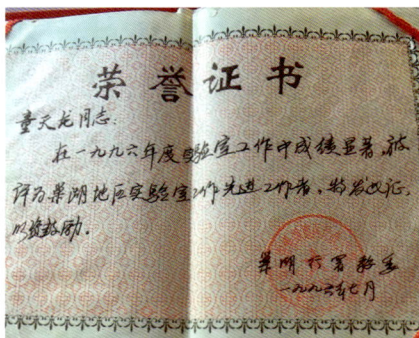

童天龙
巢湖地区实验室工作先进工作者

历任校长

戴勤功

方式明

刘业敏

潘惠民

叶　魁

范先白

潘恒俊

蒋克钊

童朝胜

章金罗

历任副校长

钱艺园

李本茂

钟 平

赵 健

孙泉来

钱春玉

部分教职工合影

开城中学六十年教职员工合影

开城中学2009届毕业班老师及校领导合影

部分教职工合影

前排左起依次为 刘仁萍、李海燕、赵春花、俞佳培、蒋克钊、谢策群、潘恒俊、马明婷、丁冬梅、孔令兰、林芳、陶常梅；后排左起依次为 赵庭涛、刘先进、钟平、刘先法、周光剑、伍先能、张磊、陶群山。

开城中学校史编委会第二次会议合影

前排左起依次为 张晓凤、周春林、耿松林、章金罗、潘恒俊、耿业定、周勇、张光荣、孔祥迎、丁毅信；后排左起依次为 董俊、徐先挺、周德平、赵同峰、周鉴明、班凤顺、包晓兵、伍开米、童毅之、赵行昌。

初中各届毕业生照片

开城中学1965届初三(1)班毕业合影

开城中学1966届初中毕业班师生合影

开城中学1970届初中春季毕业二甲班师生合影

开城中学1983届初三（1）班毕业合影

开城中学1983届初三（2）班毕业合影

开城中学1986届初三（1）班毕业合影

开城中学1986届初三（2）班毕业合影

开城中学1991届初三（1）班毕业合影

开城中学 1992 届初三 (1) 班毕业合影

开城中学 1992 届初三 (2) 班毕业合影

开城中学 1993 届初三（1）班毕业合影

开城中学 1993 届初三（2）班毕业合影

开城中学1995届初三（1）班毕业合影

开城中学1995届初三（2）班毕业合影

开城中学 2000 届初三(1)班毕业合影

开城中学 2000 届初三(3)班毕业合影

开城中学 2003 届初三（2）班毕业合影

开城中学 2003 届初三（4）班毕业合影

开城中学2004届初三(1)班毕业合影

开城中学2004届初三(4)班毕业合影

高中各届毕业生照片

开城中学 1972 届高二（甲）班毕业合影

开城中学 1972 届高二（乙）班毕业合影

开城中学1972届高二（丙）班毕业合影

开城中学1974届高二（甲）班毕业合影

开城中学 1975 届高二（乙）班毕业合影

开城中学 1975 届专业班毕业合影

开城中学 1979 届文科(1)班毕业合影

开城中学 1983 届高二(1)班毕业合影

安徽省无为开城中学八三届高二(2)班毕业留念 1983.4

开城中学1983届高二(2)班毕业合影

安徽省无为开城中学八三届高二(3)班毕业留念 1983.4

开城中学1983届高二(3)班毕业合影

开城中学1983届高二(4)班毕业合影

开城中学1983届高二(5)班毕业合影

开城中学 1984 届高二（1）班毕业合影

开城中学 1985 届高二（1）班毕业合影

开城中学1986届高二（1）班毕业合影

开城中学1986届高二（2）班毕业合影

开城中学 1988 届高三（1）班毕业合影

开城中学 1988 届高三（3）班毕业合影

开城中学1990届高三理科班毕业合影

开城中学1990届高三文科班毕业合影

开城中学1991届高三理科班毕业合影

开城中学1991届高三文科班毕业合影

开城中学1994届高三（3）班毕业合影

开城中学1994届高三文科班毕业合影

开城中学 1996 届高三理科班毕业合影

开城中学 1996 届高三文科班毕业合影

开城中学1996年高二(1)班师生合影

开城中学1996年高二(2)班师生合影

开城中学1996年高二（3）班师生合影

开城中学1997届高三理科班毕业合影

开城中学 1998 届高三（3）班毕业合影

开城中学 1998 届高三（4）班毕业合影

开城中学1999届高三(1)班毕业合影

开城中学1999届高三(2)班毕业合影

开城中学2001届高三(1)班毕业合影

开城中学2001届高三(2)班毕业合影

无为县开城中学2001届高三(3)班毕业留影

开城中学2001届高三(3)班毕业合影

无为县开城中学2001届高三(4)班毕业留影

开城中学2001届高三(4)班毕业合影

开城中学 2002 年高一（1）班师生合影

开城中学 2002 年高一（2）班师生合影

开城中学2002年高一(3)班师生合影

开城中学2002年高一(4)班师生合影

开城中学 2002 年高一（5）班师生合影

开城中学 2002 年高一（6）班师生合影

开城中学2003届高三（1）班毕业合影

开城中学2003届高三（2）班毕业合影

开城中学2003届高三(3)班毕业合影

开城中学2003届高三(4)班毕业合影

开城中学 2003 届高三(5)班毕业合影

开城中学 2004 届高三(1)班毕业合影

开城中学2004届高三（2）班毕业合影

开城中学2004届高三（3）班毕业合影

开城中学 2004 届高三（4）班毕业合影

开城中学 2004 届高三（5）班毕业合影

开城中学 2004 届高三（6）班毕业合影

开城中学 2005 届高三（1）班毕业合影

开城中学 2005 届高三(3)班毕业合影

开城中学 2005 届高三(4)班毕业合影

开城中学 2005 届高三(5)班毕业合影

开城中学 2005 届高三(6)班毕业合影

开城中学2006届高三文科(1)班毕业合影

开城中学2006届高三文科(2)班毕业合影

开城中学2006届高三文科(6)班毕业合影

开城中学2007届高三(3)班毕业合影

开城中学2007届高三(5)班毕业合影

开城中学2007届高三(7)班毕业合影

开城中学2007届高三(8)班毕业合影

开城中学2009届高三(1)班毕业合影

从左到右　前一排：刘善堂　孔令学　余先春　童朝阳　卢劲松　钟平　童金罗　钱春玉　伍先能　包小兵　吴国瑞　覆安妹　金萍
前二排：任颖　魏白兰　徐红良　王琼　刘庆英　朱传珍　范明月　丁欢　俞芳　赵文娟　魏珊珊　缪旭　陶娟　陆先特（老师）　魏白洋（老师）
前三排：曹芳芳　丁冬勤　利巧红　童亚梅　叶文娇　（张海顺）　吴莲莲　朱明男　谢春云　丁珍兰　皇阳春　张玉婷
第四排：谢海霞　王成明　赵阳　林亮　谢骏　方云　赵亚超　赵真城　丁磊　杨君君　丁超　朱海涛　项华　赵伟

开城中学2009届高三(2)班毕业合影

从左到右　前一排：魏柏祥　张超　余先春　童朝阳　卢劲松　钟平　童金罗　钱春玉　伍先能　包小兵　吴国瑞　曹昌富　金萍
前二排：孔令学（老师）　潘美丽　沈素珍　赵开慧　鲁小丽　伍红莲　丁慕　丁胜男　宁舒园　王维孝　海珍　任璐　童丹丹
前三排：洪妹　花亚平　童师阳　周东　李东　王军　张小梅　周蕾　章慧　骆津越　吕先真　刘平（班主任）　王云云
批四搭：方东山　沈伟　刘武　叶京辉　刘军军　刘庭园　罗启松　班文军　徐勇升　张功意　许创　童道颖

开城中学2009届高三(3)班毕业合影

069

从左到右　前一排:黄汉林　童朝阳　卢劲松　钟平　章金罗　钱春玉　伍先能　包小兵　吴国瑞　孙小兵　余先春
前二排:雷海燕　丁平平　丁莹莹　汪静　刘平　张静　童腊梅　缪丹丹　陈霞　王静　童云云　吴海燕　任庚年　凌芙芙　张庆
第三排:郗梦君　杜芳芳　童亚丽　刘婷　丁磊　丁勇　沈旻浩　丁建民　李云峰　童亚龙　柯大杰　汪勇　伍胜旗　丁吉元　赵勤计

开城中学 2009 届高三(4)班毕业合影

左起　前一排:徐股云　孙小兵　曹昌付　吴国瑞　包晓兵　伍先能　钱春玉　章金罗　钟平　卢劲松　童朝阳　张超　余先春
前二排:丁娟娟　孙丹凤　郭小娟　汪书　汪娇娇　丁娴娴　魏白兰　胡凤珠　夏敏　丁传英　陈如佳　章成凤　张开云　童敏
前三排:利丽　周兰　丁庆同　窗清梅　王梅瑶　童中明　万娟　童婷婷　谢丽萍　王丹丹　蔡蕊　汪丹丹　万园园　钱阿玲　钱娟　孙晨
前四排:陆先峰　汪勇　陶松　陈诚　王玉锁　花成松　丁庆庆

开城中学 2009 届高三(5)班毕业合影

左起前一排：余先春 王启贵 童朝阳 卢劲松 赵志田 钟平 查金罗 钱春玉 伍先能 包晓兵 吴国璃 徐圣云 赵勤计
前二排：侯艳梅 张玉翠 王蕊 陈永美 刘庆美 伍丽红 丁晓云 陈婷 黄文 钱义 伍雪程 万学艳 童雯 汪青艳 汪云
前三排：朱小燕 陈美来 胡业敏 陈玉杰 曹雷菲 赵丹 徐亚敏 俞点 许露蓉 耿静 王才芬 张凤 汪晶晶 侯银萍 程源源 利丽(老师)
前四排：王其信 程淼 张国平 范文文 鲁长冉 周文军 郑远鲜 汪勇(老师) 邹太玉 孙小兵 孔晓云 赵兰馨 张容飞

开城中学2009届高三(6)班毕业合影

左--右 后四：徐晓兵 王杜林 周洋 赵磊 朱海波 王磊 柳明 赵费淼 胡志文 丁宽宽 周友安 史亚萍
后三：郑高 赵迅 张慧 王海荣 窦倩 路利 谢燕 伍迎丹 童朝琴 李学蓉 项燕 耿瑶 蒋俊红(教师)
后二：项钱 杨紊亭 丁以丹 张冬 王蓉蓉 侯静香 丁燕 蒋伟伟 王玉平 高雅 孙薇 丁文荣 伍玲丽
后一：丁宇 范敏 张琴琴 钱磊磊 翟美美 钱云云 童慧慧 钱文成 海敏 郭云 范紊琴 骆敏 任丹丹
前排：任俊献 童朝阳 钟平 查金罗 伍先能 包晓兵 卢劲松 徐胜云 吴国瑞

开城中学2010届高三(1)班毕业合影

左--右 后三：王社林（教师）丁照东 刘文兵 毕骏 刘志 丁志超 王金虎 孙孝兵 任阳阳 黄荣平（教师）张春阳（教师）
后二：王春霞 黄蓉 蔡月 毕阳阳 朱来玉 王勇 丁荣华 陶威 赵海云 张嫣 王艳 万贝贝 孙小兵（教师）
后一：刘晶 李晶晶 李云云 朱旭婷 钱慧慧 孔燕 张春枝 赵菲 刘秀萍 阮婷婷 范甜甜 王胜群 张静云 蒋俊红（教师）
前排：徐晓兵 金朝阳 钟平 章金罗 伍先能 包晓兵 卢劲松 徐圣云 吴周瑞

开城中学2010届高三(2)班毕业合影

左--右 后三：张春阳 王社林 童忠盼 周强 高扬 宣亚兵 吴义伟 王春年 闻书 丁小宇 王宁 张开强 黄金华 张健 张勇
后二：孙小兵 潘星星 沈婷 黄迎霞 陈颖 张琴 李俊枝 钱绪颖 裴婷婷 陶玉芬 钱圆圆 陈欢欢 范玲玲
后一：程红 万佳 谢业玲 范亚兰 季苦 童文静 巫蓉 丁春桃 缪娜 丁彩云 钱羊静
前排：赵晓燕 童朝阳 钟平 章金罗 伍先能 包晓兵 卢劲松 徐圣云 吴国瑞 黄汉林

开城中学2010届高三(3)班毕业合影

左--右　后三：　鲁文俊　谢军　陈磊　徐磊　刘郁　宇志　童效垚　张祝冬　汪福林　钱成　洪伟　王志强　张文进　孔义超　王石波
　　　　后二：　钱磊　丁锁　王荣　王宝　张明扬　李冬运　王健　孙雪地　周洋　张伟　宇国民　丁显峰　王诚潜　钱伟　宇文艺
　　　　后一：　张显武　赵婷婷　童丽娟　刘雨　周海英　孙霜霜　石露　李晓露　侯明明　骆佳丽　张静　卢俊　王拓
　　　　前排：　王社林　郑训平　牛忠跃　童朝阳　钟平　章金罗　伍先能　包晓兵　卢劲松　徐圣云　吴国瑞

开城中学2010届高三(6)班毕业合影

第五排：　赵本奇　王春旭　徐勤　陆效飞　陈旭龙　王灿　张雪萍　丁婷婷
第四排：　王玉飞　陆玉康　童邢　宇海波　徐志宏　李文涛　陶雪地　张宝春　王莹　郗胤雪　王菲
第三排：　陈婷婷　花日香　王海燕　王婶　黄薇　丁俊平　李晶晶　张丹丹　卢娟　魏阳阳　黄彩霞　左迅莉　钱茄萍
第二排：　童晓宝　张敏　蒋俊红　童朝阳　钟平　章金罗　伍先能　张显武　卢俊　袁宁军
第一排：　童孝龙　王勇刚　童华国　钱邦杰　邢海兵　王超　谢海祥　张凤瑜　盛海超

开城中学2011届高三(1)班毕业合影

073

第四排：任雪平　李忠　赵余瑞　张其　郏建波　胡旭日　谢安天　钱书东　王俊峰　宋维伟　任琦
第三排：丁浩　王静　王政　宋越　丁祖军　王加伟　刘洋　董伟　孙超超　沈安强　丁中元
第二排：胡明文　童春林　赵飞　孙雨　范云龙　钱微　周飞　丁勇　范芝茗　黄海清　程小凤
第一排：骆方东　翟安妹　童朝阳　钟平　章金罗　钱春玉　伍先能　张显武　卢俊　朱德明

开城中学2011届高三(2)班毕业合影

第一排：骆方东　包晓兵　吴国瑞　童朝阳　钟平　章金罗　钱春玉　伍先能　张超　刘明富
第二排：陶静　童孝英　王彩云　丁俊美　钱晓婷　王慧　孙娜娜　高玲　杨蕾　范雪　陈海玉　汪云云
第三排：庙雨云　孙月萍　孔鲁云　朱婷婷　蒋金凤　孙莉　李佳　丁丽　童金晶　彭程　王云　徐文静
第四排：张敏　左霄　陈朦朦　花婷　王敏　曹娟　王婷　范蕾　王欣　徐银萍　陶丽丽　孔珊珊
第五排：任雪平　孙小兵　王骏承　张国栋　陈诚　汪东　周旭东　孙猛　孙小东　黄延胜

开城中学2011届高三(3)班毕业合影

第四排：陈晓婷 钱晓平 卢茂石 钱光中 赵东东 阮壮壮 姚博文
第三排：刘明富 蒋敏 帅媛媛 万娟 冯婷婷 张金玲 钱梦梦 朱梅丽 张银 钱程 徐元培 万迎春
第二排：仰美玲 孙飞 花丽娟 朱彩云 王玉云 周静静 丁俊平 孙星星 李敏 张旭东 董俊萍 钱静静 谢亚丹
第一排：翟安妹 黄延胜 童朝阳 钟平 章金罗 钱春玉 伍先能 童晓宝 孙小兵

开城中学 2011 届高三(4)班毕业合影

第四排：赵行强 李盛阳 徐冬冬 吕先俊 童朝平 范勇 刘刚 董磊 赵冬坤 赵辉 于祥
第三排：吴明辉 钱程 杨珊珊 汪静 童林玉 钱晓雯 王晶晶 王潇潇 万丽婧 张超
第二排：陈璐璐 范爱民 汪瑶 吴青青 万云 陶丽丽 张京京 石小雨 汪文君 周花花 朱晶晶
第一排：骆方东 吴国瑞 童朝阳 钟平 章金罗 钱春玉 伍先能 刘永罗 黄延胜 陶春燕 金萍

开城中学 2011 届高三(5)班毕业合影

第四排（右起）伍文俊、丁 亮、孔凌宇、孙伟招、王靖辉、童建民、丁 蒙、钱朝兵、张 斌、孙安安、洪 程、童羊寿
第三排（右起）洪金珊、胡芬芬、朱金霞、张玉芬、周 娇、林 兰、童影云、利 莉、陶茜茜、钱雪芬、黄盼盼、金 涛老师
第二排（右起）李 阳、耿梦丹、周慧敏、花晓云、丁 磊、钱迎娣、魏 燕、丁雪琴、喻露露、花文星、谢 丽、朱晨美、童津津
第一排（右起）（老师）骆方东、吴国瑞、童朝阳、钟平、童金罗、钱春玉、伍先能、张超、刘永罗、周丹慧

开城中学 2011 届高三(6)班毕业合影

第五排：黄丽俊 朱明远 孔咸学 王 强 张社峰 魏雪峰 钱文强 王胜 陆四春 俞东伟 王涛
第四排：李启立 赵军 徐春香 张美玲 赵 嫚 蒋双双 孙雨琴 鲁琳琳 童姗姗 周斌斌
第三排：李磊 张德萍 钱路丽 丁玉娇 汪艳 蒋桂芳 童群 赵云芝 舒悦 蒋俊红
第二排：孙小兵 张勇 童勇 陈文 万安胜 童梦梦 张曼玲 管海云 万文琦 朱如娟 王代娣 陶春燕
第一排：包晓兵 吴国瑞 童朝阳 钟平 章金罗 钱春玉 伍先能 周丹慧 骆方东

开城中学 2011 届高三(7)班毕业合影

左起　第一排：孙小兵、蒋卫国、童朝阳、钟平、章金罗、钱春玉、吴国瑞、包晓兵、徐圣云、黄汉林、童浩澜、利丽、
　　　第二排：高婷定、孙慧慧、黄海红、丁盈盈、徐婉玉、陈肖云、黄素萍、丁越成、赵文静、王慧敏、张雨、朱文杰、
　　　第三排：何玲、赵梦迪、童云蓉、候彤彤、金晓、杭潇潇、周凤娇、朱紫燕、夏双双、张丽、张静、汪宇、马扬、
　　　第四排：陆先锋、汪陶池、万彤彤、丁露露、朱神英、王浏鸿、丁静、刘晚豫、伍宏霞、方晶晶、王媛媛、万园、
　　　第五排：袁宁军、张校鸨、王震、朱国庆、赵剑、钱磊、童路稳、陆静波、任俊松、周鹏飞、

开城中学2012届高三（1）班毕业合影

第一排（左）：章燎东老师、孔令学老师、童朝阳老师、钟平老师、章金罗老师、钱春玉老师、吴国瑞老师、包小兵老师、曹昌富老、师、徐胜云老师、利丽老师
第二排（左）：孙小兵老师、缪蕾蕾、孙敏霞、李熹、陶娇娇、路红、王姐姐、耿晨敏、朱亚会、杜燕、陶欢、丁亚美
第三排（左）：袁宁军老师、朱克根老师、孔文倩、杨丽丽、刘静、汪云欣、孔蓉蓉、杨蓉、张迦迦、何婷、古云
第四排（左）：盛锦军、王磊、童博韧、丁亮、丁凤、李小刚、钱婉豫、沙俊、钱文鸿、刘京驰、王力
第五排（左）：丁少强、王志、张健、孙海波、肖荣富、谢俊松、马俊、丁海涛、王子羽

开城中学2012届高三（2）班毕业合影

第一排（左）：徐胜云老师、孔令学老师、汪静老师、曹昌富老师、吴国瑞老师、钱春玉老师、章金罗老师、钟平老师、包小兵老师、童朝阳老师、章振东老师、袁宁军老师
第二排（左）：付容、宇娟娟、朱玲玲、童文君、刘蓉蓉、孙美洁、陈程、张春容、汪海霞、汪婷婷、刘善堂
第三排（左）：王祥、丁娜娜、夏庭、郑月、王爱婷、孔婷婷、许玲、虑春、吴蓉蓉、尹雪松、丁以春
第四排（左）：周颖、汪俊、王先平、王涛、王成?、蒋经纬、汪朕、钟时欢、丁峰、乐必超、陈龙云、张磊、丁海军、汪宝全

开城中学2012届高三(3)班毕业合影

左起：第一排：章振东、丁以春、董卫国、童朝阳、钟平、章金罗、钱春玉、吴国瑞、包晓兵、徐圣云、童浩澜、汪静、
第二排：刘善堂、朱汉满、钱爱君、丁亚梦、陈小芳、丁俊平、谢文君、古玉婷、王安平、童丽丽、丁燕、胡丹、
第三排：袁宁军、陈健、刘隶、钱炳坤、帅媛媛、赵东东、李梦雨、陈勇飞、汪婷、汪洋、俞堂、汪润清、童倩蓉、丁军红、汪欢、胡俊、张校浩、候超、陈恩尚、

开城中学2012届高三(4)班毕业合影

从左到右 第五排　　　章健强　吴斌　李浩　高威　丁露　丁颜　孔文苏
第四排　柏岩松　秦伟　黄建军　丁海涛　童孝飞　蓬晓进　谢太平　刘兵兵　谢小龙　王超　黄海峰　包梦新　徐京安
第三排　闻祥雨　阎煜东　许可　潘文生　周日　张开春　唐长顺　王中丁伟峰　花海超　任小涛　张健　刘善堂
第二排　王金成　孙讯　许文超　窦云　缪梦阳　万海燕　张云云　刘彩莲　钱石凤　朱雅君　邢飞　王露　缪艳　丁晓飞
第一排　袁宁军　赵勤计　周云丽　童朝阳　钟平　章金罗　钱春玉　吴国瑞　包小兵　何俊　徐胜云　朱克银

开城中学2012届高三(5)班毕业合影

从左到右 第一排：卢俊　周云莉　童朝阳　钟平　章金罗　钱春玉　吴国瑞　包小兵　徐胜云
　　第二排：张俊超　丁友明　董群　蒋晓雪　丁慧敏　谢文　万婷婷　张小圆　缪燕　袁婷婷　利情　黄普　丁仙桃
　　第三排：骆寒冰　王森林　叶伟　曹晶鑫　谢磁磁　王金生　朱强　张海波　张晨　谢超　丁雪飞
　　第四排：谢明　张金龙　谢俊明　王涛　徐左刚　乐京成　徐志宏　刘善堂
　　第五排：张梦君　童忠生　骆冬生　范智振　鲁文瑞　万文彬　孙爱宝　袁宁军

开城中学2012届高三(6)班毕业合影

079

后排：缪文瀚 张俊 梅宇 钱小乐 刘名洋 杨文思 张强 童巍
三排：丁文通 伍开诚 骆冬生 胡习标 赵华伟 赵云生 陈伟 丁威 张俊 张春阳
二排：赵芬 充学慧 占长荣 王健 杨光 谢玉荣 丁文青 丁晓曙 谢业琴 郑凤玲 童天山
一排：刘健 林园 丁丽 黄荣 王芬芬 徐娜萍 源倩雯 王静 王月玲
前排：任雪平 黄汉林 童朝阳 钱春玉 章金罗 钟平 吴国瑞 赵志田 何俊 王平军

开城中学 2013 届高三(1)班毕业合影

后排：陈强 童飞 潘海洋 陈伟 谢康康 刘晨 张洋
中排：赵志田 钱宇 丁安邦 骆冬祥 丁勇志 丁磊 陶强 万永生 王石波
前排：庞立 周杰 万林 翟羽佳 罗明珠 徐晴 胡双娇 何越
老师：何俊 童朝阳 钱春玉 章金罗 钟平 吴国瑞 汪静 任雪平 童学锋

开城中学 2013 届高三(2)班毕业合影

后排：王雄峰　付常根　花涛　马磊　陈浩　钱伟婕　汪勇　古宏俊　刘涛　王月圆　钱扬明
四排：赵珊瑚　童芳芳　宇容容　周宇　方书敏　丁文瑾　田雅婷　万京京　丁玲玲　王婷婷　陈彩云
三排：陈蓉蓉　丁田　谢佳　缪青玲　丁菲　闻香玉　汪莹　王运花　吴娇　赵媛媛　丁娟娟
二排：万丽　潘婷　黄多姿　俞派　夏慧双　孙菲　万晶晶　邓海霞　汪媛媛　卞蕾　王红梅　赵佳佳
前排：魏柏祥　刘明富　童朝阳　钱春玉　章金罗　钟平　吴国瑞　张勇　郑训平　张春阳　黄汉林

开城中学2013届高三(3)班毕业合影

后排：任琦　陈望　王智　童威　赵春晓　王肖　孔令贤　张伟　姚林　丁志　王小强　李聪
四排：汪伟　陈圆　章正春　乐永胜　汪玲银　杜阿蕾　赵昌平　张进
三排：谢志燕　王玉　黄璐　任士平　曹婷婷　任琼斯　周明明　丁月秀　高绪珍　汪丹丹　孙凤梅
二排：张春阳　陆美玲　闻小妹　汪悦　孔娇娇　张文静　曹彬彬　张艳　曹文娟　张兰　刘佳玲
前排：曹明　张超　童朝阳　钱春玉　章金罗　钟平　吴国瑞　汪静　马明婷　谢柏林

开城中学2013届高三(6)班毕业合影

左起 第一排：（教师）童晓宝、蒋俊红、张敏、何俊、童朝阳、钱春玉、章金罗、钟平、吴国瑞、包晓兵、王平军、张显武
第二排：汪美玲、蒋玮、王学琪、张寒薇、孙纳、刘婷婷、朱文佳、童海兰、汪凤林、陈露露、丁娟杰、谢文平、宋良龙、王浩
第三排：朱振飞、童建业、丁中余、陶岗、丁伟、卢影、陈永祥、王宽、董前雨、谢林林、钱杨文、王洋
第四排：李京辉、孙文静、黄鑫浩、张小飞、刘子豪、梅传忠、梅传义、张润泽、帅浩、徐剑锋、周文斌、童智轩

开城中学2014届高三（1）班毕业合影

左起 第一排：胡硕、何俊、童朝阳、钱春玉、章金罗、钟平、吴国瑞、包晓兵、王平军、张显武、金萍
第二排：汪晓红、丁芝康、刘婷婷、丁冬雪、章敏、陆鑫鑫、王永媛、童腊梅、王宜勇、童伟、陈跃
第三排：徐明明、陈强、张玉立、孙健强、范瑞生、沈艳、胡鹏飞、丁中瑞、陈睿、鲁金荣、周正强、喻为根
第四排：万智文、钱文涛、范瑞、钱军弟、王明、丁国文、刘启成、姜河徽、利杰、凌勇

开城中学2014届高三（2）班毕业合影

左起 第一排：刘明富、张敏、童朝阳、钱春玉、章金罗、钟平、吴国瑞、包晓兵、黄延胜、魏柏祥
第二排：谢莹、程璐、丁田、张城城、刘娜、胡青、孔玉环、丁明珠、李秋红、沈容容、王冬鹤、朱红、侯娇娇
第三排：丁福州、张超、李彤、周家青、钱京晶、沈方婷、丁霖歆、丁文涛、王慧、胡瑞、苏梦宇、丁慧慧、朱小飞、庙冬冬
第四排：阮书炜、钱文生、叶文超、缪梦伟、王先路、林月影、夏丽、周颖、斑雨桐

开城中学2014届高三（3）班毕业合影

左起 第一排：魏柏祥、童朝阳、钱春玉、章金罗、钟平、吴国瑞、包晓兵、任俊献
第二排：徐晓蓉、王芳、丁文娟、丁梦涵、童艳琴、张文文、王月、崔世玉
第三排：汪鑫鼎、杨婷婷、任美启、赵伟、洪勇、钱进、陈恩尚

开城中学2014届高三（4）班毕业合影

左起　第一排：黄延胜、童朝阳、钱春玉、章金罗、钟平、吴国瑞、包晓兵、范广炎、魏柏祥
第二排：任美启、丁红梅、张青萍、张蓉、黄晶晶、王思敏、汪敏、孔蓉
第三排：许荣、花素梅、卢苏婷、王菲、张瑞雪、童磊磊、朱菲宇、刘紫阳、程月
第四排：丁成成、孔园园、钱宪、刘俊、陈晨、童磊羽、刘斌、徐彦平、夏文武、汪涛、张悦

开城中学2014届高三(5)班毕业合影

左起　第一排：(教师)刘明富、黄延胜、骆方东、童朝阳、钱春玉、章金罗、钟平、吴国瑞、包晓兵、丁冬梅
第二排：汪蓉、刘梦真、汤紫梦、王迟、张婷婷、黄梦蝶、徐慧、丁玲、赵蓉枝、王娟、花蓉、蒋小量
第三排：丁云、宇仁杰、伍超伟、王鑫、焦敏、丁聪、范陶宁、王成、于汉、张智、张彬彬
第四排：柏涛、波德志、丁磊、张俊明、李伟、汪昊、汪俊、丁飞、孙涛

开城中学2014届高三(6)班毕业合影

左起　第一排：（教师）胡硕、骆方东、童朝阳、钱春玉、章金罗、钟平、吴国瑞、包晓兵、张华东、范广炎
第二排：李玲　张玉艳、谢婕、花蓉、侯婷婷、侯娅媛、王婷婷、朱丹丹、丁阿美、陈甜甜
第三排：金萍、程明、张兰、王亭、王冲、陆蓉蓉、谢涛、赖海军、丁文萍、黄晨、范琴、花腾鹏、阮诗雨、万倩倩
第四排：阎丹慧、黄文兵、曹先俊、杨涛、于卓、孙振、丁成星、徐庭平、汪金波、王军松、赵雨、汪雪冰、钱冬冬
第五排：谢震阳、朱德琦、余永健、张瑞、仰苏毅、徐海洲、方黎明、王健、王涛、徐畅

开城中学2014届高三(7)班毕业合影

第一排左起：孙小兵　周云丽　童朝阳　钱春玉　章金罗　钟平　吴国瑞　董卫国　董宇彦　童浩澜　范广炎
第二排左起：王月　吴悦　王丛丛　钱星晨　陶静雯　毛宁静　夏晨燕　金颖　孔海燕　张洁
第三排左起：童俊丽　洪友琳　汪紫玲　李雨霖　李淑芬　孙丽萍　孙敏　马淑君　汪敏
第四排左起：李婷婷　谢敏　王贝　童惠敏　童丽娟　陈晓寒　周永青　万巧慧
第五排左起：侯粤东　陆先锋　陈勇　陈雨润　汪海　丁海文　丁超　谢峰　郭云　袁宁军

开城中学2015届高三(1)班毕业合影

第一排：童朝阳 钱春玉 童金罗 钟平 吴国瑞 卢俊 王金成
第二排：朱丽萍 刘洋 高茸茸 王欢 陶悦 汪爱玲 赵静 王萌 陈芳芳 范雪 侯漫林 李平平 利丽
第三排：丁雨 胡伟军 童亚星 钱文强 张兵 胡超超 卞磊 张科成 黄云强 陈金松 骆俊杰
第四排：刘善堂 童彤 海兵兵 胡陆洋 钱程 肖凯 季念 黄多祥 张琪 骆世城 童爱明 张书豪 宛正茂 张俊超 张成龙 张智 袁宁军

开城中学 2015 届高三(2)班毕业合影

第一排：何婧婧 汪童童 童朝阳 钟平 章金罗 钱春玉 吴国瑞 赵勤计 孔海波
第二排：谢柏林 杨海琴 张琴 孙蓉蓉 伍丹 赵佳 杨勤 张玉栏 吴宇 张慧 王金成
第三排：张超胜 吴磊 丁磊 耿邦安 张颖 何东 胡叶伟 万双喜 刘磊 汪靖慷 胡业文 胡亚峰 洪韩溪
第四排：刘善堂 丁宏历 杨晨 赵杨 陈浩 陈航 谢翔 李文文 张晗 丁涛 潘东东 黄金城

开城中学 2015 届高三(3)班毕业合影

第一排左起：王 丽 黄延胜 童朝阳 钟 平 章金罗 钱春玉 吴国瑞 刘 亮 范广炎
第二排左起：刘明婷 李盼盼 马咏咏 周 琴 蒋玮玮 赵京京 侯 瑞 赵云云 张嫒嫒 花孙仙 王丹丹
第三排左起：王 倩 秦冬雪 杨玉莹 方丽郡 丁瑞英 陆芬芬 孙 冉 徐 静 蒋 觐 丁亚丽 缪文静 沈俊杰
第四排左起：刘善堂 徐董健 胡 杨 谢世政 刘俊峰 张士阳 孙金鑫 张 威 张海蓉 丁以春

开城中学 2015 届高三(4)班毕业合影

第一排左起：刘永罗 周云利 童朝阳 钱春玉 章金罗 钟 平 吴国瑞 张 超 童浩澜 丁冬梅
第二排左起：秦芬芬 丁露露 孟 丽 刘小静 朱雨涵 李 芬 赵晶晶 童 鑫 金 静 张 萌 王海桃 孙红云
第三排左起：朱啟阳 童志强 凤 斌 丁友君 张 雅 黄 荣 胡 敏 万多福 朱啟林 童孝航
第四排左起：赵 捷 孙敬艺 孙海涛 江 磊 王 涛 丁国强 江鹏飞 刘善堂

开城中学 2015 届高三(5)班毕业合影

第一排：曹昌富　黄延胜　童朝阳　钱春玉　章金罗　钟平　吴国瑞　刘亮　范广炎　丁冬梅　刘懿欣　钱梦月
第二排：季程　谢柏林　范玲　方小平　朱念念　汪凤娇　盛雨晨　陶迎迎　童瑶　丁伟仪　汪敬雅　周军花　万翠云　王项兵
第三排：刘善堂　徐峰　杨颖　赵晶晶　田雯君　安宁　候琳　张倩雅　王晓芳　陈心　王婷　罗翔燕　张环　王伟

开城中学2015届高三(6)班毕业合影

第一排：陶春燕　陆先锋　童朝阳　钱春玉　章金罗　钟平　吴国瑞　刘亮　张超　董卫国
第二排：万翠云　曹心童　丁雨　陈妍　张洁　郑海燕　俞冰倩　丁婷婷　丁佩佩　赵海燕
第三排：刘善堂　万迎春　丁志鹏　范金鑫

开城中学2015届高三(7)班毕业合影

第四排：陈 锁　谢 晨　　张 宇　王 健　丁 健　谢凯悦　童孝明　江 波　　丁 文　孙 磊　孙 勇
第三排：黄汉林　徐子涵　王 雨　童海燕　陈 玥　张婷婷　刘园园　孙守琴　童秀秀　程 红　范丽萍　丁冬梅
第二排：周 伟　丁 丽　徐 莹　林帅寅　陈轶男　丁雪婷　周雅娟　　俞玲芝　汪林芝　王 娇　丁新星　丁 慧　张文婷
第一排：任俊献　郑训平　钱春玉　章金罗　钟 平　童朝阳　黄荣平

开城中学2016届高三(3)班毕业合影

第三排：王杜林　潘学智　张 辉　陈 超　陈景锐　钱 俊　张梦奇　丁 志　何 政　钱宇
第二排：张翔宇　侯素琴　朱方名　童 婕　杨苹苹　丁文燕　金宇婷　赵露露　丁馨月　凌颖
第一排：刘永罗　湛 云　钱春玉　章金罗　钟 平　童朝阳　曹明

开城中学2016届高三(4)班毕业合影

第四排：王金成
第三排：胡送送　马陈文　沈　健　曹国威　夏荣康　丁友强　黄依林　童　芮　肖黄尧　汤正华　庙家进
第二排：张　勇　曹　明　孔芳芳　周学敏　彭晓伟　孙　兰　倪巧玉　张　汪　静　高盼　杨颖　董文娟
第一排：黄汉林　赵志田　钱春玉　章金罗　钟　平　童朝阳　郑训平　汪　静

开城中学2016届对口升学班毕业合影

上左起第四排：安健涛、李伟、王伟、周红云、陈晨、钱成娟
第三排：王颖、丁洪莹、童诚诚、丁文祥、童文杰、陈宇、陆玉涛、巫先进、吴健、金萍
第二排：周慧玲、丁园、齐欣芸、王林、汪娟、张靖童、翟明娣、桂灵、程慧、叶彤
第一排：黄延胜、童朝阳、包　兵、钟平、章金罗、钱春玉、吴国瑞、丁冬梅、张敏

开城中学2017届高三(1)班毕业合影

上左起第三排：郏冠群、王军、伍建豪、解泽昆、汤成璋、张显武、侯海林、李文军
第二排：童春宇、丁雨薇、江敏敏、蒋俊红、张敏、张磊
第一排：王平军、童朝阳、包晓兵、钟平、章金罗、钱春玉、吴国瑞

开城中学2017届高三(2)班毕业合影

上左起第三排：胡飞、丁喜缘、陈文豪、张荣亮、张劲松、花宇杰、童陈、谢飞、朱江南
第二排：吴冬冬、钱慧容、张贝贝、丁爱文、李慧、吕阮、姚遥、丁凤琴、张磊
第一排：胡硕、童朝阳、包晓兵、钟平、章金罗、钱春玉、吴国瑞、钱冬冬、章振东

开城中学2017届高三(3)班毕业合影

上左起第四排：胡送送、赵金刚、曹明、王平军、周云利、张京徽、王宏、童雪峰、吴爱林、徐敏、黄延胜
第三排：杨圆、傅伟闻、童婷婷、任俊兰、孙荣莉、季勇、汪辉、王家才、郭杉杉、邢琪琪、伍淑娟
第二排：王丽萍、钱玉如、许慧、刘明月、包然、徐方芳、黄文娟、郑溶、张明如、陶蕾
第一排：钱冬冬、童朝阳、包晓兵、钟平、章金罗、钱春玉、吴国瑞、张敏、胡硕

开城中学2017届高三(4)班毕业合影

从左向右 第四排：王石波、万兵、魏晓阳、包正浩、丁文龙、丁力、蔡璐、刘婆凯、张真、孙成成、李耿花
第三排：丁以春、汪金峰、孔钊、朱金龙、孙涛、王林涛、蒋晓龙、万宇航、柏文青、伍蓉、黄延胜
第二排：伍国华、周晶晶、胡文婷、张卷、孙冰婕、丁潇燕、丁玉超、李昌靓、胡雨婷、李文景
第一排：钱冬冬、张磊、童朝阳、钟平、章金罗、吴国瑞、周丹慧、周伟、王银兰

开城中学2019届高三毕业合影

序

《开城中学六十年》即将付梓，可喜可贺。

记得2019年春，开城中学老校长潘恒俊同志到我家闲坐，说很想为开城中学编写一部校史——不能让这所为教育事业奉献六十年的农村中学无声无息地从历史上消失。恒俊同志的意思我明白，开城中学1959年建校，2019年服从全县规划撤销，它一个甲子的历史，应该在无为教育史上留有一席之地。这是一位年过八旬的老者唠家常式的叙述，并未显露些许的力度和底气。

现在，竟然大功告成！

此前，徐先挺同志专程送来《开城中学六十年》书稿。连续三天，我逐篇地阅读着，有的地方划上扛扛，有的地方作点摘记，有的地方回过头再读一遍。看完这部由恒俊同志牵头，数十位老师和校友参与编写，图文并茂，50万字的书稿，且不说它的全面、丰富和翔实，也不说它有待完善的疏漏和瑕疵，只觉得它在我面前再现了久违的开阔规整、充满阳光和琅琅书声的开城镇最高学府——安徽省无为开城中学（后文简称"开中"）。我，从毛头小伙到年逾耄耋，数十年中，无数次与它亲密接触，堪称老友，但此刻，竟觉陌生。熟悉的只是过往的局限和肤浅；陌生的，却是眼前的宏阔与深邃。

一部《开城中学六十年》，虽非字字珠玑，却句句有情。它让人们看到了曾经的漫长岁月里，开城中学创造着怎样不凡的杏坛春秋。

请看开中的当家人。60年中，10多位领命跨进开中大门的当家人，他们忠诚于人民教育事业，认真贯彻教育方针，尽职尽责，苦拼苦斗，创业不止。1959年，荒土岗上草创开城初级中学，1971年始为完全中学，2001年跻身合格完全中学，2006年跨入独立高中行列，2009年升格为巢湖市示范高级中学，总是不断前进，业绩骄人。众位当家人付出了多少心血！略举三两例。方式明校长，身处"文革"非常时期，敢冒风险，重振校风，恢复了校园书声。他敢作敢为又务实求真，很有大将风度。潘恒俊任开中校长长达15年，他多谋善断，知人善任，正值学校处于转折爬坡阶段，工作繁重辛苦。他宵衣旰食，忘我奉献，不愧是开中的大功臣。章金罗从开中的学生到出色的教师，又成为任职时间最长的校长，领导学校进入新世纪，跨上新台阶，立下了汗马功劳。开中的当家人对师生倾注着真情厚爱，尤其在特殊年代，对老师们给予充分的尊重和信任，让他们以饱满的热情全身心地投入工作。艰苦时期，学校把家贫离校拾破烂的农家子弟找回学校读书，不仅在经济上照顾他们，还支持他们粮票，使他们读完高中，又读完大学，成为有用之才。如此种种，实在难能可贵。

再看开中的老师。读着书稿，我叹服开中的老师在学生心目中地位的崇高、形象的亲切，以至于学生终生景仰，这可以列出一份长长的闪光的名单。其中有颇具学者风度、知识渊博、教课极受学生欢迎，并以学业专长和人品给学生以深刻影响的季涛、郑养法、潘恒俊、俞佳培；有事业心强，教学水平高，爱生如子的蒋克钊、童朝胜、程荷生、章金罗、耿业定、杭盛才、孙前来、万长水、周勇、吴国瑞、卢贤能；有创造性地做好共青团工作，受到省级表彰的赵同峰；等等。这里着重说一说数学教师张复常。他是无为中学的"老三届"，高中毕业后务农16年，后被聘为开中数学代课教师，教学十分出色，但是课余还要回家打柴、做田，维持清苦的生活。他对学生尽心至极，患有胃病的他，曾在严冬之夜为一个上门求教的学生补课两个小时，学生满意了，他却冻僵了四肢。他上课时胃病发作，身子抵着讲台止痛，面色苍白，汗流满面，但仍坚持教学，学生感动得流泪。1995年，张复常荣获了全县"十佳教师"称号。著名教育家夸美纽斯说，"教师是太阳底下最光辉的职业"，开中的教师群体，正是在灿烂的阳光下，显示出对职业无限忠诚的光辉，何其感人和崇高。

再看开中的学生。就我所亲历，中华人民共和国成立之初，中国的教育园地一片荒芜。说到中学，当时全县只有城内一所规模不大的无为中学。广大农村，除了几所小学和零星的私塾外，根本无中学可言。人民政府在经济状况稍有好转后，1959年作出重要决策，着手发展农村中学教育。于是开城初级中学应运而生，当年招生360人。农村的孩子也能上中学了。一位农民家长肩挑着几十斤米和腌菜罐送儿子上学。他叮嘱儿子："你是我们家祖辈以来第一个中学生，一定要好好读书。"尽管学校以后遭遇着艰难曲折，却并没有阻断万千农家子弟跨进开中大门，迈步在求知、成人、成才的光明之路上。开中办学之初，农村生活本就艰苦，又赶上三年自然灾害，孩子们在学校里吃得粗糙，甚至忍饥挨饿，住得也很简陋。现在看来，简直不可思议。但是他们珍惜时光，刻苦学习。社会在发展，国家在前进。学校也在不断发展壮大，业绩日益显著。在60年的岁月里，开中培养了5000多名初中毕业生，10000多名高中毕业生。15000多名毕业生，这是一个可观的数字，这是一支庞大的队伍，更是开中办学的重大成就。纵观这不平凡的历程，人们欣喜地看到，开中培养的学生，一批又一批走向社会，创造着美好的人生。首先必须指出的是，他们当中绝大部分回归了广阔的田野，或是做了有文化的新型农民，或是成了农村需要的各种专业人才，或是担任了村镇基层干部，成为建设社会主义新农村的生力军、主力军。他们和父老乡亲一道，用学到的本领，拼搏出今天开城镇的崭新面貌和人民群众顺心的生活，为古老的乡愁续写出欢乐祥和的新篇章。走出开城，志在四方的开中学子，也都胸怀母校的培育之恩，奋力展现才华，追逐美好愿景，其中的不少人取得了不凡的成就。

书稿中，随处可以看到开中学子们骄人的事迹、业绩，令人欣喜不已。这里只能挂一漏万地列举其中若干：扎根家乡、田塍创业的村支部书记周建刚、吴克平，牢记使命、主政开城乡镇的公务员万长田、王本正，中国人民解放军少将丁福建，中国科学技术大学教授丁毅信，新华通讯社高级记者孔祥迎，著名书法家周鉴明，中医学专家丁绍余，国家航天工程专家曹永善，爱洒故园情系同窗的企业家班风顺、伍开米，年轻的作家钱之俊，等等。在开中60年戛然而止的校史中，他们理所当然就是为国效力，为家乡为母校增光的杰出代表。

"天地有正气，杂然赋流形。"书稿中涉及开中校史的篇章，紧扣史实，语义严谨，脉络明晰，既如满含酸甜苦辣的絮语，又似彰显岁月光华的赞歌。其中的体认感慨和精神情怀，深中肯綮，令人感动。这一部分，充分涵盖了开中60年不凡的奋进与功业，理所当然是全书的基调和主干。

读完《开城中学六十年》，掩卷深思，应当从中得到怎样的启迪？换言之，曾经工作、学习在开城中学的开中人，有哪些值得赞颂和传扬的可贵之处？我以为，至少有这么几点：一是他们有着浓厚的家国情怀，心系故土和国家，初心在胸，目标在前，以诚实和奉献书写了出彩的人生；二是他们对待学业、职业和事业，或埋头苦干，或开拓创新，总是锲而不舍，不辞艰辛，执着向前；三是他们十分珍惜纯真的爱校之情、师生之情和同窗之情，书稿中可歌可泣的故事，何止三五。这三者凝聚在一起，应该就是非常宝贵的"开中精神"。"假如"多被不屑，但作为一种逆向思维，"假如"更能让人领悟什么是分量和价值。假如没有《开城中学六十年》的史册，"开中精神"将会渐渐蒙尘失色，直至被彻底遗忘，那是多么可惜、多么痛心的损失！首届初中毕业生童达有写道：在得知开中被撤销以后，"我挥泪喊一声：别了，我亲爱的母校！"真个是让人揪心地痛啊！但是《开城中学六十年》定会给他以莫大的慰藉，当然也是对所有开中人心愿的最大满足。藉此，"开中精神"将会代代传承，发扬光大。

诗人舒婷曾写道："一切的现在都孕育着未来，未来的一切都生长于它的昨天。"此说颇有见地。我想，开中人这个群体，完全凭众人自觉奉献的人力、财力，编纂这样一部很有分量的史籍，实在有必要从昨天、现在、未来多方面充分估量它的意义和价值。以个人浅见，谨作这样的理解：

《开城中学六十年》，是都督山下悠远并独有特色的文化传承和社会主义大文化建设的一个重要成果，彰显着不能小觑的地域文化自信的正能量和深远的社会影响。开中和"开中精神"，是开城人永远的骄傲。

《开城中学六十年》，是永安河畔教育园地的一座丰碑，它一定会让人们认识到，曾经的开中，依然是后人提升办学水平，办人民满意学校的高大、鲜亮的标杆。开中60年的宝贵经验和成果，必将得到发扬光大。

《开城中学六十年》，是开中人领全市（抑或全省）之先，首编此书，从中可以看到一段漫长的时期内，众多农村中学从创立、发展到消失的历程，填补了全市乃至全省农村中学史志建设的一项空白，贡献可嘉。开中人这种对历史的尊重和负责精神，值得仰视，当与这部史籍并存。

囿于认知和水平，却又按捺不住心头的感动和钦仰，特拟联一副，以表示对开中和开中人由衷的敬意：

开城名校育才为民六十春秋功业长耀史册

中学课堂读书报国万五学子勋劳永励后人

遵恒俊同志嘱，谨作此文，忝为《开城中学六十年》序。

王惠舟

二〇二一年元旦

序

目　录

师生名录

档案资料

目录

校史沿革

千年古镇的文教传承

无为市开城镇是一座千年古镇，有着丰厚的文化底蕴，自古文教昌隆，民风淳朴，乡民知书识礼，文明传承生生不息。

时至今日，距镇西约二十里的毛公山地区，仍保留着两千多年前汉代学者毛苌、毛义的活动遗迹和关于他们的传说。毛公山是开城镇最西边的一座小山，高100多米，上有莲花洞（当地人称"藏经洞"）、毛公洞，相传是毛苌、毛义的读书、隐居之所。山脚下有毛公庙，供奉毛公，曾经香火不断。庙毁于20世纪60年代。

毛苌何许人也？

秦统一中国之后，秦始皇实施暴政，焚书坑儒，毁灭儒家文化，中国第一部诗歌总集《诗经》亦遭秦火焚毁。但由于学者讽诵，到了汉代又得以流传。当时传授《诗经》的有四位大师，即齐国的辕固、鲁国的申培、燕国的韩婴、赵国的毛苌。毛氏说诗，事实多联系《左传》，训诂都同于《尔雅》，称为古文，其余三家则称今文。东汉末年，儒学大师郑玄为毛诗作笺，学习毛诗的人渐多，其后三家诗亡，唯独毛诗大行于世。由此可知，毛苌是传授《诗经》的大学者，是保存《诗经》的第一等功臣！

当地传说，毛公山上的莲花洞就是毛苌读书的地方。洞中石莲下垂，巧侔追琢（精巧得像玉雕刻的），洞壁上镌刻着毛诗。这样一位经学大师在此读书，传授《诗经》，可见远在两千多年前的汉代，开城地区的文化是何等昌盛！

距莲花洞半里之遥的毛公洞，则是汉代另一名士毛义读书的地方，洞中的石凳、石窗，直至清代犹存。毛公山真是诗书之乡啊！后人于山脚下建毛公庙，供人祭祀，更显乡人对两位先贤的崇敬，对文化传承的重视。

这些古老的传说流传既久，直到明代才有学者提出质疑，但时至今日，仍留在乡人记忆中，口口相传，因此不论它是真是假，传说本身就是一种文化。

早在毛公之前的楚汉相争时，"汉初三杰"之一的张良（字子房）就曾寓居开城地区，并在这一带活动。张良足智多谋，又得《太公兵法》，成为汉高祖刘邦的重要谋士，在灭楚兴汉过程中，提出许多重要谋略，均为刘邦采纳，发挥了巨大作用，因此他与萧何、韩信并称"汉初三杰"。开城人民为纪念他，在本乡的桃花岭上建"子房祠"（一名"白云庵"），并于祠内立一诗碑。因年代久远，碑文字迹模糊，只能看清其中六句，其余皆漫灭不可辨。好在《巢县志》有记载，全诗如下：

辅佐炎刘，嘉谋嘉猷，圮桥授受，进履情投。
除灭暴秦，力报韩仇，此地亡楚，帷幄运筹。
解组求退，从至人游。住茅辟谷，白云山头，
草衣木食，乐以忘忧。世世相续，万世无休。

这是一首整齐的四言诗，而四言正是《诗经》的基本句式，它足以说明《诗经》对开城后世的影响，世代学子读《诗经》，作四言诗由此可见一斑。

除诗碑外，祠内尚有石刻棋局，明代学者吴廷翰作诗云："报韩覆楚兴刘后，了得先生一局棋。"汉兴之后，张良被封为留侯。但他不贪恋高位，向皇帝请求退隐。"愿弃人间事，欲从赤松子游尔"（见《史记·留侯世家》），乃学辟谷，道引轻生。上引诗"解组求退"及以下五诗句，表明张良晚年就隐居于此，故大儒吴廷翰将子房祠改名"赤松

庵"，应对"从赤松子游"一说。

我国历代行政区划变动很大，开城镇所辖区域也时大时小，子房祠所在之地不在今天开城镇管辖之内，但它历史上曾隶属开城是确定无疑的，清嘉庆版《无为州志》对此有明确记载。

孝道是儒学的重要组成部分，"百善孝为先"，在儒学熏陶之下，我国古代出了无数孝子，最著名的有二十四孝，而其中之一"郭巨埋儿"的故事就发生在开城地区。郭巨，字文举，倾心奉养老母，是个大孝子。传说他儿子三岁时，遇到凶年，家中食物短缺，老母舍不得孙子，忍饿省下食物给他吃。郭巨知道后，为了不使老母挨饿，命令妻子把儿子埋掉。后妻子在一山边挖坑埋儿时，挖到一釜金。"郭巨埋儿天赐金"，一时传为美谈。时人有感于郭巨的至孝，将其埋儿的山命名为"郭巨山"，至今仍叫此名。此山在开城镇东南十余里处。

郭巨的故事还有另一个版本。《无为州志》记载，郭巨"性友爱雍睦，不计物我。父殁，分财与二弟，已独奉母赡养。邻有凶宅，共推与之。巨入内，穴地得金一釜，上有券，书'天赐郭巨'。巨不受，闻于官，官依券给之"。不论是哪种版本，都说明了郭巨是大孝子，儒家的孝道文化在开城大地盛行。

上文提到的在毛公洞隐居读书的毛义，也是一位大孝子，而他的孝主要表现在顺从上。《后汉书》记载："庐江毛义少节，家贫，以孝行称。南阳人张奉慕其名，往候之。坐定而府檄适至，以义守令，义奉檄而入，喜动颜色。"这里的"奉"即"捧"，"檄"即征召的文书，犹后世的委任状。毛义志本不在官场，但老母却希望他入仕为官。他"捧檄慰母"，遂了母亲的心愿，算是尽孝了。

"化民成俗，首重学校。"我国自古以来就重视教育，春秋时代的孔子，首次把学校办到民间，有教无类，培养了三千弟子七十二贤人。这位伟大教育家的实践，开启了民间办学模式，从而形成了我国历朝历代从官府到民间都重视教育的优良传统。

无为县曾为军（州），很早就设有学宫，旧名军学（州学）。史料记载，宋皇祐二年（1050）无为建学宫，招纳生员，习经传道。后世州学曾设于锦绣溪北的孔庙内，太平天国时毁于兵火，后在城内西门大街重建，又称黉门。清光绪三十四年（1908）内设初等小学堂。

州学之外，乡党里巷则有庠序（民间学校）。"士大夫宦游归老，各设教于闾门，所以宏俊造之途，广荐扬之典。"无为市境内，先后设有五大书院，它们是林泉书院、绣溪书院、兴文书院、芝山书院和新绣溪书院。这后四所书院均设在县城之内，而作为五大书院之首，历史悠久的林泉书院，则设在开城乡的相山。相山是北宋枢密使王之道的故乡。王之道和其兄王之义、弟王之深，都曾在相山的林泉书院读书。宋徽宗宣和六年（1124），王氏三兄弟同科及第，高中进士，同进翰林院，号称"三桂"，才名一时传遍全国。后王之道之子王蔺，孙子王栐也都中进士，做高官。一个小小的乡间书院，竟先后培养出了三代进士，可见该书院教学质量之高、名声之大了。王之道及其儿孙都有作品传世，其中王之道的《相山集》，王栐的《燕翼诒谋录》，都入选《四库全书》，代表了开城历代文学的最高成就。

王氏父子不仅有高深的学问，更有高尚的人品。靖康二年（1127），金人攻灭北宋，并继续南侵，南宋高宗建炎三年（1129），无为军沦陷，守臣李知己弃城南逃。此时王之道正好在家，见此情景，毅然聚集乡人族众，退保狐避山，据险固守，多次挫败金军的进攻，从而"保固乡里……活万余人"。王蔺为官，耿直敢言，深得孝宗褒奖，官职一再提升。王氏父子高尚人格的养成，当然植根于林泉书院的早期教育。

除了书院，各地还设有社学。旧时全县有社学13所，城内5所，乡村8所。这乡村8所分别设在泥汉镇、奥龙镇、土桥镇、开城镇、襄安镇、余家坝镇、石涧镇和黄雒镇。《常志》记载："明遂宁陈公贤，才莅任，留意学校，选老成有文行者，教课子弟，时称善举。"古代官府和开明的地方官，还是很重视教育的。

办学是需要资金支持的，旧时称学资。各宗族都有族田，其收入除了用于维修祠堂，开展祭祀活动外，便充作学资，兴办学校，教育本族子弟。地方上也有学资田，用于办地方教育。据地方志记载，开城乡的陶家墩就有学田20亩。这原是仰之久的欺隐田，明代万历二年（1574），知府吴道明查明情况后，予以没收，充作学资田。

在长期封建社会里，城乡的主要教育形式还是私塾。凡集镇、大的村庄都有一至数所私塾，小村庄也联合起来延师办学。大户豪门独家办学，专教本家子弟。也有族长牵头办学，教育本族儿童。更多的是塾师自己邀馆，在自家或租房办学。私塾分蒙馆和经馆，蒙馆招收启蒙儿童，启蒙教材有《三字经》《百家姓》《千字文》《弟子规》《今古贤文》《千家诗》等，20世纪40年代，开始学习新编《国文》读本，从识字开始逐步提升。

经馆是配合科举考试而开设的，招收有相当古文功底的有志于功名的学生，讲授"四书""五经"等国学经典，作诗词歌赋和八股文，以应付科举考试。经馆对教师要求很高，只有真正的大儒才能胜任，故一县之内经馆不多。清朝末年到民国时期，开城镇郭巨山边的大陆村，就请来了这样一位大儒陆淦杰。他是晚清廪膳生，每月享受清政府的大米补贴，后在大陆村开经馆授徒，本县西南乡的有志青年、富家子弟，都争相投其门下，当地及周边的名流都是他的门徒。陆淦杰学问渊博，教学严谨，讲授精深，深受学生和乡人爱戴和崇敬。

著名现代诗人田间（原名童天鉴），开城羊山人，幼年亦在家乡接受多年私塾教育。据其堂弟、中国农业银行开城支行会计童天驷介绍，自己小时候每年都帮田间晒书，书很多，大多是线装古书，经、史、子、集齐全。田间正是因为小时候打下深厚的国学基础，后来才厚积薄发，创作出大量的优秀诗歌。

清光绪三十一年（1905），废除科举考试制度，同时兴办现代学堂，但在广大乡村，私塾还是普遍存在的，呈现着学校、私塾并存的局面。1993年版《无为县志》记载：民国十八年（1929），全县共有县立小学23所，其中完小4所，初小19所，教职员137人，学生2138人，其中女生608人。民国二十二年（1933），有公私立初、高两级小学46所，高年级 15 个班，低年级 89 个班。20 世纪三四十年代，开城镇已创办了数所小学，其中影响最大的有种德小学和四维小学。种德小学约创办于1931 年，由丁氏家族自办，校址在六店罗塘，校长丁又渤，教师有朱仲彭、金探真、丁作之、李贤法等。后因日寇入侵，学校停办。1941 年改办"罗塘难童教养所"，收容战争孤儿。抗战胜利后改为六店乡小学。

开城地区第一所真正意义上的现代化小学，是徐庭瑶先生于 1935 年12 月出资创办的四维小学。"四维"即礼、义、廉、耻，"礼义廉耻国之四维，四维既张国乃复兴。"（语出《管子·牧民》）学校取名"四维"，表明创办学校的宗旨，不单注重传授文化知识，同时重视受教育孩子做人基本品格的养成。

四维小学坐落在徐家新屋和缪家楼之间的一块高地上，占地约 20亩，有两座二层教学楼，另有两排平房，做办公室和图书馆，还开辟了运动场，购置了多种体育器材。学制为四二制，初小四年，高小二年，共有 10 个教学班，课程有读经、算术、史学、舆地、习字、自然、社会、图画、体操、音乐和英语等。每天五节课，另有课外活动。教师由徐庭瑶先生亲自选聘，他们大多毕业于专门学校，如教师徐耕石，毕业于华厦大学，可见水平之高。四维小学从教学内容到教学形式都是全新的，是标准的现代小学。1938 年，日军飞机轰炸无城，无为中学曾迁至四维小学复课。1940 年，四维小学毁于日军炮火。它虽然只存在短短五年，但对于后来的学校教育起到了很好的示范作用。

抗战期间，日军占领开城镇，饱受蹂躏之苦的开城人民，仍不忘兴办教育，培养后代子孙。当时开城镇有一所正规小学、三所私塾，塾师林笑梅、周正琪等都是饱学之士，深受乡人尊敬。这种学校、私塾并存的局面，一直延续到中华人民共和国成立以后。

中华人民共和国成立之后，开城教育事业快速发展。开城设区，下辖宏林、赫店、苏塘、羊山、先锋、宝山、西都、六店八乡及开城街道。新政权刚一建立，各地立即恢复因战争而停办的学校，扩大招生规模，有的选址重建或创办新的学校。所有私塾一律停办，原塾师经过培训，绝大多数转为公办教师。同时，普遍开展扫盲运动，冬学、夜校遍地开花，掀起成人尤其是妇女学文化的热潮。

开城这个千年古镇，历尽沧桑，虽常有动乱和战争，但教育总是以不同形式始终存在，从未中断，从而形成开城地区浓厚的文化氛围。延师课子，成为乡人的共识。

随着时代的发展，仅有小学教育已不能满足人们对文化的需求，兴办中等教育成为开城人民共同的呼声。于是应势而上，1959年，在开城这块文化沃土上，诞生了开城初级中学。而中学的创办，标志着这座千年古镇的教育事业从此迈上了一个新的台阶。

潘恒俊

2019 年 8 月

校史沿革

甲子春秋

——开城中学校史概览

"开城中学"全称"安徽省无为开城中学",其前身是"安徽省无为开城初级中学"。开城初级中学创办于1959年,1971年开始招收高一新生,学校升格为完全中学。2006年,初中部从学校剥离,学校成为独立高中。自2017年起,开城中学高一停止招生,三年过渡,至2019年,撤销开城中学普通高中建制,高中停办。2019年6月,最后一届高三学生毕业离校,开城中学从无为县中等教育序列中消失。从1959年创建到2019年撤销建制,开城中学在无为县教育史上存在整整60年。

我国古代用天干地支纪年,一甲子60年;《春秋》是我国古代第一部历史著作,后成为史书的代名词。本文题为《甲子春秋》,意即60年开城中学校史。

开城中学存在的60年,可分为以下四个时期。

一、艰难初创时期(1959—1965年)

(一)挂牌成立"开城初级中学"

1959年7月,无为县政府决定在县城之外新创办四所初级中学,即石涧初中、六洲初中、开城初中、牛埠初中,分别设在石涧区、白茆区、开城区、牛埠区区公所所在集镇(区系县级政府派出机构,每区下辖七八个乡镇,20世纪90年代初撤销)。无为是安徽省大县之一,20世纪50年代末已有人口近百万，但教育基础薄弱，全县只有一所完全中学，即无为中学；一所中等专业学校，即无为师范学校；三所初中，即无为一初中、无为二初中、襄安初中；一所农业学校，即仓头农校（初中）。因此，县政府决定同时新办四所初级中学，深受各地群众拥护，反响热烈。

与此同时，县教育局任命泉塘人戴勤功为开城初级中学（后文简称"开城初中"）副校长，并要求当年建校，当年招生开学。戴勤功接任后，挑选焦涤非（后任教务员）、余禹功（后任会计）、余能贵（后为食堂工人）、罗太昌（后为勤杂人员）做助手，来到开城镇，筹建学校。

当时，人们敢想敢干，办事不强调条件，面对无校舍、无教师、无任何教学设备的现状，戴勤功宣布开城初中成立，挂牌办公。开城是一座千年古镇，素有文教传统，人民早就渴望兴办中学，因此从区委领导到普通群众都热情支持。区公所抽调富有教学管理和基建经验的骆家华和周久皋两位同志，分别任临时教导主任和总务主任，协助戴勤功招收新生，组织教师队伍，征用和租借校舍，购置教学用品，为开学做准备。

首先是选定校址。当时可供选择的有两处，一是开城镇河西街道南郊的一处山头，这里较为空旷，离水源近，但用作校园，土地需要平整，工程量很大，而且没有现成的房屋可用，开学在即，校舍无着落。二是开城镇东郊坐落于羊山公社永安大队境内一处义冢地。这里虽然到处坟茔累累，枯树荒草，一片凄凉，但其上零星散落着数座草房，多为生产大队的公房，也有几处社员住宅，都可征用。正是看重这一点，戴勤功最终选定永安大队的义冢地作为校址。

当初划拨给学校的土地有两块，约百亩，分别在开城至无为县城公路南北两侧。路北一块是校园主体，80余亩，教室、办公室、男女生宿舍、师生食堂、教工宿舍都在这里。路南一块面积较小，十六七亩，后开辟为运动场。土地划拨是由学校领导与羊山公社党委共同议定的，既无有关划拨土地的文件或上级批文，也未付过征用土地费用，更未与生产队所有的土地划清界限。校园内尚有几小块社员的自留地和一口生产队用于灌溉的水塘。贯穿校区的一条小道，是永安二队村民上街购物的习惯通道，自由通行。这一切为后来学校与该村之间的土地纠纷，埋下了隐患。

其次是征用校舍。经过协商，羊山公社将划作校园土地上的所有房屋，包括原来的粮食仓库、社员食堂、办公室以及社员住宅，统统无偿赠予学校。这些房屋经过简单地改建和整修，分别改作教室、办公室、食堂、教工和学生宿舍。房屋不够，学校另在校园东侧的朱家庄，租了三个教室以及学生宿舍。

（二）组建教师队伍，招生开学

教师队伍的组建，在当时是一个很大的难题。中华人民共和国成立后，人民生活水平提高，人口出生率大增，死亡率降低，学龄儿童快速增加，要求不断扩大教师队伍。这就造成各校教师短缺。无法从各校抽调教师，唯一的办法就是向文教局要人。开城初中第一批教师有十几人，主要来自宣城师范、芜湖师范两校的应届毕业生，另有少数是无为中学的应、往届高中毕业生。这批教师的主体虽然只有中等学历，但文化基础知识扎实，且在校接受过定向培养。他们思想单纯，有事业心和上进心，热情很高，不怕困难，工作不讲条件。经过短期实践，他们大多能胜任初中教学工作，其中一些人后来成为教学骨干。

其时，县城之外有10个区，而初级中学新办4所，加上襄安初中才5所，因此各校都跨界招生。开城初中最初招生范围是开城、严桥、蜀山三个区，这三个区总人口有20多万。1959年，共招收初一新生360人，编为6个教学班。新生主要来自开城区，其次是严桥区，蜀山区稍少。蜀山区一些公社离襄安镇不远，那里的学生就近上襄安初中。

自20世纪50年代中期开始，我国实行粮油统购统销政策，人们的户籍亦分为农业户口和非农业户口。城镇非农业人口，粮油由国家粮站供应，农业人口则由公社分配。凡被初中录取的农业户口学生，入学时须将户口转至学校,变为临时非农业户口,吃商品粮油。其时,国家规定的供应标准是:中学生每月主粮36斤,食用油4两。按这个标准,中学生是能吃饱饭的。但自1959年起,我国连续三年自然灾害,无为县更是全国的重灾区。1959年下半年,全县自然灾害形势已经很严重,有些家庭已无力支持孩子读书,学生也因家庭变故而无心向学。学生入学之初,粮站尚能按国家规定的标准供应粮油,但随后粮油供应标准一降再降,细粮占比也越来越少,学生经常挨饿,情绪无法稳定。从后半学期开始,学生不断流失。1960年,自然灾害最为严重,自动退学、不辞而别的学生更多。坚持读完三年的不足招生数的四分之一。1962年,学校首届初中毕业生只有80余人。

(三)劳动建校,艰苦创业

开学之后,摆在学校面前的紧迫任务就是建校。当时学校既无充裕资金,也难买到计划供应的建筑材料,如钢材、水泥、木材、玻璃等,即使普通的砖瓦,也很难买到。在得到区委和公社党委允许后,学校组织师生自己动手,拆除各地的祠堂,利用拆下来的建筑材料盖校舍。仅1959年下半年,就先后拆了先锋公社牌楼村的丁家祠堂,缪家大墩的缪家祠堂,六店公社喜鹊黄村的黄家祠堂。所有拆下来的砖瓦、木料,基本上都是师生搬运回校的。全体师生都参加建校劳动,人人都备有一条小扁担,两根细麻绳,每天下午课一结束,同学们便在班主任的带领下,浩浩荡荡地去挑砖瓦、抬木料。当年初中学生年龄普遍较大,大多十六至十九岁,甚至更大的都有。他们大多出身农村,有很好的劳动习惯和吃苦耐劳精神,所以搬运的效率很高。六店的黄家祠堂,离校20多里,大批木料无法搬运,他们就把木料运到河边,编成木排,经永安河水路运到开城镇大桥边,再拆散木排,由学生一根根抬回学校。为抢工期,一边学生抢运材料,一边建筑工人加紧施工。1960年,学校最早的4个标准教室、12间大瓦房,就是这样建起来的。

师生除搬运建筑材料外,还要平整校园土地,修筑道路。校园内到处是坟堆，地势高低不平，沟沟坎坎。因为是义冢地，坟冢都是无墓碑的荒坟，而且大多年代久远。同学们在老师的指导下，砍倒枯树，铲去杂草，挥镐挖土，削平高岗，填平沟壑，刨开一个个坟堆，挖出腐烂的棺木和根根白骨，运到偏远处焚烧，集中填埋。坟茔里常隐藏着毒蛇和白蚁，发现后一并消灭。其间，学校师生前后平掉了几百个坟堆，铲高补低，校园开阔平整了。数百米长的简易道路，把学校的各个功能区连接起来。公路南侧开辟了一个较大的运动场，北侧校区内开垦出十几亩菜地，种出的蔬菜基本能够自给，改善了食堂的伙食，帮助师生渡过三年自然灾害。

（四）建立教学秩序，提高教学质量

建校的前三年，学校基本上不具备正常教学的条件：正值自然灾害年代，师生无时不被饥饿所折磨；学生参加建校劳动过多，经常停课，教学秩序极不正常；教师不配套，外语课不开，图书、教学仪器一无所有。因此，前几届学生，尤其是第一届学生，教学质量很差。1962年，第一届初中毕业生80余人参加中考，只录取一个半人（即一个正取生，一个备取生），第二、三两届，各有近百人参加中考，每届被高中或中专录取的，也只有一两人。

1962年，全国性的自然灾害基本结束，人民公社的管理制度进行了调整，农业生产得到恢复和发展，农民生活相应改善。工业实行"调整、巩固、充实、提高"八字方针，国民经济出现了向好的势头。在这个大背景下，学校的教学秩序正常了，学生努力学习，教师认真教学，教学质量稳步提高。

从1962年开始，陆续有大专及以上学历的毕业生分配到农村中学，不少外校、外地的有教学经验的教师先后调进学校，迅速改变了学校教师队伍的知识结构，符合初中教师学历要求的教师成为学校教师队伍的主体，如阮子昭、季涛、承大猷、程荷生、程啸宇、赵本品、王辅耕、汪庭凤、潘恒俊、刘国定等一批教师，教学水平较高，深受学生的爱戴。

1961年以后，连续三任教导主任徐国淮、许秉中、黄德业，为建立正常的教学秩序呕心沥血，他们立规章制度，提规范要求，加强检查督促，使学校的教育教学质量快速提高。

1965年，第四届初中毕业生有67人。当年参加中考，升入普通高中及各类中专、中技的学生达32人，升学率接近50%，远远超过全县平均水平，教学质量跃居全县同类学校的前列，为社会各界所瞩目。

二、曲折前进时期（1966—1976年）

1966年至1967年，学校受到"文革"的冲击，教学工作难以开展。直到1968年2月，学校才正式复课。开学日期一到，同学们挑着衣被和书籍来校报到，非常踊跃。当时有四个班正常上课，教与学都非常认真，秩序井然。学校又书声琅琅，充满生机了。开城区各级党委政府，以及广大学生家长都非常满意，称赞学校办了一件大好事。

从1968年春复课到"文革"结束，学校一直坚持正常教学，未再停过课，并恢复招生。

1969年，无为城乡各学校全面复课。为了让孩子就近入学，各公社都筹办初中。开始时，在规模较大、师资力量较强的中心小学试招一两个初中班，称作"小学戴帽初中"。开城初中下放至各公社的教师，正好成为这批"小学戴帽初中"的教学骨干。当时，各级学校都改为春季始业，小学改为五年制，初、高中均改为二年制。因此，到1970年底，全县初中毕业生人数激增。他们普遍都在十五六岁，尚未成长为劳动力，迫切希望继续学习。其时，全县只有一所完全中学，根本无法满足广大初中毕业生的升学需求。于是，县革委会决定，将原来几所老牌初中升格为完全中学。

开城初中1971年由初中升格为完全中学，校名更为"安徽省无为开城中学"，并于当年年初开始招收高一新生。第一届高一新生有180余人，他们1972年毕业，1973年元月离校。1972年未招收高一新生，故

1973年无毕业生。至1976年"文革"结束，学校共培养四届高中毕业生，总数为500余人。

办高中最大的难题是师资力量不足。开始一个年级三个班，后来是两个年级四五个班，要配齐各科教师，在当时是很难的。1969年下放到各公社的教师，现在要调回来很不容易，经过多方协调，才有程荷生、张振凡、刘国定三人返校。好在这期间，从外地、外校调进一批高素质教师，充实了教学力量，如语文教师郑养法、杨正方夫妇从内蒙古首府呼和浩特调回，英语教师潘立猷从襄安中学调入，物理教师陈雨岚，政治教师孙前来、耿业定分别从无为一中、无为中学和苏塘初中调入，孙前来、耿业定二人后分别任教改组长和政工组长。高校毕业新分配的教师有童朝胜、陈代凤、陈基文、周勇。安徽省委宣传部理论组下放干部童天星、下放知青卢贤能被请来临时代课，他们在校工作时间虽不长，但都在师生中留下很深的印象。

学校原有教师和这批新调入的教师组成了开城中学教师队伍，虽然各学科仍未配套整齐，但有些学科的优势还是很明显的。

"文革"期间，全县不存在重点中学，各地优秀生源都留在本地就读。因此，学校前四届高中毕业生起点高，基本功扎实，学制虽然只有两年，但由于教师敬业，学生刻苦努力，涌现了一大批成绩优秀的学生。加上他们后来的努力，很多人成为各行各业的优秀人才。其中突出的有周鉴明、孔祥迎、丁毅信、魏守武、王守平、程希骏、许光睦、陶先刚、许中波、万和平、伍万荣、赵益勤、宇正香、谢士棠、安继斌等，他们都在各自的岗位上作出了不凡的业绩。

1970年之前，农村中高中毕业生人数还是很少的，同学们毕业后回到家乡，很受欢迎，也被重用，一部分人应征入伍，到部队锻炼和发展，一部分人被选拔当了基层干部或"赤脚医生"，更多的人被聘为中小学教师，成为发展农村基础教育的一支重要力量。当时有人戏称开城中学为"开城师范"。

开办高中之后，学校经费出现很大困难，校长刘业敏利用校内丰富的黏土资源，以勤工俭学名义办起了砖窑场，在一年多时间里，生产红砖二十多万块，筹得了部分经费。学生参加辅助劳动，运煤、搬砖坯、出窑、运砖等。但烧窑污染环境，学生参加劳动过多，活重，影响学习和身体健康。1973年初，刘业敏校长离任后，砖窑场随之停办。

三、平稳发展时期（1977—2012年）

从"文革"结束，恢复高考，到学校成为巢湖市示范高中，前后共36年。这是开城中学历史上的平稳发展时期，被誉为"黄金36年"。这期间，学校办学条件不断完善，校容校貌不断改观，规模不断壮大，管理水平、教育教学质量逐步提高，呈现出欣欣向荣的局面，成为享誉全县、深受好评、颇具影响的一所乡村中学。

（一）加强基础设施建设，不断改善办学条件

1.划定地界，扩大校园范围

建校之初，学校用地由羊山公社领导划拨，既无法定手续，亦未明确划界，边缘地带权属不明，历史上多次被外单位侵占。1962年，开城食品站占据路南操场东侧一块数千平方米的土地建养猪场和屠宰场；"文革"期间，开城区委将路北校区约20亩荒地划给开城供销社建化肥、农药仓库；永安大队村民趁"文革"混乱之机，占去学校十余间草屋和一块菜地。

改革开放之后，经济发展，集镇扩大，学校所在的集镇东郊已发展成为街区，土地价值日益突显，周边村民蚕食校园土地越来越多。1987年，永安二队村民，各带工具，将路南操场翻开，扬言这里本是他们的土地，现在收回来改种庄稼。后经开城区委强行制止，学校在其上盖了三排平房，才最终保住这十余亩土地。

直到20世纪80年代，校园内尚有生产队的一块稻田、数十畦菜地

和一口水塘。学校因规模扩大，必须拓展空间，前后三次征地，面积约30亩。1986年，征用校门东侧的2亩稻田，建了一座商住楼；1996年，征用新辟操场北侧的一宗坟地、一块菜地和一口水塘共八亩八分，扩建了操场，北沿构筑围墙与生产队隔开；2007年，学校出资30万元，从开城供销社购回被其占用的部分土地，新盖男女生公寓和学生食堂。至此，校园四至界定，不再有土地纠纷。

2.加快校舍建设，师生告别危房

开城初中建校比较仓促，当时征用或租用民房上课和住宿。后虽盖了不少校舍，但质量很差，不久就成为危房。教室是学校最好的房子，但墙体也是泥砌的空斗子墙，板凳头一抵，墙上就出现孔洞，每学期，甚至每月都要派人补墙洞。门窗都是松木的，时间一长就朽烂不堪。窗上不能装玻璃，冬季用塑料薄膜蒙着挡风雨。薄膜极易破损，冷雨寒风直往里灌，教室冷若寒窑。住宿条件更差，11间男生寝室，全是水泥桁条，细竹椽子，经不住雨雪的重压。1987年秋天，一场暴雨使其中一间寝室的房顶塌落，折断的水泥桁条和屋瓦砸碎两张双人床。幸好发生在白天上课时间，未伤及学生。寝室不能住人，只好在教室后面挪出一块空地，安置双人床，供学生暂时栖身。

教工住房条件更差，20世纪80年代中期，尚有23间土墙草顶住房，但摇摇欲坠。冬季每场大雪过后，学校领导都要带着工人逐户寻查，耙下屋顶积雪，四周抽沟沥水，以保住户安全。住房普遍漏雨，有的真是"雨脚如麻无干处"。教师们为了睡个安稳觉，便在帐顶上铺块彩条塑料布，兜着漏下的雨水。有时水多了兜不住，或不留意碰斜了撑杆，上面的水哗啦一下泼下来，衣被全湿，弄得很狼狈。因为常年漏雨，室内地面湿滑，梅雨季节，衣服、被子、家具、食品、书籍极易上霉，在家走路滑倒也是常事。但教师们都很敬业，不因生活艰难而放松教学。下雨天，常见老师们在椅背上绑一把大伞，罩住头和书桌，坚持备课、批改作业。

1985年之后，学校的经济状况开始有所好转，因为增加了两个新的资金来源：一是自1985年起，国家开征农业教育费附加，规定将其中的5%划拨给完全中学，开城中学每年能拿到4万元左右。二是学校声誉越来越好，要求复读的高考落榜生增多，复读费一般高于其他在校生的学杂费，每年可增收2万元。学校将这两笔钱集中用来改善办学条件。

首先改造男女生宿舍，确保住校生安全。1987年，原操场上新盖的教工宿舍落成之后，24户教工喜气洋洋搬进新居，同时拆除所有土墙草顶危房，一举清除安全隐患。

随着我国国民经济的快速发展，校舍建设标准也逐步提高。1994年，学校建成第一座教学楼，三层十八个教室。从此，学生告别低矮破旧的教室，坐到窗明几净的教室上课。1999年，综合楼落成。2004年，学校建成第二教学楼，充分满足了教学的需要。

从1990年到2010年，学校沿街开发，先后盖起四座商住楼，二层以上为标准公寓，每户近百平方米，三室两厅，水、电、宽带到位，基本满足教工需求。

21世纪初，学校在新征购的土地上，盖起两座男女生公寓楼和学生食堂，解决了住校生的食宿问题。

与此同时，为教师提供宽敞明亮的办公场所和舒适的办公条件；开辟了标准的体育运动场，配齐体育器材；重建校门，构筑围墙，拓宽道路，植树、栽花、种草，增加雕塑和园林小品，美化环境。整个校园布局合理，功能齐备，房舍错落有致，处处移步换景，充满生机，成为花园式学校。

3.不断增加教学设施，实现教学手段现代化

直到20世纪80年代，学校教学的形式还非常单一，基本是一本教材，一支粉笔，老师讲学生听。时代的进步，社会的需求，高考内容的改革，要求学校改变单一的教学形式，适应新形势的需要。在这方面，开城中学是积极主动的，走在全县同类学校的前头。

1990年10月，学校在全县第一个建成中学理化生实验中心，巢湖地区教仪站根据中学教学大纲要求，给学校一次性配齐了物理、化学、

生物三科全部实验仪器、药品和耗材，以及标本、挂图和模型，满足了学生分组实验的要求。县教育局肯定学校的做法，并在学校召开实验中心网络化建设现场会，分管教育的副县长、县教委主任、地区教委副主任、各兄弟学校校长、各区教育办公室主任出席会议。会上学校有关负责人介绍实验中心筹建经过和经验，县电视台现场采访，并连续滚动播放，产生了较大影响，推动了全县农村中学实验室的建设。

20世纪90年代中期，电化教学引进课堂。学校开设信息课，配备专职教师；相继建成两个微机房和数个语音教室；教师配齐电脑，制作课件，用计算机辅助教学，使得教学更直观、更形象、更生动，便于师生互动，有利于培养学生的探索精神和发散性思维，学生的学习更主动了。

互联网的应用，进一步拓展了学生的学习空间。学校建立起自己的网站，开通了远程教育通道，把闭塞的小镇与发达的大城市联系起来。学生坐在乡间的教室里，可以听到全国优秀教师讲课，享用最优质的教育资源。

现代化教学手段的应用，也带动了学校管理的革新，教学管理、学籍和文书档案管理、财务管理、图书借阅等，也都实现了现代化。开城中学这所乡村学校，跟着时代的步伐，迈进了现代学校的行列。

（二）狠抓教师队伍建设，努力提高教学质量

清华大学老校长梅贻琦曾说："大学者，非大楼之谓也，大师之谓也。"这是至理名言！同样的道理，要办好一所中学，没有一批高素质、团结合作、相对稳定的教师队伍，是万万不可能的。

开城中学从初创时期起，教师队伍总体素质不高，各学科教师不配套，这也成为学校提高教学质量的软肋。恢复高考后，千千万万学子的学习热情高涨，中学规模迅速扩大，各校出现了空前的教师荒，优秀教师成了抢手的香饽饽，各学校千方百计招聘延揽。此后，虽有一批批大专毕业生加入教师队伍，但真正的骨干教师都有一个成长过程，周期较

长。整个20世纪80年代，人才大战未曾停歇。重点中学强势发展，相对更优越的办学条件，更优厚的待遇，吸引着全县的优秀教师。这期间，学校有一大批优秀教师流失，给教学造成极大的困难，有的年份，高考必考科目竟无教师上课。

学校历来重视教师队伍的建设，始终把引进人才、培养新教师放在突出的位置。归纳起来有以下几点：

1.不断壮大教师队伍

新教师的主要来源是每年的高校毕业生。每年春季学校都要向教育局报送下学年的用人计划，特别紧缺的学科教师，还要特别向教育局分管人事的领导当面提出要求，以期引起重视。新教师名单下达县教育局，学校派人摸底，想要的教师，甚至私下游说。但教育局的分配方案常常是不尽如人意的，想要的人要不到，不想要的硬往学校派，学校只得接受。结果是"短腿"的学科依然"短腿"，超编的更加超编。

1978年，羊山、六店两所"初中戴帽高中"撤销，所属两班高中学生并入开城中学，承大猷、成廷章、蒋克钊等老师亦随之调入。随后，原襄安中学下放教师俞佳培也从苏塘初中调进学校。这些优秀教师的加入，壮大了学校的师资队伍，提高了学校的声望。

2.开展岗位练兵，帮助新教师成长

学校的教研活动一直是很活跃的，每学期各教研组都要开展许多活动，如互相听课、评课，公开教学，老教师示范教学；期中、期末教学检查；召开学生座谈会或开展问卷调查活动，听取学生对教学的意见；开展校际交流，参加县教研室组织的研讨会、优质课评比活动，承担探索性的课题试验；等等。开展这些活动时，学校有意把"新兵"推到一线，给他们加压，促其快速成长，同时发现其中优秀的苗子，着意培养。在这一系列活动中，一批批新秀崭露头角，脱颖而出。如张清泽、章金罗、周光剑、赵前军、阮方平、徐先挺、汪清、程能法、喻世文、余小武、童效平、赵俊荣、耿业宏、赵健、赵红霞、刘仁萍、周兆杰、任更生、汪凯、方德球、万长文等，很快成为教学的中坚力量。后来，他们中的大多数，成为本县三所重点中学的骨干教师，甚至是学科带头人。1996年进校的英语教师吴计芳，教学特别认真，方法好，第一学期结束，全班英语平均成绩高出平行班级30多分，深受同学和家长的欢迎。学校发现这一新苗后，鼓励她继续努力，让她挑重担，接受更严格的训练，支持她到高校进修深造。数年后，她参与"教坛新星"竞评，一路过关斩将，最终被评为省"教坛新星"，省内多所名校请她去做示范教学。

3.鼓励教师继续学习，提高学养

20世纪八九十年代，教育局分配给乡村中学的新教师多为专科毕业生，按高中教师的学历要求是不达标的。学校鼓励他们继续学习，争做合格教师。学习主要有两种形式：

一是在职进修。即不离开岗位，一边工作，一边利用业余时间参加师范大学的函授学习和自学考试，考试合格，发给毕业证书，国家承认学历，享受与高校毕业生同等待遇。在职进修人很累，自学也有一定的困难，业余时间毕竟有限，学完全部课程，考试合格，一般需要较长时间，多数青年教师不愿采取这种进修方式。

二是离职进修。即参加专升本招生考试，录取后脱产学习，重做学生。这期间学校青年教师离职进修的很多，粗略统计有30多人。学校鼓励他们进修，工资照发并报销学费。进修的学校有北京师范大学、上海师范学院（现为上海师范大学）、安徽师范大学、安徽教育学院、巢湖学院等。这些青年教师入学之后，都非常珍惜来之不易的机会，刻苦学习，成绩优异。

离职进修对青年教师本人来说是大有好处的，但从学校培养教师的角度来衡量，却是失败的举措。因为这30多人中，最后只有4人留在学校长期效力，直至退休。其余的人，或继续考研究生，毕业后另谋职业；或直接考公务员改行；或回校后工作不久被重点中学挖走。此后，学校对教师离职进修渐渐失去信心和动力。

4.建立激励机制，调动教师的积极性

在长期管理探索过程中，学校形成了一套激励机制，激发教师在平凡的岗位上创造佳绩，发挥潜力和主动精神。各个时期，做法不同，但都能突现教师的业绩，体现公平。梳理其中的做法，主要有以下几点：

（1）实行双向选择，教师竞聘上岗。

学校实行"校长负责制"，其内容之一就是双向选择，教师竞聘上岗。双向选择的步骤是：新学年开学前，学校根据当年的班级设置，确定每个年级各科教师的职位数，向全校教师公布，教师根据自身的条件，向学校提出任课申请，这是第一步，教师选择工作。第二步，学校选聘教师：校长室会同教导处、教育处聘任各年级组长和各班班主任；年级组长召集本年级班主任协商，提出各学科授课教师的建议名单；教导处提出调整意见；最后由校长室发聘书聘任，教师持证上岗。

在教工总数超编的情况下，双向选择的结果，总是有人要落聘的。对落聘人员，个别的调离学校，多数重新安排工作。落聘虽不等于失业，但毕竟是件不愉快的事。竞聘机制，对全体教师来说是很好的激励措施。

（2）根据业绩发放奖金或津贴。

教学成果奖。教师所教学科，学生在高考、会考、中考中，平均成绩超出全县同类学校平均分数线者获奖，位列全县前三名者获大奖，个别学生成绩进入全县前十名者获特别奖。学生在学科竞赛中获胜，授课老师、辅导老师由学校发给奖金。

岗位津贴。年级组长、班主任、教研组长，除教学任务外，还承担很多杂务，比一般教师付出更多的劳动，学校每学期给他们发放岗位津贴。

课时金制度。学校把过去每学期按人头平均发放的奖金改为课时金，即课时津贴，老师每教一节课发一节课的课时津贴，教课越多，拿的津贴越多，反之就少。这样就可以拉开差距，按劳取酬，鼓励老师们勇挑重担。各学科的备课难易程度和课后要批改的作业量有很大区别，仅按

校史沿革

授课时数拿课时金显然不合理。所以给各学科都定一个系数，不同学科乘以不同系数，课时虽相同，津贴却有差别，这样更加公平合理了。

（3）把教师业绩与实际利益结合起来。

20世纪教师的住房都由学校分配，为了使有限房源合理分配，学校采用量化打分方法，依据总分多少排出分房的先后顺序。学校根据本人的学历、教龄、职称、教学获奖、评优、家庭人口平均住房面积、是否危房等条件定出得分等级，分项打分，相加得出总分。在诸多得分要素中，教学成绩所占比例比较大，因此要想先分房、住好房，就必须努力工作，干出成绩来。

教师的职称，不仅是本人教学水平的标志，而且与个人收入直接挂钩，不同职称之间工资差距很大。教师非常关心每年的职评，学校也极其重视此项工作。上级根据学校的编制，按比例规定各级职称指标。指标不是一次性用完，而是逐年投放。学校每年符合晋级的人多，而下达的指标有限，僧多粥少，矛盾突出。

职评有两项硬措施，一是量化打分，总分高的优先。打分标准全县统一，公开透明，教师可以自己算出总分。二是先评优后职评。评优分为优秀、称职、不称职三等。只有被评为优秀者才有资格参加本年度职称评审。优秀比例只占参评人数的15%，但获评优秀人数还是大于下达的晋升指标数，只有好中选优，优中选尖。每年评审结果，优秀的中青年教师多有晋级，而一些资格较老，但工作业绩不佳的人却往往落败。这些人虽有意见，但评审过程公开、公平、公正，不为任何个人左右。评审导向正确，不重资历重业绩，激发更多的人把主要精力投入到教育教学上。

纵观学校的教师队伍，总体素质是高的，教师学历有高低，教学水平有差异，在校服务时间有长短，但都很敬业，涌现了大批优秀教师。他们在极其艰苦的条件下工作，没有怨言，默默耕耘，无私奉献。

正是由于全体教工的共同奋斗，学校才能平稳发展，保持上升的势头，越办越好，在全县同类学校的排名中始终保持前列的位置。教学质量也稳步提高，粗略统计，学校45届高中毕业生，总数10000余人，约有50%当年或通过复读升入高校，未能升学而参加其他工作的，也都业绩不凡，甚至成为企业新秀、政商界精英，受到社会各界的好评。

（三）提高管理水平，建设和谐校园

1.学习管理知识和经验，提高治校能力

"文革"结束后，学校规模通常稳定在十五六个班，学生数1000人左右，教职工数80人上下，鼎盛时期有20多个班，在全县属中等规模。学校管理是一门学问，管理好1000多人的大单位并不是容易的事。学校领导层是否有能力驾驭它，办学思想和理念是否正确，是否团结，能否形成合力共谋发展，决定着学校的面貌。而校长又是其中的灵魂人物，校长的办学理念、道德品质、精神状态和工作能力，在学校发展过程中，起着决定性作用。

纵观60年来，前后10任校长，可以分为两种类型：前六任校长多从行政机关、党政部门调入学校，有行政工作经验，有魄力，敢担当，善于和社会各界打交道，但教学管理很难到位，做知识分子工作开始时没有经验。后四任校长科班出身，所带领的团队成员都是优秀教师，熟悉教学业务，也比较了解知识分子的特点和诉求，但他们往往缺乏驾驭全局的气魄和能力，很难利用社会资源和力量，教育理论知识储备不够，管理限于经验层面。全县各农村中学差不多都有类似的情况。学校领导自身的不足，制约着学校的发展和提高。

上级教育主管部门意识到学校领导层提高管理水平的重要性，开展了一系列活动，帮助他们补齐短板。如分批安排学校领导去省教育学院和党校学习教育和政治理论知识；开展县内校际交流，互相切磋，取长补短；组织校长到外地有特色的学校参观学习，先后到湖北黄冈中学，江苏张家港一中，安徽安庆一中、合肥八中、蚌埠五河中学、滁州来安中学，学习这些学校在培养拔尖人才、日常管理、校长负责制和勤工俭学等方面的经验；两次组织部分校长赴上海参加高规格的培训班。培训

班分别在华东师范大学一附中和建平中学举办，由相关教育专家、上海市教委领导亲自授课，上海育才中学，华东师范大学一附中、二附中，复旦大学附中，大同中学，复兴中学，建平中学，上海女子中学的校长分别介绍他们的治校经验。大家还深入这些名校参观、听课，与校领导座谈，大大拓宽了视野，学到了许多经验，看清了自己的不足，找到了发展的方向。

上海那些重点中学的好经验，农村中学是不可复制的，只能根据自身条件，有选择性地消化和吸收，探索自己的发展道路，克服盲目性和随意性，逐步实现学校管理规范化。

2.健全规章制度，民主管理学校

上海市各重点中学的管理都很规范化。各部门职责明确，分工合理，各司其职，忙而不乱；事事有章可循，人人行为守则，文明和谐，秩序井然。这给大家的印象很深，启发很大。

学校借鉴外地经验，先后制定了一系列规章制度，逐步培养按章办事的习惯。学校陆续出台的章程很多，择其要者列举如下：

（1）确定校风、教风、学风。

（2）岗位职责。主要有党支部书记、校长、副校长职责；教导处、教育处、总务处正副主任职责；共青团书记、工会主席职责；年级组长、班主任、教研组长职责；教务组、文印室、实验室、档案室、图书室、医务室、会计室、电教室管理员职责。

（3）具体的规章制度。主要有《教学成果奖发放办法》《课时金发放办法》《教工考勤制度》《教学检查制度》《教师专业职称评审、聘任办法》《教师教学、科研奖励办法》《教师师德规范》《公建、民助建房暂行办法》《学校财务管理制度》《借用公款、公物若干规定》《校园治安管理条例》《学生日常行为规范》《班级财产借用管理承包制度》《学生食堂管理制度》《学生公寓管理制度》《图书、学籍档案借阅制度》《实验室、电教室管理制度》等。

这些规章制度在制定过程中，充分发扬民主精神，集中大家的智慧，反映师生共同的意愿。经过多次修改完善，最后提请学校教工代表大会审议，通过后正式成为学校"法规"，任何人无权改动。

好的规章制度，不是一次就能形成的，常常经过多次修订。在执行过程中，发现某个规章制度确有不完善之处，由代表提出修正草案，经教工代表大会审议修改，使之日臻完善。

这么多的规章制度，对个人的行为，无疑是一种约束。但只要自觉遵守，久而久之就成了自己的行为习惯。依靠这些规章制度，学校在处理涉及个人切身利益的问题时，诸如专业职称评审、住房分配、奖金、课时金发放等，因为有"法"可依，就做到了公开、公平、公正。在30多年时间里，学校在这些问题上，未发生过重大分歧和矛盾，教工之间一直友好相处，人际关系和谐，大家心情舒畅。

3.实行校长负责制，探索管理新途径

20世纪80年代后期，国家推行一项新的改革：党政分开，实行厂长、校长负责制。县教委决定，从1988年新学年开始，由开城中学最先试行校长负责制，取得经验后在全县推行。校长负责制的主要内容就是扩大校长的权限。县教委给校长的权力有三项：组阁权、教工聘用权和资金分配权。

这是一项新的改革，没有经验。通过赴外地参观，学习相关文件和兄弟学校的做法，结合本校实际，围绕上面三项权力，学校制定出实施方案。

第一，校长组阁。此前，校级干部都由县委宣传部直管，调换谁，提拔谁，宣传部直接下达指令，常常是学校副校长的变动，校长事先不知道。实行校长负责制，副校长、各处主任都由校长提名，按管理权限上报，批准后由校长宣布任命。但在当时的人事制度下，校长并不是真正有用人权力，只是按方案走程序。

第二，实行双向选择，教工竞聘上岗。

第三，打破平均主义，根据教工业绩发放奖金。

经过一年的实践，校长负责制产生了积极的影响，特别是第二、三两条实施后，激发了教职工的竞争意识，增强了教职工的进取精神，争上游、创佳绩渐成风气。

1989年，学校总结校长负责制的做法和体会，上报县教委，受到县教委的肯定和赞扬，并在同年8月举行的全县教育行政会议上作专题发言，得到与会者的好评。此后，襄安、开城其他一些学校，借鉴我校的经验，推行这项改革。

不久之后，校长负责制不再提了，但在我校，一些行之有效的做法被保留下来，产生了长久的影响。

4.待人以德，建设和谐校园

在开城中学，师生之间的关系和谐、融洽。老师爱护学生，关心他们的成长，看到他们的成绩和特长无比欣喜，鼓励他们继续努力创造佳绩，在他们学习遇到困难时，不遗余力地给予帮助。

语文教师郑养法，教学水平高，教课认真，语言生动，他那特有的诙谐和幽默，给同学们留下了极深的印象。他还是安徽省著名书法家，教课之余，指导学生学书法，诲人不倦。"跟郑老师学书法"，一时蔚然成风。在众多学习书法的学生中，周鉴明脱颖而出，郑老师对他的指点更加用心，周鉴明也终得其真传，现已成为蜚声中外的书法大家。

2003年10月，郑养法先生不幸因病离世，他的学生从各地赶回来，送敬爱的老师最后一程，送殡的车队人流，浩浩荡荡，规模空前，连殡仪馆的工作人员也为之动容。一个教师的葬礼如此隆重，在当地实属罕见。

语文教师俞佳培，在一次批改作文时，发现学生周德平的习作《雪白的年糕》立意高，构思新颖，结构精巧，语言流畅，是篇难得的好文章。欣喜之余俞老师主动向上推荐，最后这篇作文被选进《安徽省中学生优秀作文选》，正式出版发行。这对周德平是很大的鼓舞，于是他更加刻苦学习语文，练习写作，终于练出了更好的文笔。在后来的工作中，因文字功夫过硬，他屡被领导重用。

数学教师张复常，患有胃病，冬天怕冷。一天晚上十点多钟，他已上床就寝，这时一个学生敲门进屋，请求老师为他补课。张老师立即下床，披一件棉大衣来到客厅，蹲在地上，以地面为黑板，一边讲解，一边"板书"，师生二人都很投入，不知不觉两个小时过去了，整个客厅地面上都是用粉笔写的数学公式。学生这才意识到让老师陪他冻了两个小时，很过意不去，站起身准备离去。张老师问："都懂了吗？"那同学满意又歉意地点点头。此时的张老师，四肢几乎冻僵了，上床后，久久无法回暖。

1996年上半年，张老师病情加重，学校催他去外地检查、治疗，他却说："我能挺得住。中途换老师，学生听不习惯，等把这届高中毕业生送走再说。"此后上课，他经常胃痛难忍，便将疼痛部位抵在讲台一角压痛。同学们见他脸色灰白，冷汗沿面颊往下流，一边听课，一边流泪。

张复常老师是无为县"十佳教师"之一。

对于弱势群体，对于有特殊困难的师生，给予救助、帮扶和精神抚慰，是学校数十年形成的优良传统。教工之间、师生之间、同学之间互助互帮蔚成风气，有的甚至情同父子、兄弟、姐妹。许多校友离校几十年，仍对母校无限眷恋关怀，遇到有困难的师友，慷慨解囊，真诚相助。下面是部分具体事例：

河北省保定铁路学校化学教师吴克魁，"文革"初期被打成"历史反革命分子"，押回原籍开城，后被罚在开城窑场监督劳动，长达10年。粉碎"四人帮"后，学校通过地方政府聘请他担任临时代课教师。1978年元旦，教工聚餐，校长范先白挨桌敬酒，当范校长向吴克魁所在餐桌走来时，他以为校长是不会向他敬酒的，便深深埋下头，避免尴尬。谁知范校长第一个向他举起杯："吴先生，敬你一杯！"他竟未听到，身边的人示意他，他慌忙站起身，哽咽着说："这是10年来第一次把我当人看！我干。"他一仰脖子喝干杯中的酒，热泪泉涌，双手合十，表示深深的谢意。此后，他教学更加努力。吴克魁几乎是全科型教师，不论是化学、物理、数学、英语，只要分派给他，他不说二话。根据

1978年高考政策，学校从高一年级学生中，挑选方光才参加高考，请吴克魁担任辅导老师，他愉快接受，倾注大量心血，当年，方光才考取第一批次录取的高校。

工人曾祥敏，从襄安中学调来我校后，其家属不愿来开城，仍住在襄安中学教工宿舍里。曾师傅退休后，回襄安与老伴同住，襄安中学则要收回其所住宿舍。为解决他的住房问题，学校领导数次去襄安中学，友好协商，曾师傅终于可以继续留住，颐养天年。

教工赵汉卿、张复常、王伟、焦涤非、庄明玉、侯家好先后生病，学校领导亲自或指派专人，陪同他们赴外地检查、治疗，安排住院，帮助他们报销医药费，救助他们的家属。他们去世后，学校全力协助其家属处理后事，公祭追思，使其家属在悲痛中得到一丝温暖。庄明玉离世后，留下多病的老伴和一个患病的儿子，生活极其艰难。在此后十几年的时间里，学校始终把他们列为帮扶重点，逢年过节登门看望，遇到困难及时救助，多次派人维修他们家的自有住房。这种关怀，一直延续到这对可怜的母子去世。

对于家庭困难的学生，学校总是抱着极大的同情，给予力所能及的帮助。每学期开学收取学杂费，都要给各班一定比例的免收或减半收取名额，特殊困难的学生，则重点照顾。

1991年，羊山初中毕业生沈朝发，品学兼优，但因学籍问题，被取消中考资格。该生家庭极端贫苦，父母双亡，和刚成家的哥嫂相依为命。他本人渴望继续读书，写信给学校领导，提出上开城中学的请求。信在学校领导层传阅后，得到普遍同情，学校决定录取他为高一新生，免收其学杂费，免费发给他全套教材和作业本。寒假开始后，他去天津市拾破烂，给班主任任更生老师来信说，因为没钱吃饭，学习无法坚持下去。学校立即通过班主任写信给沈朝发的哥哥，希望他支持弟弟读书，并许诺学校将帮助沈朝发解决吃饭问题。沈朝发返校后，从第二学期开始，学校每月供给他30斤饭票，直到他高中毕业。沈朝发同学学习刻苦，成绩优异，被评为"三好学生"。毕业当年，他考取安徽师范大学，现在是无为一中的化学教师。他一再表示，一定学习前辈师长的榜样，关怀、爱护自己的学生，把这种爱传递下去。

女生汪某，母亲早逝，父亲是开城镇环卫工人，收入很少。家无住房，父亲在开城永安河边用油毡搭了一个人字形窝棚，很矮，需弯腰进出。棚内只能放下一张床，父亲、妹妹和她挤在一张床上睡觉。女孩渐渐长大，生活有诸多不便，汪某萌生弃学外出打工的念头。班主任向学校反映这一情况后，校长当即让女生指导员在女生宿舍腾出两张床，通知汪某两姐妹搬来学校住宿，并免收她们的住宿费、学杂费和书本费，帮助她们渡过难关，完成高中学业。20多年后，汪某已经在北京打拼出一片天地，一次回到故乡，在开城街上看到已退休的老校长，握着他的手动情地说："这么多年来，我一直把您当作我的父亲记在心里。"

先锋双胜村一姓王的老太太，领着刚考取初中的孙子来校报到缴费，因钱不够找到校长。她站在桌边抖抖索索地从身上拿出一个小布袋，倒出一堆硬币，说："这是我讨饭积攒起来的钱，都是一分二分的硬币，就这么多，还不够……"校长听了一阵心酸，动情地对老人说："老人家，您孙子不用缴学费了，叫他直接来上学。这些硬币你收起来，留着过日子吧！"老人千恩万谢地走出校长室。

在学校这个温暖的集体中度过中学时代的莘莘学子，对母校、对老师怀有很深的感情，他们懂得感恩，离开母校多年之后，事业有成了，仍不忘回报母校，帮助师友。

1983年，学校建校门、修路，需要数十吨水泥。当时市场上物价实行双轨制，计划内的价格便宜但搞不到计划，计划外的很贵。学校找到在巢湖水泥厂工作的校友张家文，他非常热情，不但买到全部平价水泥，还亲自带车送到学校，且不收运输费。

1981届高中毕业生班凤顺在一次同学聚会时回到母校，看到校园面貌变化很大十分欣喜，当即捐赠数万元，在综合楼前建了一尊大型雕塑，使美丽的校园锦上添花。他帮助老师、同学真诚尽力，慷慨大方，请他帮忙、托他办事的人很多，在制度允许范围内的，他几乎是有求必应，不遗余力。一回到家乡，他的住处便成了"大食堂"，天天高朋满座。有两位女同学投资房地产被骗，数百万元血本无归，急得要跳楼。班风顺出谋划策，帮助她们挽回经济损失，并给她们大量融资，以缓解经济困境。他的事迹感人，在校友中传为佳话。

在温馨的集体生活中形成的同学关系是十分和谐、友好的。同学之间在生活上、学习上互相帮助的感人事迹，每一届都有。1985届高中毕业生孙献礼，在高中读书的两年时间里，一直精心照料下肢残疾的本班同学刘某的生活起居，一日三餐为他打饭，背他上厕所，帮他做一切他自己不能做的事情，陪他聊天，和他一起做作业，情同兄弟。1984年11月，孙献礼帮助刘某的事迹，刊登在《中国青年报》和《安徽日报》上，感动了无数的人。

学生在校时，老师关怀他们；学生走上社会后，反过来帮助有困难的老师。这种良性互动，数十年间从未中断。季涛、陈雨岚夫妇，在开城中学执教10多年，与学生结下深厚的情谊，尤其是季涛，更为学生所崇拜。"文革"后，季涛调入巢湖师范专科学校，后任该校校长，陈雨岚调入巢湖一中任物理教师。二人退休后，身体状况很差，季涛几近失明，陈雨岚患腿疾，行走艰难，后竟瘫痪，三个子女都在国外，他们夫妇生活极其困难。在巢湖工作的开城中学校友包以翠、何明平，主动上门照顾他们的饮食起居，陪他们聊天，陪他们看病，帮他们出门采购，回来还帮他们洗衣、做饭、搞卫生，十几年如一日。曹可海、王昭明、陈先兰、喻风霞、柳红群等，不时上门帮助他们排忧解难。季涛无限感慨地说："我这一生最为感动的事，就是我那些开城中学的学生这么多年来对我们无微不至的关心和照顾！他们对我们太好了！"

2007年，程荷生老师生病，远在大洋彼岸的学生盛学军、朱启超得知消息后十分焦急，打电话过来询问病情，并各寄千余美金资助老师治病。

2011年，老校长潘恒俊的女儿生病，在北京住院，需要大量的医疗费，双双下岗的女儿、女婿一筹莫展，老校长也囊中羞涩，心急如焚。

时在开城中学任职的学生章金罗、张娅，背着老师，为他在中国农业银行开城支行新开账户，通过学校网站把老校长的窘况告知校友，各地校友纷纷解囊相助，未至两周就筹措十几万元，帮助老校长渡过难关，迎来女儿的康复。

这类感人的事，不胜枚举！

世界上有一种情叫师生情、校友情，纯洁、真诚、无私，这是人类崇高感情的一种。而这种感情，在开城中学师生中显得尤其突出！

（四）探索适合本校的教育模式，促进学生全面发展

进入20世纪90年代之后，由于政府政策倾斜，全县几所重点中学强势发展，开城中学和其他农村中学渐渐落后，高中生源每况愈下。每年中考阅卷结束后，划出高中录取分数线，从高分到低分，分三个批次录取。轮到开中招生时，虽有足够的线上学生，但他们大多不填农村中学的志愿，而是通过其他渠道挤进重点中学，或复读，下一年再考，可供学校选择的学生很少。为完成每年的招生计划，学校不得不降格以求，录取线下低分段学生。面对这一新的生源特点，学校给自己明确定位，承认现实，不盲目攀比，更不气馁，而是努力探索适合自己发展的路子，促进学生全面发展，力争做得更好。具体做法是：

1.分类指导，因材施教

（1）面向全体学生，扣纲教学，提高毕业率。

普通高中有两大考试，即会考和高考。会考是学业水平考试，要求学生学完国家规定的各学科课程，会考及格，即可毕业；高考是选拔性考试，难度大。会考及格，这在重点中学是不成问题的，但对农村中学来说，却是一大难题。为了提高毕业率，学校于新生入学后，会进行一次全面测试，摸清他们初中所学知识的薄弱点，利用一段时间补课、辅导，使他们能听懂高一新课，跟上进度。会考有会考大纲，列出各学科的知识点，要求不高。新学年开学前，学校组织教师认真学习会考大纲，明确大纲要求。平时扣纲教学、布置作业，考试不超纲命题，难度

适中，让同学们普遍及格，不少人还能得高分，从而增强学生的信心。经过师生的共同努力，学校历届高中学生当年的毕业率都保持在95%以上，有的年份高达99%。少数人通过补考也能过关，而且基础知识学得较扎实。

（2）分类推进，提高升学率。

新生入学后，经过一段时间的学习，就会出现两极分化现象，差距甚至很大。把他们放在一起上课，好的"吃不饱"，差的"吃不了"，就高就低都不合适。于是，第一学期结束后，根据成绩高低分班。培养目标各有侧重，学习相对好一点的班着重培养高考种子选手，配备最有经验的教师，要求提高教学难度，加快进度，加大训练强度。分班后，这部分学生进步最快，每年高考升学的学生绝大多数出自学习相对好一点的班。学习相对差一点的班，确保合格毕业。对他们不歧视，不放弃，按常规教学，扎扎实实打基础。两类班级的学生也不是固定不变，学习相对差一点的班级中少数进步很快的，可以调入学习相对好一点的班，而学习相对好一点的班中个别跟班学习有困难的，也可编入学习相对差一点的班。

成绩相对好的学生，各学科成绩也有差异，也有短腿学科。学生中流行"n-1=0"的说法，意思是说，高考中有一科短腿，升学就没希望了。所以给他们补课，"吃小灶"非常必要。学习相对好一点的班，各科教师都非常辛苦，除正常教学外，还要课后辅导，帮助学生补齐短板。而这些都是老师们自觉自愿的，"自讨苦吃"，不向学生收取任何费用。

进入高中之后，同学们向文理科不同方向发展的意向日益明显。学校不反对学生偏科，但要求他们偏而不废，在保证毕业的前提下，分配好时间和精力，学好自己喜好的学科。学校因势利导，从第二学年开始，文理分班，课程设置不变，课时安排各有侧重，以利于定向培养。

（3）培养学生的专长，走不同的成才之路。

有的同学文化课成绩不高，但他们在体育、美术、音乐方面很有天赋，而且兴趣很浓。兴趣是最好的老师，引导那些有特长潜质的同学学习他们爱好的知识，进步之快超乎意料。每年高校招生，这三类专业的招收人数占有相当比例。各校都重视专业课成绩，对其他文化课要求相对较低。于是我们这样的农村学校就抓住这个契机，把培养特长生作为提高高考升学率的一个重要途径，常抓不懈，办出自己的特色。新学年开学后，学校便在高一新生中成立体育、美术、音乐三学科的兴趣小组，学生自愿报名，学校安排专业老师辅导，每周定期开展活动，从中发现好苗子。再由兴趣小组进而成立特长班，针对各科高考的专业要求，拟订授课计划和训练内容，每周固定时间上课，学校提供专用场所和必要条件，如运动器材、乐器和写生标本等，允许学生在这些学科的学习上投注更多的精力。这一扬长避短的培养路径，收到非常好的效果，每年高考，这三科都有考生被高校录取，这一做法逐渐成为我校高考的一个亮点，多次受到教育主管部门的表彰。

2. 开展多种形式的思想教育，促使青少年健康成长

中学生一般都处于十二至十八周岁这一年龄段，这一阶段是他们身心发展，世界观、人生观、价值观逐渐形成的重要时期。这个时期学生的特点是不成熟和具有可塑性。因此，开展正面、有益的又符合其年龄特点的教育，对他们的健康成长是极为重要的。处于这一年龄段的青少年，往往都有逆反心理，教育方法不当，没有耐心，则常常事倍功半，效果很差。学校开展每项活动都特别注意方法和效果，充分发挥同学们参与的主动性和积极性。

（1）上好第一课。

高一新生入学时，普遍存在自卑心理：自己成绩不好，上的又是三流学校，感到希望渺茫，情绪低迷。不消除这种消极心理，就很难激起学生向上的热情和奋发精神。基于此，学校非常重视对新生上好第一课。

每年的新生开学典礼上，学校领导和资深老教师，向他们介绍学校的发展历史和取得的成就，用历届校友的具体事例告诉大家：我校也是培养人才的摇篮，是放飞梦想走向成功的起点，鸡窝里也飞出了大批金

凤凰。同时向他们介经学校的现状，强调办学数十年，学校已积累了丰富的管理经验，形成了良好的校风和教学秩序，有一个适合读书的优美而安静的环境，办学条件与重点中学并无太大的差别。更重要的是，我校有一支敬业而富有教学经验的师资队伍，其中不乏全县一流的优秀教师。学校有信心，同学们没有任何理由自卑。

为了帮助大家树立信心，各班都要举行主题班会，教育学生承认差距，但不甘心落后，决不自暴自弃。相信自己的智力并不比别人差，成绩不好的关键在于自己没有找到正确的学习方法，不够努力。

成绩差的同学有一个共同的缺点，就是没有良好的学习和生活习惯，不遵守作息时间，上课迟到、早退，不专心听讲，没耐心上自习，作业马虎潦草，甚至拖拉不交，少数人抽烟、喝酒、打架斗殴、早恋，甚至赌博。这些不良习惯不是一时养成的，帮助他们改过来，也非一日之功，学校从入学时抓起，三年坚持不懈。首先从制度建设入手。将教育部颁布的《中学生守则》进一步细化，制定《学生日常行为规范》，从早晨起床，到早操、就餐、上课、自习、作业、就寝，都有明确的规定和要求，并认真贯彻执行。起床铃响过，班主任就来到寝室，督促学生起床，带领学生晨练。早读分别由语文、外语教师到班级辅导。就餐时，学校行政干部轮流值日，维持食堂秩序。旷课、不交作业，分别由班主任和授课教师约谈，不懂的要补课，马虎的作业重做，考试不及格的必须补考。这样强制性、保姆式的管理方法，坚持一段时间之后，会形成一个较好的班风。当然还会出现反弹，因此，各班都是反复抓，抓反复。

（2）利用身边案例进行教育。

青年学生心智不成熟，容易冲动。有人甚至不顾后果，做出出格甚至令人心痛的事。如1994年5月，学生打群架，造成严重后果。这是大家心中永远的痛。学校一直把它当作反面教材，警示大家牢记血的教训。有一次，两班学生闹矛盾要打架，剑拔弩张，互不相让。学校现身说法，叙述当年的惨状，收到立竿见影的效果。当时双方就握手言和，重归于好。

（3）开展丰富多彩的文体活动，寓教于乐。

学生的潜能是多方面的，各有所好，如对画画、书法、打乒乓球、做手工、唱歌、跳舞、下棋等，同学们各有悟性，有的人一学就会，都有好胜心和表现欲。

学校和班级每年都要开展几场大型活动和各式各样的小型活动，如全校性的体育运动会，"五一""元旦"文艺会演，参观本地的大型建设工程和名胜古迹，祭扫烈士墓，春游，举办绘画、书法、作文比赛及优秀习作展览，举行演唱会、朗诵会、演讲比赛、单项体育比赛，等等。每次活动都吸引很多同学踊跃参加，参赛选手通过班级预选产生，赛前要做大量准备工作，服装、道具、音响、陪练、伴舞，彩排或热身赛，需要多人互相协作，群策群力才能完成。因此，每次活动从筹备到正式开展，都是一次寓教于乐的过程，它增进了同学之间的了解和友谊，培养了集体荣誉感和团队协作精神。这些活动一般都是在班主任指导下，由班委会和团支部具体负责，大型活动则由学校团委会和学生会筹办。学生干部在组织活动中发挥了自己的聪明才智，锻炼了独立工作的能力。

（4）支持学生社团活动，促其独立成长。

青年学生思想活跃，兴趣爱好广泛而又各不相同，志趣相投者自觉不自觉地聚到一起，或交流读书心得，或品评自己的创作，或讨论共同感兴趣的话题，进而成立一个社团，搭建起活动平台。学校历史上曾先后出现过诸如青年文艺社、小小演奏家、书法爱好者、××画廊、××诗社、××文学社等社团。同学们的这种自由结社是很有意义的，只要方向正确，学校就鼓励和支持，并给予帮助。

各社团自己订计划，自己安排活动，同学们都很活跃，大大拓展了学习空间，发展了自己的专长，挖掘了潜在的天赋，培养了独立的工作能力和交际能力。

20世纪70年代初，童朝田、王勤同学领导的文艺宣传队，自排节目，自制道具，自己化妆，自己联系下乡慰问，与解放军联欢，节目精彩，受到热烈欢迎。

20世纪80年代中期，焦峰等同学发起组织的文学社，创办《投石》小报，校长为之题写报名，鼓励他们办出特色。这群文学爱好者，热情很高，小报从组稿、审改到版面设计、稿件编排，刻蜡纸、油印，再到分发、开展校际交流，都由同学们独立完成，他们常常忙到深夜。《投石》小报前后出了十几期，深受读者喜爱，吸引了一大批文学爱好者，也产生了很好的影响。焦峰由此爱上了新闻事业，求学于北京，毕业后成了一名新闻工作者。后来，新的文学社团继续办《投石》小报，后又改《投石》小报为文学期刊，影响更加广泛。

（4）利用本地的文化资源，培养学生热爱故乡的情感。

学校所在的开城古镇，有着丰富的文化底蕴。自秦汉以来，历代乡贤和革命志士在开城地区及周边留下众多的历史遗迹。另外，独特的自然景观，奇异的山水，也为外地所罕见。学校利用这些资源，开展春游、凭吊和社会调查等活动，同学们在游山玩水的快乐中，陶冶情操，学习历史知识。一次春游登山，同学们一气登上六店的毛公山，正意气风发时，老师问道："你们脚下的这座山为什么叫毛公山？山上的两个石洞为什么叫毛公洞、藏经洞？山下为什么还有一座毛公庙？"大家一脸茫然。老师便向他们介绍汉代学者毛苌、毛义在此隐居、读书、传授《诗经》的传说。两千多年前的故乡，文化就如此发达，同学们一个个眼睛闪亮，满脸自豪！

相山有座古老的书院，叫林泉书院，为全县古代四大书院之首。宋代中叶，当地王氏一门出了四位进士，扬名全国。金人南侵，直逼无为州，州官未战先退，弃城逃跑，枢密使王之道组织乡亲，依山筑寨，抗击金兵，保全两万多乡民的性命。本镇附近的丁汝昌衣冠冢，矮矮的坟墓，收藏着中日甲午海战那段悲壮、屈辱的历史。不远的三水涧，是抗战时期新四军七师师部所在地，现在建有大型纪念馆，丰富的史料、实物和图片，抗日军民坚持抗战的可歌可泣的故事都是生动的教材。同学们参观这些历史遗存，于潜移默化中经受爱国主义精神的洗礼，把我们民族的那种顽强自救、不屈不挠、敢于斗争的宝贵精神融入自己的血液。校友宇亚平退伍返乡途中，见几名歹徒在他乘坐的汽车上持刀抢劫，他义无反顾，挺身而出，赤手空拳与歹徒搏斗，虽身受几处刀伤，但终于保住了同车乘客的财产和生命安全。他的英勇事迹迅速在各地传颂，多路记者来校采访，盛赞学校的思想教育工作。

著名现代诗人田间，开城镇羊山人。他去世后，魂归故里，县政府在他的故居旁修建了庄严的田间墓园，于通衢处开辟了田间广场。每年清明时节，一队队同学为田间扫墓，并在墓前激情朗诵他的那些鼓点般的战斗诗篇，以及他们自己创作的诗歌，自发组织"田间诗社"，学习田间的战斗诗风。田间夫人葛文回乡为田间扫墓，学校请她来校作报告，场面热烈，田间的光辉革命道路、擂鼓诗篇，激励着一代代学子，他们在自己创作的诗歌中深情表白："田间／故乡的骄傲！……我们／踏着乡贤的足迹／擂鼓向前！"

故乡的山水，刻在同学们心中的印象是永不磨灭的。相对海拔100多米的天井山顶上，有一口"天井"，历史上最干旱的年头，河床干裂，"天井"里的清泉却汪汪不涸。泊山上有一个大型溶洞，亿万年形成的石笋、石钟乳，千奇百怪，琳琅满目，配以彩色灯光，地层深处成了奇幻、神秘的迷宫。周家大山脚下，有两股平行的泉水，清亮、甘甜，常年汩汩不竭。泉边一棵1300多年树龄的青檀树，系安徽省编号保护的名木，至今枝繁叶茂，巨大的树冠像一把巨伞，投下数百平方米的浓荫。近旁千年古寺双泉寺，缭绕的香烟和晨钟暮鼓，营造出静谧安详的佛门胜境。一次游历终生不忘。2009年同学聚会时，一位校友深情地说："离开母校20多年，游历过许多名山大川，却找不到少年时与同学们一起爬山的乐趣。故乡的山水，总萦绕在我的梦中，成为我永远挥不去的乡愁。"

数十年来，学校一手抓文化课教学水平的提高，一手抓政治思想和道德品质的培养，同学们在整个中学阶段，德、智、体、美、劳同步提

校史沿革

高，成为真正合格的毕业生。

（五）更上一层楼，创建市示范学校

进入21世纪，学校发展到历史上的最佳状态。办学条件越来越好，校园环境更加美丽；教师队伍不断壮大，各学科教师配备齐全，形成老中青梯队和良性循环；学校管理制度日益完善，师生的精神面貌和教学秩序保持着良好的状态；招生规模不断扩大，单高中部就发展到二三十个班。师生中焕发着昂扬向上的激情，创建巢湖市示范学校自然而然地被提上议事日程，社会各界和教育主管部门积极支持学校的工作。于是，学校请来教育专家作预评估，找出差距，明确改进的方向。在专家的指点下，学校做了以下工作：

1.剥离初中部，使学校成为独立高中

20世纪90年代中期，开城镇实行九年制义务教育，在学校东约一里处，选址建了一所新初中，条件较好。后又整合全镇资源，把原羊山初中和先锋初中并入新初中，条件更好，管理规范，教学质量也高，深得学生和家长好评。学校自成为完全中学之后，便以高中为重点，初中部管理相对较弱，生源局限于开城镇，常年学额不足。把初中部剥离，生源划给新初中，学校专办高中，对两校发展都有好处。经多方协调，并经地方政府和教育局批准，我校从2003年起，初中部停止招生，2006年最后一届初中毕业生离校，初中部成功剥离。至此，历时48年，送出43届毕业生5000余人之后，学校初中部正式停办。至此学校集中精力，一心一意办好高中，教育教学质量提高更快了。

2.补齐短板，使配套设施更加完善

专家指出：学校最大的短板是男女生宿舍和学生食堂不符合标准要求。但要补齐这两块短板，一是需要一块较大的空地，而学校已经没有闲置土地了；二是需要投入近千万元资金，这是摆在学校面前的两大难题。为了生存和发展，学校决定迎难而上，征地和向社会融资。经地方政府协调，学校征用了开城供销社废弃的农药、化肥仓库，后按大学生公寓标准，建起两座各六层的男女生公寓楼，共6000多平方米，可容纳900名学生入住。公寓楼内部设施配套齐全，宽敞明亮，舒适安全。各楼派有专职的生活辅导员和保洁人员，管理规范化。

两栋公寓楼之间，新建了学生食堂，建筑面积1000多平方米，内设两个大餐厅，全体住校学生可以同时就餐。食堂改变原来饭菜品种单一的模式，引进竞争机制，增加了花色品种的供应，提高了饭菜的质量。学生可以根据自己的经济能力和喜好，选择中意的饭菜。学校加强监管，确保饭菜卫生安全、营养均衡和价格的公平合理。

此外，进一步美化校园，拓宽道路，粉刷墙壁，整修花草树木，增建花坛、雕塑和园林小品，校容校貌焕然一新。改善教师的办公条件，配齐教学设施。整修运动场所，新建标准球场，增加运动器材。购置新书和各种参考资料，丰富图书馆藏。

3.修订规章制度，使之更加规范完善

学校在不同时期，制定了一系列规章制度，涉及方方面面，为建设和谐校园，发挥了重要作用。但随着时间的推移，有的条文已经过时；有的条文本来就不合理，执行起来有困难；初中部剥离后，涉及初中的内容，必须删除。总之，学校的规章制度不够规范、完善。在创建巢湖市示范学校过程中，学校充分发扬民主精神，把所有的规章制度都交由教代会逐一审查修订，通过民主程序定稿。学校将这些规章制度汇编成管理手册，正规印刷，作为学校的管理法规发给师生，以便共同遵循。

经过数年的艰苦努力，各项条件已经具备，学校正式备文向教育主管部门申请成为巢湖市示范学校。市教育局派专家组来校，对照示范学校的标准，逐条审核。最后，专家组认定学校符合市示范学校要求。2009年，巢湖市教育局发文，正式命名学校为"巢湖市示范高级中学"，同时挂牌，向社会宣示，学校进入全县名校行列。

四、走向收官时期（2013—2016年）

从2013年开始，高一新生人数逐年大幅减少，形势急转直下。21世纪初，全县每年初中毕业生仍有2万多人，各校足额招生，初中毕业生升学率也只有70%～80%。但到了2016年，总数下降到9000余人，不足原来的40%。

高中生源锐减的原因是：连续30多年的计划生育政策，大大降低了人口的出生率；随着城市化率的提高，农村人口大量向城市流动；城内及襄安的重点中学越办越大。农村高中招不到新生，渐渐失去存在的价值。2010年以后，石涧中学、陡沟中学、牛埠中学、蜀山中学和仓头职业中学先后停办。六洲中学、汤沟中学划归芜湖市区，剩下的开城中学、大江中学、严桥中学，也出现了生存危机。2016年，无为中学等五所重点中学，共招收高一新生6000人，设107个教学班，职业中专和民办中学又招收了相当一部分新生，再加上随家长外迁和提前就业的，可供农村中学招收的学生人数很少。大江中学高一招生173人，开城中学高一招生174人。截至2017年12月，大江中学在校生295人，教工124人；开城中学在校生248人，教工87人。在校学生数萎缩，校舍空置，教师超编，教育资源浪费严重。

普通高中不属于义务教育，历来办学经费紧张。除教工工资及个别基建项目外，几乎没有财政拨款。国家取消农业税之后，农业教育费附加停止征收，学校运转的一切费用都要自筹，而学校资金的唯一来源是收取学生的学费和杂费，学生人数多，收入就多，反之就少。而办公费、房屋维修费、水电费、教具添置费、差旅费等也是一笔不小的开支。创建巢湖市示范学校时所欠债务要偿还本金和利息，学校陷入债务危机，分散了工作精力，本来就很少的教工福利更差。学校的每况愈下，使教师、学生感到前途渺茫，教与学两方面都受到极大的影响，教学质量随之滑坡，生存危机日益严重。

2013年，县委办公室、县政府办公室印发《无为县高中学校和城区学校布局调整实施方案》（无办发〔2013〕9号），根据这个文件，2017年起，大江中学、开城中学停止招收高一新生。2018年4月19日，县政府办公室发出〔2018〕17号文件《无为县人民政府办公室关于转发开城中学、大江中学撤并调整实施方案的通知》，决定2019年撤销开城中学、大江中学普通高中建制，高中停办。2019年6月，开城中学送走最后一届42名高中毕业生，便最终从无为县教育的历史长河中消失。

按上述文件规定，原开城中学教工，经过考试，70%进城，定岗到新建或缺编的高中、初中、小学。未能进城的教工，根据本人意愿，调配到其他乡镇学校，愿意就近调配到开城中心学校所属学校的，先予安置到岗，再逐步消化。截至2019年12月31日，未选调进城的教师，本着自愿的原则，男满55周岁，女满50周岁，可申请提前退休。

学校领导班子成员，按干部管理权限，根据工作需要调整安排。至2019年，未做调整或选调进城的，由县委教育工委依据相关政策进行选聘。

学校离退休教职工，整体划归属地中心学校。

五、结束语

开城中学虽然只存在了60年，相对于历史长河它是短暂的，但它所创造的业绩却是不可磨灭的。

60年间，开城中学共培养43届初中毕业生，总数5000余人；45届高中毕业生，总数超过10000人。粗略统计，约有50%升入各类高校深造，毕业后分布于全国各地，在各条战线上为祖国的社会主义建设事业贡献力量。未能升学的校友，或走上仕途，担任各级政府部门的行政职务，建设家乡，服务桑梓；或担任中小学教师，成为培养祖国后代的辛勤园丁；或参军报国，为国防建设贡献自己的青春和才智；或投身商业、农业、工业和其他服务性行业，并在各自的领域打拼出一片天地。更为可喜的是，这15000多名毕业生中，涌现出以方光银、俞汉青、毕训强、丁福建为代表的数以百计的各界精英，更是开城中学的骄傲。

在开城中学从创建到发展的整个过程中，一代又一代开中人艰苦卓绝的创业精神是十分宝贵的。他们不讲条件，白手起家，不畏艰苦，年复一年坚持不懈，硬是在一座荒凉的乱坟岗上，建成一所花园式的中学，使之成为读书的理想场所。教师极其敬业，他们住在低矮的土墙茅屋里，点着油灯，漏风漏雨，不叫苦，不抱怨，不懈怠，兢兢业业，不计报酬，甚至带病坚持工作，默默无闻地奉献一生。广大来自贫苦乡村的同学，刻苦、勤奋，在困难年代，很多人长期处于半饥饿状态，常年以咸菜就饭，在满是沙虫的脏水里洗脸、刷牙、刷碗。严寒的冬天，他们坚持在冷若冰窖的教室里上课，围着小煤油灯自习，两人挤在不足一米宽的床上就寝，仍然乐观向上，孜孜不倦，发奋读书。开中师生这种勇于克服困难、昂扬奋进的精神，是值得后人学习和借鉴的。

学校长期形成的人际关系，多年来一直为人称道。团结、和谐、真诚、互助、友爱，这种不掺杂任何功利的人际关系，在今天是极有现实意义的。

开城中学的管理层和老师们勇于探索，在实践中逐步形成的适合自身特点的管理方法和教学经验，曾发挥着巨大的作用。时代不同，这些具体做法或许不具有现实意义，但那种根据实际不断探索的精神，还是很有借鉴作用的。

如今，开城中学校史已经成了开城这座千年古镇文化教育历史的一个组成部分，是其中的辉煌一页。开城中学留给后人的物质和精神财富，将会长久地熠熠生辉！

潘恒俊

2020 年 1 月 20 日

开城中学大事记（1959—2019年）

1959年

7月　无为县人民政府决定在开城区兴办"无为开城初级中学"。任命泉塘人戴勤功为副校长，负责筹建工作。戴勤功到任后将校址选在开城镇东郊、羊山公社永安大队境内的两座义冢地上。公社无偿划拨土地近百亩。

9月　新生报到注册，正式上课。学校面向开城、严桥、蜀山三区招生。首届招收初一新生360人，开设6个教学班。借民房和大队公房上课、办公、住宿，师生边教学边建校。

1960年

8月　首批教室建成（平房12间，4个教室），交付使用。是年，农村灾荒越来越严重，流失学生很多。

1962年

7月　首届初中生毕业，只有80余人，不足招生人数的四分之一。

1965年

1月　开城变电站建成，电线架通，学校开始用电灯照明。

1966—1967年

受"文革"影响，学校停课。

1968年

春　学校正式复课，教学秩序良好。

1969年

春　学校被拆解，一分为几，一次性有将近20名骨干教师分别下放到本区的羊山、宏林、赫店、苏塘、先锋、宝山和六店公社，本校只留4名教师，元气大伤。3名工人回原籍。各公社以我校下放教师为骨干，创办初级中学。

夏　开城供销社在区委支持下，无偿占用学校东部数千平方米土地建化肥、农药仓库，建成后对学校环境造成严重污染。

1971年

1月　学校创办高中部，校名由"安徽省无为开城初级中学"改为"安徽省无为开城中学"，学校由初中发展为完全中学，首届高一招收新生180余人，设3个教学班。高、初中均为两年制，春季始业。

1972年

高中未招新生。

1973年

1月　首届高中生毕业离校。

2月　招收高一新生，100余人，设2个班。教学秩序良好，学习气氛很浓。

1975年

批判资产阶级教育思想回潮，学校教学秩序又开始混乱，高二学生编为农医班和普通班，学生学工、学农、学医，下乡作社会调查。

1976年

唐山大地震后，社会普遍恐慌，学校建立地震测报站，教工自建防震棚，以防地震。

1977年

恢复高考招生制度，学校组织应、往届毕业生复习迎考。高考阅卷分地区进行，学校多名教师被抽调参加高考阅卷工作。巢湖地区高考阅卷点设在庐江中学。

1978年

从新学年开始，中小学改为秋季始业。

8月　初中部、高中部同时招收新生。初中由两年制改为三年制。

9月　羊山、六店两"初中戴帽高中班"并入开城中学。部分原开城中学下放教师陆续调回。

国家为加速培养人才，允许高一优秀学生参加高考。学校高一学生方光才当年考取安徽师范大学数学系。

1979年

11月　撤销学校革委会、教改组、后勤组，改为校长室、教导处、总务处，负责人职务称谓相应改为校长、教导主任、总务主任。

1983年

秋　学校开始有计划地加强基础设施建设，逐步改善办学条件。8月拆除有随时倒塌危险的旧校门，建成新校门。

校史沿革

9月 推掉校门两边的泥垒围墙，改建水泥砖围墙，校貌开始改观。

11月 安徽省原副省长、政协原主席、著名书法家张恺帆为学校题写校名。学校依其题字手迹制成铜板字，和原手迹一起永久保存。

1984年

修水泥路两条，主干道路路面硬化，雨天师生不再走泥泞路。

1985年

整修加固男女生宿舍，确保学生住宿安全。

9月 高中部开始改为三年制。

1986年

4月8日 著名诗人田间的夫人葛文应邀来学校作报告，介绍田间的生平、文艺思想及创作成就，深受师生欢迎。

6月13日 高中生伍安东被选招为空军飞行学员，学校召开大会，欢送其光荣入伍。

学生孙献礼，高中期间，精心照料同班残疾学生刘某，事迹生动感人，《中国青年报》《安徽日报》均于头版刊登照片，介绍这一事迹，予以表彰。

1987年

6月 在开城区委的支持下，解决了学校土地纠纷问题，维护了校园土地。年底兴建教工宿舍24套，基本解决教工住宿问题。同时拆除校内所有的泥墙草顶危房20多间，校貌随之改观。

秋 开始评定教师职称。首批评聘高级教师2人，一级教师5人，二、三级教师若干人。

因学制改为三年，是年高中无毕业生。

学生文学社团创办油印小报《投石》，在校内、校际产生良好影响，高中学生焦峰任首任主编。

1988 年

4 月　学校第一座商住楼建成。这是一座两层小楼，建于学校从永安村征用的 2 亩土地上。

7 月　改制后第一届高中生毕业。

9 月　学校在全县率先开展校长负责制试点工作，其实践经验受到教育主管部门的肯定，并在全县教育工作会上介绍，起到了示范作用。

1989 年

春　高三学生潘寒冰被评为"半月谈中学生奖学金"获得者，获得国家主席杨尚昆题词的荣誉证书及 300 元奖金。当年巢湖地区获此殊荣的仅此一人。

夏　安徽省电视台专程来校拍摄专题片《铁笔生花》，介绍学校首届高中毕业生周鉴明的书法成就及其成长道路，并在安徽省电视台播放。周鉴明时任安徽省硬笔书法协会主席。

9 月　校长潘恒俊被评为国家级优秀教师，国家教委、劳动人事部、全国教育工会联合授予奖状、奖章及 500 元奖金。

1990 年

10 月　学校建成全县农村中学第一个理化生实验中心。14 日，县政府在学校召开实验中心网络化建设现场会。实验中心的建成产生了较大影响，推动了全县农村中学实验中心的建设进度。

1991 年

5 月　县政府发文，决定县、区共同出资为我校建教学楼，后因遭特大水灾，出现资金困难，未能开工。

学校出资 3000 元，参与兴建开城自来水厂。

校史沿革

秋　自来水厂建成供水，学校从此结束长期用水紧缺的历史。

9月　高中教育实行《现行普通高中教学计划的调整意见》和"普通高中毕业会考制度"两项改革。县教委以我校为试点，学校积极落实，并取得经验。

1992年

11月中旬　教学楼正式开工兴建，工程进展顺利，当年建成第一层。副省长杜宜瑾来学校视察，陪同前来的有省教委副主任金辉、县委书记喻晓等。

1993年

6月　教学楼建设出现资金困难，被迫停工，后经县政府出面协调，开城、赫店、六店三乡镇筹措资金，部分资金到账后，继续施工。

1994年

春　教学楼及配套工程建成，交付使用，并举行落成典礼。教学楼总建筑面积1800平方米，3层18个教室，总造价640000元，平均每平方米造价约355元。县财政拨款250000元，开城、赫店、六店三乡镇筹资200000元，其余学校自筹。

1995年

数学教师张复常被评为无为县"十佳教师"，受到县政府表彰。

1996年

秋　学校征地8.8亩，扩建操场。征地费8.6万元，由赫店、开城、六店三乡镇负担，平整工地、筑围墙所需的10万元，由教育局拨付。

10月　汪友波同学获全国读书教育活动一等奖，并受邀去北京参加国庆献礼。

10月26—27日　应校长室邀请，学校第二任校长方式明、第四任校长潘惠民、第五任校长叶魁，回到他们曾经工作过的开城中学。潘恒俊等时任学校领导，陪同老校长们参观了校园，向他们汇报了学校近年来的工作，并进行了亲切的交流。老校长们热情赞扬学校的快速发展，并对今后的工作提出了殷切的期望。

12月　校友宇亚平，在退伍返乡的长途汽车上，孤身勇斗3名持刀抢劫的歹徒，保护了乘客的生命和财物安全，光荣负伤，受到政府的表彰和奖励，其事迹被广泛宣传，多家媒体来校采访其在校时的表现。宇亚平住院期间，学校及时慰问，并于其痊愈后，请他和其原所在部队的首长来校作报告，在全校开展向宇亚平学习的活动。

1997年

运动场扩建完成，标准跑道、篮球场、乒乓球台等设施同时竣工，交付使用。

普及九年制义务教育的各项指标全部达标，通过国家验收。

1998年

开始筹建综合楼。规划楼高4层，设有12个教室。

伍先能老师被安徽省总工会授予"五一劳动奖章"，无为县电视台对其作专题报道。

阮方保老师被安徽省教育厅授予"优秀教师"光荣称号。

1999年

实行教育内部管理体制改革：校长负责制、教师聘任制、工资浮动制。

综合楼竣工，交付使用。

章金罗老师被评为巢湖地区十佳青年。

校史沿革

2000年

筹建教工住宅楼。建成学校第一微机室。

2001年

首座教工住宅楼竣工，6层24套，户均居住面积100平方米左右，24位教师喜迁新居。

经严格评估，教育局确认我校为合格完全中学。

4月　章金罗获巢湖市高中地理教学大赛二等奖。

2002年

筹建第二教学楼。建成首座语音教室。获全县教学比赛集体二等奖。被评为全县职教招生先进单位。实行新的教工浮动工资制。

2003年

开城镇党委授予学校党支部"先进党支部"称号。学校获全县高考本科达标奖（全县第三名）。

全校开通宽带网。建成第二微机室，安装微机64台。

9月　学校档案室被省档案局评为省级档案管理一级单位。

"非典"流行期间，高一、高二学生放假回家，高三学生采取封闭式教学，无一例SARS病毒感染病例，取得抗击"非典"的胜利。

2004年

3月　学校档案室被县教育局、档案局评为"先进单位"。学校党支部被评为开城镇"先进党支部"。获县第三届"中央花园杯"青年歌手大赛三等奖。

9月　第二教学楼建成启用，新楼3层17个教室（其中有3个多媒体教室）。实施岗位聘任制、年级组等集体办公制。

2005年

4月　第二幢教工住宅楼开工兴建，新楼6层28户。

9月　强化住校女生管理，聘请专职女生寝室管理员。

组织开展"红色之旅"旅游活动。

开展"保持党员先进性"教育活动，效果良好。

2006年

4月　第二幢教工住宅楼竣工，启用学校新大门。

5月　在县首届完职中教工篮球赛中，开城中学获评"优胜队"。

8月　初中部停办，学校由完全中学改为独立高中。

9月　县电视台举办"今夏星光灿烂——同心杯"大众才艺电视大赛，开城中学获组织奖。

10月　在县第十届中学生田径运动会上，学校获高中女子组团体第一名。

2007年

3月　学校党支部被评为开城镇"先进党支部"。

6月　赵志田老师获巢湖市高中化学优质课大赛三等奖。

9月　获2006—2007学年度特长生培养奖和高考贡献奖。

10月　学校共有10名教师被县教育局授予"无为县教育能手"称号。

12月　在无为县"英博中学杯"越野长跑赛上，我校代表队获团体第二名。

征用开城棉花站土地约8亩，筹建学生公寓和学生食堂。

校园绿化、亮化工程完工，环境进一步美化。

2008年

9月　两栋学生公寓楼建成启用。首批入住高一男女新生各100人。为加强管理，学校行政人员及班主任，轮流值班，与学生同住。

10月　英语教师吴计芳获安徽省第三届"教坛新星"称号，并在巢湖市做示范教学。在县第十一届中学生田径运动会上，开城中学女子代表队获团体总分第二名。

12月　新学生食堂建成启用，大大改善了学生就餐环境，提高了伙食质量。全体教职工更换办公设备，改善办公条件。化解学校债务，共得补偿款80万元。

2009 年

学校被巢湖市命名为"巢湖市示范高级中学"，挂牌公示，从此跻身无为名校行列。

2013 年

县委办公室、县政府办公室发出无办发〔2013〕9号文件，决定自2017年起，大江中学、开城中学停止招收高一新生。

2018 年

县政府办公室发出〔2018〕18号文件，决定2019年撤销开城中学和大江中学建制、高中停办。

2019 年

6月　最后一届高中毕业生离校，开城中学不复存在。

学校集体荣誉奖

1985年，学校团委被评为无为县"先进团委"。

1986年6月，学校团委被共青团安徽省委、安徽省教委评为安徽省"以团带队先进集体"。

1989年5月，学校团委被评为无为县"学雷锋先进集体"。

1990年10月，学校被评为无为县"实验中心网络化建设"先进单位，县教委在我校召开推广现场会。

1991年1月，学校团委在"争先创优"以及"学雷锋，学赖宁"活动中被团县委评为无为县"先进单位"。

1993年9月，学校被中国东方航空集团、安徽省航空公司授予"招飞先进单位"。

1995年5月，学校在无为县"比学赛教"活动中荣获完全中学组二等奖。

1997年2月，学校在无为县教育教学督导评估中荣获完全中学组第二名。

1998年2月，学校在无为县"抓两基促两全"工作中荣获三等奖。

1999年3月，学校被评为社会治安综合治理"先进单位"。

1999年10月，在无为县第五届中学生田径运动会上荣获男子组第一名。

2000年1月，学校被评为无为县信息工作"先进集体"。

2000年3月，学校在无为县中学教研片工作评比中荣获二等奖。

2000年12月，学校在无为县中学教科研工作评估中被评为"先进单位"。

2001年2月，学校党支部被评为"先进党支部"。

2001年3月，学校团委被评为无为县"先进团委"。

2001年5月，学校在无为县中学生小品比赛中荣获二等奖。

2002年1月，学校在教研片年度评比中荣获县教委颁发的二等奖；在无为县中学生信息技术竞赛中荣获高中组二等奖。

2002年2月，学校在完职中特长教育教学目标管理督导评估中被评为"先进单位"。

2002年9月，在无为县第八届中学生田径运动会上荣获高中男子组第四名。

2002年12月，学校在无为县年度综合考评中被评为"先进单位"。

2003年1月，被评为无为县职教招生"先进单位"。

2003年9月，学校档案室被安徽省档案局评为"安徽省档案管理一级单位"。

2004年2月，学校党支部被评为开城镇"先进党支部"。

2004年3月，学校档案工作成绩突出，被评为档案工作"先进单位"。

2004年5月，我校歌手在无为县第三届"中央花园杯"青年歌手大赛中荣获三等奖。

2006年5月，学校教工篮球队在无为县首届完职中教工篮球赛中荣获"优胜奖"。

2006年9月，学校在"今夏星光灿烂——同心杯"大众才艺电视大赛中荣获组织奖。

2006年10月，学校在无为县第十届中学生田径运动会上荣获高中女子组团体第一名。

2007年3月，学校党支部被评为开城镇"先进党支部"。

2007年9月，荣获无为县教育局颁发的2006—2007学年度高考贡献奖。

2007年9月，荣获无为县教育局颁发的2006—2007学年度特长学生培养奖。

2007年12月，在无为县"英博中学杯"越野长跑比赛中，我校代表队荣获团体第二名。

2008年3月，学校党支部被评为"先进党支部"。

2008年11月，学校在无为县第十一届中学生田径运动会上荣获高中女子组团体第二名。

2009年，被巢湖市教育局命名为"巢湖市示范高级中学"，并挂牌公示。

往事回眸

开城中学花甲颂

六十年前开教篇，开城古镇勇当先。
披荆草创争吃苦，斩棘出征勇向前。
回眸桑梓多喜色，放眼神州不负天。
莫道永安河水浅，万千学子正扬鞭。

俞佳培

开城初中创办初期概况

无为县开城初级中学创办于1959年。当时，和开城初中同时创办的还有石涧初中、仓头初中、六洲初中、牛埠初中。

走出开城镇河东跃进门，中间有条小路，可以并行3人，路两边是水田，绝对不能行汽车。沿路向东行约200米，路边散落三四户人家，再向东走三四十步，便有一条岔路向北通向一座小山岗。岗上荆棘丛生，荒坟累累，杂有几畦菜地和3座草房，这便是创业者们选定的开城初中校址。人民公社成立后，农民的私房都成了人民公社的公有房产，学校就是利用山岗上这三处公有草屋作为最初的校舍。

当时县以下设区，每区辖七八个公社。全县10个区，而初中只有五六所，所以每所初中都向邻近的几个区招生。开城初中招生范围包括开城、严桥、蜀山三个区。当年招收360名初一新生，编为6个班。

山岗东边几间草屋（后面有小水塘）是学生食堂，兼库房和食堂工人住所。中间和西边的草屋，作办公室和教室。一排坐北朝南的草屋，东头是办公室，西头是105班教室。另一排坐南朝北的草屋，是104班（即我所在的班级）的教室和寝室。

学校东边有个村庄叫朱家庄，学校在村中征用一排10多间草房，作为101班、102班和103班的教室和学生寝室。学校和村庄之间有一条排水沟，从学校到这三个班去，必须先下山岗，回到门前的小路上，向东行百十米，再向北转向进村的道路，才能到达。由105班教室向西行百十步，下坎有一座锁形草屋，为106班教室和寝室。锁形草屋西边一点，有5间砖瓦房，作学生寝室，女生住3间，其余两间是105班男生寝室。

这就是当时学校的全部校舍和校园环境。校舍全是民房，低矮、狭小、光线极差，零乱而分散，没有一间正规的教室和办公室，而且多为土墙草顶，存在巨大的安全隐患。整个校园就是一座大坟场，放眼尽是坟冢和荒草，狐、兔、蛇经常出没，雨天道路泥泞，难以行走。

学校第一任校长是戴勤功（原为泉塘某小学校长），教导主任是徐国淮。教师多为宣城师范学校和芜湖师范学校当年的毕业生，我记得有凌名扬、陈宗祝、潘国刚、胡世荣、周理毓、侯太学、查贵书、鲍敦务、包元英（女）、时金城、汤恒泽、钱艺园、焦涤非等老师。1960年，调进学校的有杭盛才、程荷生、陈三畏、陈业荣等老师。会计余禹功，工人有庄明玉、童忠全、余能贵、罗太昌、老宋等。

开学后的第一大任务就是兴建校舍，没有建筑材料，就在全开城区范围内拆祠堂。先后被拆掉的有先锋公社牌楼大队的丁氏宗祠、缪家大墩的缪氏宗祠、六店公社喜鹊黄村的黄氏宗祠。所有拆下来的砖瓦、木料，都由学生利用课余时间运回。每个学生差不多都备有一条小扁担和两根绳子，专门用来搬运这些建筑材料。初一学生大多年纪小，力量小，一次只能挑十来块小砖。每到下午课外活动时间，从学校到所拆祠堂的路上，往来运输建材的学生络绎不绝。六店的喜鹊黄村离学校很远，大型梁柱不便人工搬运，便改从水路运回。大家先把木料抬到花桥河边，再扎成木排，学生站在木排上撑篙，使木排徐徐前行，从花桥河到永安河，在开城大桥边靠岸，再拆排由学生运回学校。1960年，位于学校西北角的第一栋四个正规教室，就是利用祠堂的旧砖瓦、木料建成的。新教室落成，大家欢欢喜喜搬进去上课，可第一堂课就闹了个大笑话。最西边教室最后一排的两个学生，正聚精会神坐着听课，突然坐着的板凳一歪，他们随势跌倒。开始大家都很惊愕，接着满堂大笑。原来他们坐的板凳下面是坟墓，棺木腐朽，板凳腿压塌棺材盖，才闹出这个大笑话。此后，相继建起第二栋三个教室和一个大礼堂。

除了参加建校舍劳动，学生还要经常支援农业生产。农忙季节，到农村去插秧、割稻、种麦、种菜。初二时，学生到离校约20里的毛公山去砍茅草，在那里住了几个月。1961年春季，学校放了四个月农忙假。另外，还有突击性的劳动。有时半夜被叫醒，到大路边去铲草皮，因为第二天县里派人来公社检查。初三时，才能够较正常上课，可以想见当时的教学质量了。

从1959年秋季开始，人民生活进入困难时期，学生生活也日渐艰苦。那时初中学生的户口在入学时迁入学校，由国家粮站统一供应粮油。开始每人每月供应27斤大米，后来减少到21斤，再后来又要求节约2斤，实际只供应19斤。学生吃不饱，只得经常回家讨点咸菜来充饥。但自然灾荒日渐加剧，学生不但回家讨不到吃的，相反，饿急了的家里人还要来学校蹭饭吃。学生常常饿一餐，省下饭来给家人吃。要好同学之间也有互相调剂的，但都有借有还，实际是寅吃卯粮了。长期饥饿的折磨，使同学们的正常学习坚持不下去了，不少同学只得辍学。初一入学时共有360人，到我们初三毕业时，全年级只剩下80余人。

童朝胜

别了，我亲爱的母校

每当我走在去开城的路上，总要想起我的母校——开城中学。开城中学是我生命的延续、知识的源泉。

毕业这么多年，每次上开城镇，我都要到学校转一圈，门卫挡住我，问进校做什么。我骄傲地回答："我是开城中学首届学生！"

开城中学的一草一木，哪怕是一撮黄土，我都有眷恋之情。初创时，学校只是一座乱坟岗，上面散落着几栋破旧的民房，后来改做临时教室和老师的办公室，学生宿舍是临时搭建的窝棚，草壁筋糊泥作墙，四面透风，屋架全是毛竹的，用铁丝绑扎而成。新生入学后，一边读书，一边建校，上课很不正常。

我们的老师大都是宣城师范学校和芜湖师范学校的应届毕业生，年龄都在二十刚出头，个个年轻帅气，举止文明。我清楚记得：校长戴勤功，政工组长胡世荣，教导主任先是骆家华，后是徐国淮，教务员是焦涤非，总务主任周久皋，会计余禹功，工作人员费太喜。我们班的语文老师是侯太学，数学老师是查贵书，历史老师是汤恒泽，地理老师是周理毓，体育老师是时金城，音乐老师是周久珍。未教我们课我认识的老师还有潘国刚、凌先成、鲍敦务、陈宗祝、凌名扬、程荷生、陈业荣、钱艺园等。

侯太学老师语言表达能力很强，朗读课文抑扬顿挫，时而高亢，时而低沉，节奏疏朗有致，同学们听得入神，全班鸦雀无声。他很重视写作教学，谁的作文写得好，他就非常高兴。作文课时，他详细讲解怎样写好记叙文，如何运用好顺叙、倒叙、插叙的方法，强调要抓住重点，详略得当；要学会用过渡句，前后照应。讲如何写散文时，用放风筝作比喻，要让风筝飞得高，飞得远，潇洒飘逸，但风筝线要始终抓在手里，做到收放自如，散而不乱，形散神不散。

汤恒泽老师对历史非常熟悉。上课时，他习惯把课本和备课笔记放在讲台上，但从不翻看。他能不看课本告诉学生所讲内容在课本哪一页第几行，同学们佩服得五体投地。他在讲课时经常穿插一些生动有趣的历史小故事，同学们听得津津有味，都爱听他的课。

刚从师范学校毕业的青年老师，比我们大不了几岁。课上是老师，课下是兄长，和同学们谈笑风生，毫无架子，和蔼可亲，师生相处非常融洽。学生的模仿性最强，哪位老师签名好看，同学们就跟着学，时金城老师打篮球投篮姿势漂亮，大家都模仿他投篮的动作。

我们首届初一新生共招360人，编为6个教学班，生源来自开城、严桥、蜀山三个区。我们虽然都是农村的孩子，但同学中人才济济。有的能歌善舞，有的绘画绣花，有的裁剪缝纫，有的雕刻编织，真是各有特长。而同学之间，团结友爱，亲密无间。那年冬天，我两手生了冻疮，手背肿得很高，并且溃破了，不能下冷水，我班的女同学轮流帮我洗衣服，叫我很是感动。那时粮食供应少，吃不饱，大家都寻找代食品，星期天、节假日，家住山区的男同学带我上山挖葛根，教我制葛粉充饥，真是亲如兄弟啊！

我在开城中学读了两年半，被迫辍学。1962年春，正值我初三下学期，农村分责任田，生产队让我回家当会计。我父亲早逝，家中没有劳动力，我若不回去，生产队就不给分土地，全家就没有口粮。没有办法，我只好中断学业，离开我无限依恋的母校。

时光荏苒，转眼我们都成了白头老翁。但50多年过去，那一桩桩往事，仿佛就发生在昨天，时时清晰地浮现在眼前。同学偶尔相见，还像当年一样亲热，回首那段校园生活都无限神往。

如今，我的母校开城中学已撤销不复存在了，我挥泪喊一声：别了，我亲爱的母校！

童达有

往事回眸

我与开城中学的情缘

我是开城中学初中毕业生，后又在开中工作十几年，直到退休，我和母校真的有很深的情缘啊！

1961年秋，我小学毕业，考入襄安中学，1962年由襄安中学转入开中随班就读。当年开中每个年级只有两个班，全校学生只有几百人，办学条件十分简陋。由于师生们共同努力，学校办得还挺有生气。

当年我在初二（1）班就读，班主任是杭盛才老师，教代数。语文老师孙学仁，几何老师程荷生，物理老师顾成华，化学老师唐芳德，生物老师刘国定，历史老师汤恒泽，体育老师时金城，这几位老师无论是师德还是教学水平，都令我敬佩，使我受益匪浅，终生难忘。那时我们对学习抓得非常紧，当日课程当日消化，从不背学习上的债。曾记得初三下学期，程老师给我们上几何"圆"这一章，有一道证明题我没有听懂，下课铃响了，程老师走出教室，准备回宿舍。我紧随其后，一把拉住他的衣角，要老师给我辅导。已经到了午饭时间，但程老师顾不得吃饭，蹲下身，用树枝在泥土地上画图形，很耐心地给我讲解，直至我完全搞懂。这件事我至今记忆犹新。

杭老师和学生关系处得十分融洽，师爱生、生尊师，形成了一种风气。记得1963年4月的一天上午，我们来到教室，发现每个学生座位上都放着3个鸡蛋，很惊奇。后来才知道杭老师家添了双胞胎，请学生吃喜蛋。老师给学生送礼物，真叫我们感动。

当时开中办学条件差，师生生活都十分清苦，但老师教得很认真，学生学得很踏实。教室兼作寝室这是一大"特色"。三间平房一个教室，隔出一小半放上几张双人床就是男生寝室。一天，我们班刘长清同学高烧 39 ℃，上课时实在起不了身，就睡在床上一面听课一面记笔记，后来大家说他"养病学习两不误"。

那时每星期上 6 天课，每天晚上自习都有老师上堂辅导。晚自习用煤油灯照明。灯是用墨水瓶做的，瓶盖打个洞，捻根灯芯穿过瓶盖，瓶里装煤油，灯芯插进瓶里，点着后灯光如豆。两张课桌并一起，四人一盏灯。点亮后，油烟四起，两小时晚自习结束，每个人都一鼻腔黑油灰。但教室里鸦雀无声，大家一个劲地在做作业，预习功课。记得有一天晚自习，化学老师唐芳德不动声色地把全班作业本从北边窗户扔进教室，我们意识到大概是作业做错了。班长丁清满从地上把作业本一一捡起，学习委员发给大家订正或重做。后来肖吕文把本子送给了老师，唐老师不好意思地笑了，夸我们个个是聪明的孩子。

同学们不仅认真学习，体育活动也开展得有声有色。每年田径运动会上，同学们个个生龙活虎争夺名次。那时每个班都组织了一支篮球队，一到课外活动时间，我这个学生会主席经常组织对抗赛。篮球场也是泥土地面，比赛时临时划线，篮球架极简陋，栽两根木柱，上端钉一块木板，再安装一个铁圈，就算球架。比赛时，观看的学生很多。进一球，同学拍手，高呼加油！一场比赛结束，队员们都是一身泥灰，一身汗水。

那时我们在开中读书，吃饭是不花钱的。每天一稀两干，开饭前，食堂工人将每班的饭桶抬到教室门前。开饭了，大家拿着碗排队，由生活委员分发。当时我们正是长身体的时候，每餐分的粥饭多数人是吃不饱的。女同学饭量小的，将饭让些给男生也是常事。家里条件好一点的同学，带来炒面和小菜，也给大家分享。

1964 年初中毕业后，我考进了黄麓师范学校，1967 年毕业，分配在家乡工作，1995 年我由镇教育办公室调入母校任教，直至 2007 年退休。

万士忠

往事回眸

－ 069 －

难忘那三年

1962年8月末的一天早晨，父亲挑着我的行李和30斤左右的大米，送我来开城初中上学。我家住在严桥区响山公社，离学校约30里。我们沿小路穿过村庄，几次涉水过沟渠。担子虽不重，但天气热，父亲时不时地擦着汗。一路上他总含着笑，脸上漾着喜悦，说："我们家祖祖辈辈多少代，才有你一个中学生，期盼你有出息啊！"

等我办完入学手续，太阳偏西了，父亲难舍却又无奈地离开了他的儿子，一再嘱咐我好好学习，别想家，安心过好学堂的集体生活。

第二天班主任陈宗祝老师带领我们打扫教室与宿舍，安排座位，选举班干，划分学习小组。当时学校条件差，教室又做男生宿舍：前面两间放课桌板凳上课，后面一间用芦席隔开，摆几张高低床，供男生住宿。一张床睡四个人，虽然简陋一点，挤一点，但是很温馨。

我的同桌周可正是我的同乡也是益友。初学几何我不得要领，第一次测验只得10分，情绪跌落到深谷，寝食不安。就在这时，我的同桌以十分友好的态度，帮我分析这次测验失败的原因，指出我学习几何没有结合图形去理解定理，没有充分利用已知条件，证明的步骤不完整。这使我茅塞顿开：科目不同，应该用不同的学习方法。从此我对几何产生浓厚的学习兴趣，成绩提高很快。

同学之间非常团结，谁有困难大家主动给予帮助。有一次，我钢笔坏了，墨水刚好用尽，又没钱买，同桌主动借笔给我，另一位同学匀给我一些墨水。我每天演算数学题，草稿纸用得很多，我的同桌不断给我提供往届同学的旧试卷，我用它的反面打草稿。那时每周放一天假，到了星期日，大家忙着洗衣被。开始时我们男生不会洗，女生就来帮我们，还教我怎么洗。冬季阴雨天洗的衣服未干，洗澡没得换，就借同学的衣服穿。

那时学校对教学抓得紧，我们的学习生活紧张又愉快。早晨起床铃声刚停，政治老师就已出现在宿舍外，吹着哨子催促我们起床，接着班主任带领我们跑步做操，想睡懒觉是不行的。冬天天亮得迟，我们在外面跑操时，天空仍是星光闪烁，好似目送我们。经过户外活动，大家神清气爽，愉快地开始一天新的生活。晚自习时，同小组的同学将四张课桌拼到一起，中间放一盏煤油罩子灯，灯光不太亮，大家围在四周上自习，安静而认真地做作业，或预习明天的课程。有发问，有讨论，声音很小，没有人嬉闹喧哗，大家严格自律，不干扰别人学习。1965年元旦那天，开始用电灯照明，晚上统一送电，所有教室顿时灯火通明，全校一片欢呼声。星期六不上晚自习，我们经常带着各自的疑问，去请教相关的授课老师。那时老师们都年轻，很多都还是单身，住房不过二十平方米，床铺、办公桌，简单的生活用品，收拾得干干净净。老师们生活也很单调，没有什么娱乐活动，我们登门去请教，老师们耐心地为我们解疑释惑，有时讲故事给我们听，借文艺书籍给我们看，高兴了，还一起唱歌，往往玩到深夜，师生情谊浓浓。

那时三年自然灾害刚过，农村的元气还没完全恢复过来，所以中途辍学的人不少。初中一年级时，我们101班有五十来人，到初三，程荷生老师接任班主任时只有32人。程老师对我们抓得更紧，班风学风都非常好，大家成绩提高很快。那一届升学的人很多，全年级60多名毕业生，就有32%的人升入高中和各类中专、中技，升学率在全县同类学校中遥遥领先。我当年考取安徽省水泥工业学校，毕业后在巢湖水泥厂干了一辈子。现在退休了，生活非常幸福。我能有今天，得益于母校的培养，永远感激精心培育我成长的辛勤园丁，我崇敬的母校恩师！

永远难忘初中那快乐的三年。

张家文

我和我的母校

　　我于1961年由开城小学考取开城初级中学。因三年自然灾害，当年没有钱报名入学，第二年才进入学校，1965年考取无为中学（后文简称无中）。

　　1971年，陈雨岚老师因心脏病无法正常教学，我又进入开中做了一名代课老师，第二年转为民办教师。刚进校时教初中"工业基础知识"和"农业基础知识"，也就是物理、化学、生物、农业知识。我虽说是高中毕业，但实际上高中只读了一年不到。因"文革"开始，高中课程没有学完，就毕业离开了无中。为了当好一名教师，我边教边学，授课之余，我到高中班听季涛老师的物理课、刘国定老师的化学课，白天全都泡在课堂上，晚上备课、改作业，就这样学完了高中的物理、化学。为了掌握更多的物理知识，我还自学了大学普通物理，不懂的地方就及时请教陈雨岚和季涛两位老师。

　　那年因卢前荣老师摔了腿，孙前来主任安排我教高中体育。我对体育只知道立正、稍息、齐步走。为了教好体育，我去了无为一中，拜访无为一中教体育的马成昌老师，马老师借给我两本体育教材。我又去县新华书店买了田径、篮球、排球和乒乓球等体育教学书籍，学习和了解各项运动的基本动作和技能技巧以及比赛规则。当时学校只有一个篮球场，没有运动场。经学校同意，我带领学生把学校大门对面的山地平整成一个有近三百米跑道的运动场，还修建了两个篮球场，一个排球场。干了两个多月，每天都干到天黑才回家。那时候为集体做事都是无私奉

往事回眸

献，没有任何报酬。有了运动场，我每天早晨领全校师生做广播体操。每年还组织开展春、秋二季运动会。当时的学校体育活动开展得非常红火。

1977年开始恢复高考招生，季涛老师调离开中，去巢湖师专任教。开中高中毕业班物理无人教，季涛老师推荐我接下高中毕业班的物理课。我一个初中物理教师，一上高中就教毕业班和复读班，虽然自己自学了高中物理和大学普通物理，但教起来还是很吃力的。好在我年轻，有干劲，能吃苦，肯学习，不会的问题我就徒步去无城向季涛老师请教。教应届毕业班有课本还好上，而复读班就不能再拿课本上一遍，必须要有课外资料和习题。当时我只有课本，其他资料一无所有，市场上也无处可买。在这种情况下，我去了无中，求助于无中教复读班物理课的黄启定老师。我和黄老师互不相识，通过打听找到他家。我说了我的情况和来意，他很感动又很同情，当场就把准备发给学生的讲义送我一份。时隔这么多年，我还清楚地记得，讲义的内容是第一章的复习提纲和习题，我真是如获至宝。他的讲义对外保密，要求学生不得外传，对我也是同样要求，只能自用，不得外传。他还答应每章节都给我留一份讲义，有不懂的地方还可以随时向他请教。从那天起我就成了他家的常客，我每次去他家都是徒步，不是没有车，而是为了省钱。有一次去他家，他在邻居家打牌，他爱人说开中的童老师来了，他即时把牌交给别人。黄老师对我的帮助，我感激不尽，一直铭记在心。为了提高教学质量，我还自费订了几份省级科技报。这类报纸常刊登中学数理化习题，1983年高考物理最后一题，与福建科技报上的一题"撞脸"，恰巧同年考前，学校组织物理竞赛，我也选了这题，竞赛后我在班上又作了重点讲解，高考后，此事一时成为美谈。我教学十五个年头，从未缺过一堂课，未请过一天假，就是两个孩子出生和爱人做结扎手术，我都未请过假。当时我爱人做结扎手术，我有护理假期，范校长让我不要请假，因为我离开，高中毕业班和复读班的物理课无人接替。让我感到欣慰的是，我教的毕业班和复读班，每年高考物理学科都没有拖后腿。

1986年，上面要求各校要建立理化生实验室，潘校长又把我抽出来筹建学校实验室。后来上面又要求各完中要建实验中心，对学区内的初中开放。从那时起我就不再教课了，也辞掉了理化生教研组长职务，一心为学校筹建实验中心。为建实验中心，我带上纸、笔、卷尺自费去无中画草图，测量物理、化学仪器柜，药品柜尺寸，教师讲台及学生实验桌凳的尺寸。而后一个多星期，我白天上班建实验室，晚上回家画图纸。木工就按照我画的图纸制作了仪器柜、药品柜、讲台、桌凳。后来，我又自费去了无为师范学校，学习水电安装。实验室水电都是我们自己安装，为学校节省了一笔资金。最后建成了一个功能齐全、设备完善的花园式实验中心。实验中心多次受到上级表彰，县里还在我校实验中心组织召开了现场会。在县教育局召开的实验室建设工作会议上我做了重点发言。我还被评为巢湖地区实验室建设先进个人。此外，在省地两级验收中，我校实验中心都得到了好评。记得专家组考评时，安徽农业大学的一位老教授在物理实验室问了部分仪器的安装和使用问题，在生化实验室问了有毒药品、危险品的保管和取用制度等问题，我一一作了回答。同时，专家还认真、详细地检查了规章制度、演示实验、学生实验通知单以及对学区初中开展实验的记录等。专家很满意地问我是什么学历，我说："1968年高中毕业，1978年民师转正。"他说："很好，不错。一个农村中学能建成这样的实验室不容易。"验收后，我校实验中心被评为省先进实验室，第二年我个人被评为省级实验室建设先进工作者。

我虽然只是一个普通中学教师，但我无怨无悔。因为我为母校做了一些事，为母校发展作出了最大的付出。开城中学虽然被撤销了，但我对母校的情感永远不会改变。因为这里是我学习、成长、工作和生活的地方。

童天龙

回味那段快乐的时光

1963年，我小学毕业，以全校第二名的成绩考取了开城初级中学。

对于一个农村孩子来说，能考上中学，怎能不高兴？那时农村里中学生太少了。一进中学，一切都是新鲜的，又大又整齐的教室，红墙灰瓦，且桌凳整齐。比小学的草房子破桌凳宽敞多了，也漂亮多了。学校坐落在公路两侧的山岗上，路北是校园主体，路南是操场。校园最北面是一栋长长的学生宿舍，前面是两个篮球场。进了校门，路两边都是树，树后面是两栋教室，教室西面有礼堂和食堂等。学校的体育器材也多，篮球、乒乓球、单杠、双杠、铁饼、标枪、木马、跳箱等一应俱全。这些我在小学从未见过。

校园的生活很有规律。天一亮（冬天天没亮），起床的铃声一响，同学们就赶紧起来洗漱，然后进行早锻炼，先跑步，后做广播体操。接下来是早读。吃罢早餐，上午是四节课，下午两节正课，课外活动一般是自由的，可以洗衣服、打球，或者三五成群地上街逛逛，晚上两节自习课：做作业和预习明天的课。一周上六天课，天天如此。

我家离学校十几里路，当时无车，来往都得步行。我每月都得回家一趟，背上三十来斤大米交到学校食堂换饭票，然后凭饭票订餐。那时，三年自然灾害才过去，生活还是很艰苦的。我们的生活费是家里供给，每天得花四五分钱菜金，早晚一分钱咸菜，中午两三分钱炒蔬菜。学校有十几亩菜地，每日都安排一个班学生劳动半天。这些菜是我们自己种的，所以不贵，二三分钱也能买到大半碗呢。教师大多是单身，也一块吃食堂。不过他们拿工资，中餐肯花两毛钱买一碟荤菜。没见到有学生买得起荤菜的。只有逢到重大的节日，学校才给学生加餐。弄点肉烧豆腐，不过也不多，只能尝尝味道，解不了馋的。学校每年都举办体育运动会，运动会期间伙食好些。有一回早餐是2斤糯米饭外加一小包红糖，吃起来格外香甜，谁不狼吞虎咽，吃了个沟满壑实，感觉到那真是人间食物的极品哟！

每次回家，母亲总是提前为我准备30斤大米、两块钱生活费。她知道学校生活苦，特意给我加餐。鸡蛋是舍不得吃的，那是我生活费的来源。她让姐姐、哥哥扛渔网到小河里网点小鱼小虾河蚌之类的，甚或宰只小鸡慰劳我。返校时母亲都送我一程，叮嘱我要好好读书。我知道家里穷，母亲太不容易，因此很节俭，从不乱花钱。往返的途中有一条河，如果肯花5分钱坐船，就可少走10里路。三年间我只坐过两回船，一次是感冒，走得实在吃力，坐了一回；另一次是在同路学友们的怂恿下坐了一回。

初二时，有一件事到现在我还记得很清晰。那是夏天，热得很，午睡时间，我们四个同学商量到外面游泳。从宿舍的窗口就能看到不远处的小河，那是永安河的一条支流。我们悄悄地溜了出去。小河太近，怕被老师发现，就跑向圩田中间一个不大的池塘，池塘四周是稻田，禾苗挡住视线，不易被发现。于是大家跳进池塘，痛快地游泳。那时我们这些农村孩子，谁不会游泳呢！累了，就到浅处休息一会。不知谁怎么就抓了一条大鲫鱼，呀！这下大家不游泳了，都来摸鱼。池塘埂边有许多小洞，我们游泳时扑打水面，吓得这些鱼儿往洞里躲，可怜成了我们的俘虏。也没用多长时间我们就抓了五六斤鱼。有人说："该回去了，要是让老师知道可就不得了。"回来的路上，有人说这么多鱼怎么把它烧熟呢？不知谁提议："找小万。"小万是专门管理学校菜园地的工友，全名叫万炳怀。我们经常下菜地劳动，都是听他安排，所以很熟。我们来到小万独居的小棚里（住在这里是为了看菜防小偷）。小万人矮胖敦实，说话有点口吃。他很爽直，答应帮我们弄熟。晚上两节自习课后，我们四个就溜到小棚里。小万的老婆很会做菜，鱼烧得不错，还煮了米饭，我们大饱了口福，其实那时只要烧熟就行了，哪像现在这样讲究哟！

有了第一回，就有第二回，因为那时太想吃荤了。不知是谁告了密，第三次就被老师知道了。记得当时我们正在摸鱼，杨冠军同学摸到一只大鳖，可这鳖少了一条腿，只有三条腿，有人叫道："三条腿的鳖不能吃，那是化骨丹，吃了人的骨头就没了。"说的语气是那样的肯定，谁敢拿生命去冒险呢？杨冠军将鳖拿在手里玩了几下，然后使劲抛向空中，那鳖在空中划了一条弧线，砸到水面上，水花四溅。"上来！"岸边响起班主任赵本品老师的吼声，如炸雷，命令道："把衣服穿上！"热闹的池塘顿时寂静。一个个光着腚爬上岸来，低头不敢言语，非常狼狈。我们各自慌忙穿上衣服，回去后自然少不了写检讨。那时生怕被开除，你想想，父母好不容易培养你读书，你要是被开除，那真是无颜见爹娘的。

在开城初中就读的三年里，学校的教学是正规的，教师教得认真，学生学得刻苦；管理制度很严，师资质量也高，在一线教学的老师们都有相当高的学历，大部分老师都是大学生，所以我在初中学的基础知识是扎实的。对我们的几位授课老师到现在印象还颇深。首推班主任兼语文老师赵本品，他身材并不高大，偏瘦，目光锐利，很有威严，会管理学生，语文教得也不错，我初中三年的语文课都是他教的。那时他二十六七岁的样子，已经结婚了。赵老师的业余爱好是拉二胡，我们常听到的是那首《花儿与少年》。在全校近300名学生中，也有两位有二胡的，可拉得不怎么样。本人天生爱好音乐，可是家里穷，哪有余钱买二胡？后来上街闲逛，看到笛子不贵，就花了二毛几分钱买了一支，从此就瞎吹起来。还不赖，经过一段时间的玩弄，居然能吹出一首首完整的革命歌曲，还在学校的文娱晚会上表演过呢！

教我们数学的老师前后有三位，教代数的是阮子昭老师，教几何的是承大猷老师，那时他们都二十四五岁吧。阮老师毕业于安徽大学数学系，留给我的印象是单纯，是生性纯朴的那种单纯。他有个爱好，不是抽烟而是喜欢吃水果糖，每节课，前三十来分钟讲课，布置完作业，他就开始吃糖了。那时艰苦，吃上糖不容易，因此引得我们眼馋和羡慕。阮老师只教了我们初一，后来调走了。

初二第一学期上数学课，一位年轻的男教师走上讲台，他自我介绍说叫季涛，当时也就大学刚毕业吧，二十多岁，个子高挑，戴眼镜。他教态自然，言语清晰，逻辑性强，很有文人风度。他既教我们代数也教几何。由于他教得生动，学生听得认真，所以教学效果显著。我那时代数几何成绩都不错，与季老师恰当的授课方式应该是分不开的。"文革"初期他就受到冲击，挨批受斗，是什么原因现在已经想不起来了。我从毕业回乡后，再未见过他，听说他后来当了巢湖师范专科学校的校长，果然是才尽其用。他有两子一女，都进了中国科学技术大学少年班，这在当时是独一无二的。本来进少年班的孩子就是凤毛麟角，一家三个孩子都进少年班，更是奇迹了。这说明：一方面他的孩子先天智商高，另一方面是家庭教育严谨得法。我曾经做他的学生，聆听他的教诲，深感荣幸。

教我们地理的是年近五十的孙学仁老师，他敦厚老成，不苟言笑，学问是有的。大概是家庭成分高，"文革"遭批斗，当时搜出他写的一本诗集，那些古体诗词，成了他的"罪证"。几经批斗后，他就被罚到学校菜园地里劳动，接受"劳动改造"。有一回孙老师带我们去山垱大队义务劳动，大热天抗旱车水，自然少不了他。重体力劳动让他那张本来就不白的脸更显黑瘦。多少年后，我偶然在《巢湖志》的编委会名单上看到"孙学仁"的名字，眼前一亮，这是我们孙老师啊！但他已作古，无缘再见面了！

还有一位青年老师，是201班班主任，他叫潘恒俊。我为什么对他有印象呢？因为他嗓子好，歌唱得亮。上课之余，经常能听到他的歌声。他唱的那首《金瓶似的小山》，声音洪亮，音质醇厚，很有男高音的范儿。不知什么原因，"文革"时他也受到批判。我回乡后，听说他当了我们母校校长，而且一当就是十几年，直至退休。

　　初中三年，前五个学期教学很正规、很正常，学校不盲目追求升学率，不加班加点，不搞题海战术，不办补习班，不开外语课。我们学习刻苦，但也轻松，几乎没人戴眼镜。学生和家长都很忠厚、纯朴，通情达理，有两件事印象深刻：我们班上有位同学叫任士读，打篮球把胳膊摔折了，送到医院治疗后通知家长，那位农民家长走了几十里山路来了，看到儿子胳膊上绑着夹板绷带，心里当然难过，但未说一句责怪学校的话，第二天就带儿子回去了。另一位同学叫陈先训，一帮民兵在校园内练习投手榴弹，不小心砸到了他的脑袋，这可是个大事故，他的父亲来了，在医院守候了若干天，待儿子伤势好转一些，就带他回家休养去了，为此陈先训同学休学半年。

卢贤开

难忘的回忆

　　我没有读过大学，没有读过高中。在开城读过的初中就是我的最高学历了，所以我对开城中学特别有感情，记忆也特别深。我是上海人，在那特殊的年代，我随父母下放来到了无为县严桥公社，于是成就了我与开中的一段渊源。

　　我是1964年考进开中的。那时候首任校长戴勤功还在任上，他戴着一副黑框眼镜，样子温文儒雅，平易近人。教导主任叫黄德业，他在操场上教全体师生唱《大海航行靠舵手》，指挥节拍时双手有力地挥动，那洪亮的充满磁性的嗓音令人记忆深刻。后来，那首歌红遍全中国。

　　我们刚进开中的时候，学校还没有通电。晚自习的时候，几个人围着一盏小煤油灯学习。由于光线不好还有灯下黑，所以学习时小伙伴们有时会为了煤油灯距离的远近而起纷争。1965年元旦，终于盼到了学校通电的时刻，那时候一个教室吊4只60瓦白炽灯泡，一拽开关拉线，4只灯同时放光，照得室内如同白昼，同学们一片欢呼，觉得自己宛若身在天堂。那时候人们向往的最美好生活是楼上楼下，电灯电话。开城中学原来是建在乱坟岗上的，建校初期是边上课边建设。有一次在一个建好的教室里平整地面时，竟然发现了一具棺材。枯黄的棺木突兀地映衬着红砖砌就的墙面，画面很不协调。同学们纷纷围观，充满好奇与惊恐。学校里有个自建小农场，养猪种菜。学校的每个班级每周都有劳动课，同学们就在劳动课时到农场里挑水、施肥、刨地。学校的厕所粪便，是极佳的天然肥料，足够农场使用。当地的农民常常挑着粪桶来偷，工友小万为了捍卫自己单位的利益，经常与偷粪的人斗智斗勇，有时难免会发生肢体冲突。有一次一个偷粪的壮汉舀满了两桶粪刚想离开，被小万发现不让他走。而对方又不愿意放弃到手的成果，于是侵犯者和捍卫者在臭气熏天的粪池边上演泼粪大战。现在想起当时的情景依然会忍俊不禁。记得当时的工友还有小蒋和小余，小蒋是管食堂的，剃着个光头，专事挑水。他每天都要挑几十担水，挑水时肩上戴个护肩，穿着草鞋，卷起裤脚，步履矫捷，健步如飞。他当过兵，大家说他有点神经，其实他也只是个普通的勤劳朴实的工人，每天的工作非常辛苦。而最令我诧异的是工友小余竟拉得一手好二胡，闲暇时他在宿舍里对着墙上挂着的用毛笔誊写的古乐谱练习，一些同学就挤在门边围观，我就是从那时候才知道还有《二泉映月》《病中吟》等这么好听的乐曲的。而小余到底是落魄文人还是有志青年呢？当时我经常琢磨这个事。

当时教我们101班语文的老师是潘恒俊，他也是班主任。季涛老师教数学兼少先队辅导员。我觉得这两位大概是开中史上最好的任课老师了。那时普遍是学习氛围很好。老师教学认真，爱岗敬业；学生学习勤奋，积极向上。记得潘老师第一次开班会讲话，鼓励我们努力学习，好好相处，他引用了一句名言：好的开始是成功的一半。可惜因为"文革"，学校停课了。这么好的开始竟然只成功了一半。潘老师的普通话说得很好，第一次点名，当叫到周奉童时，引起下面一片笑声。因为当年那些被方言教出来的同学立刻对这个名字产生了滑稽可笑的联想。要是放到现在，这个情况肯定不会再出现了。有一次，潘老师在学校礼堂办文学讲座，整个礼堂不但座无虚席，而且走道上以及凡是能立脚的地方都站满了人。潘老师学识渊博，引经据典，中外文学典故信手拈来。下面人听得津津有味，鸦雀无声，唯有那慷慨激昂的演讲声在礼堂中回荡。此情此景虽然不能说是万人空巷，但当时操场上打篮球的、打乒乓球的以及进行其他活动的人都不见了踪影，基本上也就是那个意思了。潘老师辅导我们班参加诗歌朗诵比赛，初出茅庐的一年级学生居然打败了二、三年级，取得集体第二名、个人第一名的好成绩。本人就是第一名获得者。当时朗诵的是革命烈士陈然的《我的自白书》："任脚下响着沉重的铁镣，任你把皮鞭举得高高……"当时家在镇上开铁匠铺的童达信同学拿来一根铁链，潘老师找来一件旧西装，就凭着这两件道具，再在我脸上画上胡子拉碴的样子登台表演，一举成功，赢得满堂彩。可惜那白底黑字虽然简陋但弥足珍贵的第一名奖状再也找不到了，然而它永远在我心中。我的语文成绩好，被潘老师指定当语文课代表。第一次期中考试，我的临场作文得了全年级最高分。后来潘老师一直留着这篇作文，作为范文。34年后，潘老师把那份发黄的试卷还给我，我激动万分。

季涛老师身材瘦削，微黑的脸上戴着一副深度近视眼镜，透过镜片似乎能窥见他高深的学问和无尽的智慧。他还经常穿着一双擦得锃亮的黑皮鞋。季老师数学功底深厚是有口皆碑的，然而我们对他最深的记忆却在数学之外。他跟我们讲了很多科学家的故事，比如牛顿的大猫钻大洞、小猫钻小洞的故事，牛顿怎么被苹果砸头而发现了万有引力的故事，爱因斯坦怎么把难记的数字24361概括为两打与19的平方，等等。这些都是我们第一次听到，印象深刻，终身受益。季老师说话风趣、幽默，有时也很深刻，用现在的话来说就是一个段子手。我们班有个同学叫张玉刚，父亲是开城区武装部部长，有一次上课，他不认真听，思想开小差。被季老师抓住一顿批：你低着头干什么？发现大矿藏啦？你学习不努力、不认真，名字叫张玉刚，是只玉不刚，朽木不可雕也！话听着虽让人不爽，但如果你把它看作一个段子也就释然了。其实季老师对同学是很有爱心的，有时会资助一些贫困学生饭票，教学也相当认真，一遍又一遍，不厌其烦。有时讲课和板书时，汗水顺着脸颊往下流都顾不上擦。他和潘老师组成了黄金搭档，把我们101班调教得非常好。师生关系和谐，班级充满温馨。记得我班的傅昌明同学，九月份入学后，一直打赤脚，班主任老师让他穿上鞋，他说："老师，我习惯了。"后来，天气很凉了，他仍然整天赤脚。老师怕他着凉，再次让他穿鞋子，他还是说："习惯了，不冷。"老师觉得奇怪，便问和他同村的同学，那同学说："他是孤儿，没有鞋子。"老师听了，一阵心酸，把昌明叫到房间里，告诉他："学校有助学金，你可以申请。"并预付给他几块钱，让他买了一双力士鞋，两双袜子。这件事让傅昌明记了一辈子。

还有一位女老师不得不提，她就是音乐老师周久珍。她留着齐耳短发，为人不苟言笑，凡是她的课，每个同学必须打起十二分的精神。她对教学真的是一丝不苟，要求简直是苛刻。唱歌的音调必须一点不差，哪怕一点点不对也要反复纠正，直到正确为止。如果谁不遵守纪律，那训起人来真是毫不留情。所以她上课时，课堂纪律特别好。那时觉得老师不近人情，后来到了社会上才深深体会到这种认真劲对工作对学习真是太有帮助了。

开城中学在全国是一所普通得不能再普通的学校了，当年的学生现在也已经分散在全国各地。然而，对于曾经在这个学校里生活过的人来说，这里就是个神话，这里就是个传奇！我回归社会以后，一度心灰意冷。再也没有深造的想法，也没有深造的行动。1978年，县里招聘民办教师，我从水田里爬上来参加考试，竟然考了个第一名，挤进了教师队伍。然后又进了严桥初级中学教语文，从初一教到初三，还当了班主任，后来竟一直教复读班。环顾四周，那些教师全是高中以上学历，而我是个初中还没读完的初中生啊！我一度怀疑自己是不是个南郭先生，在那里滥竽充数？答案当然是否定的。严桥初级中学当时在无为县是个响当当的学校，和檀树初级中学等学校齐名，升学率很高。能够在这样的学校教毕业班甚至复读班的课，是学校对老师的信任。在学校的鼎盛时期，很少有人敢冒教毕业班这个风险。而我在这个位置上坐了好几年，这就是当时"老三届"的狠处。我没有辜负"老三届"的光荣头衔。

1984年，我回到上海经商，成了中国最早的一批万元户。后来，全家落户上海，我又进了国有企业中国版纸厂当工人。刚进厂时，我默默无闻，让我得以崭露头角的是我的一篇文章。那时候厂里有份报纸叫《中版报》。厂里的工人、干部都可以投稿发表文章，文章被录用了还有稿酬。有一次我写了一篇有关班组基层活动的文章，交了上去。厂宣教科属下的《中版报》竟登出来了。文章不是很好，但我的班组不是人才荟萃的地方，有人能写出文章登上报纸，很多人还是比较惊奇的。后来科室党支部书记亲自来到了我们班组，打探写这篇文章的新人。在确认了文章是我写的同时，也认识了我这个人。于是我一发不可收，成了《中版报》的常客，经常在上面发表文章，还被聘为《中版报》特约通讯员。我的影响也在扩大，曾经有一篇文章获得了全国造纸行业的文学三等奖。我还参加过智力竞赛，代表厂里去上海电视台露过脸。厂里派小车接送，那可是十分风光。后来我入了党，入党之前科室党支部书记陈永珍大姐和厂纪委书记尹文兰大姐，到严桥来搞外调。后来的一路绿灯说明我在严桥初中的那些昔日同事对我是美言多多。现在我已经退休多年了，当下的生活安逸且颇有质量。想想当时的那一切都是浮云，但是如果没有开城中学的那一段经历，我的人生也许是另外一个模样，我的历史还要重写。无论如何，我还是要感谢开城中学，那段时光不但是我生命的一部分，还影响了我的整个人生。听说开城中学已经完成历史使命，即将停办。但是在曾经的开中学子心中，它将永远是一座立起的丰碑！

周　强

永恒的记忆

1970年元月的一天早上，晴空万里，就在这个美好的时刻，我接到了开城中学的录取通知书。啊！我就要成为一名中学生了！我心中一阵狂喜，蹦跳着跑去告诉妈妈。妈妈虽然不识字，但她双手捧着那盖有大红印章的通知书，眼睛笑成一条线，说："这几天，门前的大柳树上总有喜鹊喳喳叫，我就知道有喜事了。"

到了开学的日子，我穿上妈妈特意为我做的新衣裳，到学校去报到。这一年，开城中学初中一年级招了2个班，共100多名学生。我被分在101班，班主任是周久珍老师。

周老师个子高挑，大大的眼睛，看似很严肃，但相处起来你就会发现周老师其实平易近人，和蔼可亲，常常像母亲一样教育和关怀着我们101班的每一位学生。在老师们的指引下，我和同学们认真学习各门课程，包括语文、数学、外语、物理、化学及体育等课程。在初中学习期间，我因为综合表现优秀，被评选为学习委员。

1971年，因人员调动，学校领导班子重组，由刘业敏出任校长，孙前来任教导主任，耿业定任政工组长。根据学校规定，还需选派三名学生代表参与学校管理工作，我有幸被选为初中生代表，童朝田和赵明为高中生代表。

学校每周召开一次工作例会，我们三名学生代表需列席参加会议，学校鼓励我们学生提出想法和建议。小小的我，和校长、老师们坐在一起开会，既感到新奇、自豪和喜悦，同时心里也有点怕，哪里敢发言，我想，带着耳朵听就是啦。

记得有一次学校工作例会上让刘老师做检讨，原因是刘老师每个星期六下午提前离校，有时和其他老师私下调课，有时星期一不能按时上班。在会上，刘老师诉说了自己的困难，他星期六提前离校，是因为要步行40里才能回到位于无城的家。刘老师的父母都80多岁了，经常需要人陪同去医院看病，三个孩子都还小，最小的才断奶，他的爱人是小学教师，每周有20多节课，大量的家务集中到了星期天才能做，不回家不行。刘老师的情况得到了大家的理解和同情，也就没再要求他做检讨了。

学校在积极抓好各门学科之余，还提倡开门办学，开展勤工俭学活动。当时校内开办了窑厂烧红砖，同学们经常参加窑厂劳动，比如翻土、掼砖坯、挑砖和出窑。这些都是重体力活，尤其是出窑，又累又脏，也缺乏防护措施，同学们从窑膛里出来，满身满头都是灰，辨不清人脸。但那时大家都想进步，争取入团入党，脏活重活抢着干，甚至累得夜里发热都不叫苦，仍坚持继续干。在一次学校工作例会上，我大胆地建议，青年学生正在长身体，不能干太重的活，窑厂的劳动不适合学生。领导和老师们采纳了我的建议，不再安排同学们参加窑厂劳动。我也没想到这个建议能那么顺利地获得支持，当时心里有说不出的高兴。我回家开心地和妈妈说起这件事，妈妈笑笑说："我女儿在学校当官啦，能为同学们服务了，真好。"

读初三时，开城区领导推荐我到开城先锋红旗小学当代课教师，而我只在那里教了三天课，因为开城中学领导得知此事后，派耿业定老师和班主任童朝胜老师亲自到我家劝说我父母，应该让我继续上学，进入高中深造。我父母听取了老师们的劝告，让我返回开城中学继续学业。

1973年初，我考上了开城中学高中部。那时，开城中学刚由初级中学发展成为包含高中部的区级完全中学，在校领导班子的带领下，学校蓬勃发展，人才济济。任教老师多毕业于名校，例如早期有毕业于浙江大学外语系的潘立猷老师，毕业于华东师范大学中文系的郑养法和杨正

往事回眸

芳老师，毕业于皖南大学（现为安徽师范大学）的季涛、童朝胜及陈玉岚等老师，后期又加入了毕业于安徽师范大学中文系和历史系的老师们。开城中学发展到了建校以来的鼎盛时期，师资雄厚，教学生动活泼，风格多样化。在无为县区级中学中，开城中学的教学质量始终名列前茅，桃李满天下。能够成为开城中学的一名学生，我由衷地感到自豪。

时光荏苒，转眼间，两年的高中生活很快结束了。我们毕业了，大家依依不舍地离开了开城中学，奔向各行各业，成为社会主义建设的生力军。

时光如梭，岁月如歌，自1970年就读于开城中学，半个世纪倏忽而过。五十载峥嵘岁月，五十载踏歌而行，春华秋实，桃李芬芳，开城中学，永远的母校，永恒的记忆。

张信兰

怀念开启我心智的母校

我是 1964 年 9 月进入开城初中读书的，读到 1966 年五六月份，学校停课闹革命，班里闹哄哄，同学们纷纷"南下北上"，参加革命大串联活动。我本家贫，幼年丧父失学，是叔父怜我弱小助我读书的，根据家庭境况我就自动离校回家劳动，1968 年 3 月参军，从此再未去过开城。

时光飞逝，一晃过去 50 多年，从参军至今我一直漂泊异地、落户他乡，偶尔探亲时想回母校看看，终因我家在蜀山区，到开城不顺路，且时间又紧，来去匆匆，所以一直未能遂愿。今年从王庆芳和钱广敏同学那里得知开中停办的信息，感到十分惋惜，也引起我对母校美好的回忆。我在开城中学念书只有短短两年，但老师对我的教诲，同学对我的帮助，母校对我的培养和关爱多多，往事历历在目，令我终生难忘。在我的人生旅程里，开城中学这两年是最重要的奠基时期，对开启我的心智、培养我的品格、抚育我的成长，都起到了极其关键的作用。

开城初中 1964 级共有两个班，101 班班主任是潘老师，戴副眼镜，留给我的印象是比较有活力，但我没有直接接触过。我被编在 102 班，班主任是王辅耕老师，他几乎每天都和班里学生待在一起，留给我的印象也很深刻。当时学校的生活条件很艰苦，王老师、潘老师是住校的单身老师，开始时住在学校礼堂用苇席隔成的简易宿舍里，和学生宿舍一样简陋。1965 年元旦那天，学校第一次用上电灯，学生宿舍也有一盏几十瓦的电灯，住在高低床的下层光线还是很暗，但这却是我第一次用上电灯照明。

王老师人瘦瘦的，说话音调不高，还有点嘶哑，可能是嗓子不大好，喉结也显得突出。他对我们非常和蔼，脸上常带着笑容，显得很亲切，没有一点架子，我曾亲身体会过王老师对我的关爱。

记得当时入学时间不长，班里给我评发了助学金，每个月是三元五角钱，这对于我来说犹如雪中送炭。那时我的家里缺钱缺粮，孤儿寡母度日维艰，每个月我定量从家中挑20斤大米给学校食堂换成饭票，每天把从家里带来的腌咸菜送到学校食堂蒸一蒸，有时腌菜吃不到月底，就打几分钱散装酱油拌饭，尽管食堂饭菜很便宜，我也没钱买。有时回家过河的渡船钱以鸡蛋代替，船家嫌少尚不乐意呢。班里给我发了这笔助学金，真是雪中送炭。评发详情我不了解，但隐约知道班主任王老师起了主导作用，这是对我最实际的关心和资助。

另有一件发生在我身上的事，令我几十年铭记不忘：1964年初冬季节，天气已经很冷了，一次师生们参加集体劳动，是把河沟里的烂泥挖出来送到菜地作肥料，有的抬，有的挑，人人都不甘落后。我个头小，力气薄，身上沾上了许多污泥，干得非常吃力，这情景使我联想到当时的课本里有一篇描写旧社会童工苦难生活的文章，就有感而发地说：这和那个时候也差不多呢！当天晚上，王老师把我喊到他的宿舍，声音不大，却十分严肃地询问我下午劳动时说了什么，我立刻紧张得头上冒汗，知道是有人告发我了，也意识到说这句错话的严重性，当时心中忐忑、手足无措，只好如实坦白，虚心认错。王老师严厉地批评我说话信口开河，教育我今后一定要站稳阶级立场，不能随意类比。临走的时候，王老师还嘱咐我切记这次教训，还说："这件事到此为止，也不要再对别人提起了。"

事后多日，我心里仍然惴惴不安，幸而后来再无声息。这件事给我的印象太深了，从此牢记心中，警示自己谨言慎行。我从内心感激王老师对我的宽容，而这种处理问题的方式在我身上起到了潜移默化的作用，影响了我一生。从此，我学会了在工作中善待同志，包容他人的缺点，换位思考及客观辩证地认识和处理问题。

我的语文成绩相比其他科目要好一些，字也写得工整，因此受到老师和同学的信任，经常让我参与班里出黑板报的事。我从使用粉笔到使用广告颜料，再后来学会刻蜡纸油印小报；从在班上出黑板报，到参加学校里出墙报，一次次有了极好的锻炼机会。记得有一次学校开大会，老师把我安排到主席台上做记录，我既紧张又兴奋，稀里糊涂地也不知道现场记录了些什么，但这给了我实践经历，也锻炼了我的胆量。我后来在部队里当文书、秘书等，长期从事文字工作，做得较为得心应手，这和我在学校打下的基础有关系。

　　我刚到开城中学报到，就看到一位校工赤脚穿草鞋从池塘里挑着两大木桶水，嘴里哼着自己编的号子，一步一步并不轻松地送到食堂。后来我知道他姓蒋，老师和同学们都亲切地叫他"小蒋"，又听说他是退伍军人，负伤后脑子不大好，丢掉了部队发的证件，又记不得证人，只能做个普通工人干重活，我很为他惋惜。小蒋师傅整天乐呵呵地干活，不知疲倦地为师生服务，担水挑煤，买菜扫地，似乎什么体力活都离不开他。他的身影至今仍然清晰地印刻在我的脑海中。有段时间我负责部队干部档案工作，头脑里就老记着小蒋师傅丢了部队证件这件事，所以非常认真仔细地把每个干部晋升、获奖证书等资料都完整地归入档案，老有一种遗漏或丢失的担心。

　　当时不但农村穷，城镇好多家庭也不富裕，能读书的孩子不多，能读中学的更少。同学都比较单纯，很少有机会接触外部世界，知识面都比较窄。多数同学接受的是传统教育，大多数人讲团结，讲义气，相互关心。同学帮助我的几件事，我至今都记得，我很感激也非常惦念他们。

　　我在班里人小胆子小，有点自惭形秽的感觉，因为自卑，没有底气，有时会受到个别同学的欺侮。本班钱广敏同学，比我年长一岁，长得高大，很有正义感，见到有同学歧视或欺负我，便站出来仗义执言，保护我，使我很暖心。他有个姨妈就住在学校邻近的村子里，常给他带来好吃的菜饭，他会分给同学们享用，尤其是经常地照顾我。他同情我远离家乡，难得吃到新鲜菜肴，就格外关心照顾我，给我留下了亲切美好的记忆。

钱光富平时笑眯眯的，脖子上戴着银项圈，和我比较合得来。一次学校组织学生到无为县文化馆参观阶级教育展览，步行往返近九十里，要求早上去、下午回，不统一排队。这是我第一次有机会进县城，很兴奋，上午顺利地走到县城。下午返回时就越走越累，后来双腿麻木，难以迈动步子。大一些的同学可能已经回到学校了，我们几个弱小的还在半路上。走到赫店太阳落山了，心情很焦急。钱光富同学一直和我在一起，安慰我不要着急。他家离赫店街不远，就把我带到他家。当时我的样子一定很狼狈，光富的妈妈非常心疼我们，赶紧为我们做了好吃的饭菜，又烧热水让我们舒舒服服地洗个澡。我们美美地睡了一夜，第二天顺利地返回学校。这么多年过去了，我和绝大多数同学都失去联系，但像广敏、光富这些曾经帮助过我的同学，我永远不会忘记，总是心存谢意。

毕业后，我回到村上劳动一年多，1968年部队征兵，我报名应征，体检时身高达不到1.5米、体重不足45公斤，不符合参军标准，但因为有初中文化（当时大多数青年是文盲）而被破格录取。在部队我一帆风顺，入党、提干，被调入机关，推荐上了大学，还参加了"东方红"卫星、第一发洲际导弹、第一颗通信卫星发射等国家重大科研项目，虽说不上有重大贡献，但我兢兢业业工作，实实在在做人，在所有工作岗位上都受到领导和同事们的肯定和赞誉。回顾以往，追根溯源，我这一路走得很平稳、很扎实，确实是开城中学培养了我、造就了我。

永远思念当年的老师和同学！永远感恩开启我心智的亲爱的母校！

曹永善

有趣的农忙假

"田家少闲月，五月人倍忙。"记得上初中那会儿，每年都放农忙假，学校组织学生到周边各村庄参加农业劳动，让学生在实践中培养劳动光荣的观念，学生走出校门，接触社会，以实际行动支援农业生产。

1966年5月，农忙假放了10天，我们202班全体同学在班主任王辅耕老师的带领下，到羊山公社羊山大队参加收麦劳动。这天早饭后，我们背着简单的行装，排成长队，步行七八里，来到位于烟墩不远的一个村庄。生产队长亲自到村口迎接我们，并把男、女生分别安排在村部旁的仓库住宿。

那时三年自然灾害过去不久，农民生活过得紧巴巴的。这里是丘陵地貌，土地贫瘠，严重缺水。几排土墙草顶的矮屋立于坡上，房前屋后，洋槐、苦楝树耷拉着枝叶，几棵香椿树挺直腰杆站在村前。村庄不通公路，一条蜿蜒曲折的土路连着外面的世界。村西侧一口似圆非圆的水塘，储存着村民的希望。人们衣着老旧，色调单一暗淡，染成深灰色或蓝色的老土布是他们衣服的主要面料，据说这种家织土布做棉被里子，冬天特别暖和。村里的两个织布机匠，是这里技术最高的能人，很受人尊重。

村庄南面大田里的小麦，在烈日蒸烤下成熟了，黄灿灿，沉甸甸，丰收在望。社员们遇上好年景，起早贪黑，挥镰割麦，喜气洋洋。他们有清早下地的习惯，干到九点多钟才回家吃早饭，我们也只能入乡随俗了。因为很饿，到了饭点便可着肚子撑饱，干活时几乎弯不下腰。我们学生和生产队社员在同一块地里割麦，相比之下，我们洋相百出。社员们迎着麦浪埋头挥镰，轻松自如，随着镰刀发出的"嚓嚓"声，麦子应声倒下，排成整齐的一排排，很快一垅到头。再看看我们，动作笨拙缓慢，割倒的麦秸散乱在脚下。一垅割了还不到一半，个个累得呼哧呼哧，一伸一曲像泳动的"虾"。有人索性蹲在地上割，祈望天空有片乌云遮挡炙热的阳光。割完一畦麦子，大部分同学腰腿酸痛，一个个躺在田埂上"杠腰"，惹来社员一片笑声。

金黄的麦田里，不时有野兔、草蛇出没，女生吓得尖叫，男生借机吓女生，恶作剧搞笑取乐。数学课代表丁绍余同学，学习成绩好，人也很机灵，在麦田里抓蛇毫不害怕，手到擒来，同学们发出阵阵惊叹声，投去赞许的眼光，也趁机直起腰杆稍做歇息。曹永善、谢道水、鲁可顺都是班上的小矮个，别看他们年龄小个头不高，干起活来却十分卖力，个个生龙活虎争先恐后。汪丛跃是个左撇子，只会左手握镰刀，未想刀锋向上，忙乱时不慎将右手手指割破，旁边的同学手忙脚乱帮他包扎，班主任老师派人送他去找校医医治。

我们每个人都被分配到贫下中农家里搭伙食，我被安排在一位年近六旬的老奶奶家吃饭。她身板挺直，待人和善，告诉我他老伴曾与邻村抢水，发生群体殴斗，受伤重而殁，唯一的儿子现在部队服役。麦收才开镰，尚未分粮，青黄不接之际，每天只能吃两顿饭。她和我，一人一只盆似的粗碗，盛满粒米可数的杂面糊糊，一盆山芋面饼，没有菜，蘸着白蛆蠕动的陈酱，她吃得很香，我却尽力克制强咽。后来得知，别的社员家的伙食也好不到哪去。

晚上收工后，躺在新收麦秸铺垫的地铺上，顿觉浑身松软，大家谈论参加劳动的收获，体会到农民面朝黄土背朝天的艰辛。同学中有很多都是农家子弟，最清楚农村现状，他们时刻不忘学业，都希望通过读书改变命运。给我印象最深的是钱广敏同学，双脚在水深齐膝的水田里踩秧草，手里还拿着书背诵古诗词。这位勤奋好学的同学后来考入了安徽大学外语系，真是功夫不负有心人。

生产队长常在晚间来看望同学们，看到来自开城镇上的有些男生细皮嫩肉，便开玩笑说：农民古铜色的皮肤是健康的表现，你们啥时候皮肤晒得和我一样黑，就达到劳动锻炼的效果了。有几位男生还当真了，正午时分，头蒙湿毛巾，站在烈日下曝晒。徐庆生同学，皮肤很白，外号"晒不黑"，家庭成分不好影响他入团，但他仍积极要求进步，向团组织靠拢。他也天天中午晒太阳，结果脊背皮肤大面积起皱脱皮，疼痛难眠。现在想起，真令人啼笑皆非。

十天后，同学们面部和双臂都染成黑红色，拖着疲倦的身体回到了学校。

袁由茂

快乐而茫然的学习生活

离开我敬爱的母校——开城初级中学已经50多年了，当年那个来自开城区宏林公社牌坊大队的农村小孩侯扬好，现在已是一个白发苍苍的标准老头儿。遥想当年在学校的学习、生活，仍觉值得回味。

1965年的9月1日，父亲挑着瓦罐小菜和极其简易的几件衣服和被单，在大舅的陪同下，带领13岁的我沿着蜿蜒的泥巴路一路向西，来到了开城初中。学校坐落在开城镇东郊，大门朝南，门对面的小山坡上是一个养猪场。进入校园看到的是一条大道直通教师办公室，大道两旁各有两排大瓦房，红墙黛瓦。后来知道，东边是101、201、301教室，西边是102、202、302教室。西边教室后面是篮球场，再后面一长排大瓦房就是我们的宿舍；东边教室后面是教师宿舍，再后面是学校菜园，地势低洼；教学区西北是食堂。我是一个农村小孩，见到这么大规模的学校，心里美滋滋的。

紧张而有序的学习生活开始了。我编在102班，班主任是一位青年老师，叫张振凡，我们很喜欢他，据说是繁昌人；教语文的是位女老师，叫汪庭凤；动植物学老师叫刘国定，又瘦又高；历史老师是程啸宇，年纪较大，知识渊博；体育老师姓顾，叫顾成华。开始新的学习生活我很开心，除了认真听课完成作业外，我们还积极参加课外活动，如定时听季涛老师的数学讲座（讲座的地方就在101教室门前广场上，树上挂一块黑板，听讲座的我们自带板凳坐着听讲）。季老师的讲座使我对代数学习产生了浓厚的兴趣，也使我掌握了学习方法。季老师善于把枯燥的数字趣味化，比如他说："马克思的生日是1818年，你如果死记数字很容易忘记，但是，要记着'一把一把'你就不会忘记了。"把数字趣味化，使我终身受益。我喜欢打乒乓球，是我们年级乒乓球队队员。我们队共四人，101班两个女生胡桂芳和王桂芬，102班两个男生，谢继荣和我。学校大礼堂里面有两张木质乒乓球桌，上体育课用，平时大门都是锁的。顾老师给我一把钥匙，每人一只球拍，我们可以抽时间单独练球。1966年"六一"儿童节，我作为少先队员代表，由班上的团支部书记赵琼、钟书英带领去参加开城区组织的"六一儿童节庆祝大会"。到了夏天，我们住校生一到晚餐结束，不论男女生，都肩搭毛巾手拿脸盆，去校园后面的永安河洗澡洗脸，回来端一盆清水备用，这一队队少男少女简直就是一道风景线。这样美好的学习生活令我终生难忘！

　　遗憾的是，1966年由于"文革"学校停课，直到1968年底，我才去学校领取初中毕业证书。当时毕业证书都是一个个去领，去一个发一个，很少见到同班同学，更不要说集体拍毕业照了，就这样遗憾地结束了学生生涯，心里很茫然。

　　　　　　　　　　　　　　　　　　　　　　　　侯扬好

往事回眸

心中永远的母校

　　我的母校——远近闻名的开城中学于 2019 年被撤销建制不复存在了。我毕业离校虽近半个世纪，但心中时时泛起对她的依恋之情，突然听到学校要撤销，一时怅然失落，开中的那些事，顿时涌上心头，萌生了要写下来留作纪念的冲动。

　　我是 1972 年开中首届高中毕业生。刚到学校时对一切都感到很新鲜好奇：新的校园环境，新的老师同学，新的知识，新的生活方式。这对于我这个一直生活在偏僻闭塞的农村的孩子来说，既感到陌生，茫然无措，又感到兴奋自豪。因为那时农村还很贫穷落后，读书识字的人不多，自己居然上了高中，这在当时也算是一种荣耀。我非常珍惜这难得的机会，有很强的求知欲，学习努力刻苦，孜孜不倦。我们是开中首届高中生，领导和老师对我们特别关注和重视。尽管那时"读书无用论"泛滥盛行，但我们对学习没有丝毫放松，规规矩矩上课，晚上自习到十点多钟。星期天才回家一趟，往返徒步，远的 20 多里，但从来不迟到，不轻易缺一节课。课余时间积极开展各种活动，整个校园热气腾腾，生机勃勃。由于高中刚办，条件十分简陋，老师们都住在低矮阴暗、潮湿狭小的土墙破草屋里，一家好几口，只有两三间，办公都挤在一个办公室里。我们的生活非常艰苦，寝室拥挤，睡的是木制的、破旧的高低床，分上下铺，每人一铺，自带被子、席子和蚊帐。有的人家里没有蚊帐，夏天就任蚊子咬。寝室空间小，堆满小菜罐子、热水瓶、面盆、衣服箱子等杂七杂八的东西。晚上室内放小便桶，进门就闻到一股难闻的怪味。想喝水就去学校食堂打，2分钱一瓶。没热水，就喝冷水。洗脸、洗脚、洗澡用的都是一个盆、一条毛巾，极少有人分着用。吃饭用饭票，必须预定，每人早晚三分钱粥，中午五分钱饭，不许多订。一般同学家里都很苦，也舍不得多订。开饭前，食堂工人把大桶饭送到教室走廊上，开饭时生活委员分饭，早晚吃自带的咸小菜，中午买五分钱蔬菜。说是炒的，实际上是用水焯熟的，黄巴巴、烂稀稀的没有味道。错过了吃饭时间，就得挨饿。

记得有一次，我和甲班的侯政席同学去无城有事，因为下大雨，很晚才往回赶，一边走，一边从路边的淌水沟里捉泥鳅和小鱼。回来后，晚饭早开过了，就在寝室里用饭缸烧小鱼吃，把从家里带来的一小瓶猪油全倒进去，没盐，太油腻，咽不下喉，可也舍不得倒掉，硬是咬着牙把它全部吃了，结果肚子很难受，一晚拉了好几次。

俗话说："秧桩子，饭仓子。"那时我们十六七岁，正在发育时期，需要营养，可经常吃不饱，晚自习到十点多钟，经常饿得前胸贴后背，难受极了。实在无法忍受，就喝开水，吃几口咸小菜。

除课堂学习外，我们还要学农、学工，参加劳动。学校自办小农场、小窑厂，学生都要参加劳动。我当时个头不高，可干起体力活来也是卖力苦干。有的同学手磨起血泡或腿脚不慎碰伤，不吭一声，照样干。劳动时，大家奋勇争先，干得热火朝天，有时弄得灰头土脸。值班烧窑、出砖最辛苦，烧窑到半夜，眼皮打架，哈欠连天，还非常寒冷，真是又饥又寒，十分难熬。出窑更脏，砖块刚浸过水，热乎乎的，往边上一站，一股热浪往身上直扑。进窑后，双脚要不停地挪动位置，在一个地方站久了，就烫得受不了。传砖块，动作要快，慢了点，手会被烫坏。一动砖，热气带着灰尘往你身上、脸上直扑，眼睛不能睁，呛得喘不过气来，必须直起腰，喘上几口粗气。砖浸水而产生的气体，怪味难闻，特别刺鼻，嘴里、喉咙里辣辣的，说不出的难受，出窑人被刺激得不停地咳嗽。出完窑，个个满头满身是灰，就剩两只眼睛在眨，咳出的痰都是黑的。还没地方洗澡，天气冷，就从食堂打盆热水简单地擦一

往事回眸

下。夏天干脆跑到水塘里去洗。体质弱的人受不了，晚上都会发烧。我们班干和年龄大点的同学，经常值夜班烧窑。

此外，我们还参加各种社会活动。学校组织毛泽东思想宣传队，我班的王勤、侯之秀、许国翠、齐发翠、帅晋秀、余大梅，甲、乙班的赵平富、王宗宝、张筱华等，都是宣传队骨干。宣传队由我和王勤负责，排练形式多样的文艺节目，节庆日参加社会演出。1972年，一支解放军部队野营拉练路过开城，学校和部队联欢，晚上在开城小学大操场上演出，看的人很多。我反串女角独唱《红灯记》选段《听罢奶奶说红灯》，宛胜同学为我伴奏。唱完，台下响起热烈的掌声。

我们这些农村出来的土孩子，家境贫寒，可人人有志气，个个有抱负。尽管学习、生活和劳动紧张、艰苦、劳累，但没有谁说一声苦，叫一声累，没有逃课、辍学现象，同学们整天精神抖擞，生龙活虎，情趣盎然。

高中两年，我们提高了文化水平和思想觉悟，培养了吃苦耐劳的精神，养成了勤俭节约、艰苦朴素的良好习惯，增强了工作能力，为后来的工作打下了良好的基础。

我们的成长，离不开园丁的栽培，几十年来，我一直感激老师和学校领导。

校长刘业敏，个子高高的，皮肤白皙，很清秀，听口音像是外地人，为人很谦和、平易近人。那时因为我是校委员会委员、入党积极分子，能经常参加校党支部、校委会的学习活动和会议，聆听他的讲话。他还单独找我谈过几次话，说话笑嘻嘻的，很亲切。别看他清瘦、斯文，一派书生相，也常常和我们一样参加劳动，率领我们开展勤工俭学活动。我们自己动手，给每个教室安装了广播喇叭，极大地方便了教学和信息的传播。在我们眼里，他是一位称职的好校长。

我们的恩师，个个响当当，共同的特点是教学经验丰富，博学多才，爱岗敬业，爱生如子，教学方法又各具风格，自成一派。孙前来老师讲政治铿锵有力，刘国定老师教化学不紧不慢，卢前荣老师教地理妙趣横生，潘立猷老师教英语，口语纯正而熟练。童天星老师是省委理论组下放干部，虽是临时请来代课的，但讲课认真，知识渊博，令人敬佩，使人难忘。

最使我难忘的是季涛老师、郑养法老师和耿业定组长。

季涛老师教我们数学，他讲课严谨，要求特严。我们的作业书写稍有不规范，或解题省掉一个步骤，都必须重做。他说："知识的问题，容不得半点的马虎和儿戏。失之毫厘，谬以千里。一定要养成良好习惯，做到一丝不苟。"他对自己的要求也是一样，上课语言精练准确，全身心投入，一边讲解，一边板书，写得很快，字不大，非常流利，整齐漂亮。课堂纪律特别好，同学们都在聚精会神地听，认真地记。

季老师后来是我们的班主任，他十分注重培养班干。班上一般的事情和问题均放手让班干去处理，很少干涉。我们班干也从未让他失望。

后来，我毕业回乡，季老师也调到了巢湖师范专科学校，当了校长。我特意去看过他几次，他对我非常热情和关心。那年我的孩子参加高考，他已退休，住在美国，还特意打来电话询问我孩子的考试录取情况。他的关爱叫我感动不已，真是"一日为师，终身为父"啊！

郑养法老师教我们语文。他非常注重仪表，一年到头，穿得整整齐齐、干干净净，具有文人学者的气质。他上课幽默风趣，并辅以手势，适当地做些动作，很有感染性。记得上《鲁提辖拳打镇关西》一课，讲到鲁提辖打镇关西那三拳时，他一边讲，一边用手比画着，极其生动、形象、有趣，使我们如临其境、如闻其声，真是太妙了。更妙的还是他的板书，行书小楷，遒劲秀丽，整齐美观，我们羡慕不已，啧啧赞叹。板书是这样，批改作业也是这样。每篇作文他都批改得十分精细，连一个标点符号也不放过，还下了很多评语，书写一丝不苟，一个字一格，工工整整。这对我们的影响太大了，大家都很喜欢他的字，自动模仿他的字体书写。我班的周鉴明同学就是其中典型的一个，他拿着自己书写的字，向郑老师请教，终于得其真传，几十年后，成为书法大家。后来我县出了那么多的书法高手，很多都是他的门徒。

往事回眸

郑老师不只是字写得好，书教得好，为人更好。他对人真诚实在，对每一个学生都极其关怀爱护，尽全力帮助。他后来调任无为师范学校副校长，我常去看望他，每次去他都将我当作客人一样招待，沏茶留饭，关心我的家事，问长问短。说到高兴事，他由衷地为我高兴；遇到难事，他总是非常同情，竭尽全力给予帮助。见我生活困难，亲自去商场为我爱人买衣料；见我教师选招失败，怕我有情绪，多次写信安慰我，还精心为我制作一副"红烛联"——"窗前绿苗千顷，案后红烛一枝"，勉励我为教育多作贡献，令我感激难忘，终生铭刻于心。

耿业定老师那时是学校政工组长，负责学校宣传教育工作。他虽然从来没有代过我们课，但我与他的关系最亲密，感情最深厚。当时我是班级团支部书记，校团总支组织委员，校红代会主任（学生会主席），又负责学校宣传队工作，与他经常打交道，相互了解。他对我非常好，一直像慈父一样地关心我、教育我、培养我、帮助我。他对我非常信赖，星期天和节假日，他回苏塘老家干农活，就把房间的钥匙交给我，我晚上在他房间休息，完全像家人一样。他对我的思想动态和一言一行都很留意，发现问题，及时教育和指导。记得我进高中不久，家里发生了一件很不愉快的事，十分懊恼，几乎辍学。他多次找我谈心，不厌其烦地开导我，要正确对待问题，不要因此影响自己的学业和前途。在他的耐心开导和帮助下，我妥善地处理了家庭问题，重新振作起来。

我有时脑子发热，产生骄傲情绪，在人前夸夸其谈，对别人评头论足。耿老师发现后，立即给予严肃地批评，使我头脑清醒，谦虚谨慎，力戒"骄"字。我还在他的帮助教育下，成了一名共产党员。

那时，耿老师一个人住在学校，离家十多里地，爱人和孩子都是农业户口，一家七八口，孩子小，负担重，生活非常困难。可他从没有闹过一次情绪，请过一次假，缺过一节课，影响过一点工作。他用自己的行动教育、影响我们，成为我终生学习的榜样。

我毕业离校后，回乡当了民办教师，耿老师仍然一如既往地关怀我，帮助我。那年教师选招，我未入围，苦恼万分，几欲离开教坛。他听说后，写信竭力安慰我，读了他的来信，我茅塞顿开，真挚的情谊催我泪下，不觉脸红，深感有愧，于是振作精神，继续奋斗。2016年，我爱人不幸病故，他老人家听说后，对我十分同情和挂念。其时他也因老师娘身体不好，去了北京。2018年下半年，他从北京刚一回来，就风尘仆仆地赶到我家，看望并安慰我。当知道老师娘也刚病逝不久，我像触了电，立即怔住了。一位80多岁的老人，满头白发，自己刚失去老伴，正在悲痛之中，却来安慰一个曾经的学生，这是何等的深情厚谊、何等高贵的品格啊！我被感动得热泪盈眶，像见到了久别重逢的老父亲，一时哽咽无语。

杭盛才老师是我们班第一任班主任，也令我难以忘怀。

杭老师教我们数学，他个头不高，清瘦单薄，穿着很朴素，脸上白中带黄，呈菜色，但精神很好，劲头十足。他家孩子多，都很小，住在校园西边坡下的几间低矮破旧茅屋里，生活艰苦。但他对工作认真负责，毫不含糊。他讲课有条不紊，态度从容，不慌不忙，很投入。对班级管理也很严，工作很细致，一有空就召集我们班干开会，了解同学们的学习、生活情况和思想动态。对我们的学习更是抓得很紧，经常自拟试卷对我们进行测试。多年后，我班的赵同峰同学还特意写了一篇文章，题目叫《一份珍藏36年的试卷》，发表在《新安晚报》上，表达了对杭老师的感激之情。他深知我们农村孩子的苦，对我们更加关爱，维护我们的利益。记得有一次，他脸红脖子粗，气冲冲地从办公室出来，愤愤地说着什么。我很诧异，不知是怎么回事。后来才知道：原来是这学期预收的书本费未用完，他要求如数退还学生，总务部门不同意，他据理力争，与他们大吵起来，并愤然离开会场。为了学生的利益，他不怕得罪同事，同学们知道了这件事都非常感动。

高中两载同窗，朝夕相处，和睦友爱，亲如兄弟，同学之间的那些事，也无法忘怀。

我们首届高中同学有180多人，分甲、乙、丙三个班。我们宝山公社有11人，分散在三个班，我在丙班。我们班绝大多数是农家孩子，淳朴老实，虽然才聚到一起，彼此不相识，但没有什么隔阂，很快就处得很好。

我们班学生有几个显著的特点：一是学习都很用功刻苦，成绩相差不大；二是性格都比较阳光、开朗、活泼、有朝气，喜欢参加集体活动；三是对人热情、率真、讲义气。大家都有较强的集体荣誉感，心齐，自觉地维护班集体的荣誉。学校开运动会，大家踊跃报名参加，并刻苦训练，赛场上奋力拼搏，为班级争光。乒乓球决赛，我班的孔祥迎对决甲班的程希俊，大家自动组成啦啦队，为祥迎同学呐喊助威。最后祥迎夺得了冠军，大家齐声欢呼，高兴得不得了，把祥迎同学抬起来。整个班级团结、和谐、活跃、充满朝气，大家在一起说说笑笑，嘻嘻哈哈毫无顾忌，心情愉快。当然，由于各种不同的原因，有些同学走得更近些，我和周鉴明同学似乎就是天生有缘。

记得开学的前一天，我从学校大门进去往里走，见大宣传栏里刚出一期迎新专栏。我好奇地走近一看，立即被一篇散文诗吸引了，题目叫《台湾——祖国的宝岛》，一气读下去我被作者的才情震撼了，字也写得这么好。看后面的署名：周鉴明。"周鉴明是谁？真有水平！"我暗自赞叹，随即从书包里掏出笔记本把全诗工工整整地抄了下来。后来分班时，我们竟然分在一个班，编座位时，又恰巧同桌。那时，他虚岁只有15岁，个头也不高，长得浓眉大眼，头发乌黑发亮，白白嫩嫩，方方正正，特别灵秀帅气。开始并不知道他的名字，老师上课点名时，才知道他就是周鉴明。我高兴得心头一跳，"他就是周鉴明？这么巧！"心想：还是个初中生，就这么有水平，真了不起！平日上课，两人并排坐着，并不多话。他学习非常用功，完成作业后就刻苦练字，常把自己写好的字拿到郑老师家去，请他指教。他进步很快，字写得越来越好。他写字时，身边一堆同学围着，啧啧称赞！高二下学期，还未毕业考试，他就去参军了。我听说他要走，心里很难过。我毕业回家后，还时常想念他。有一年他从部队回来，和他爸爸一道去宝山办事，我们又意外地见面了，很亲热，有说不完的话。打那以后，我们就经常通信，联系不断。后来他仕途通达，可从来没有嫌弃我这穷教书匠，一直把我当老哥看待。他自己的书法集一出版，就邮赠给我，还亲笔题上唐朝诗人王勃的著名诗句："海内存知己，天涯若比邻。"以表达彼此真挚的友谊。成名之后，他的字值钱了，很多人想得到他的墨宝，还常常一字难求，他却先后赠我好几幅字。我为有这样的好兄弟而高兴和自豪。

那年，我爱人生病，去合肥治疗。因走得急，带的钱不够，我只好跑到省委去找鉴明。他二话没说，立马开车和我一道去了医院，帮助我办好了住院手续，还买了花篮看望我爱人。我出书，他为我题写书名。他每次办书法展，都邀请我参加典礼。那年他在北京军事博物馆办书法展，我因事未能前去，展后他立即把展品集和专题报道寄给了我。他退休后在北京办书画院，我特意去看他，他盛情招待。临走时，他又送了我好几幅字和他的专著，我很感动。"不是同胞，胜似同胞"，天生的缘分啊！

我和孔祥迎同学也一直很要好。那时，他瘦小单薄，但很精神，直性子，给人最突出的印象是"快"。他动作快，脑子反应快，说话快。尤其是写字快，又快又流利。有一次他参加乒乓球赛夺冠，就赢在快上。毕业之后，同学们各奔东西，1978年恢复高考，我们在无城考场又见了面，他考取了复旦大学新闻专业，后成了新华社记者，升了官。职务高了，地位变了，但他对同学的感情没有变。有一年，我去合肥，他盛情款待，还把在合肥的老同学都请来，大家畅饮叙旧，无拘无束，仿佛又回到了当年。我写了本书《育英探究》，请他看稿写序，他二话没说，满口答应。他不但耐心读完书稿，逐词逐句修改润色，还亲自把写好的序文送到了我当时工作的无城华星学校，令我十分惊喜。晚上，无为县政府领导设宴招待他，他特意把我邀去。席间，他向在场的官员介绍了我的书，给予很高的评价，并请县文化部门对该书出版给予帮助。同学之情由此可见。

高中读书时，我是班长，和本班同学相处融洽，不分彼此，非常友好，发生在同学之间的那些互帮互助的动人故事，难以尽诉。时至今日，大家还亲如兄弟姐妹。他们见到我一口一个"老班长"，让我感到格外亲切和舒服。

师生情，情同父子；同学情，亲如兄弟，纯洁、纯真，不带任何功利。而这人间的真情，是在母校这个温暖的大家庭里培育的。感恩母校，让我们遇上了这么多的恩师，这么多的好同学！开城中学啊，我们的精神家园！我心中永远的母校！

童朝田

一辈子，一生情

应开城中学老校长潘恒俊老师邀请，我最近回无为参加《开城中学六十年》编撰研讨会，会议期间安排我们重访母校旧址，开城镇领导闻讯后带领我们参观新农村建设，目的地居然是我的老家都督村。赵书记的介绍热情洋溢，振奋人心。

面对新路新房新景的巨变，我连连感叹"找不到回家的路了"。都督山门前"西九华风景区"几个大字，出自周鉴明同学之手。

随后，我们一群同学又与潘老师一起到巢湖市看望久未见面、双目失明的季涛老师。一连串的活动中，同学师生共叙往事，相谈甚欢，不禁勾起我尘封已久的高中记忆和母校情怀。

回到合肥家中，翻箱倒柜，找到了几件与高中生活相关的物件：一张油印的入学通知书、一张发黄的毕业照、一个参军时学校赠送的笔记本和1984年建校25周年校庆我写给母校的贺信底稿。离开母校后，走南闯北，多次搬家，这几样东西保留下来也是不易。

开城镇原为区政府所在地，1959年7月开办开城初中，1971年3月升格为完全中学，首届高中招生180余人，我便是"黄埔一期"中的一员。

高中入学通知书别具乡土特色："经区革委会高中招生领导组决定，你被录取在我校高中一年级学习。""住宿生自带行李被单、日用品，并带足一个月口粮和小菜"，并注明学费贰元伍角，书本费贰元，电费伍角。看到这个入学通知，可以想见当年是何等艰苦。

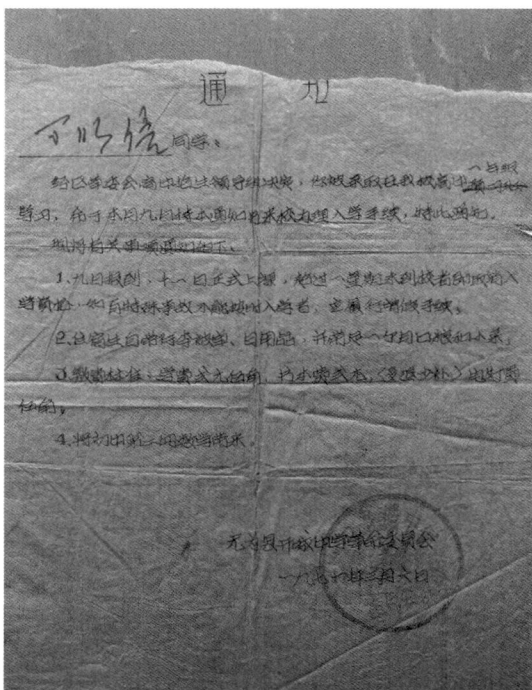

那时，从我家到开中要沿着西都圩绕行北圩埂，走20多里崎岖小路，一根扁担挑着米、咸菜和日杂用品，两周或一个月回家一趟。30多人住一个大寝室，拥挤不堪，嘈杂混乱。

当然，也有欢声笑语，快乐交流。早晚咸菜就着稀饭，中午干饭，一般是5分钱蔬菜。餐前在木饭桶前排队，班上生活委员掌控"勺把子"，负责分发。为加点油水，偶尔用肥肉烧点咸菜，或带点油、酱、糖和焦面、炒豆之类的"补品"。

在那极端贫困的年代，经过三年困难时期忍饥挨饿的我们，倒也没有什么特别的不适应。

值得庆幸的是，在这样一所条件简陋的乡村中学，由于当时城里"臭老九"不受待见，我们侥幸遇上一批水平很高的老师。如语文老师郑养法、杨正方夫妇毕业于华东师范大学中文系，物理老师兼班主任季涛却毕业于安徽师范大学数学系。郑老师还是个书法家，一手漂亮的板书让人不忍擦去。后来他担任无为师范学校副校长，曾书写条幅寄我。我知道他是从呼和浩特调回老家的，便送他一把从内蒙古带回来的蒙古刀作为纪念。我因参军提前离校，毕业后季老师将余下的1元多学杂费买了邮票寄给我。季老师后来任巢湖师范专科学校校长，他的三个孩子都考取我所供职的中国科学技术大学，接触自然更多。

由于在"戴帽初中"所学知识不足，数理基础差，进高中我抄过同学作业，也曾有过考试作弊的行为。文科相对轻松，初中语文老师程希武给我们打下了较好的底子，当年他是个标准的文艺青年，经常在作文课上写诗给我们作样板。

高二时，我的两篇作文《中秋之夜》《猪头山下郁郁葱葱》，被郑养法老师用毛笔抄在大纸上，作范文讲评，特别开心。当时除了课本和政治读物，很少看到别的书。镇上同学偷偷借我《红旗谱》《苦菜花》《林海雪原》《老残游记》等小说，让我得以窥见文学世界的博大美妙。

有一次上课我偷看小说，被刘校长从窗外路过发现，叫去训斥一顿并写检查。那时在开城新华书店买过几本书，一本郭沫若的《李白与杜甫》保存至今。

快50年了，高中的学习生活在印象中慢慢淡去，只有少量碎片飘浮在记忆里。最累的活儿，是每周劳动课到校办窑场打砖坯、搬砖、运砖；最温暖的画面，是操场边同学们三五成群席地而坐的聊天进餐；最开心的，是晚间同学们成群结队去看露天电影，夕阳下永安河权当洗澡池游泳嬉戏；最美味的，是难得品尝的小镇盐水花生和卤菜。

"五一"放假，我和王朝明同学一起到县城玩，铺一张废报纸在南门桥头睡了一宿。也有恶作剧，父亲是区领导的邢同学比较调皮，一次有个同学在课桌上仰面午睡，他弄来一些废纸焚烧，作伤心哭灵状，引得同学们先是面面相觑，既而大笑不止。

1972年11月，学校传达征兵文件。当时，当兵是走出农村的唯一出路。我和潘明扬同学立即赶回六店公社报名，在西都圩北大堤巧遇接兵的赵、王排长。我虚报两岁，体检刚满45公斤。应征合格，学校让我们突击入团，还在操场悬挂煤油气灯，举办欢送晚会。提前照毕业合影，我被拉到前排和老师坐一起，好不优待。

　　1979 年春对越自卫反击战后，我从部队退伍，经过三个多月的拼命复习，幸运考取安徽大学中文系。也巧，分别多年的孔祥迎同学和我同在无为中学考场，他考取了复旦大学新闻系，后来成为江淮名记者。

　　2008 年国庆节期间，高中同学在无城聚会，主持人毕永红同学让我发言，即席写成小诗：

开城桥边悄悄离散，无为城里匆匆聚首，挥手一别三十六年，蓦然行走，岁月留痕，永安河载着青春梦淌流。遥想同学当年，意气方遒，而今年过半百，月到中秋，相逢莫问沉浮事，互报平安胜美酒，同窗友情永难忘啊，同样的记忆藏心头，重逢小聚又分手，山高水长意悠悠，一声祝福一片情，但愿千里婵娟人长久。

这次聚会又过去12年，再现脑海，平添一份美好。

伴随城镇化和乡村中学生源不足，2017年县里决定开城中学停止高中招生，2019年正式撤销。从此，母校渐渐成为历史，但她是我们人生的青春符号，是我们集体的珍贵记忆。回忆她，有伤感也有快乐，有苦涩也有甜蜜。纪念她，我们感恩岁月，抚慰心灵。

丁毅信

心香一瓣敬母校

——我的开中读书生活

一

"文革"中，高中学制缩短为两年，春季始业。我于1977年2月进入开城中学，1978年底毕业。恢复高考后，又改为秋季招生，全国中小学因此延长一学期。我实际于1979年7月毕业，高中学习生活共两年半时间。

还在小学四五年级的时候，开中就已开始在我的心田里扎根。我们村有一位开中学生，叫徐志爱，长我5岁，是开中1975届高中毕业生。每逢星期六傍晚回家，他就眉飞色舞、兴致勃勃地向我们一班跟屁虫讲述开中丰富多彩的校园生活。"球星"许国春、徐世明，长跑健将缪亮，"三好学生""书法家"安继兵等同学的故事，我们早已耳熟能详。谈起开中老师，徐志爱更是无限敬仰、崇拜。季涛老师是全县有名的老师，他上课不需要带课本，书上的每页内容都在他心里。季老师还有"绝招"——心算，再复杂的题目都不需要打草稿的。他的三个儿女个个都特别聪明，据说有一次，季老师在教室上课，一道题目布置下去，全班同学无人会做，在教室窗外玩耍、偷听的大儿子瀚洋大声说，我会做，并且很快报出答案来。就这样"神童"的故事不胫而走，传为美谈。语文老师郑养法上课时，喜欢用手脚比画，模拟课文中人物的动作、神态，有时还唱，说是"情动于中而行于言，言之不足，故嗟叹之；嗟叹之不足，故歌咏之；歌咏之不足，不知手之舞之足之蹈之也"。这让我们小伙伴们张大着嘴，哪有老师上着上着竟然唱了起来的，简直匪夷所思。他说郑老师本来在内蒙古工作，曾拿无为方言考内蒙古人，"安在"是什么意思，内蒙古人骑马，齐声答道："马鞍。"他说郑老师的爱人杨正方老师，毕业于华东师范大学中文系，优雅、和蔼，是郑老师大学同学，同郑老师感情特别深，杨老师放弃大上海的工作机会，去了内蒙古，后又调到安徽，来到我们开城中学教书。徐志爱知道我喜欢写毛笔字，知道我在跟我的二姑父丁以任先生学写字。有一次，他很郑重地拿出一本自制的字帖给我看，说是郑老师写的，很漂亮，说开中学生甚至不少老师都在学郑老师的字。我打开一看，是在郑老师原迹上描摹的，内容写的是毛主席诗词。我也赶紧买了几张白纸，用铅笔双线勾勒，再描摹一遍。我把字帖用针线装订好后，送给二姑父看，原来二姑父同郑老师早就熟悉，而且是好朋友，对郑老师十分推崇。有一次徐志爱回家，谈着谈着，忽然说到潘恒俊老师，因潘老师没有教过他，不像对郑老师那么熟，他只发出一阵赞叹，最后一句话概括："听说潘老师也很过劲。"

年少的我，每次上开城街，总十分虔诚地去开中"朝拜"一番。一进学校大门，一条石子碳渣铺就的道路伸向校园深处。大门东西两侧均为树林、菜园，不远处道路两边略高的地面上，各有两幢红砖黛瓦平房教室，前后整齐地排列着。道路前端是一幢年代久远的青砖青瓦平房，比教室要小一些、矮一些，也更秀气一些，是教师办公室。办公室前面有两座简易花台，花台内各植一棵花木扶疏的合欢树。办公室西边还有一幢一模一样的平房。两幢之间，另有一条石子路，通向校园后方的食堂。石子路东边紧挨办公室的依次是一口水塘和一片菜园，西边是四大间土墙草屋。校园正西，是一片不规则的校内运动场，运动场一角有一个沙坑、一副木制双杠，中心矗立着两副篮球架。校园正北，是一幢又高又大又老的平房教室，教室后面是村庄。几经溜达，忽然发现，校园东南、东北、西南地势略低，或远或近，都有一口水塘。有一天，不知是我就读的初中放假，还是我旷课，我来到开中，找徐志爱。我见到了许许多多高中生，高中生们个子高高的，脸大大的；穿着花花绿绿的衣裳，很漂亮；说说笑笑的，有文化。那真是很特别的一天，我在那四大间草房最西边的门上，看到郑老师写的对联："立足开城桥，放眼全世界。"我估计这就是郑老师家。在我忘情地欣赏时，徐志爱催促道："你快回去吧，我要上课了，这节是郑老师的语文课。"我猛然醒悟，尾随其后，怯怯地躲在教室走廊的中间窗户边。透过窗缝，郑老师的身影时隐时现，郑老师一面讲一面板书："本文通过卫老婆子……"几年后，我知道郑老师教的那篇课文是《祝福》节选。再过若干年，我也站在郑老师当年那间教室的讲台上，给学生上课。那间教室，坐落在校园东边。好像也就是那天，我还发现校园外的马路对面，还有一座高高的、大大的校外体育场；校园大门西侧，是一溜火车厢样低矮的土墙草棚，草棚最西边一间是裁缝店，裁缝师傅的爱人有精神病，她常常头扎破旧花布条，身着破旧花棉袄，敲打着破瓷盆，说说唱唱。

二

我上高中时，"四人帮"被粉碎不久，那是一个百废待兴、百业待举的年代。

初中升高中，没有升学考试，说是按政审条件上学。进入高中，没有军训，没有开学典礼，甚至连报名、交学费等常规手续，我也毫无印象。

我们那年高一共招收150名左右学生，学生来自赫店、苏塘、先锋、宝山、西都、六店及开城镇，分甲乙两班。教室安排在学校最北面的那幢教室的西边两间。甲班班主任童朝胜老师，乙班班主任万长水老师。

高一开设的课程有语文、数学、物理、化学、政治、生理卫生、体育。教材是32开本，薄薄的几页。

政治课老师万长水毕业于武汉大学历史系，工农兵学员。万老师30

岁左右，身材瘦小，但说话声音大，有点"炸"头脑子，走起路来脚步极快。政治课我已无甚记忆，倒是万老师在班会课上给我们讲的历史故事，至今印象深刻。万老师为人谦恭，有时不免拘谨，但他居然教我们唱歌，他把歌谱、歌词抄在大白纸上，一首是《黄河大合唱》选曲《保卫黄河》，一首是《游击队之歌》。万老师教唱歌时，情绪饱满，极富感染力，与平常判若两人。我们同学十分兴奋，跟着认真地唱。我会唱的歌屈指可数，这两首是我的至爱。

语文老师周勇，我未上开中时，对他已略有所知，他爱人胡晋秀老师曾下放在我们先锋，他的岳父是镇上供销系统职工，胡老师家也是我们村村民上街买肥料时的落脚点。后来，我又惊喜地得知，家父年轻时曾同周老师父亲有过短暂的同事经历。周老师是安徽师范大学工农兵学员，在开中工作了好几年，已崭露头角。周老师上课声情并茂，忘情投入。一次上热了，周老师脱下外衫，同学们暗自惊讶，与脸色相比，周老师的胳膊白白胖胖。我喜欢语文课，自我感觉同语文老师很贴心。我的第一篇作文就被当作范文，周老师在班上抑扬顿挫地读着，同学们向我投以赞赏、羡慕的目光，我很是得意。印象最深的一次是，《毛泽东选集》第5卷发行，周老师带领我们全班同学到新华书店。那天下着毛毛细雨，站在街道上，我觉得自己是一棵正在生长的禾苗。回校后，周老师及时布置了一道作文题："新华书店涌春潮"。

数学老师程荷生，我在大同小学读四年级时就认识啦，那天一位老师填表时问我家庭成分，我哪知道，他拉着我的手说，问问程荷生老师，这是我最早见到程老师。程老师同我们徐家有亲戚关系，和我同辈分的徐氏子弟都称他"小姨父"。程老师教我们时，还教高二一个班的数学课，兼班主任。程老师不苟言笑，严肃刚正，工作极端负责，同学们都很怕他。一次测验，程老师坐在前排一张课桌上，盯着考场，我这位数学成绩"二百五"的学生，居然告诉同学答案，程老师声音不大，犀利地批评道："徐先挺，你做的答案就是对的吗?"每次考后，我总忍不住到他房间里看成绩。他住在校园内水塘边的土墙草房子里，和季涛老师隔墙而居，季老师"豪宅"在东，他的"华宇"在西。几乎每次都看到他同童朝胜老师一起在研讨学生考试情况。有一次程老师十分亲切地说："徐先挺，听说你语文成绩不错嘛。"就这么一句很随意的表扬，却给了我同程老师多年相处的底气，也告诉我客观地观察、看待他人的立场和方式。我当学生，畏惧他，在开中当教师时，仍敬畏他。岂止是我，其他青年教师，甚至年长者也有这种心理。程老师严谨严格严厉，自尊自律，有时候让人不快活，下不了台，但他一视同仁，公平公正。师生相处既久，我感受到程老师性格和人格的魅力，恰如欧阳修点评颜真卿书法："其端严尊重，人初见而畏之，然愈久而愈可爱也。"当我们习惯于虚与委蛇、虚情假意时，听到程老师式直言净言，倍感可亲可敬可爱。

化学老师卢贤能，我认识就更早啦！卢贤能老师和弟弟卢劲松老师下放在我们村，村子里的人亲切地称他兄弟俩"大小卢""小小卢"。卢老师聪明、书卷气浓。他人很好，上课时不太管纪律，有时不免自说自话，他讲着讲着就习惯性地扬起头，眼珠子向上翻翻，答案就演算出来了，又翻翻，一道题便拟出来了。我同他有缘分，他当我的老师，2000年我在无中又当他女儿卢瑾的老师，教他女儿高三一年，算是回报他。他女儿很聪明，上的大学很好。卢老师同童朝胜老师关系要好，有一次童朝胜老师向远处卢老师大声喊道："卢贤能，你想死啊。"言下之意，再弄怪，我就要打你。卢老师不甘示弱："切、切，你要打架啊。"老师关系密切，学生也很高兴。

物理老师季涛，大学学的是数学，"文革"期间，学校停课，他利用这空闲时间进修了大学物理专业全部课程，所以数学、物理两科都教。季涛老师无疑是学生心中的一尊"大神"。果不其然，第一节物理课，我特别留心，季老师虽然拿着课本，但自始至终没有打开，只是偶尔拿起做做样子。他对初中物理做了一番梳理、概括、回顾，然后对高中学习提出要求、建议，也许是"名师效应"再加"晕轮效应"，我觉得季老师讲课条理清晰，举重若轻，觉得他威严、高大。出于崇拜，很多同学不敢接近他、亲近他。物理实在难学，我听物理课如听天书，很多同学也是如此。听不懂，就想旷课，逃作业。一次，我上课迟到，被季老师批评："你要是在家学习耽误了时间，我就谢天谢地了。"龙小仙同学在丁福建同学作业本后面写了几句俏皮的留言："亲爱的丁福建同学：因为你如何如何，所以我如何如何；之所以我怎样怎样，是因为你怎样怎样。既然这样，不如那样，总而言之，统而言之，我们会成为好朋友。"季老师怒不可遏，读了一遍后，又看了看封面上的姓名，说："名字不错嘛，龙小仙！我看你不会成仙，干脆叫龙成蛇吧。"同学们哄堂大笑，季老师自己也忍不住笑了。

生理卫生老师张光林，像一位亲和的大姐姐，高挑、挺拔、清秀、有"骨感"。上到生殖章节，张老师委婉地说："你们是高中生了，有文化。"换成今天的说法："你懂的。"对生理卫生课，我们抱着玩、游戏的态度，考试时偷偷地抄。我抄了80分，同桌抄了满分，他有点不好意思，说："我只想得80分左右，哪想得了满分。"实际上，他不是为作弊而不好意思，不好意思的是自己什么都懂。

体育老师沈玉祥，人高马大，大家亲切地称他"大老沈"。沈老师敬业，上课严格、规范，没有学生敢调皮捣蛋。逢上阴雨天，他在教室里给我们讲解各项运动、竞赛规则，并画图说明，这一点我特别敬佩。他有口头禅："打、打""一个人打一个球，快活地打，不行。""上体育课，躲在寝室里看书，打"。那时，课间广播操初中部全体学生集中在校内体育场做，安排各班体育委员轮流领操，沈老师监督，发现学生吊儿郎当，沈老师像老鹰抓小鸡一样，把学生拎出来。今天有人说，没有惩戒的教育是"缺钙"的教育，沈老师早在几十年前就给学生适当地"补钙"啦。沈老师无城府，据说有一次晚上召开全校教职工会，范校长讲话时，沈老师忽然发出"打"的感叹，让在场的人十分惊讶、不安。范校长本是刚烈之人，但可能考虑到沈老师年轻、直率，又是外乡人，便宽容了他。沈老师同万老师关系好，有一次晚饭后，沈老师穿戴整齐，万老师说："约会去啦。"沈老师两指插入口中，发出响亮的呼哨声，真是侠骨柔情，神采飞扬。

三

我还没有从好奇中走出来，还没有把一篇课文读完，还没有把一道题解开，第二学期就开始了。忽然听到有人大喊："高考啦！"

1977年9月，教育部在北京召开全国高等教育工作会议，决定恢复已经停止了十年的全国高等院校招生考试，以统一考试、择优录取的方式选拔人才。

10月21日，中国各大媒体公布了恢复高考的消息，并透露本年度的高考将于一个月后在全国范围内进行。

那是一个令人振奋的消息，多少寒门子弟从此改变命运。

我校化学教师卢贤能、语文教师缪辉明以优异的成绩分别考取了安徽大学无线电系、中文系，开中毕业生陶先刚、许忠波分别考取了中国科学技术大学、北京钢铁学院。喜讯一个接着一个传到我们耳中，让我们这些在校生血脉偾张。

如同我，多少学子今夜始，做起大学梦。

1977年，我校潘恒俊老师、周勇老师去庐江参加高考语文阅卷。我记得阅卷结束后，周老师第一时间把他抄下来的优秀考场作文读给我们听。我还记得文科语文试卷上翻译文言文《陈胜起义》（选段）试题，还记得政治试卷上"三大纪律八项注意"一题，据说有的考生在考场上小声哼唱。

我长记性了，我在成长。

我当然记得1978年第一期《人民文学》上发表的徐迟报告文学《哥德巴赫猜想》，讲述了陈景润的故事，"数学皇冠上的明珠"。我当然记得1978年3月18日至31日在北京召开的第一次全国科学大会，郭沫若的闭幕词《科学的春天》后来上了教材，成了语文课文。我更记得1978年12月，党的十一届三中全会召开，拉开了中国改革开放的大幕。

往事回眸

新时代到来，开中在迎接。

1978年2月，高二第一学期开学不久，突然发现学校热闹了起来，同年级学生多了起来。原来羊山中学、六店中学两所学校"戴帽子"高中班并入开中。羊山中学70多名学生，六店中学70多名学生，加上本部学生，新高二共300多名学生，编成四个班级，文、理各两班。

随学生而来的，还有一些教学水平出类拔萃的老师。英语，羊山成廷章老师；语文，苏塘俞佳培老师；数学，羊山承大猷老师、六店蒋克钊老师；化学，先锋章崇堂老师。

这时候的开中，人气旺盛，兵强马壮，"中兴"时代即将到来。

我分在文一班，我选择文科，是主客观因素的统一。我自小喜欢看书，梦想当一名作家，文科是我实现梦想的美好途径。我对数理化毫无兴趣，成绩差，而且不是一般的差，化学从未及格，物理没超过35分。虽然文科要考数学，但至少可以扔掉物理、化学了。我们新班级共80名同学，男女生各一半。

新来的同学更是兴奋、激动，他们喜欢谈论原先老师的水平、逸闻趣事，我们也十分好奇，主动打听。

新来的老师中，"美誉度"最高的当属蒋克钊老师和俞佳培老师。

六店的同学说，六店人对蒋老师很客气，村民们见到蒋老师，老远处就打招呼，公社干部、大队干部对蒋老师也十分客气，向蒋老师敬酒；六店的同学还说，再调皮的学生见到蒋老师也毕恭毕敬，蒋老师每天下班时，必定把办公室收拾得整整齐齐，有时外出应酬，再晚再迟，也要把作业改完、课备好才回家。

巧的是，蒋老师教我们文一班数学课。此前几天，由程荷生老师暂代，程老师曾打过招呼，明天由新老师接手。新来的就是蒋老师。蒋老师给我们上的第一节课，我印象尤深。那天，蒋老师提前几分钟站在教室门口，上着崭新的淡颜色中山装，下着深色长裤，皮鞋锃亮。蒋老师表情严肃，和程老师有几分相似。一堂课下来，虽然我们数学基础差，似懂非懂，但一致认为老师水平高。我有些惭愧，学生成绩差，对不住老师的高水平。

可能是"矮子中间选将军"，我担任了数学课代表，每天送作业本到蒋老师家。晚上送时，蒋老师必定在备课。有一次，承大猷老师站在蒋老师身后，蒋老师说："老承，你别走，这道题怎么解呀？"

俞佳培老师的到来，让苏塘的同学高兴万分，这其中当然包括后来成为他贤婿的童玉松同学，最快乐的当然是俞丹青同学。俞丹青是俞老师的女儿，和我们同一年级。在对俞老师的各种赞誉中，最让我惊讶的是俞老师大学读书时曾写有厚厚三本新诗集，可惜"文革"中被毁。

俞老师教高一，这丝毫不影响我对他的敬仰与关注。

今天的教育家认为，一个优秀教师成长过程中需要把握好"关键人物""关键书籍""关键事件"。我回过头一想，一个学生成长过程中同样需要这"三个关键"。

俞老师就是我成长中的"关键"。

我眼中的俞老师，热情、有气场、有魅力。刚到开中，俞老师还属于"走读生"。放学时，我看他经常与同事握手道别；上学时，与大家挥手致意。校内校外，见到我们这些懵懂的学生也报以微笑，特别有亲和力。很快，俞老师所到之处，大家自然而然以他为中心，谈工作、谈学生、谈天说地。我所崇拜的语文老师中，俞老师和潘老师双峰并峙，平分秋色。

在我为没有机会成为俞老师的学生，甚至没有机会同他说句话而遗憾的时候，我读到了俞老师的诗作。

当时应该是"五一"劳动节，就在西边前排教室的东面外墙上，学校出墙报啦！俞老师的两首诗作贴在右下角。这块"版面"最好，最适宜阅读、欣赏、摘抄。我准确地记得第一首题目是《蝴蝶与蜜蜂》，讽刺蝴蝶虚荣，赞美蜜蜂勤劳，俞老师是"蜜蜂"派；第二首标题已忘，但最后一句"涌起层层笑的波"，我是不会记错的。

两首诗很快成为名篇，不少同学传抄着、朗诵着，那音韵之美、节奏之美、意境之美，让人沉醉。不经意间，俞老师把美的种子撒在我的心中啦！

大约就在这段时间，俞老师的高足周德平同学的大作《雪白的年糕》横空出世，参赛获奖，结集出版，上了头版头条。师生二人为开中赢得荣誉。

我不知道什么时候俞老师知道我的名字，更不知道自何时起俞老师在默默地关心我们。有一天在校园内遇到他，他关切地问："潘老师这段时间在给你们上文言文，是吧？语法也应该讲一讲。"我把这件事写进作文，我的立意是赞美俞老师。作文本未发下来前，潘老师忽然来到我的课桌前，问我是否确有其事，我如实回答，潘老师没说什么，便走了。

我心中有一丝不安。潘老师不高兴了吗？我没表达清楚吗？潘老师会误解俞老师吗？

许多年后，我同潘老师谈及此事，潘老师笑了笑，他好像第一次听到这个故事。2019年暑假，我们开中1979届同学毕业40周年联谊，在宾馆房间里，我当着童朝胜老师的面，又同潘老师谈到这事，并请示他，我能不能把这事写进文章里，潘老师高兴地挥着手说："你写，你写。"

潘老师和俞老师"相轻"还是"相亲"，你说呢？

我是一个诚实的学生，今天还是老师面前诚实的学生，我要将诚实进行到底。

在所有教过我的老师中，不论小学、中学，还是后来的师专、省教院等所谓的大学，潘恒俊老师对我的影响最深刻、最久远。

怀揣着对美好未来的憧憬，我坐在教室里等待老师来上课。这节是语文课，教室后门旁的同学忽然一阵惊喜："潘老师，潘老师教我们班语文。"我把目光移向窗外，只见潘老师把手中紧握的书本贴在胸前，神采奕奕地走来。

自豪感油然而生，我是潘老师的学生啦！我有向人炫耀的资本啦！腰杆子硬啦！身价上涨啦！

这并非我和潘老师第一次亲密接触。

记得刚进开中时间不长，早餐后，我从街上返校。那时候，开城街与开中之间是大片农田，一条乡村公路从中穿过。我被美好的春光吸引着，决定由北抄小路到学校去。走在乡间田埂上，左边是一口清澈的水塘，右边是一块块农田，早稻正灌浆、抽穗。天很高很蓝，风很轻很柔。没有想到，在田野深处巧遇潘老师。其时，潘老师被临时抽到区委会，帮助做一些文字工作。我很恭敬地向他招呼，近视程度较深、若有所思的潘老师颇感意外，"噢"的一声，然后和善地看了看我。

仿佛自幼熟悉的乡村风物为我构建了一个巨大的教育隐喻，此后，我每次见到潘老师都"如沐春风"。

同所有优秀教师一样，潘老师十分关注学生的成长。从他那里，我听到了许许多多品学兼优的学长名字：程小海、孙学军、宇正香、程希俊、周鉴明等等，一届又一届。谈到学生们的成绩与进步，谈到学生们的成长与成才，潘老师脸上写满了欣慰。对我们这届同学，他当然格外关注。成长中的我，觉得潘老师对我更是特别。潘老师上课时，喜欢走下讲台，和学生互动，走到我身边时，时常停一下、看一眼、问一声。如果宕开笔墨，潘老师当校长后，同样关注青年教师的成长，他经常同我讲起伍先能、钟平、章金罗等青年教师教得好、进步快。如果再时空交错，潘老师对同辈甚至更年长者如季涛、郑养法、俞佳培、程啸宇等老师的水平、能力、成绩，也总是赞赏、欣赏、分享。

"好的语文教师本身就是一本好教材。"潘老师就是一本好教材，我一直在读这本教材。今天，我读潘老师，就是读"天行健，君子以自强不息；地势坤，君子以厚德载物"，就是读君子人格、君子文化。我所闻者，命运对潘老师并非特别眷顾；我所见者，潘老师始终有着积极乐观的人生态度，有着对新知识、新事物的满腔热情和浓厚兴趣。不说青年潘老师，他大我两属，那时我尚未出生；不说中年潘老师，那时我忽冷忽热、忽"左"忽"右"；单说八二老翁潘老师，志犹存、情犹在、编校史、寄情怀，老头老太满街走，挂帅修史几人哉？2015年，潘老师的母校无为中学90周年校庆，潘老师撰写25000多字长文，全方位、多角度回顾其在无中6年的读书生活。其辩证唯物主义科学史观，其深广的教育情怀和人文精神，堪称楷模。其文个案分析庖丁解牛，材料运用撒豆成兵，它是我写作此文的标杆，更是我眼中一份珍贵的无中史料。

潘老师师德、人品，自有公论。我眼中，潘老师豁达、大度、包容、宽厚，特别有涵养，是马列信徒，也是孔孟信徒。他收入不高，身体尚好，"天将酬长厚者"。

潘老师在课堂上经常讲"一个教师教出来的学生不能超过自己，教师就不是好教师，学生就不是好学生"，以此鞭策自己，激励学生。这句话让我思考至今。为什么？因为如今我也是教师，同潘老师一样，是语文教师。

犹太人格言："人类一思考，上帝就发笑。"我一思考潘老师这句话，想象中，孔夫子就在发笑。子曰："挺，师之言，汝知之乎？"答曰："知之。"

这是一个悖论。潘老师是好教师，我是他教育出来的，同潘老师相比，要采用"打倒八折原则"，也就是打两折，也就是我要在潘老师的肚子里打八滚。譬如，潘老师大学刚毕业时，在来安中学任教，校长要求、督促、检查他们青年教师背诵《古文观止》。今天，我能背几篇？所以，我不是好学生；因此，潘老师不是好老师。说潘老师不是好老师，15000多名校友会把我的牙齿统统打掉。

这是"片面的深刻"。如同"有志者事竟成""知识就是力量""苦难是人生的导师"等格言，攻其一点，不及其余。潘老师这句"格言"，可"攻"教师，可"攻"学生；可"攻"教，可"攻"学。

这是相对真理。许多学生在自己的领域早超过潘老师啦。今天，我不能超过潘老师，不等于明天就不能；我不能，不代表我的学生就不能。文脉代传，人才辈出，"青出于蓝而胜于蓝"。赶超潘老师，我努力。如果你觉得我行文放诞，那是因为：

多年师生成朋友啦！

地理老师卢前荣后来和我亦师亦友。1983年我回开中，卢老师尚未调离。记得他在食堂边的小披厦落脚，下水道绕屋而过，小房里臭烘烘的。去食堂打饭，经常看到他弓着腰翻箱倒柜，像寻宝又像捕鼠。有时扬扬手中的纸张，夸张地啧啧有声："先挺，我同你讲啦，就这个好，我找了半天。你别看这几张破纸，我保存好多年，舍不得扔，留着有用，抽闲刻给学生。"我上高一不久就认识他，因为班上许多同学初中时是他的学生。卢老师的形象容易记住，近视，眼球突出，有点伛背。他是老资格，我感觉整个开城街上的年轻人都是他学生，中年人都是他的老朋友、老熟人。他有"革命的两手"，文的武的——随你。调皮捣蛋的学生在他面前，规规矩矩。在学校里，他说话有分量。教我们第一节课时，他说自己是万金油，学校缺哪科，就让他去"拓拓"，话语中几分谦虚、几分自得。他特别强调地图的作用，要我们读图、剪图、拼图，这样记得牢。这一招确实行之有效。卢老师健谈，嘴说热了，那真是"上下五千年，纵横八万里"。大约是零几年，我在无城西大街碰到他，上午10点左右，他手中拿着一块烧饼，说："先挺，我胃不好，饿了，说吃就要吃。"我看他精神很足，像过去一样。我安慰他，同他回忆开中的高中生活，他仍风趣、健谈："切，我是看他们一个个光屁股长大的，我是把他们当成自家小家伙看待的。"

英语老师潘立猷，我们称他"老潘老师"，据说是抗战时期援华美军的翻译。我很羡慕他，据说他每月工资80元。他平时孤独，听说他家在南京，从未见过他家人来看望他。我很同情他，他牙齿全脱，两腮塌陷，每说一句话，都要拼尽力气，还得忍受学生课堂上的打闹。他上课是煎熬，我听课也是煎熬。有一次，他请同学读课文，照例读不好，我读后，他如获救命稻草："还有救，还有救；死不了，死不了。"

历史老师陈基文是我们的班主任，那些年他正处于人生困境，我看得出他在努力支撑。我对他抱有"同情之理解，理解之同情"，他也很关心我，爱护我。

不快乐的事情你也得照单全收，有什么办法呢？这就是生活，这就是成长。

四

就像新时代的浪潮四面八方、铺天盖地、汹涌而来，你能躲得了吗？这所与村庄相连、农田接壤，于荒岗之上兴建的农村中学——开城中学，那时候，迎难而上、砥砺前行。

那时候的农村中学，不愁生源。各地按行政区域，划片招生，各有各的地盘。学生也没有意识、条件去择校、借读、插班等。

那时候有许多专家、教授等高级知识分子因种种原因下放到农村，很多人到农村中学，农村学生意外获得优质教育资源。开中后来也曾短暂聘到发配在原籍劳动改造、河北唐山铁道学院化学系讲师吴克魁先生执教。但学科之间严重失调，尤其是英语、理化教师严重不足。更何况，我上高中时，高校已开始恢复招生，专家、学者也已陆续返回。与此同时，高校把手伸向中学，挖走名师，譬如季涛老师。农村学校艰难办学。

那时候的中国农村中学，办学条件差。学生只有薄薄的几本课本，很多学生极少见到课外资料。讲义、试卷靠人工刻写、油印，"少、慢、差、费"。我记得1978年巢湖地区教育局曾组织编写了一本《语文基础知识复习资料》，我校孙学仁老师参加编写，32开本，黄色封面，我是高考后才拥有此书的。我还记得同年，上海人民出版社重印出版了一套《数理化自学丛书》，全套一共17本，淡黄色的封面上只有"代数""三角"这样的书名，朴素，其貌不扬。全套定价12元，整个开中，我只知道高二有两位同学拥有。

那时候的中国农村中学，信息闭塞。教师全身心去教，对于考，虽有意识，但没有条件、能力去研究、应对。教师没有机会走出去，也没条件把人家"请进来"。教师没提过，学生也没听过"高考大纲"。1978年的高考语文作文是对一篇报道进行缩写，这让所有一线教师十分意外。

这种教育"症候群"，开中都有反应。

理一班无疑是我们这个年级的龙头老大，佼佼者济济一堂。与其他班级课间时打闹不同，每次经过理一班窗口、门前，只见教室里黑压压一片，热烘烘一片，青春荷尔蒙气息扑鼻而来。几位女生端坐其间，面有倦容。理科生辛苦。

理一班班主任兼数学老师童朝胜，我们称他"大童老师"，政治、语文、英语老师分别是孙前来、程啸宇、老潘老师三位年长者，物理老师童天龙（我们称他为"小童老师"），化学老师章崇堂。千钧重担似乎都压在理化两位老师身上。

童天龙老师"文革"前上高中，后中断学业，再后来跟随季涛老师学习物理，或者说季老师对他"一对一"辅导。童天龙老师一直教初中，已成骨干。章崇堂老师是无中"老三届"高中毕业，一直教初中化学，且长期担任初中校长。这是他们首次教高中，压力巨大。整个年级物理、化学各只有他们自己一个任课教师：一个人的学科，一个人的教研，一个人的"战斗"。我看他俩好像24小时都和学生泡在一起，教案一本接一本地写，学生也传递着抄。两位老师与学生关系极好，小童老师当时尚未成家，学长朱启超同学不知何种原因，有一学期竟和小童老师"捣腿"。章老师简陋的住处，学生自由出入，倒茶倒水，放置杂物。

我经常光顾理一班，我主要去感受这个班级的学习氛围，去请教数学题。这里有我的发小吴松林、汪维云、徐先进、卢英顺等同学，这里有我原先班级关系要好的马玉平、赵同庆、方光山、方光才等同学，还有和我同路上学、回家的众多苏塘同学。我们都在努力，我们都在成长。在知识的海洋里，我们如一条条"小鱼"跟随"大鱼"老师游来游去。

"学霸"们露出水面。

高二有程荷生老师班的孙学军、赵亚民、朱启超、钟平等同学，我们这个年级众多品学兼优的同学中，方光才同学无疑最受瞩目。

方光才，赫店人也，肤白、发齐，自幼聪明好学，闻名乡里，乡人称之为"小书生"。光才高中时，年龄小，每受同窗干扰，则骂曰"歪儿子"。久之，众人亦以此赠之。尝有一学期，我与光才搭伙于供销社之食堂，每每畅谈一路。余佩服光才志向之远大，思维之严密，悟性之良好。其高一考取大学，良友也。光才长兄，开中校友，科大本科，中科院研究生，季涛老师之高足也。1979 年，我陪徐先进上学安师大，晚间，于教学楼走廊一见光才，从此江湖相忘。

大童老师人也很好。他那时已成家，爱人、孩子在老家，一人住校。我看他整天都在工作，班级管理井井有条，我也从未看他发过学生火，同学生关系好像朋友一样。我也想沾沾大童老师身上的"仙气"，我知道数学成绩对我这位文科学生的重要性，高考经验告诉师生，文科考生拼的是数学，只是那时"木桶理论"大家还不了解而已。我虽然整天趴在数学上，但成绩依然如故。通常，我学数学有以下几个步骤：先把会做的题目做一遍，这样有成就感，有自信心；不懂的去问，似懂非懂地回来，时间问长了，怕人家烦；回来后，再打开数学书，这时已意兴阑珊，风吹到哪页看哪页。对数学的担忧、恐惧，让我噩梦频频。梦中在上数学课，一位空洞、模糊的老师在讲台上讲着，我在座位上听不懂一句，我的数学书还是崭新的，马上就要高考了，怎么办？我急得快要哭了。

五

这些年，我偶尔拿这些成长的痛苦向学生"炫耀"，用自己中学读书的经历说事。

我的高中！我的苦乐年华！

那时候，学校尽最大可能开展一些文体活动。我记忆中，高中阶段举办过一次校运动会，一次诗歌朗诵比赛。我班参赛的诗歌原创者是耿松林同学，潘老师修改、润色、指导，童朝云、顾小平同学领诵，我也是集体朗诵者之一，我班得了第一名。学校最常见的大型活动是开学生大会，我们把板凳带到校内运动场，分班而坐。大会前，班级间"竞歌"，通常是大童老师班首唱，他们班文艺委员陶筱娴同学是一朵"校花"，一双眼睛会说话，一对酒窝很迷人，她的哥哥就是知名校友陶先刚学长。一曲唱罢，便鼓动别的班级接唱，大家齐声呐喊："一二三，三二一；再不来，真着急。"我班在文艺委员童朝云同学带领下，齐唱"学习雷锋好榜样"等。一时间，歌声嘹亮，青春飞扬。记得有一次，程啸宇老师也兴致勃勃地参加学生大会，恰好坐在我身边。那次，俞佳培老师代表教师讲话，那也是俞老师到开中后第一次在全校同学面前亮相。俞老师发言时，程啸宇老师双眼饱含欣赏之情，笑眯眯地、神情专注地聆听着。俞老师发言结束，程老师获得了极大的满足，远远地向俞老师颔首致意。

我也收获了新奇与喜悦，俞老师用两句小诗结束讲话，我印象尤深。

我们课余时间，大多情况下是处于"放养"状态，我看过许多场露天电影，也曾到河山大队看过"小捣戏"，也曾多次跟街上同学"捣腿"，在童朝云处，我一脚蹬过去，被褥里子"划"的一声。

我们的寝室，高一时与教室相连，高二时，因六店、羊山同学加入，校园最北面的房子改成教师住宿，全年级男生集中住在开城街上大礼堂里。每晚就寝时，学校都要安排行政干部、班主任值班。看管宿舍的是一位年过半百的"上海佬"，家住我的邻村陆家庄，我认识。调皮的同学经常同他打趣，他在东北闯荡过，无意中，他的经历给我们打开了外部世界的一扇"窗口"。譬如"东北有三宝：人参、貂皮、乌拉草"，譬如东北的鱼好大……后来，学校在校园东面，供销社围墙西面盖了一幢平房宿舍。搬进去的第一天，我们每人出五分钱，买了崭新的橡皮绳，挂满花花绿绿的毛巾。星期一上学，绳子被割被盗，毛巾掉了一地。我们睡的是木制的上下铺，每铺二人。

高中最刻骨铭心的记忆是"饿"。我们都吃食堂，每周六或周一把带来的米换成饭票，然后在生活委员那里"订饭"，饭量各人不等。我通常早上二两粥，中午晚上各半斤米饭。开饭时，食堂师傅事先把各班米饭打在一口木桶里，各班安排值日生轮流打饭，打饭时，一人念名单、斤两，一人掌勺。我们文科女生多，女生们文雅、脸皮薄，再饥再饿也不会抢，加上我班生活委员骆克锁同学，手大力大，规范操作，想抢吗？想打架吗？让你一条腿。理科班可就不是这样了，通常开始时秩序较好，打着打着，就吵了，吵着吵着，就抢了，最后饭桶就翻了，滚得老远了。孤单、文弱的几位女生，站在司令台边的大树下，敲着饭缸子，为这青春的盛宴伴奏。有一次，理科班同学不满食堂伙食，仿照"洪湖水，浪打浪"歌词，编了几句顺口溜，贴在食堂门口。学校领导、班主任紧急赶来处理。那次，我看到大童老师发了好大的火，食堂一位让学生不待见的师傅怯于大童老师的影响、身高、力量，不敢多言。有同学趁机起哄，把粥泼得满天满地，当然大童老师也接受了学生们的"献礼"。

吃饭的菜是从家里带来的一大瓶罐咸小菜或腌萝卜头，常常后两天，菜上便上了一层厚厚的菌丝，难得花两分钱打点青菜。正是长身体的年龄，饿得腰勾、肚烫，自己吃自己。有两学期我在供销社食堂搭伙，每天早四两，中八两，晚八两，折合两斤米，那一年，我体重增加了33斤，堪与"猪"比。饥饿的男生们晚自习时偷偷地带点米，到后面生产队社员家里煮一锅饭。一次，他们把剩下的锅巴带回到章崇堂老师家，我的腿不长不短，跑了过去，章老师的爱人崔阿姨递给我几块，我一边狼吞虎咽，一边说："香，好香，真好香。"崔阿姨后来经常拿此事取笑我，今年上半年，我同潘老师去她家，向章老师了解张复常老师情况时，崔阿姨还拿此事同我开玩笑。

六

我们那届本科、大专共考取了22人。据说，我现在任教的无为中学只考取12人。据说，获悉高考成绩后，范先白校长深夜敲开章崇堂老师家门，向章老师报喜："我们学校放卫星了，我们学校放卫星了！"那一夜，开中无眠。

当时高考百分制，我语文 61 分，政治 62 分，数学 45 分，历史 59 分，地理 67 分，只达到大专分数线，被合肥师专录取。

当时的高考场景历历在目，我们文科考场在无为一中，由我校潘老师带队。来到无为一中，潘老师从背后把一位监考老师抱住，笑着说："不要把我们小伢子吓着。"语文考试时，我把"苍蝇蚊子孳生地"的"孳"字没有填对，文言断句"韩信将兵，多多益善"的"多"断错，作文我觉得写得较好。政治试卷有一道考题，说是山上原本植树，后改农田，你怎么看这个问题。我爱看杂书，这题对我来说一点不复杂，当年我校只有两人政治考及格，据说，整个巢湖地区也只有 20 多人及格。考数学时，有一道因式分解题，我做了半天，怎么也做不出来，后面的解析几何更是无从下手。考历史时，西夏、辽的位置让我颇为踌躇。考地理时，我答丢了一道小题，那道题是关于黄河的，一共三问，我只答了两问。高考结束后，我每天都在计算着分数。历史有一道题：孙中山在旧民主主义革命时期有哪些重要活动？这道题 12 分，我答了六点，心想该得满分，哪知答案下来后，我只答对一半。

今天，当我在课堂上提及我的高中生活、我的高考故事时，同学们新奇又惊讶："这么多年了啊！""都 40 年了啊！"是的，40 多年过去了。当年我们憧憬，现在怀旧；当年我们启程，现在归航；当年我们长青春痘，现在生白发。天下没有不散的筵席，青春也有散场的时候，只是我们谁也没想到一所学校会被撤销，我们的母校——开城中学会消失。曾经多少祝福，如今只留回忆，就像我此刻写下的文字。我付出我的全部真诚，但我仍有些矛盾、纠结。我是否应把草稿给相关老师、同学看一下，听听他们的意见，毕竟他们出现在我的笔下。如果他们看了，说："你太客气了，把我形象拔高了，这样不好，改一下。"说："这些细节不够真实，措辞不妥，改一下。"我可怎么办，改还是不改？如果不让他们看，不打招呼，不听意见，贸然下笔，我是否对他们缺乏尊重，他们是否责怪我？想来想去，想到的是自己书呆子气，有谁会那样在意？

我只写我的记忆，我的感受。每个人的记忆都是有选择性的，每个人的主观感受都是不一样的。我要追求欧阳修的作文境界："不怕先生骂，却怕后生笑。"如果有年轻校友指着我的文章说："看看这个叫徐先挺的1979届校友，文章吞吞吐吐，遮遮掩掩，扭扭捏捏，酸不拉叽，又臭又长。"那我真是愧对母校，愧对师长，愧对学友。

徐先挺

开城中学，我精神的原乡

　　山有发脉处，水有源头地。近60年来的人生，我山一程，水一程，走过许多地方，领略过许多风景，也识别过众多人心，人生的履历也算繁富。然而我总也走不出两个地方：一个是乡居的老屋，老屋里贮满了亲人们的温情；一个是开城中学，1977年春到1979年夏，一个我度过两年半高中时光的地方，青葱少年的思想在此拔节，从此烙下永久记忆，成为见证我精神成长的原乡。

　　1977年春，不到15周岁的我背着书包成为开城中学高一甲班的新生。虽然每日里吃的是腌咸菜就白米饭，然而我一点也不觉得艰苦。新老师、新同学、新的学习生活，让我大开眼界，感受到集体生活的团队之美。班主任童朝胜老师讲解指数和对数，板书如流水行云。他有一次在食堂亲自为同学们掌勺打饭的身影，我至今留有清晰印记。语文老师周勇，当时30岁不到，在讲授毛泽东的"恰同学少年，风华正茂"词句时，激情迸发，其风采才华令我难忘。尤其是他在砖砌的乒乓球台前，双臂作交叉状，要发"救命球"时的形象，也成为我心中的一幅油画。我的长兄耿业定教我们政治课，他富有音乐才情，课余经常张口就唱。尤其是他和程荷生、童朝胜、俞佳培等老师即兴组成临时乐队，分司吹笛子、拉二胡、吹口琴之职，乐声婉转悠扬，歌者、演奏者和听众都沉浸其中，心神愉悦，激情昂扬。夕阳西下时，操场上人跑球飞，呈繁忙景象。师生临时组队激烈对抗，童朝胜老师身材高大，跑三步篮时身形矫健，球随人转，人球一体，篮球一次次划着弧线进入篮圈，掌声、喝彩声不断，真是帅呆了！酷毙了！开城中学师生互动，平等相处，将艰苦化为快乐，有着珍贵的人间温情。这在当时让我耳目一新，至今也让我着迷而魅力不减。

彼时露天电影风行。开城作为区政府所在镇，周边有集镇大队、河山大队、山垲大队和旺盛大队等，因此我们观看露天电影的频次很高。不记得《南征北战》《战上海》《渡江侦察记》等影片我到底看过多少遍了，事实上只要得知哪里晚上放电影，哪里就会有我在。剧情烂熟于心没有关系，我寻找的就是那种自由自在轻松愉快的感觉。电影观后，我经常学说《侦察兵》中郭瑞的口吻："你们的大炮是怎么保养的？"《闪闪的红星》中胡汉三的口吻："我胡汉三又回来了。哼，你们谁分了我的房子和地……"虽然当时没有明确的自觉，但是影视作品对少年身心的滋养，确是不争的事实。那时课后作业很少，老师对我们非常信任，只要能按时完成课业任务，我们的课余时间可以自由支配，甚至可以说是到了"放养"的程度。类似看电影、音体活动这样的"无用"之用，却成为保证我们身心健康成长的"大用"。智慧的开中老师，引导我们走健康向上的自由发展之路，开启了我们"万类霜天竞自由"的发展空间，怎能不让我等开中学生心存敬意和感激？

我们升高二时，羊山初中、六店初中的各一个"戴帽"高中班，一齐收到开中办班，加上开中原有的两个平行班，高二时我们共有四个平行班。我被分在文科一班，班主任是历史老师陈基文，语文老师是潘恒俊，数学老师是原在六店初中随班调来的蒋克钊。这些名师功底深厚，爱岗敬业，富有人格魅力。记得潘恒俊老师讲《冯谖客孟尝君》一课时，食无鱼、出无车、无以为家的故事，令我们沉浸其中，战国时的养士之风，也就从此钉入我的脑海。记得在一些午间，无知无识的我将午休的蒋克钊老师叫醒，讨教数学问题，蒋老师一无愠意，温言讲解解题思路。记得陈老师将历史问题列表，化繁为简，让我们从一目了然里对历史史实留下深刻记忆。还记得到饭点时，潘老师对上门讨教的我说，没有特别地为你搞菜，你也吃一碗吧。往事一幕幕，我的这些让人泪奔的传道、授业、解惑的开中恩师啊！

古语："与善人居，如入芝兰之室，久而不闻其香，即与之化矣！"开中的人文环境，如幽兰之室，无形中熏染着每一位开中人。我怀念开中，因为那里有真情在，有温情暖。我感恩开中，因为那里有动力源，有正能量激发我不断前行。

耿松林

女儿心中温馨的家

2019年5月18日，是一个阳光明媚的日子。

应在合肥的班楚凡、董明、童晓莉等同学之邀，我们一行二十几个同学到合肥小聚。其间，我们一起游包公祠，逛三河古镇，同学们欢聚一堂，其乐融融。

晚间聚餐的时间，我们有幸请来了精神矍铄的潘校长和温文儒雅的俞老师，气氛达到了高潮。师生共聚，畅所欲言，让我们分外激动。大家一起谈当年在学校发生的一切，谈老师，谈同学，潘校长又提及编校史的事，并给我布置了一篇作文。

今天，我便以这篇文章充当我的作业交给我的恩师，借此回忆我的开中生活，并把它献给我的开城中学，我的诲人不倦的老师们及陪我一起成长的同学们。

我是开中的双料毕业生，初高中都是在开中上的。

我与开城中学结缘已是许多年前的事了。

时光久远到我已然记不住那是哪一年，只记得那一年我上初二，父亲从部队转业回到无为开城，我也顺理成章地离开了无锡市第五中学，来到了开城镇，回到了老家。

行伍出身的父亲文化不高，但对我们的学习极为重视。于是，我回老家后的第一件事就是去新学校报到。记得那是一个清冷的早晨。一大早，父亲带着我，我背着书包，来到了开城中学。先去教导处找一位老师，交接了我的转学证明，然后教导处的老师让一位三十多岁的男教师带我去班级，后来我知道了，那是我们的班主任兼教数学的秦忠宏老师。秦老师带我进了班级，红砖黑瓦，半旧的平房，泥巴地。秦老师费了好大劲帮我找来了一张摇摇晃晃的课桌，没有板凳，他笑着说："板凳明天帮你找，你先克服一下吧！"上课了，我只好先和班上的其他同学挤着一起坐。前两节课是什么课已记不清了，只记得第三节数学课考试，三个人挤在一起没法写卷子，我只好来到那张属于我的课桌旁半趴半站地做着试卷，做到最后一大题，实在站不动了，我干脆蹲在地上，不做了。秦老师走了过来，看了会儿我的试卷："小鬼，做得不错呀，最后一题不会吗？"我无奈地笑了笑："做不动了。"下午到学校时，发现我的课桌边放了一把椅子，坐上去还吱吱作响，我懵了，坐在我后排的那个同学笑着对我说："上午看你没有座凳，我从家里带来的。要不，我把板凳给你，我坐椅子吧。"我的心一下子暖起来了。

在开中读初中，我们不住校，可是要上早、晚自习的。我们每天清早去学校，跟着秦老师一起跑到杨家粑粑店，再跑回教室早读，回家吃早饭，上午四节课，下午两三节课，晚上晚自习。上学的第一天晚饭后，我找了一把旧手电筒放在书包里，准备下晚自习时照明用。在去学校的路上，许多同学手上拎着风灯，我不解其意。到开中后的第三个晚上，自习还不到十分钟，就停电了，这才知道小镇上晚间停电是常事，同学们带风灯是为停电准备的。停电了，教室里并没有完全陷入黑暗，手快的同学麻利地点亮了风灯，安之若素地继续作业，我傻眼了，咋办呀？正茫然无措时，只见两位女同学走过来，笑眯眯地邀请我和她们一起共享风灯。在昏黄的油灯光照下，我才静下心来，认真完成老师布置的作业。在一周后回家时，我知道了那两个笑眯眯的女同学是谁，个子大大的是童晓莉，眼睛大大的是朱启秀。再后来，我便和我的这些新同学打成了一片，继续我快乐忙碌的初中生活。我们一起跑步，一起早读，一起学知识，一起锻炼身体，一起做游戏……我们甚至在辅导员赵同峰老师的指导下，一起种了十几棵蓖麻，一起在教室后面的池塘边种活了一棵刺槐树。毕业时，那刺槐和我们差不多高了，可惜的是多年后回母校，发现那口塘被填了，刺槐树也不见了踪影。

我的高中也是在开中上的。

中考时物理化学的失败让我勉强被开中录取，在这里继续我的高中生涯。

在那人人都标榜"学好数理化，走遍天下都不怕"的时代，文科生被戏称为"理科漏子"。物理、化学糟糕的成绩让我只能别无选择地上文科班。但多年后我却发现正是这一选择，让我遇到了许多让我终生难忘的恩师，改变了我的人生，让我受益匪浅。

我们家刚搬回开城时没有住房，只好住在爸爸单位后面的木楼上，下面便是办公室。嘈杂的环境给我唯一的好处是饭后睡前的零碎时间可以阅览一下办公室的报纸。我最爱看的是副刊文学版。看到好的文章我会反复咀嚼，认真领会，甚至背下来，并努力试着把一些词语句式搬到我的作文里去。

初三结束时，我们几个女同学相约一起去看语文老师，并向他讨要我们的作文本。老师热情地和我们交谈着，勉励我们高中后继续努力学习。找到作文本后，老师拿出几张纸和一支笔，对我说："朱文运，把你写的《我的父亲》抄一遍给我，我要留着当范文。"我一下子愣住了：我是一个不太聪明且有点贪玩的学生，总认为自己的成绩不上不下，但从那一刻起，老师信任的眼光让我意识到，或许，我也可以努力努力，向我心目中的好学生靠拢！

我的高一语文老师是温文儒雅的俞佳培老师，至今仍记得他给我们讲《孔雀东南飞》时的情景：他站在讲台上，模拟着刘兰芝"纤纤作细步，精妙世无双"的动作，让我们对语文学习产生了浓厚兴趣。尤其爱上俞老师的作文课，也许是我和俞老师很投缘吧，看着他把我写的作文画上许多圈圈和红色的波浪号，写上大段大段的批语时真是一种享受，于是我的学习干劲倍增，信心满满。记得有一次我们的作文题目是《千里之行，始于足下》，我很是下了番功夫，让我惊喜的是俞老师不仅给了我一个很高的分数，还建议我誊抄张贴在教室让同学们看看，这极大地提升了我的自信心和学习积极性。多年后回忆起这件事，我以语文老师的身份去回味我的那篇作文，发现其中尚有许多地方需要提高，终于明白：俞老师深谙为师之道，正是老师的引导和鼓励，铺就了我的求学之路。

在我的记忆里，所有的语文老师都对我很好，只能说我和语文老师有缘吧。潘恒俊老师、周勇老师、汪俊老师教我语文的时候，都喜欢讲评我的作文，让我深受启发，成绩得到了很大提高。也是因为老师的激励鼓舞，激发我努力学习，认真作文，最终如愿以偿地考上了师范学院的中文系。而今，我也在中学课堂上教了近三十年的语文课了。

大家都知道，学文科，"得数学者得天下"，开中文科班的数学老师师资力量岂止强大，简直就是奢华。时隔多年，我也记不住哪位老师教我们三角函数，哪位老师教我们代数方程，哪位老师教我们平面几何、立体几何了，但我清楚地记得数学老师对我们的关心，对我们的教诲。

开城中学高中走读生是不用在校上晚自习的，但我和同桌童晓莉每隔一两个星期的星期四晚上，会相约去学校，因为这天晚上程荷生老师上堂辅导，我俩便把积攒的问题带着，向他请教。程老师很严肃，但耐心特别好，总是细致周密地为我们讲解，直到我们弄懂弄通为止。有时，看着程老师认真讲课的神态，我会有一瞬间的愣神：语文课上学《论语》，孔老夫子所说的"循循善诱，诲人不倦"应该就是程老师这个样子吧！

有一年放寒假前，张复常老师让人带话叫我去他办公室一趟，我一下子傻了，张老师为什么找我呀？我绞尽脑汁地反省着：好像最近我没干什么坏事，上课也认真听讲了，难道是我逃课间操被他发现了？忐忑中，我来到了办公室，却见张老师笑容满面，对我招手说："朱文运，快进来！"他一边递给我一本小册子，一边兴高采烈地说："是我的一个学生带回来的数学复习资料，给你一本，假期好好做一下。"我接过资料，激动地连"谢谢"都忘了说，只是一个劲地点头。那个寒假，那个春节，我没有外出给任何人拜年，没有去看一场电影，做完每天的寒假作业，就把那本资料拿出来认真做题，差不多做完了那些题，因为当我想偷懒的时候，就会想到张老师那双充满殷切期望的眼睛。

蒋克钊老师的复习课是最吸引我们的。他许多时候一堂课只讲一个题目，先让我们上黑板做，然后严肃地点点头："做对了，但这是一种比较原始的解法。"于是在我们的期盼中，他像变戏法似的，给我们讲许多种解法，多时可达八九种，教我们触类旁通，举一反三，开拓了我们的思路，让我们茅塞顿开，所以我们文科班不少同学的数学成绩很棒。记得我们高考时数学满分120分，好几个同学考了118分，遗憾的是我高考数学只考了99分，最后面的一个大附加题竟然做错了。再后来，听说蒋老师在此前的某天下午第一节课时讲了类似题型，但我却一点印象没有，可能是我打瞌睡错过了吧，唉，老师押上的题目都没写出来，真是肠子都悔青了。

大卢老师调到无为师范学校之后，我们的地理课便由章金罗老师教。章老师是大卢老师的得意门生，课教得和卢老师一样棒。他上课有一个很大的特点：每次进教室，便把课本教案全扔在讲台上，全程只拿着一支粉笔，边讲边写，如行云流水，滔滔不绝，从不看一眼课本，让我们佩服不已。记得有一天下午第一节地理课，章老师进教室时，脸上有些微红，但仍正常地上完了课，我们也没在意。第二天地理课上，章老师进教室就说："同学们，对不起，昨天来了几个同学，被迫喝了一口酒，我们今天把昨天的课重上一遍。"然后就把昨天的课认认真真地重讲了一遍。老师的严谨认真令我们感动，老师上课从不用看书更让我们敬佩。榜样的力量是无穷的，于是，下午放学天色尚早，同学们便陆陆续续走到校园的僻静处，背起书来。地理是我们背得最熟的，背到最后，我们的最高境界大多达到了只要一提到某个知识点，便立刻记起它在课本哪一页什么位置，所以高考时我们的地理大丰收。我清楚地记得，那年高考我地理考了92分，成了我考入大学一块有力的敲门砖。

我不是应届生考上大学的。因为复读，我去无城高考时，坚决不去在无为师范学校任教的舅舅家住宿，也坚决不让父母陪我，觉得有点不好意思，便和同学们一起住旅社。记得那年高考班主任汪俊老师带着我们一帮同学住在南阳旅社，离我的师范附小考场很近。可能是因为高考季顾客多，原先的两人间变成三人间，我们三个女同学住在301室。后加的床上没有蚊帐，我向汪老师抱怨晚上会不会被蚊子咬，笑容可掬的汪老师说："三楼应该不会有蚊子吧。"停了一会儿，他又说："这样吧，你去把我房间的电风扇拿过去吧。"我听话地拿起电风扇回到房间，因为忙于考试，也没多想。直到第二天下午考试结束后，我爸爸来旅社看我。我们那时还是7月份高考，考三天，7月7、8、9日三天。尽管考前我坚决不让父母送，可爸爸还是借口到食品公司有事，顺便来看看我，并给我送来一个西瓜。爸爸看到电风扇，问我哪来的，我才后知后觉地发现，这个电风扇应该是旅馆供老师专享的。老爸摇了摇头说："丫头，你太不懂事了。"可汪老师依然笑容可掬地顶着酷热，送我们去考场，送我们回旅社。其间只在考完数学之后找到我询问了一句："你那道题是用排列还是组合？"听到我的回答，他满意地点点头。我不知道那几天的酷热有没有让汪老师长痱子，但我知道那几晚的习习清凉陪伴我度过了我人生中最重要的考试季，让我终生铭记在心。

记忆的闸门打开，许多尘封的往事便扑面而来，回忆在开城中学的学习生活时，恍然间有一丝好笑：尽管我已年过半百，但仍有一种小女儿忆起老家时的温馨感觉，父母的慈爱，兄弟姐妹们的关爱，且这种感觉非常强烈，尤其是今日，每每和同学、师长相聚，总有一种回家的感觉，总爱挤在老师的身旁，聆听老师的教诲。我会情不自禁地拿出手机，把外子和小女的照片翻出来让我敬爱的潘老师、俞老师看看，向他们汇报我的生活现状，不经意间，一种久违的环绕在父亲身边的感觉油然而生……哦，我的开城中学，我的恩重如山的老师们，感谢你们的教诲和栽培，成就了我平凡而充实且让我无愧的今生。

记忆真是奇怪的东西，毕业已三十多年，我已然记不得毕业时节同学们给我的临别赠语，也想不起来自己在同学们的留言册上到底涂鸦了一些什么，但我却分明地记得，有一位仁兄在班楚凡同学的留言册上写下了十个遒劲有力的大字：羲之雄东晋，楚凡立中华！

而今，几十年过去了，可谓弹指一挥间，那位同学的临别赠词已然成为现实，开中许多同学和班楚凡同学一样，都事业有成，可以说这句赠言也正是开中莘莘学子的真实写照。开中人挺立在江淮之间，挺立在华夏大地，在各行各业奉献着自己的力量，展示着我们的风采。"开中精神"永留传。

纸短情长，对开中的回忆难免挂一漏万，但我对母校的眷恋之心是真挚的。

谨以此文献给我永远的开城中学，献给我恩重如山的老师们，献给那些一路陪伴我共同前进的同学们。

朱文运

两张毕业老照片

——忆我的高中岁月

"青青子衿，悠悠我心。"——《诗经·郑风》

"日月忽其不淹兮，春与秋其代序。"——屈原《离骚》

不知从何时起，我开始喜欢翻阅老照片。

老照片都是清一色的黑白照，虽年代久远，模糊不清，但对我而言，每一张都十分厚重，弥足珍贵。在这些老照片中，有两张颇为特别的照片，就是我的两张高中毕业照：一张是高二（乙）班全体同学的合影，另一张是高二专业班全体同学与老师的合影。每当我打开相册反复摩挲这两张老照片时，便如品尝陈年老酒一般有些醉意。照片上那一张张熟悉的面孔虽因岁月侵蚀而有些模糊，但照片背后那些青春的故事，那段如歌的岁月，却依然那么清晰，那么真切……

无为县开城中学741届高一毕业班全体师生与老师合影留念

一、初入校园

我的高中——开城中学，是一所农村中学。1974年早春的一天，一个乡下伢子肩挑一副铺盖卷和一袋白米，徒步20余里，晃晃悠悠地跨入这所学校的大门。我的高中生活就是这样开始的。

据说，开城中学原为开城初级中学，始建于"大跃进"时期，1971年开设高中班，我们那一届是第三届高中。学校位于千年古镇开城镇东郊，居于土坡荒岗之上，四周环以田畴村舍，没有像样的围墙阻隔，便有数条小径贯通校区。学校大门立于正南，门楣上面"安徽省无为开城中学"几个大字圆润俊逸，格外醒目。步入校门，一条煤渣路自南向北穿过一片缓坡，通向校园各处。校园内，除了几栋红砖青瓦的平房之外，还零星散布着数栋茅草屋。在平房和茅草屋之间，是一块夯土操场。校园东边，有一大片菜地。菜地南北各有一口水塘。塘边自然生长着一些杂草和杂树，时有虫鸟鸣和其间。学校门前，横穿一条石子公路，向东蜿蜒30余里直达县城；向西经开城街，跨永安河，再西去30余里，便是远近闻名的都督山和双泉寺了。

记忆中，40多年前的开中校园非但算不上美丽，而且相当简陋，甚至有些破败。它既没有高大的楼宇或时尚的建筑，也没有葱茏的林木或锦簇的花团，但整座校园朴实自然、视野开阔，透着一种淳朴和灵气。当我第一眼看见它时，我的眼里噙满了泪水，心中充满了喜悦，因为它是我的梦想之所，它使我悲喜交集。

那时，农村孩子读书不易。一是普通人家温饱尚且难顾，哪有条件让子女读书，我儿时的伙伴都是因为家庭困难过早地辍学，小小年纪就去放牛或下田干活；二是即使有条件读书，也难圆读书梦。那时高中实行推荐制，许多初中同学因为名额限制没有被推荐。我与姐姐士芳是初中同班同学，虽然双双都被推荐，但我们姐弟二人只能有一个名额。父母重男轻女，将上高中的机会给了我，我那可怜的姐姐便失去了上高中的机会。姐姐善良，当面鼓励我好好学习，可背后悄悄地抹泪。高中，对于姐姐是一个破灭的梦，对于我则是一个圆了的梦和永远的痛。我庆幸自己成为一名高中生，但想起姐姐，还有那些没有机会上高中的同学，我的心便一阵阵揪痛。无疑，我是幸运的，开中在它极其艰难的时期，用它并不结实甚至有些屡弱的臂膀接纳了我。

记得入校那天，我刚从肩头放下行李，就有几个男生过来打招呼，其中一个还主动帮我提行李，并热情地将我领到学校西边的男生宿舍。宿舍是一排两大间的茅草屋，屋里挨个摆放着十几张双人床，每张床上下铺各睡两人。宿舍里三十几名男生，全是来自农村的学生。我和喻维宏睡上铺，下铺是刘同文与另一位同学，一问名叫钱锋，来自宏林公社，个头不高，看样子也还好打交道。教室离宿舍不远，是一排两栋红砖青瓦的平房，从宿舍出门向东，爬过一个土坡就到。

我们那一届高中，全年级只有甲乙两个班，我被分在高一（乙）班。全班共有66名同学，都是全区各初级中学推荐来的学生。同学中小的不满十五六岁，大的已过十八九岁，年龄差距较大。那时，我未满十六周岁，第一次大老远离家，不免有些胆怯。第一次班会上，班主任耿业定老师对着花名册逐个点名，并要求大家站起身"亮相"。我见班上男生虽有几个长得粗壮，但多半与我一般高，还有几个更瘦小，心里便踏实了些。女生坐在前面几排，除几个扎着小辫子，其余都梳着那个年代最流行的"运动头"，一个个低着头，羞答答的样子，便觉得好笑。那天，耿老师还直接"钦定"了班委会和团支部干部，我居然被指定为副班长。我以为耿老师叫错了名，以至于该起身"亮相"时却还有些犹疑。

接下来的几天，印象最深的是植树劳动。那时实行春季招生，学校照例要在新生入学时组织他们参加劳动。时值早春二月，正是植树好时节。学校不知从哪儿弄来了许多泡桐树苗，据说这种树容易成活，长得又快。我们班的任务是在教室前面紧挨学校大门西侧的一大片荒地上栽种泡桐树。

植树不仅是个体力活，也是个技术活。开始时，大家干得欢，却不得要领，要么坑挖浅了，要么树栽歪了，要么行间距不对，返工的较多。好在班长童朝林和劳动委员张甫尧似乎颇有经验，忙前忙后地指导，"无效劳动"的现象很快得到纠正，劳动效率也得到提高。

实际上，那次植树劳动是学校安排新生必上的第一课。课后，大家看着一棵棵小树苗整齐地排列着队伍，就像看见一个个威武的小战士在摩拳擦掌，整装待发，内心充满了劳动的快乐和胜利的喜悦。我惊奇地发现，那次植树劳动，大家不分彼此，相互配合，有说有笑，甚至嬉戏打闹，不仅打破了陌生和羞涩的氛围，更建立了初步的了解和信任。自此，一群懵懂初开、各具个性的年轻人，仿佛被一股无形而巨大的力量推搡着、裹挟着，无可抗拒地纠缠、拥抱到了一起。

十多年后的1986年夏天，我再次回到母校，远远看见那一片曾经的荒草地绿树成荫，俨然已成了一道风景，不禁想起那次植树劳动，感觉对那堂劳动课所具有的特殊意义有了新的理解和认识。

二、老师印象

我上高中时，乡下还有人称老师为"先生"。"伢哎，在学校可要好好听先生的话！"这句话，奶奶从我上小学一直念叨至我上高中。可是奶奶哪里知道，过去曾经备受尊敬的老师们，此时已被谑称为"臭老九"多时矣！那是一个特殊的历史现象或曰社会奇观：老师既是授业解惑者，又是被改造或批判的对象。

开学第一周，学习委员丁钦阳就不声不响地将课程表贴到黑板一侧，大家便对着课程表叽叽喳喳，问这问那，最想知道的就是尚未谋面的任课老师。丁钦阳梳着两只刷把小辫子，面对七嘴八舌的提问，只不停地搓着手，被问得急了，就红着脸说："我哪晓得！"

但很快大家就将各科老师的基本情况打听得一清二楚，更有消息灵通人士不知从哪儿还探得老师们的逸闻趣事甚至爱情故事，引得大家神神秘秘地互传和议论。我对这些"小道消息"既好奇，又将信将疑。正所谓"少年不知愁滋味"，当年我如何能体会到老师们的逸闻趣事包括爱情故事包含了几多心酸和无奈?！

那时学校条件简陋，教师生活清苦。老师上课除了一块黑板、一支粉笔、一本教材（数学老师"待遇"好点，多了一把三角尺和一只圆规）之外，基本上没有什么教学设施或实验器材。学校没有像样的教师宿舍，已成家的老师如季涛和陈雨岚夫妇、郑养法和杨正方夫妇，还有耿业定、潘恒俊老师等，都是拖家带口挤在一两间茅草屋里，比普通农民的居住条件还要差。其他如潘立猷、童朝胜、刘国定等老师，因家小不在学校，也只能与周勇、翟必华、陈基文、张光林等未婚老师一样住单身宿舍。卢贤能、童天龙老师家住开城街上，又是单身汉，只得每天来来回回地跑。回想当年，老师们在那样艰苦的条件下，仍不计得失，隐忍负重，诲人不倦。如今，我无法一一描摹当年老师们春蚕抽丝般默默耕耘的音容笑貌，只能奉上几位老师的肖像，聊表对全体老师的感恩和敬仰之情。

高中老师里，年纪最长的是英语老师潘立猷，大家习惯称他"老潘老师"。印象中，老潘老师瘦骨嶙峋，不苟言笑，看人时两眼瞪视，目光冷峻。一次，路过他的宿舍，见墙上有幅国画，画中一只老鹰立于一块怪石之上，便觉那鹰怒目圆睁，目光逼人，与他有几分相像。据说他在抗战时期曾担任过援华美军的随军翻译，不知何故来到开中教书，又不知何故形单影只，让我觉得既神秘又怪异。他上课喜欢让学生上台板书，还常点名要学生朗读课文。我此前没有学过英语，视英语为"鸟语"。后来发现同桌的徐大陆有"窍门"，他将英语句子用汉字标注，比如"I am a middle school student（我是一名中学生）"，就用"俺们卖刀死搞死头疼"几个汉字读音代替英文发音。我便如法炮制，觉得英语也不过如此。一次上课，老潘老师突然点名要我朗读课文，恰巧那篇课文我已用汉字标注过，内心窃喜。可没等读完第一段，他就紧急叫停，前排郑基长、朱云等几个同学便回过头朝我诡异地笑，我被弄了个"大红脸"。课后，他既没有批评我，也没有"照顾"我，不久又点我的名，让我又出了几次"洋相"。整个高中两年，我基本上学的是"哑巴英语"。许多年后，当我坐在珞珈山下的大学课堂里，重新艰难地学习英语时，眼前常常浮现老潘老师的身影，方知当年他要我朗读课文的良苦用心。

我的第一任语文老师郑养法是一位书法家，其书法作品闻名遐迩，据说在日本也颇有名气。郑老师字写得好，课也教得好。他讲课有一种特殊的魅力，能将你深深地吸引并让你着迷。课前，他必先将黑板擦得锃亮，然后，一边讲解一边板书。他讲课语速平缓，不紧不慢，娓娓道来，常常是一堂课结束，一块黑板正好写满，大家看那一行行清秀隽永的粉笔字赏心悦目，便不忍擦去。一次，郑老师就电影《火红的年代》作了一场专题讲座。他一层层抽丝剥茧，帮助大家分析欣赏，听得大家如醉如痴。坐在我后排的罗正法悄悄地提示我："你瞧，郑老师的手！"我不由得看去，只见郑老师说话时总是两眼虚视教室后方的某一处，说到动情处，左手或右手便捏成一个太极勾手，肉嘟嘟的，像只白面馒头在眼前晃来晃去。联想到那手竟能写出如此好字，更觉神奇，便想：什么时候摸一摸他的手才好！郑老师只教我们一学期语文，后调到县教育局，再后来又调到无为师范学校。1986年我大学毕业时，曾专程去无为师范学校看望他。听说我要去人民日报社工作，他便语重心长地嘱咐我一定要为人民鼓与呼。惭愧的是，我未能听从他的嘱咐，只在人民日报社作了短暂停留，又回母校武汉大学去了。那一别又过去很多年，突然一日惊闻郑老师驾鹤西去，不禁无限悲伤！无疑，郑老师就是一个传奇。如今，传奇虽然落幕，但我相信，郑老师留给我们以及这个世界的精彩仍将永不消逝，与世长存！

高一下学期语文课由周勇老师任教。其时，周老师刚大学毕业，还是个二十来岁的小伙子。第一次上课，见他身材矮小，模样黑瘦，担心他能否镇得住大家。我正愣神，只见他手臂一挥，飞快地在黑板上写下自己的姓名：“周”字由里而外，与“勇”字上下相连，一气呵成。其字体结构特别，书写动作潇洒，让我眼睛一亮。那堂课，他时而讲解，时而提问，时而板书，从容不迫，挥洒自如，颇有“江畔周郎初点兵”的神采。第一堂课下来，我自知已经被他拿下。那时，周老师尚未恋爱，还是个快乐的单身汉，课堂上一副严肃认真的模样，课后却总喜欢往学生堆里挤。于是，先有安继斌、童朝林、谢玉林等学生干部，后不分男生女生，饿了就去他宿舍找东西吃，渴了就去他宿舍找水喝。他见了就笑笑，勾起两个指头比划着：“再让我瞧见，小心捆你的头。”就这样，周老师之于我们，既是良师，又是朋友和兄长。无为人喜欢“掼蛋”，每有师生聚会，饭前饭后总要掼上几局。此时，他便端坐牌桌前，只等开局，谁也别想抢他的座位。“掼蛋”时，他神情专注，寸土必争，常与学生“争”“抢”。用他自己的话说：“‘掼蛋’不是比输赢，而是比精气神。”

转眼进入高二，语文课迎来了潘恒俊老师。我第一次看见潘老师是在入校不久的一个傍晚，他与郑养法老师边走边说话。不知郑老师说了什么，引得他一阵大笑，那笑声清脆爽朗，极富感染力。此后，也常见他挟着课本匆匆穿行于教室和宿舍之间。遇见熟人，他便招呼几句；不熟悉的，就笑眯眯地瞅瞅，鼻梁上那副深度近视眼镜便一闪一闪地泛着白光。那时，语文课强调"政治标准第一，艺术标准第二"，课文除少部分诗词、散文、小说等艺术体裁外，领袖论述、革命故事、社会调查等政治体裁类课文占很大比重。潘老师讲课似有侧重，对于艺术体裁一类的课文讲得特别仔细，认为重要的课文，一般开讲之前都会亲自朗诵一遍。他普通话纯正，音质醇厚，朗诵时目无旁顾，神情陶醉。听他朗诵课文，感觉就如听一首美妙动听的歌曲那般享受。毛泽东《沁园春·雪》等诗词，经他声情并茂、抑扬顿挫地朗诵，我居然很轻松地背熟，至今也不曾忘记。在我眼里，他不仅是我的老师，更是一个激情洋溢的诗人。潘老师现已退休多年，退休后的他定居合肥，仍心系开中，关心时事。2009年秋，我去合肥看望他，我俩一壶浊酒，几碟小菜，上下五千年，纵横八万里，竟畅叙了三四个小时。看他忧国忧民、慷慨激昂的样子，我又觉得眼前的他不是一个年逾古稀的老人，而是一个热血青年。

高中两年，政治课都是由班主任耿业定老师任教。耿老师大家习惯称他"耿组长"（时任学校政工组长），印象中，他几乎天天要到教室或学生宿舍转几圈，经常召集班干部开会，或找学生谈话。作为政治课老师，耿老师实际上是将政治课教学与班主任工作结合起来，忠实地按照毛主席关于德智体全面发展的教育方针要求我们。他课上讲过许多话，有两句箴言让我终生难忘：一句是"流水不腐，户枢不蠹"，另一句是"学习如逆水行舟，不进则退"。他课下另开"小灶"，有三盘"特色菜"使我们终身受益：一是每天早晨领着我们跑步（从学校到凉亭畈子一个来回），二是每天下午课前半小时要我们练习毛笔字，三是每隔一星期布置我们写一篇周记。耿老师这"两言三菜"使我受益颇多，毕业后及至参军和上大学，我都保持跑步锻炼和记日记的习惯。只可惜后来环境改变，渐渐浮躁，未能坚持。几十年来，无论我人生沉浮，飘零何处，耿老师都一如既往地关心我，给我以鼓励、帮助和温暖。在我的心里，耿老师不仅是我的政治课老师兼班主任，更是我的人生导师。

三、同窗故事

40多年前的那个春天，天空还有些灰暗，天气依然寒凉，当我怀揣梦想走进开中校园时，命运就为我开启了一段难忘的岁月：在这里，我将与同学们一起尽情挥洒激情，恣意表现个性，放声讴歌青春。此刻，当我写下"同窗"二字时，我的心潮无比澎湃，因为同窗有着太多的故事，同窗让我刻骨铭心。

——那时，我们虽然懵懂，但我们都有梦想，都有一颗好奇好学和上进的心。

记得第一次上郑养法老师的课，我们都被他那一笔漂亮的粉笔字所吸引，多么希望自己也能写得一手好字！于是，对着郑老师板书临摹的有之，将郑老师书写的通知或公告用竹纸描摹作为字帖的有之，壮着胆子上门求字求教的有之，用现在时尚的话来说，我们都成了郑老师的"粉丝"。不久，安继斌、徐志爱、何俊、程晓寅等一大批学生"书法家"脱颖而出，还逐渐形成几大"流派"。各"流派"表面谦虚，实则暗中较劲，谁也不服谁。有天晚自习，徐志爱与何俊在教室狭路相逢，二人以黑板为赛场，以粉笔为刀枪，各使浑身解数，定要分个高低。我见二人行云布雨，笔走龙蛇，便也不知天高地厚地搅和进去。不想这一搅和惹恼了二位大侠，立时遭受围攻。幸好周勇老师及时路过，使了一招"春秋笔法"（实则"和稀泥"），哄得几人感觉像吃了蜜枣，涨红的脸才渐渐好看了些。

如果说，练字满足了我们的好奇和好胜心，使我们更加从容自信，那读书则是我们的原始冲动和精神需要，使我们拓宽了视野并获得了极大的享受。事实上，入校不久大家就感到几页薄薄的课本已满足不了读书的需求。我们渴望有书读，读更多的书！那个时代书很少，学校能读的就只剩下革命导师的著作，还有浩然的《艳阳天》《金光大道》等几本少得可怜的书。有一天，好像是杭庆华带来一本装帧精美的《巴金文集》和几本"文革"前出版的《人民文学》，大家立时兴奋无比。看巴金的《激流三部曲》让我热血沸腾，情不能已；看郭沫若的《凤凰涅槃》又使我惊诧万分，诧异于居然可以那样写诗。那之后，不管是新书、旧书、破书，还是铅印本、线装本、手抄本，只要是书，大家就相互借或换着看。看的书多半是闲书或禁书，没头没尾或少张缺页。我甚至还看过《第二次握手》《一只绣花鞋》等手抄本。实在没书看时，就到镇上小书摊前，花上一分两分钱借几本小人书过过瘾。

无疑，那时看课外闲书或禁书成了我们最大的消遣。尤其是看小说等文学作品，遇上心仪的好文好诗、状物抒情的段落或爱情描写，便生发出要抄录下来细细品味的不舍，更止不住要模仿"创作"的冲动。一时间，许多人情绪高昂，尝试模仿和"创作"，作文里便多了许多感叹句、感叹词或感叹号。模仿和"创作"很快涌现出一批"作家"和"诗人"：安继斌和谢玉林写出相声剧本，谢发贵写出长篇阶梯式抒情诗，还有人着手收集素材准备创作小说。眼看文风蔚起，才俊纷出，我也不甘寂寞，还闹了出笑话。高二上学期，潘恒俊老师布置一篇命题作文，题目叫《我爱公社的春天》。也巧，我当时正看《青春之歌》，满脑子都是林道静的身影，便借鉴书中的爱情描写，将公社的春天比喻为一个楚楚动人的少女，面含娇羞微笑着向我款款走来。几天后，作文本发下来，潘老师用红笔在那段文字下面画上波浪线，又在旁边批注：这种"小布尔乔亚"情调已经离我们相去甚远了！我不知道"小布尔乔亚"是何意，也不知道是褒是贬，便不敢吭声。又过几天，记不清是甲班童天林还是骆为国，凑过来悄悄问我："听说你爱上了布尔乔亚。布尔乔亚谁呀，漂亮吗？"弄得我哭笑不得。

——那时，我们虽然青涩，但我们都有个性，都急于表现自我，渴望进步和荣誉。

回想当年，我们学习轻松愉快，没有现在高中生的种种烦恼和压力，大把的课余时间反倒给了我们尽情表现、历练和发挥的空间，使我们有机会获得书本里没有的人生财富和人生体验。

高中两年，许多同学入了团，安继斌、童朝林等被学校列为入党培养对象，每年还涌现出一批"三好学生"和优秀学生干部，整个班级呈现出一派你追我赶、积极向上的生动气象，用现在的话就是满满的正能量。

大家都在尽情地表现自我，努力寻找自己的位置，我作为副班长，自然也不能落后。按耿老师的吩咐，副班长的职责是协助班长工作。可班长童朝林成熟老练能干，根本就没我什么事。有位同学便调侃："你这个副班长就是聋子的耳朵——摆设。"我听后更加坐不住了。耿老师可能也看出了我的心事，就给我专门安排了一项任务：负责点名，每周星期一课前点名检查同学到校情况。今天回想起来，我可以大言不惭地说：那时，我视点名工作近乎神圣，并不敢有丝毫懈怠。每当站在讲台上对着花名册点名时，我就有一种存在感；当我抬头逐一看见同学们各具个性的面庞时，便又觉得自己是离全班同学最近的人，于是一种幸运感油然而生。

"气者，人之根本也。"正因为班风气象生动活泼，我们班自然形成很强的凝聚力和集体荣誉感。特别是在各项集体活动中，我们班从来就不甘落后，勇于争先，每年全校文艺汇演，都能拿出几个精彩的节目，取得好的名次。文艺委员班景辉有一副金嗓子，与谢玉林、何俊、钱金华等文艺骨干，自编自导自演。班景辉、丁忠新、林桂珍、郑秀珍"四朵金花"表演的舞蹈《阿佤人民唱山歌》："村村寨寨，咳，打起鼓敲起锣，阿佤唱新歌"，那欢快的旋律，优美的舞姿，曾经获得无数掌声。每年全校运动会，体育委员曹炳贵率领的男女 4×100 米接力、徐世明的百米短跑和跳高跳远、童天福的万米长跑、林桂珍的跳高等强项，总能收获不少奖状和锦旗。"小坦克"徐世明、汪跃华、罗正法、童爱华还参加校篮球队，为夺取全县高中男篮联赛第三名作出过贡献。尤其那次全校拔河比赛，场面十分火爆。经激烈角逐，其他班级先后被淘汰，第

一、二名只在我们年级甲乙班产生。当时两班也是拼了，双方反复拉锯，相持不下。关键时刻，不知童朝林和大家嘀咕了些什么，只见我们班重整旗鼓，张甫尧、徐世明、罗正法、童爱华等几条大汉扎住阵脚，场外谢玉林和班景辉各举一面小旗，带领一众男女齐声助威，大家憋足一口气，拧成一股劲，在一片"加——油！加——油！"的摇旗呐喊声中，甲班终于被掀得人仰马翻。当我们高举拔河比赛第一名的大红锦旗欢呼雀跃时，甲班的侯庆华、童天林、鲁可平、骆以驷等同学还很不服气，直嚷嚷："不算，不算！""重来，重来！"可此时输赢已成定局，甲班同学也只能干瞪眼啰！我虽然没有上场参赛，但也没少加油助威。赛后还写了一篇广播稿，题目好像叫《人心齐，泰山移》，齐发金（时任校广播室男播音员，女播音员是高年级的林芳）用他那富有磁性的嗓音激情朗诵，我听了竟然比上场参赛还要兴奋。

——那时，物质生活虽然艰苦，但我们内心充实，精神丰盈，总感觉头顶一片快乐的蓝天。

记得当时学校没有自来水，生活用水全靠食堂边的一口水井，食堂师傅每天还得从校外挑水进来，大家洗漱用水只得去办公室北边的水塘。水塘较深，一年四季总有满满的一汪清水。春天的早晨，太阳从东边升起，几抹阳光柔和地洒向水面，微风轻拂，水面漾起的涟漪便闪着金灿灿的光。这是一年中最美的季节，这里也是学校最美的地方。大家都集中到水塘边，洗漱的，洗碗的，洗衣的，热热闹闹。男生用水简单，三下五除二就走了。女生讲究，事也多些：有将那花手绢反复搓洗的，有用碗盆舀那近处游动的小鱼的，还有蘸着清水对着水面梳妆的……遇有男生"雀蹦"（无为方言，大概是恶作剧之意），从背后"嘭"的一声丢块石头到水里，弄得水花四溅，女生们就舀水转身泼过去反击，水塘边立时响起一串串银铃般的笑声。

宿舍离食堂较远，要爬过一个土坡，穿过几栋平房和大操场才到。一日三餐，早晚稀饭，中午干饭，都得由当天两名值日生将盛饭的大木桶抬回宿舍，然后再由生活委员谢玉林或寝室长丁学祥轮换掌勺，按个人预订的饭量一勺勺分给大家。那时年轻，感觉每顿饭前肚里早就"咕咕"叫。但再饿也不能失了风度，只是一双双眼睛紧盯着饭勺，等着唱自己的名字，立马就将瓷碗或瓷缸伸过去。好家伙！若是稀饭，不管三七二十一，先喝上几口，有时烫得嘴巴直"嘶嘶"；若是干饭，先扒拉几口解饿。几口下肚，再打开自带的菜罐或瓶子，找找腌菜里有无鱼肉荤腥。大家来自乡下，家里生活都很拮据。食堂里两分钱一份的蔬菜也算奢侈，更别想两毛钱一份的红烧肉了。但母亲们总是舍不得儿女受苦，在我们每周离家时准备好一小瓶或一小罐腌菜，便是一周的美食了。我母亲给我准备的是一只枣红色广口圆肚着釉陶罐，用特制布袋装着。第一次打开菜罐，我发现腌菜里还藏着一些肉丁和鱼丁，就悄悄地吃。过了一段时间，大家熟悉了，吃饭时就相互瞅瞅。这一瞅，我发现张合俊、谢学鹏、李本学等人的菜罐里也有鱼肉，便止不住声张。大家就一窝蜂围住，你一勺子我一筷子，饿狼扑食般一番争抢。可怜李本学平时最节省，罐里的肉丁舍不得吃，眼看只剩点腌菜，就抱着罐子嚷嚷："我的肉哎！我的肉哎！"大家看着他一个劲地笑。刘梅胜见状，站出来打抱不平："这不公平！有鱼有肉的都该拿出来，大家有福共享，有难同当嘛！""对！对！"刘启育、丁学江等人立即附和。于是，藏着掖着的，都得摆到面上来。此后，常常星期天回校，大家第一件事就是学那威虎山上的"百鸡宴"，菜罐或菜瓶子摆成一排，先将鸡鸭鱼肉挑出来，敞开肚皮吃个够。这样一来，许多同学经常未到周末腌菜就没了，只得光吃饭。即便如此，每餐仍有滋有味。

那时，晚上也有晚自习，但学校没有硬性要求。晚饭后，大家喜欢结伴散步，这便是一天中最快乐的时光。通常是在春天或秋天的傍晚，太阳隐入西边天际的彩云里，天渐渐暗下来，夜幕里浮动着花果清香，大家便出校门向东，沿着通往县城的石子路边走边聊。女生散步温文尔雅：常见丁月霞和陶俊梅、林桂珍和胡志珍两两挽着胳膊窃窃私语，班景辉、包礼兰、钱金华、徐兴霞等几个羊山的女生肩并肩缓缓而行。男生散步没个模样：有勾肩搭背的，有相互追打的，有大呼小叫的。聊的话题则海阔天空，不着边际。交流读书体会的有之，谈毕业后志向的有之。不发表意见被讥为故作深沉，发表意见听着顺耳的就眉开眼笑，不顺耳的就立马抬杠。一次说到钱锋饭后不洗碗，经常将碗反扣在木箱盖上，嘴巴一抹就去上课。钱锋听后非但没有否认，反倒炫起了他的数学天赋。一番因为……又因为……的"类几何证明"，振振有词地得出结论：所以不洗碗是完全正确的。徐志爱一听火了："瞧你舔头刮脑的（无为方言，大概是炫耀、显摆的意思），还'因为所以'！干脆明天卢老师的数学课让你上好了。"钱锋岂是好惹的，立马反击："哪个不晓得，因为女生去水塘洗碗，所以你才去水塘洗碗。"说罢，大家又是一阵好笑。

四、"开门办学"

"开门办学"是那时大力推行的教育新政。依稀记得，学校就"开门办学"曾经开过学生大会，校长范先白专门作过讲话。当时学校执行这项政策，显然是打了折扣的，因为学校并没有简单化地执行，而是在基本保证计划课程的前提下实行"开门办学"。"文革"结束后，"开门办学"作为极"左"教育政策被废除。很多年后，当我看到陶行知先生关于"生活即教育，社会即学校"的演讲，颇受启发。我想，如果撇开简单化和形式主义的东西，"开门办学"关于教育与社会实践相结合的内容，还是有其合理性。现在回想"开门办学"，有三件事难以忘怀。

第一件事是去沙口参加劳动。那是1974年底，我们班去羊山公社沙口大队参加"农业学大寨"运动。

记得出发那天，大家将被褥行李捆成包裹背在肩上，排成一列长队，像部队行军那样浩浩荡荡向沙口进发。沙口离学校有十多里地，一路都是弯弯曲曲的乡间土路。开始大家精神抖擞，有说有笑，还唱那个年代流行的革命歌曲。可没过多久，队伍就拉开了距离。张都林、钱扬云、丁忠俊等镇上同学对乡下既陌生又新奇，一路撒欢地赶。女同学体力弱些，手里又多了些脸盆水桶之类的洗漱用品，走走停停，样子有些吃力。看到这种情况，就有同学想起出发前耿老师"互相帮助、互相爱护"的嘱咐，只见何俊主动背起童晓曙的背包，潘恒荣强行接过钱金华的包裹。这些举动如一缕缕温馨的炭火，暖和了这个冬天的原野，也暖和了彼此的心。

大约傍晚时分，终于到达沙口，大家很快被分散安排在农户家里。记得我住的那户人家，男主人个子不高，话也不多，倒是女主人话多些，问这问那的。家里有五六口人，最大的小孩上小学，最小的还躺在摇窝里。不记得我和哪几个同学住在一起，只记得我们有五六个人住在这家。晚饭吃稀饭，锅里还掺了些山芋片。睡觉打地铺，在堂屋地下铺上一层稻草，再将被褥铺在上面，两人一个被窝。晚上躺在被窝里就想：我本出身农村，这户人家生活条件比我家还要差些，到这里究竟能够学些啥？

在沙口，我们生活了一个星期。这期间，听大队书记作报告，听老人忆苦思甜，参加村里修堤劳动，还出了一期墙报。至今记得老书记讲过的真实故事，说村里农民没文化，曾经有人错将水泥当磷肥，造成庄家绝收。大家听后心情沉重，深切感受到科学文化对农村的重要性。有些镇上同学当时就表示，毕业后到沙口插队落户。

在沙口，我们与农民同吃同住同劳动，真切感受到那里农民的勤劳、朴实和善良。

在沙口，我们相互帮助，共同劳动，同学之情更深了一层。

尤其值得一提的是，在沙口，有的同学还悄悄播下了爱情的种子，只待春花烂漫时。几年后，何俊与童晓曙、潘恒荣与钱金华双双喜结连理，爱情的种子终于开出艳丽的花朵。这也算是沙口劳动的特殊收获吧。由此，我想起了马克思的论断：劳动产生美。同时又想起恩格斯的另一论断：劳动创造人类本身。

第二件事是去六店进行社会调查。那是1975年5月，我和罗正法、齐发金、班景辉、童晓曙及甲班的宇正香共六人，在潘恒俊老师的带领

往事回眸

下赴六店公社调查"黄宗发事件"。

调查期间，潘老师带领我们深入田间地头、村庄农户，走访了许多当年事件的亲历者、黄宗发的老邻居。记得在黄宗发邻居家听几位老人回忆，齐发金首先提问，罗正法问得最多，几个女生不时插话，而我则只傻傻地听，不停地记。潘老师很少说话，只抿着嘴端坐一旁，时不时从镜片后面眯缝着眼睛瞅一瞅，见我低着头记录，就说："谢士棠也提个问题嘛！"

调查结束后，潘老师还带领我们爬了都督山和毛公山，游了双泉寺和桃花洞。我至今还记得爬都督山时的情景。都督山是当地一座名山，来六店之前，我就听罗正法、刘梅胜、刘启育等六店同学介绍过，心向往之久矣！那天，天气格外晴朗，我们一行早早地就出了门。罗正法边走边讲他与这座山的故事，女同学们便满脸的羡慕和惊讶，大家不知不觉就来到了都督山下。潘老师仰望山顶，指着一块巨石兴奋地说："看，那就是九丈石！"只见山顶崖前立有一块巨石，身高数丈，如刀削斧劈，悬于半空。看那巨石，似有坠落之感，大家惊叹不已。罗正法见状，便怂恿道："这不为奇，爬上峰顶看，那才叫雄奇呢！"于是，大家便沿着山间小径蜿蜒而上，经过好一番攀爬，终于到达峰顶。我站在九丈石上，放眼远眺，果然群山匍匐，万物朝拜，立时有一种俯瞰众生，飘然天外之感。记得当时潘老师激动得手舞之，足蹈之，面对远处群山放声吟诵："今日临绝顶，一览众山小。"我们也跟着双手合在口边，"啊——啊——啊——"不停地大声呼喊。伴随着潘老师雄浑高亢的吟诵声和我们的呼喊声，远处群山迅速作出回应，那回音次第作响，清澈透亮，美如天籁；其余音反复震荡，飘飘渺渺，经久不息……那一刻，我被群山唱和的绝响所倾倒，更被这大自然天地造化空旷神奇所震撼！

那次六店之行，对我来说收获了两个第一：第一次参加社会调查，不仅掌握了社会调查的基本知识和方法，同时通过社会调查了解了一段活生生的历史，也真切体会到人民政权的来之不易；第一次登高览胜，置身于高山之巅，领略天地浩大，饱览山河壮美，深切认识到原来天外还有天外天。

第三件事是参加专业班。1975年下半年，是我们高中最后一学期，学校突然宣布一项教改措施，将高二两个班打散，重新设立一个专业班和一个普通班。专业班主要学习农业技术课程，并且要将课堂搬到田间地头，普通班则原有教学计划和课程不变。参加专业班必须由学生自己申请并经学校批准，未申请或学校未批准的则全部进入普通班。

这是"开门办学"的一项新举措，属于新生事物。我的第一感觉就是一定要拥护和支持新生事物，更何况我出身农村，毕业后除了参军，就只有回乡务农一条路可走，学点农业技术总是有用的。当时申请参加专业班的同学很多，学校只能根据实际情况确定专业班学生名单。记得分班那天，专业班的学生名单专门张榜公布。我看见我榜上有名，不禁有一种大鼓书里读书人一朝金榜题名的感觉。

专业班主要学习"三机一泵"即拖拉机、柴油机、电动机和水泵。好像只拖拉机有印刷教材，其他都是油印教材。可能由于时间关系，实际上专业班只重点学习了手扶拖拉机的原理、维修和实际使用。

专业班课程大部分是在西都圩的田埂上或水田里进行的。老师是当地一名经验丰富的农机师傅，姓张，年纪三十来岁，样子挺和善，总戴一顶旧军帽。第一次上课，他将一部手扶拖拉机开到一块场地上，大家围着看他将零部件一件件拆开，讲气缸原理，讲活塞运动，讲得头头是道。别小看了手扶拖拉机，工作原理还挺复杂的，身上的零部件又多，一下子哪里记得住？反正我是云里雾里，只看个稀奇。

就这样，张师傅将拖拉机拆拆装装，反复讲解和演示。我们跟着观摩，有时也分组练习和讨论。过了一段时间，张师傅笑着说："没什么好讲的啦，是骡子是马，该下地遛遛了！"于是，我们就开始学习驾驶和耕田操作。这比拆装维修有趣，大家就争抢着上机。可拖拉机只有一部，一次只能一人驾驶，只好挨个排队。记得全班同学每人都实际驾驶操作过一两次。

据说，在开城中学的办学历史上，只有我们那一届高中开设过专业

往事
回眸

班，可谓前无古人后无来者。从这个意义上看，我能够参加专业班，用自己的青春年华体验"开门办学"的实践，也算是多了一份人生经历。

随着专业班课程的结束，我们的高中生活也即将落下帷幕。

1975年12月24日下午，学校请来了专业摄影师，专门为高二毕业班摄影留念。本来照相是件令人开心的事，可那天却不同。大家集中在教室门前，没有了平时的嬉笑怒骂，不见了往日的快乐无忧，彼此只互相点头、握手、拍拍肩膀，心中纵有万语千言，也突然间不知从何说起。谁喊了一声："照相啰！"于是，专业班全体同学和老师共同拍下了第一张毕业照，将那个年代我们拥有的全部理想和激情留存和定格在一个特定的历史瞬间。专业班拍过毕业照后，我们原高二（乙）班全体同学不约而同地聚到一起，希望共同完成一个心愿，那就是也要照一张合影。这个愿望是如此的强烈，以至于明显有违当时"开门办学"的主导思想也不管不顾。学校虽然为难，但鉴于我们态度坚决，还是答应了我们的要求，只是老师们不能参加。于是，我便有了第二张高中毕业照：原高二（乙）班全体同学的合影。这张毕业照虽然没有老师们亲切的身影，没有奖状、锦旗的荣誉衬托，甚至没有班级的名称，殊为遗憾，但照片上"我们战斗在一起"几个大字，已包含和表达了我们所有的青春、梦想、友谊和爱，我们也就满足了。

一所多么特殊的学校，一群多么特殊的人，一个多么特殊的年代！

此刻，我手捧两张毕业老照片，一片片思绪犹如这早春窗前飞过的一片片花瓣……

岁月悠悠，转眼四十六年过去，我是多么怀念那群人，那些事，那段青春的岁月！

谢士棠

班主任孙前来老师

我是开城中学1974届高中乙班学生，于1973年3月初入学，学制二年，1975年1月毕业。在我的学习生涯中，高中两年是我最短的上学时间，却是我人生旅途中一个必不可少的节点。从这里，我们长大成人，走向社会。我是农民的孩子，回乡务农是唯一的出路，没有什么可说的。

45年过去了，谈起我对开城中学的印象或对老师的真切感觉，除了几件诙谐有趣的小事情外还真的不多，但也有例外，在众多老师中，孙前来老师算是我印象最深的一个吧。

记得第一次见到孙老师是在教室里。高中开课时，同学们正襟危坐，挺守规矩的。孙老师夹着个大本子和一本政治教科书来到我们面前。他中等个儿，胖胖的身材，一双大眼睛恰到好处地长在宽厚的脸上；皮肤不白，显得慈祥；头发不多，略感睿智。课堂礼节毕，孙老师自我介绍，说他是我们班的班主任，教政治，并点名与同学相识。

当时孙老师是学校的教导主任，给我们当班主任，自然是高规格了。孙老师教授政治课，板书不多，却很严谨，声音洪亮，旁征博引，把唯物辩证法一分为二的分析方法，讲得通俗易懂，精彩纷呈，同学们爱听。在那个年代这是难能可贵的，我们受益匪浅。1977年全国恢复高考，政治考试就有用到唯物辩证法的分析题，我轻松地答出来了，有幸被录取上了大学。毕业后直接分到北京，在以后的工作中更是常常用到一分为二的辩证分析法。

孙老师除了上课，很少到班上来，即便是当班主任。有事或有需要说的话，在上课前说几句就好啦，同学们也都奔着成人的方向前进，守纪律是自然的。记得高一下学期的一天下午，班上无课，孙老师专门来开了一次班会，表情严肃，说话分量重，对一些人或事不点名地提出批评，要求同学们好好学习，勿有杂念，做到德、智、体等全面发展，等等。直至今天我也未弄清何事惹怒了孙老师。在我的印象中，这是孙老师第一次，也是唯一的一次显得有点不悦，但仍然是和蔼可亲的。人的卓越在于其思想的先进，而人的强大取决于其精神的向上。此后全班学习风气强劲，争当又红又专的好学生蔚然成风，面貌全新，着实喜人。

两年的高中学习，眨眼就过了，1975年1月初，除参军的同学外，我们毕业后各回各的家。大概是1976年仲夏的一个晚上，我干农活回家，看到孙老师和我亲戚在我家。孙老师见到我用手指一戳，说我长高了半个头。问我干什么，我如实回答，他说应多看点书，也许将来管用。我想这是班主任老师对毕业生的回访吧，至今记忆犹新。

开城中学从建校到撤销这六十年中，为国家培养了大批优秀人才。我们班也不例外，也人才济济，他们在各条战线上为国家效力，为母校争光。这得益于孙前来老师、季涛老师、潘恒俊老师和其他授课老师及全体校领导的栽培与耕耘，更得益于同学们自身的刻苦努力，始终把握正确的发展方向。

绵绵成长路，悠悠师生情。谨以此文，向开中关心我们成长的全体师长致以诚挚的谢意！

万和平

谁是开城中学最优秀的教师

——季涛老师访谈

　　尽管我做好了充分的思想准备，但季涛老师出现在我面前时，我还是经历了一番艰难的识别和认同过程。

　　平帽，墨镜，不合体的老旧衣裤，齿牙脱落，要命的是右臂不由自主地绕来绕去。摘下墨镜、帽子后，貌相更为古怪，手术后的两只眼球一横一竖呈不对称状，无光且白眼明显大于青眼，几缕灰白色头发用手随意向后拢了拢，无发型可言。

　　如果不是由潘恒俊老师领着我，如果不是有三位学兄学姐在场，我无法接受这就是当年发乌浓眉、挺拔清癯的季涛老师。

　　拜访季涛老师，为的是写一篇文章。我们这次开城中学校史编委会上，大家一致推选郑养法、季涛两位老师作为开中60年历史上优秀教师代表。致敬先贤，礼赞恩师是中华民族优秀的文化传统，也是我们今天的时代风尚。我主动向潘老师请缨，关于季老师的文章让我来写，我得老老实实承认，我夹杂着私心，我要挑战有难度的写作，看看自己能否把季涛这位"熟悉的陌生人"写好。

一

　　"我现在在抖音上听复旦大学王德峰教授《西方哲学史》讲座。我听收音机。"季老师回应我问候的第一句话，便让我颇感意外。

　　季老师就是与众不同。

有关季老师勤奋好学的故事我早有耳闻，潘老师曾几次向我提到，年轻时，他和季老师同住一室，季老师为躲避蚊子叮咬，闷热的夏夜坐在帐子里学外语，停课闹革命时期，季老师把爱人陈雨岚老师大学四年的物理课本搬出来自学。听潘老师说，季老师文学素养不简单，他俩曾就《约翰·克里斯朵夫》《悲惨世界》《安娜·卡列尼娜》《堂吉诃德》《好兵帅克》等名著多次作过深入的读书交流。

想不到季老师对哲学也感兴趣。

为了这次访谈，为了从季老师那里获取第一手翔实、丰富的材料，我做了充分准备，从教育教学、时代环境、师生情谊、同事关系、家庭生活等方面，列出了几十个问题。对我来说，最大的难度是如何引导季老师进入我的访谈话题，我不能像课堂上点名让学生回答问题那样，我要学会营造浓浓的谈话氛围。

季老师对哲学感兴趣，我就同他谈哲学与物理学之间的关系。

"哲学与物理本质上是一致的，都是探求世界本源问题。哲学与物理在英语中读音是接近的。物理学由哲学分化而来。"季老师滔滔不绝，兴致很高，尽管有的字音不够清晰。

我发现自己真的"很傻很天真"，我只把季老师当作老弱病残，我忘了季老师可是数理兼善、文理相融的高级知识分子，是一位大学校长。

我有些后悔，这篇访谈应由即将到来的学长丁毅信、孔祥迎来写，他俩当年是季老师班的学生，是校友中的佼佼者，前者为中科大党办负责人，术有专攻，著述颇丰，后者为新华社高级记者、安徽分社副社长，自谑为"中央人"。可"开弓没有回头箭"，我索性丢下事先准备的提纲，同季老师聊个痛快，看看能否别开生面、歪打正着地写出一篇有新意的文章。

我同季老师谈当今中学教育，这个话题我有发言权，因为我是中学一线教师。我正教学生学习《先秦诸子散文选》，刚讲完庄子的"无用之有用"，讲人不能成为他人的"工具"和手段。我就同季老师谈这个，因为现在中学教育功利性太强，现代人也功利心太强，譬如我，看望季老师出于真情，但我把他当作"工具"也不假。

"兴趣、好奇心是促使科学家探索、研究最重要的因素，是原动力。"

"爱因斯坦提出相对论时，全球仅有几人听懂，他关于引力波的理论在相当长时间内无人问津，独坐在理论物理的阁楼里静候百年。"

"1873年，麦克斯韦发表的电磁理论完全是抽象数学。1887年，赫兹、电磁波无实用价值，后来马可尼根据这些理论发明了无线电，成为'无线电之父'，1909年获得诺贝尔奖。"

"美国普林斯顿高等研究院的使命，就是研究那些'无用'的知识。"

"杨振宁去美国留学，其父请人给他讲'孟子'，为的是培养他的英气、豪气、浩然刚大之气。"

季老师博闻强记，信手拈来，其思维面积，思维品质，让我叹服。

季老师大学学的是数学专业，物理水平是专业还是业余，我不敢妄加评论，但他对孟子的几句解读很有水准。

我不能把访谈变成听课，我补充道，弗洛伊德早年在柏林大学讲述自己的代表作《梦的解析》时，也只有两人听课，司马光《资治通鉴》问世后的头17年间，只有一个叫王胜之的人通读了一遍。

我"心口不一"，与老师交谈的同时，心里不断调整着架势，我学的是中文，自知肚子里有几滴自然学科的墨水。我努力比较着我们师生两代教书、读书之人的差异和差距。

"对人才评价不能太功利化。教育评价机制、测量方式有问题。"

"家长不能讲'煞馋'的话，不能一味指责孩子。"

季老师关于学生的认知能力、学业成绩并非匀速、持续发展上升的观点与《光明日报》一文高度吻合，让我喜出望外。我是这份报纸的忠实读者，已自费订阅多年，作了20多万字的读书笔记，据我所知，《光明日报》并没有盲文版。我记得该报有一篇关于"学习型人格"的文

往事回眸

章，"学习型人格"就像"动力机制"，决定你的人生波峰有多高，人生的轨迹有多远，你能否成功，取决于是否一直在跑。

季老师就是将自己塑造成了"学习型人格"的典型。

谈话过程中，季老师几次上卫生间，近乎失明的他"扶墙问路"，但无光的世界没有限制住他。

二

我于1977年春上开中读高中，季老师教我们物理，遗憾的是只有短短几周时间，未得尽睹季老师的教学风采，但有关季老师丰富多彩的教育故事我早在初中时便有所耳闻。

"季老师对学生要求十分严格，解题时，上下行等号要一律对齐。科学来不得半点马虎。"

"季老师心算能力特别强，再复杂的计算题也不需要打草稿的。"

"季老师批评学生，巧用学生名字寄托讽喻，'金句'迭出。"

"季老师用棍子教育孩子，三个儿女都考取中科大少年班。"

言者津津乐道，听者百听不厌。

故事走向传奇。说季老师中学母校几位数学老师正为一道题大伤脑筋，忽然有人看到季涛老师走进校园大门，大呼"季涛来了，季涛来了"。季涛来了，手到擒来。大家都说没有季涛做不出来的题目，季涛做不出来，要么题目有问题，要么你命该如此。

故事更接地气。说学校开会，季老师每每走出家门，三个顽皮、聪慧的孩子便开始打架。男子单打，男女混打，打结成球。体弱的陈雨岚老师控制不了局面，便大呼："老季，老季。"幽默、风趣的郑养法老师渲染气氛："消防队长回家救火去了。"

集体创作，共同分享。故事中的季老师，左手柴米油盐，右手星光灿烂。

可我眼中的季老师严肃、寡言，让人敬畏。也许是工作调动问题，季老师同环境有违和感。我从未见过他同别人有过交流、谈笑。一下课，他总拿着课本径直往家走。唯有一次我看到他在办公室门口满脸笑意地同俞佳培老师握手，那是俞老师刚调入开中，季老师的难得一笑应该是出于礼节性的。

怀才不遇，难以接近，被盲目崇拜。来自中学时代的观察和认识一直影响着我。拜访之前，我仍持这样的看法，我还坚定地认为，季老师中学、大学读书时，一定是"学霸""牛人"。

"开城学生给我留下非常好的印象，他们聪明、好学、朴实。"

"老师解几道难题，算不了什么。"

"那时条件艰苦，家家住房困难。"

"那时教材简单，没遇到什么教学问题。不过有一册教材把材料物理编了进去，这个不适合学生学，我也教不好。这个你不能写到文章里，得罪人。"

"原子弹、氢弹爆炸成功，'东方红'卫星发射成功，开城区委请我在大会堂作讲座，下面的人也难听懂。这个你也不要写，这没什么。"

季老师的回答，让我意外，我本以为回顾往事，他要抨击、指责、批评一番，没想到季老师如此谦逊、宽厚、包容。

"我哪里算得上优秀教师，我在开中只教了15年，是个逃兵，潘老师才是优秀教师。千万不要写我。"季老师语气十分恳切，仿佛学生向老师提出请求。

"我只是记忆力较好，理科成绩一般，文科不好，潘老师才是学霸。"

潘老师走了过来，我更加放松起来。潘老师是我高中语文老师，我又在他身边工作了14年，现在我们时有联系。如同季老师一样，我未上高中前，也曾听到过有关他和郑养法老师的教育故事。在我心目中，他们代表着开城中学的高度，成为他们的学生，是一种荣幸、福分。他们三人是同学、同事，更是"相渐以仁，相摩以义，德相师而道相乐"的"友朋"。我曾在心中把他们三人的才性作了一番比较，潘老师温润如玉，季老师意志如钢，郑老师洞明练达。遗憾的是郑老师已和我们死生异路，但只要我和潘老师或其他开中师友在一起交谈，话题总少不了郑老师。就像今天，郑老师仍然"在场"。

"潘老师各科成绩都好，歌也唱得好。"

"郑老师功课好，他唱歌比不上潘老师。"

我补充道，郑老师书法好，王惠舟老师的文章中说，郑老师会拉二胡。

"潘老师体育成绩也好。"

潘老师高兴地回忆体育课上给其他同学示范单双杆的情景。

我用当下的流行语对三位老师作了概括：郑老师"艺术特长生"，季老师"理工男"，潘老师"学霸"。

两位老师亲切地交谈着，开中60年的办学历史画卷般打开，让我新奇、激动、感慨，我更感到编写校史是一件功德无量的事，它将记录着60年来一代代开中人累积的历史。我已不再为开中被撤销而黯然神伤，因为校友在，母校就在，校友立德树人、爱岗敬业的精神品质存在，母校就存在。随着丁毅信、孔祥迎两位到访，季老师简陋居室里的欢乐气氛达到了高潮。

深秋的阳光泼洒进来，我又分明置身于那所与农田接壤、与村庄毗邻的乡村中学。

三

季老师今年高龄八十有一，其爱人陈雨岚老师已过世，三个儿女远在异国他乡，行动不便的他生活堪忧，近年来日常起居靠侄女照顾，我们拜访时，侄女回老家了。让我感到安慰的是季老师饮食尚可，思维尤其敏捷，酒席间，祥迎兄大谈孩子教育，偶然与必然，内因与外因，季老师快速反应："内因决定外因不够全面，鳄鱼雄雌性别是靠外界温度决定的，外因起决定作用。"季老师对人生持"阶段论"观点，认为否泰穷通、祸福荣枯等人生境遇是变化着的，相信"灰粪堆还有发热的时候"。一整天，我没听到他有一句牢骚、抱怨、哀叹，我看他与庄子笔下的人物子舆、子来相似，"安时而处顺"，靠内在精神力量的培育自解倒悬之苦，实现人生的突围。

"我欠开中学生债。"季老师话语哽咽。

猛然间，季老师说出这句话，让我不知所措。

隐隐约约在某位校友的文中看到，或是听潘老师说起，居住在巢湖的几位学兄学姐常年帮助照料季老师的事迹，今天，季老师又补充说，陈雨岚老师在世时，也得到他们的帮助照料。

可我思考的是，普天之下，为师者多矣，为师者老迈病残多矣，但并非都有季老师这般特别的"负债"感。

世界上没有无缘无故的爱，打开《开城中学六十年》，让历史告诉未来。

第六届毕业校友周强："季老师对同学是有爱心的，有时会资助一些贫困学生饭票。"

1972届校友童朝田："他已退休，住在美国，特意打来电话，询问我孩子考试录取情况。"

在校友卢贤开、丁绍余、侯扬好笔下，青年季涛老师课堂有温度，课外有风度。

丁毅信校友告诉未来的是十枚邮票的故事，毕业后，班费有结余，富有创意的季涛老师用邮票形式返还学生。老师"隐处不欺"，小处不苟且。

童天龙老师要说的是，每隔一两周，他就要去无城芝城饭店季老师处，带着许多题目去请教，季老师再忙，事再多，总是赶忙擦干手，给他讲解，从未说"你等会"。

而1977届学生共同补充道，季老师搬离开中时，三轮车不小心压歪了路边一棵树苗，季老师从车上丢下伍元钱，作为赔偿。

孟子说："爱人者人恒爱之，敬人者人恒敬之。"人情相类，普天同理。

想起这次校史编委会会议前，潘老师给我看的一个作文本子，那是1975届学姐宇正香的作文本，潘老师替她妥善保存了40多年。我很感兴趣，想写一篇文章，可我不好意思抢学姐风头，人家可是名校教授，况且我还没有想好，我要告诉未来什么。

我很惭愧，我总是先入为主，我总是一厢情愿。我对季老师的历史、现状了解得太少，对季老师的师德、师能认识得太肤浅。我竟然不知道他已不能阅读，我居然送他一本文集和两幅书法作品。

文章留给岁月，书法——我来大声朗读：

"文可润身崇大雅，学能寿世养和平。"

"一个教师撒下的优良种子终将会在岁月深处萌芽，或许这就是今天对于明天、现实对于未来坚忍而美好的求证。"

徐先挺

郑养法，一位矗立在笔峰墨海的书法家

笔峰墨海，滋润更成就了中华独特的书法艺术，培育更造就了古今众多的书法人才。郑养法，毕生忘情于笔峰墨海，终于以其不凡的成就，成为广受欢迎和尊敬的书法家。改革开放以来，郑养法是濡须河畔、无为沃野上，第一位荣任安徽省首届书法家协会理事、省教育学会书法专业委员会常务理事和省首届学生书法展览评奖委员会委员的人；第一位运用理论和实践相结合的原则，把书法教育引入师范学校课堂的人；第一位书法艺术被众多年轻学子研习和传承的人。他的书法作品（论文）多次在全国和省内参展（参评），获奖，并被载入《中国书画家》《中国艺术人才书画作品展》《庆祝中共十六大安徽老年书画作品集》《楹联书法大观》《全国中原杯书画名家作品选》等大型书画作品汇编。

一

郑养法儿时有着广泛的爱好。他爱读书，那让人羡慕的小书房里，有一大木箱中外文学名著，堪称罕见。他爱玩乐器，有一把紫杆二胡、一把稀罕的小提琴，只要他一出手，二胡或小提琴就会飞出让人傻眼的好听的旋律。他爱交友，小书房里常常"小朋满座"。他风趣的话语和随时掺入的笑话、故事，会激起大家毫无顾忌地哈哈大笑，引得外面的大人们有时靠着门旁问："你们吃了什么喜果子，这么快活!"

往事回眸

郑养法最大的爱好是学习书法。20世纪40年代末，他读私塾，接受启蒙教育。塾师先是一代鸿儒朱杏村，后是无为县图书馆前辈馆员方时生的夫人赵笑隐。这两位老师的汉学功底深厚，治学严谨，对学生的文学和毛笔字着力最重。因此，孩提时代郑养法就对毛笔字产生了浓厚兴趣。

郑养法从老师的教诲中知道，练毛笔字，一定要从正楷入手。这是一条最难、最费力、也是最佳的路。他对此信守不移，迈出了坚实的步子，描红三载，临摹数年，打好了基础，写得一手漂亮的楷书，亲友都赞赏不已。他后来告诉我，楷书笔法要求严格，横竖规整，提按明晰，撇捺有度，结体方正端庄，坚实稳固，既有实用价值，又有艺术价值。所以自古以来，人们一直把楷书作为学习书法的入门字体。此言不谬。宋朝著名书法家蔡襄就有精辟的观点："古之善书者，必先楷法，渐而至行草，亦不离楷正。"苏东坡说得更透："书法备于正书，溢而为行草。未能正书，而能行草，犹未尝庄语，而辄放言，无是道也。"学不躐等，精艺之正途啊!

经过长期的磨炼，郑养法的楷书已经有了坚实的基础。随之他把目光投向更广阔的视野，博采众长，兼收并蓄，熔铸书艺，向行书方面进取，书法艺术跃上新台阶。这方面，他是下了苦功，用了真功的。

二

记得是1956年暑假，郑养法邀我陪他到县图书馆"捶贴"，我很好奇，欣然同意。

一天早饭后，他交给我一卷宣纸，自己拎一个放满什物的竹篮，我们按计划出发。

到了图书馆，见过方时生老先生等几位管理人员以后，我们走进嵌砌着古代名家书法碑刻的回廊，准备干活。当时我根本不知道"捶贴"是怎么回事。来到一通半人高的碑刻前，郑养法取出竹篮里的物件，摆开摊子，我也放下宣纸。作业开始，他熟练地先用清水把石碑到边到拐洗擦干净，再从上到下用湿毛巾给碑石润上一层清水。随即叫我取出一张宣纸，我俩小心翼翼地牵着纸角，平平正正地抻蒙在石碑上。只见他又用一个比巴掌大一点的圆形白色布包，轻轻地却是很有力度地向纸面"抵"去，从左到右，先上后下，一排挨一排，一点连一点地"抵"着。很快我发现"抵"过的地方，宣纸向字的阴文处凹进去，碑文字迹若隐若现。接下来，他向又圆又大的砚台里倒入墨汁，再拿出一根大半尺长，直径有两寸的白布卷筒，均匀地醮上墨汁，向"抵"着宣纸的石碑既轻又快地抹去，由上而下，一次到位，不再重复。抹墨结束，整块碑上的文字也就印到了宣纸上，黑底白字，十分清晰。初试即成，我们非常高兴。

这是三伏天，很热。郑养法把一幅捶完，直直腰，擦擦汗，不无快意地做着"抵"的动作并告诉我："这就叫捶，也叫拓。拓下来的纸页叫拓片。"捶帖，原来如此。

我们用两天半时间完成了在图书馆的捶帖任务，第三天下午，又顶着烈日到南门江西桥外，捶米芾书张吉老碑，但那由碎石块拼凑而成的巨碑，字迹无法辨认，于是扫兴而归。

从这次捶帖中，我深感郑养法对书法已不是一般的爱好。比如为了广收博采，他竟娴熟地掌握了洗、润、捶、印一整套捶帖技术。殊不知，这是老祖宗创造的、上了书的乌金拓啊！比如捶帖过程中，轮到谁的碑刻，他能三言两语道个子丑寅卯。至今记得，捶宋徽宗的《唐十八大学士》，他说是这位皇帝独创了"瘦金体"。捶董其昌的名联"小楼刻烛听春雨，白昼垂簾看落花"时，他告诉我，董其昌是明朝大书法家，很多后人都以他为师，学习他的书法。再比如，在一通草书碑刻前，他摸着那重笔之后如丝如筋、虚实相间、灵动飞跃的笔画对我说，这叫"飞白"，是汉朝蔡伯喈首创。当然，听他说得最多的是米芾。其间，他还对各位大家的各种字体不乏评赞之词。当时的郑养法，只是一个十几岁的孩子，可是在书法世界的学习与探索中，已有这些积累，说明他不是单纯地"写字",也用功读史看书,是很不一般的。于书法,他决不仅是有"趣",而是有"志",毕生的志向。

这次捶帖,是郑养法学习书法历程中里程碑式的一举。他取到了真经,收获了至宝。他从芜湖一中毕业,考入华东师范大学后,曾把这个"宝贝"带给老师看过。那位教授面对中国书法史上高山一样的大家米芾、黄庭坚、赵孟頫、唐寅、董其昌等人的杰作,不仅赞不绝口,更为惊叹一个普通县城竟然拥有这么多的古代书法名家碑刻珍品!教授勉励郑养法一定要刻苦研习,这是向大师们学习的好教材啊!前人的榜样,老师的教导,激励和鞭策着郑养法向书法的精深境界拓展。

在很长的时间里,郑养法对捶得的大家墨宝,一直是潜心地阅读,深刻地领悟,不分寒暑地揣摩临写、消化吸收,几近痴迷,其态度之严谨和坚毅,实为鲜见。

三

郑养法笔峰攀登,墨海跋涉,经过长期的锐意追求,逐渐形成了自己的书法风格。他的楷书深得大家真传。《中国书画家》一书所载郑养法小传云:他的楷书,学的是柳公权和董其昌,并师从书法家、华东师范大学教授叶百丰先生。我反复观之,敢有拙见:郑养法的楷书作品,真真切切与柳董的笔法、构架、气韵有相似之处,其如一介书生,高雅端庄,清纯道丽,同时又蕴含着一种爽朗宜人的气质,为众人所接受和喜爱。郑养法的行书是师法二王,历十数年之辛苦,终于自成一家。以我浅见,他的行书特点是:其本原是以学习羲之父子为核心,前取楷书之功力,后延草书之神韵,结体雅致灵动,柔中有刚,俊逸潇洒,形气和谐,耐读耐评;其成篇作品,无论字数多少,总是心照全局,下笔若定,重如千钧,轻似飘絮,或飞笔如流,或戛然而止,一气呵成,仪态华美。可谓是师承古风无臆造,巧汇百家有创新的科班上佳之作。就我所知,郑养法的楷书与行书,还从当代著名书法家胡问遂和周慧珺的作品中汲取了营养。鉴古蓄今，自成风格，真正体现了古人所云：斯能透肝腑，落笔自通玄。这是郑养法毕生书艺的基调和主旋律，他是成功者。郑养法的字，可称之为独树一帜的"郑书"。

我观郑书，自少小而青壮而古稀，半个多世纪过去，其社会效果之好，社会声誉之高，诸多实例可见其盛。

郑养法20世纪60年代于华东师范大学毕业后，被分配到内蒙古公安厅政治部工作，他的同窗、夫人杨正方同行并任教于内蒙古粮食学校。若干年后，郑养法和夫人由内蒙古调回家乡，任教开城中学，业余常应求为好友、同事和学生"写字"，很快名传遐迩，因喜爱而登门求其字者络绎不绝。接下来，他先后任职于县教育局、无为师范，其书法艺术声誉日隆，影响也愈来愈大，可以说是人见人爱。省里领导出访东瀛，他的长幅小楷作品当作礼品随行；无为籍台胞回乡省亲，以得到他的字为快；及至各类的书法展览都事先向他"订字"。向他要字的人越来越多。他热心与无偿的"书法服务"范围也越来越广，机关、学校写衔牌，工厂、商店写招牌，自己单位出专栏、写会衔和宣传标语，个人慕名而来请写条幅、求写字帖等等，他是有求必应。为方方面面写字，几乎占用了郑养法所有可以利用的时间。

郑养法因书法辛劳不止，甚而至于不断地"欠债"与"还债"。最繁忙的是每年春节写春联，他几乎是送灶以后就"脱产加工"春联，为本单位同事写，为亲朋好友写，为社会上来人写，参加书协组织的上街义务为老百姓写，为外地的好友写了寄出去，实实在在是"提笔腊月二十三，一直写到吃年饭"。这里说一个"包场"要郑养法写春联的小故事。记得是20世纪80年代一个春节前，我的老同学徐翔的好友李君酷爱郑书，他又是个大家庭，便恳请徐翔约我共邀郑养法去其府上写春联。素有成人之美的郑养法欣然应允。于是连续三年的送灶后某日，由徐翔、我陪同郑养法在李君家里，从下午一直写到晚上八九点钟。李君总是抑制不住内心的激动："郑校长写的对联，谁来看了都说好，给我家增添了喜庆气氛，挣足了面子。"之后因郑养法夫妇携子女常去上海过春节，此类"包场"才告停。还有一位对郑书情有独钟者，也是每年春节，只贴郑书春联，有时竟说："哪怕只得到他一副对子，贴个大门也行。"我逗趣说："你一副也得不到怎么办？"他说："宁可不贴！"我问其何以故？他不假思索地说："郑养法的字太好，我是太喜爱了！"

我当然特别喜爱郑养法的字。早在20世纪60年代初，我的案头就张挂着他的楷书毛主席的《沁园春·雪》。自1977年起，我家春联肯定都请郑养法写。一般是他到我家，用一个晚间写成。为了提高速度，我负责裁纸、叠格、选好内容，他是抻开纸就写。当然，搬运、摊晾也是我的活。岁月如流，郑养法不凡的书法艺术触动着我的心弦。尽管我不懂书法，但潜意识中，总觉得他的书法有很高的艺术水平和欣赏价值。我断定，随着斗转星移，他的书法成就一定会愈加卓越。于是从那时起，我每年都要收藏一副郑书春联。数年之后，在一次闲聊中，我对他说出了这件"秘事"："待你到七老八十时，我把收藏的对联，再交还给你，办一个春联展，一定很有意义。"他很高兴地表示："哎哟哟，那太感谢了。"遗憾的是，1998年以后，我不忍加重他体力和精力的负担，再没有烦他写春联了。郑书春联的收藏到此结束。更为遗憾的是，郑养法过早地故世，竟未能举办我所希望的他别具一格的春联展。每念及此，我总恨岁月不解人意，无法了此夙愿。

天长日久，郑养法的书法，不仅有着极为广泛的影响，而且也得到了省内外书法大家的赞赏，书艺卓越，成果丰硕。本文开头已作概述，不再赘言。

四

郑养法以其为师之范和书法之美，吸引着许多年轻人爱戴他，钦慕他、立志向他学习书法。他所到之处，总会在一些青年人中间掀起一股学习郑书的风气。他任教开城中学，爱好书法的学生们尊他为师，索字临摹，达到了入迷的程度，其中有的人成就卓著。

20世纪70年代初，我在无为一中教书。应学生吴保林之求，为他要到郑养法楷、行手书。他如获至宝，日日临写不止，打下了很好的基础。以后他锲而不舍，并广泛吸取营养，终于成为京城里、军旅中有名气的书法家。

难能可贵的是，郑养法把书法教育引进了课堂，这在我县师范教育中尚属首创，是他对师范教育和培养书法人才一个突出的贡献。20世纪80年代初，他奉调无为师范学校，为时不久，莘莘学子未见其人先见其字，就情不自禁地爱上了他的书法。青年书法家倪胜当年被录取到无为师范学校，学校欢迎新同学的宣传栏，张贴着郑养法书写的各项文字材料，他跨进校门，第一次在橱窗里看到这样俊美的书法作品，如醉如痴。一些爱好书法的学生很想向郑养法学字，于是郑养法针对师范教育的培养目标，给学生开设起书法课。这对他来说，是一件很容易的事，因为无论是书法教育史、书艺理论，还是书法实践，他都成竹在胸，驾轻就熟，何况各种书法教材随处可得，只要选用一种，书法课的任务也就能轻松地完成了。但他避易就难，在做好学校行政管理工作的同时，不厌其烦地选取各种资料，又针对学生实际，花费大量时间和精力，自编教材。

学生们回忆，郑养法的书法课上得精彩、生动而且效果很好，很受大家欢迎。这是他把事业心、责任心融入了书法教学的结果。不仅如此，他还指导学生如何写好粉笔字，组织学生参与书法（毛笔字、粉笔字）展览、竞赛等活动。他谆谆教导学生："做一个人民教师，要面对无数学生，写好字是很重要的，字如其人，好的字就是给学生做出了好的榜样。"对那些因酷爱而有志于书法的学生登门求教，他总是热情、耐心地接待，没有一点师者的架子、长者的威严。倪胜说："先生待人谦逊而平和，有着传统美德，这是每一个师生所共识的。"

得益于郑养法的影响和教育培养，我县书法界涌现了一批成功人士，如周鉴明、丁以任、张正桂、倪胜、鲁世涛、欧阳兵、洪仿松等。他们或是中国书法家协会会员，或是安徽省书法家协会会员，都在各类地区乃至全国书法赛事中频频获奖。他们的斐然成就是对已经远去的恩师郑养法的莫大安慰，至为宝贵。

郑养法数十年对书法倾力、倾情、倾心，与其人品的谦和、正直、高尚相融，终于成为矗立于笔峰墨海的书法家。

意想不到的是，郑养法退休后，正可以在书法上取得更大成就的时候，正可以以其出众的书法艺术奉献社会的时候，正可以为培养书法人才倾注更多心力的时候，却横遭病魔之害，溘然长逝，这实在是书法界的一大损失。

郑养法走了，亲朋好友、同窗同事、学生乃至与他有过交往的人，都深感悲伤和痛惜。人们纷纷把心中哀思遣诸笔端，众多的诗文表达了大家对逝者深挚的感情。这里选录两例：

挽学友郑养法校长

吴耀民

偃月城南景色幽，

梦魂飞绕故园楼。

三千弟子同声哭，

濡水滔滔是泪流。

怀念书法家郑养法先生

丁以任

驰骋书坛四十年，

兰序妙境入机玄。

匾碑处处人可在，

德艺双馨满大千。

人们怀念郑养法，敬仰郑养法。至今，他的墨迹在街面、在厅堂依然可见，他的作品依然是人们的珍藏，有心人依然在寻觅着流散于社会上的郑书，而网络世界中郑书的交流更显骄人的价值。

　　绣溪地灵，濡须人杰。无为古老而年轻的历史长卷因此而壮美和璀璨，郑养法卓越的书法艺术，理所当然地在其中闪耀着光彩。

王惠舟

一份试卷的故事

一份高考试卷，伴随我度过了 36 个春秋。每当遇到挫折时，只要看看这张高考试卷，我便有了力量。36 年来，我一直在寻找这份试卷的主人、当年的数学老师、班主任——杭盛才。

1972 年春，我正在无为开城中学读高二，听说从高一起就是我们班主任的杭盛才老师要调走了，便四处打听杭老师搬家的日期。杭老师搬家那天，我和几位同学，早早地就到了杭老师家，帮他清理杂物，做些小事。临别时，杭老师哭了，同学们也哭了。杭老师摸着我的头说："你家里贫困，要努力学习！"随后，杭老师小心翼翼地拿出一份高考试卷送给了我。

这么多年，我一直把这份高考试卷当作宝贝珍藏。这是"文革"前福建省的高考数学试题，杭老师刻蜡纸油印的，非常清楚。试卷上有选择题、运算题，涉及平面几何、立体几何、代数、三角等。杭老师离开后，我谨记他的教诲，努力学习，每当遇到挫折、困难时，就拿出老师赠送的试卷看看。

1972 年底，我高中毕业了，学校领导留下我在母校任代课老师。虽然读书时我成绩很好，可真要当中学老师，却不是一件容易的事。那时学习资料极少，我就把杭老师留下的那份高考试卷，做了一遍又一遍。

杭老师的话，我一直铭记在心头，那份高考试卷，也一直激励着我。1979 年，通过考试，我转为公办教师。1983 年，我参加考试，又如愿以偿地成为合肥教育学院数学系的一名新生，带职进修，取得了国家承认的大专文凭，圆了多年的大学梦。

这么多年来，我一直很后悔，为什么当时不问一下杭老师去哪儿工作了？36年过去了，我特别想找到杭老师，心里一直牵挂：杭老师过得好吗？

一次偶然机会，我把这件事告诉了《新安晚报》记者郭娟娟，她很快写成短文《一份试卷珍藏36年》，登在《新安晚报》上。该报热心读者季群生告诉我，杭老师现住襄安中学，他已72岁，退休在家。

2008年9月10日教师节当天，我特地赶到襄安镇，见到了思念已久的杭盛才老师。杭老师和师母的身体都很好，刚见面时，杭老师激动得全身颤抖。我们完全沉浸在36年前的回忆中，许多事仍然历历在目。那天，我特意留在襄安，与恩师一家人共进晚餐，欢度教师节。

我想到其他同学也许正和自己一样在思念着恩师，便决定在国庆节期间，组织开城中学首届（1972年）高中毕业同学联谊会。经过筹备，全省各地80多名同学纷纷赶到无为，见到了当年的恩师杭盛才。"感谢《新安晚报》为我们找到了恩师，让我们80多名同学在离校36年后得以圆梦见恩师！"

赵同峰

往事回眸

一位数学教师的人生方程式

——怀念张复常老师

1982年深秋的一天，我去章崇堂老师家串门，看到他家堂屋临时搭起的床铺上，一位农民模样的中年男子拥被而坐，在演算着什么。我很好奇，问章老师此人是谁？章老师兴奋地说："他是我高中同学张复常，苏塘赵公大队会计，山芋棚村子人。学校聘请他当代课教师，下学期教高中数学。他现在在我家临时搭伙、落脚。"章老师以他一贯的风趣、幽默又道："他同我在无中捣了三年腿，他除了自己老婆外，同我在一张床上睡觉时间最长了。"

我一听，乐了，又惊呆了。章老师1966年从无中高中毕业，已16年了。16年他的这位同学一直在家务农，高中学的知识还没忘？虽然现在复习、准备，他能行吗？这位新来的张老师，难道是天才？

那时的中国农村教育，不愁生源，也没有升学率压力，最突出的矛盾是师资不足。我们开城中学当时初、高中共15个班级左右，学校教育教学一片红火，严桥、襄安、无城等地学生也纷纷来开中上学，令学校领导头疼的是数理化教师严重不足。为保障教学，学校往往通过个人关系，去城内聘请教师，利用星期天来校上课。但那时交通、通讯不便，实在麻烦；被聘老师一上就是一天，效果也不好。虽有大专毕业生零星地分配到校，但学科并非总是配套。学校在艰难中前行。

一转眼，新学年开始了。张老师长女张会上初中，安排在我班就读。一天晨练，我被一阵歌声吸引住了。寻声而去，原来是张老师在教张会同学唱歌。我一看，不禁感叹，真是"颜回之乐"。张老师新分配的教工宿舍，是学校废弃多年的猪棚：土坯、草顶；矮小、低洼、阴暗、潮湿。这样的屋子里竟然有快乐的歌声，住在里面的人脸上竟然挂着幸福的笑容，张老师真是一位贤人。

我对张老师产生了兴趣，喜欢同他聊天。同他聊天，能学到书本上学不到的知识。譬如由他家村名"山芋棚"说到山芋，张老师说山芋是粗纤维，帮助排泄，说那全国著名的大队，吃粗粮，大便一次一大盆，简直像牛粪，说那过去的中国山芋筋多肉少，抗战时从日本鬼子那里缴获了品种改良技术。这些都让我"轰、轰"地脑洞大开。张老师说他高中读书时，家境贫寒，辍学一年，在家拾粪，他风趣地说，他知道大粪的味道。回忆无中的读书生活，有一件事让他十分得意，那就是参加数学竞赛，得了一等奖，学校奖励他一支水笔。

张老师有时不免自得："我怎么会不知道呢！"有时又不免"木骨"，臧否人物，直言不讳，一副好汉做事好汉当的气概。尽管他所说的都是真话、实话，但"可信者不可爱"。我明白了，凭他的水平，凭无中"老三届"的含金量，高中毕业回乡后欲当民师而不得的原因了。当我提及此事，出乎意料，张老师并未怪罪任何人。

那时的中学，同一所学校教师身份往往分为三类：公办教师、民办教师、代课教师。代课教师地位最低，工资最少，生活最累。可在我眼中，张老师从未因饭碗问题而巴结、奉承他人，也从未因工资低而抱怨、发牢骚，张老师白天在学校上课，课余还要回乡务农，一次白天上了一天课，晚上回家车了一夜水，我也从未听到张老师叫过一声苦、一声累。

我敬佩张老师，他积极的人生态度让我受教育。张老师的教学水平到底怎样呢？我还是很困惑。

我读过一些自学成才的故事，我读初中、高中时也有许多民师或民师转正的优秀教师，譬如物理老师童天龙，化学老师章崇堂、卢贤能。我记得范先白校长曾几次以程荷生老师为例子，教育我一个教师的学历并不是最重要的，最重要的是敬业、肯钻研，有道是"天边不如身边，道理不如故事"。理论上，我承认张老师能胜任教学，能成为一位优秀教师。可人家不一样啊，人家从未丢下过书本，而张老师一丢就是16年。我无法说服自己，我一定要找出一个满意的答案。

我向数学组伍先能、钟平、周光剑等年轻教师打听，他们一致的评价是："张老师解题能力强。"我还向老教师程荷生、童朝胜老师打听，得到同样的回答。这些回答远远不能满足我，解题能力固然是数学老师的重要素养，但还有组织教学能力、驾驭教材能力、语言表达能力等等。我还要继续观察、了解。

每次看到张老师走进教室时，衣服虽旧但必定干净、整洁，脸庞黑瘦但必定精神饱满，还有张老师不带备课笔记本，似乎有把教案写在纸上的习惯。下课时，经常听到张老师与同事兴致勃勃地讨论着、争执着。这些都表明张老师良好的工作状态。

我的弟弟在张老师班上读书，一天放学后，我看他在认真抄着什么，我拿起一看，原来在抄张老师的备课笔记。看到张老师的备课笔记本，我的困惑立刻消除了，张老师花了真功夫。我问弟弟班上同学对张老师的教学反映，弟弟回答同学们十分喜爱数学课，张老师的备课笔记本同学们传着抄。

校园里渐渐流传着张老师美丽的教学故事。寒冬的一个深夜，睡梦中的张老师夫妇被一阵敲门声惊醒，以为学生来下面条吃。张老师急忙穿上军大衣，到第二天天快亮时，浑身冰凉的张老师才重新上床，早起的张师娘打开门一看，堂屋桌椅全都移在一边，水泥地面上写满了一屋子粉笔字。一次上午放学，张老师远远地向爱人大喊："快！快！快买一个大饭缸，我把一个学生的饭缸子从三楼教室摔下去了，学生中午没饭吃。"爱人买回饭缸，张老师盛满饭菜，又火急火燎地送往教室，并请该同学来家里用餐，进行安抚。原来没等张老师宣布下课，该同学就提前从课桌肚里拿出饭缸，准备冲向食堂，张老师一怒之下摔了他的饭缸。

张老师的教育故事，别人无法复制，也无须复制。张老师对学生的

"严"和"爱"，是每一位教育工作者的榜样。我很想当一回张老师的学生，听他讲课，可我实在找不到机会走进他的课堂，因为我教语文。

我在开中读书时，有幸遇到两位优秀的数学老师：程荷生老师、蒋克钊老师。两位老师驾驭课堂能力极强，课堂语言干净、简洁、高效。我想拿张老师同他俩对比一下。

我只有趁张老师上课时在教室走廊或后窗外来回走动。不出所料，张老师满口原汁原味的土语、口语，散发出泥土的气息和田野的芬芳。课堂上，张老师教态从容，神情专注。让我奇怪的是，张老师总是站在讲台的内侧，莫非是有意腾出黑板，好让学生看清板书内容。

许多年后，我才知道，张老师年轻时就患有胃病。如今胃疼时，张老师用讲台的一角抵住胃部，缓解疼痛。

张老师家庭负担重，上有老母，下有三个未成年的儿女，爱人无工作，微薄的工资无法承担一家生活。张老师爱人很能干，很能吃苦，起早摸晚，发馍馍、下面条，补贴家用。面对困难，张老师更是表现出劳动的品格、顽强的精神和生存的能力。张老师家里有两件中国教师家庭所罕有的用具：板车和洋镐。无开公路拓宽，几乎所有的树疙瘩都被张老师刨回家。看张老师刨树疙瘩，我对他形象的认识变得模糊又清晰，是农民形象叠加，还是教师形象剥离？他分明又是我的"人师"。张老师儿女心重，为两个女儿在铜陵买户口，怕影响工作，总是星期天早早骑自行车出发，从开城到铜陵，晚上赶回来。只有一次归途中，天降暴雨，在蜀山镇住了一晚，第二天，便早早赶回。

1995年，张老师荣获"无为县十佳教师"光荣称号，张老师花了三十块钱照了一张大大的照片，张贴在学校宣传栏里。张老师很上镜，照片上的张老师慈眉善目，清癯的面庞，和善的笑容。这一年，张老师的儿子以优异的成绩考取西安交通大学，我们都替张老师高兴。张老师几次亲口对我说，送孩子上学，他从家里带了一个水瓶，装满开水，担心火车上没热水喝，怕胃受不了。回家后，张老师不顾疲劳，立即走上讲台，这时的张老师已是胃癌晚期。最后的课堂上，张老师常常疼痛难忍，大汗淋漓，衣衫浸透。

1996年，张老师不幸去世，享年54岁。

想起张老师的一生，我感慨万千。作为一位优秀教师，他是"典型性"的，又是"非典型性"的；他是"苦难型"的，也是"智慧型"的。他有着良好的专业素养和口碑，有着高尚的师德和出色的师能；但他无学历，无论文论著，无学生竞赛成绩，也无法定量分析出今日所谓的高考升学率、达标率。作为一个普通百姓，他是幸运的，又是不幸的。幸运的是每逢落难，总有贵人相助。辍学拾粪时，巧遇体育老师从达力，鼓励他重回校园，完成学业；回乡务农，不惑之年，幸有老同学章崇堂老师力荐，范先白校长爱才、惜才，面试负责人潘恒俊老师慧眼识才，他走上了讲台，后来又转正，成为教师队伍中的优秀分子，充分实现了自我价值。

人生是一道复杂的试题，我辈岂能破解。感念张老师生前对我的友善、友好、友爱，我读懂了他的生命方程式：

积极的人生态度乘良好的职业伦理、职业道德乘吃苦耐劳的品德。

徐先挺

每忆恩师形自惭

一、永远的班主任

一顶似乎永远也戴不正的单军帽，一副式样还算新潮的塑料边框近视镜，一支永远冒着袅袅烟雾、夹在右手食指与中指根部的香烟，说话时不时将嘴角后扬，语速不紧不慢，永远一语中的、直抵死穴，哪怕你是天生的刺头，在他的注视下，要么乖乖就范，要么低头沉默。这就是我初中三年学生生涯中的班主任卢前荣老师的速画像。

不拘一格携后进

大多数老师都喜欢成绩优异，又肯刻苦用功的学生。对于班级里成绩不好的学生，似乎都有一种恨铁不成钢的幽怨。

我小学算术没学好，初中数学没基础，每次数学考试都不及格，卢老师却"钦点"我当数学课代表，我头大得像笆斗。现在想来，卢老师是希望通过这种方法，诱导我努力学好数学课。无奈基础太差，不用说超越别人了，就是超越自己都成了无法实现的幻景。

学校拟办诗歌朗诵大赛，按照惯例，班主任有权直接指定人选，卢老师不愿滥用这个权力。他将全班同学分成八个小组，让人人都在小组里充当一次主角，小组优胜者再到大组乃至全班参加竞赛，经全班民主推荐，最终的优胜者代表本班级参加全校诗歌朗诵大赛，我就是在这种

往事回眸

竞争激励机制下，走向学校诗歌朗诵舞台的，也为以后的人生历练打下了基础。

鼓励同学们业余时间学习乐器，参加各种有益活动是卢老师的拿手活。在他的推动下，我们班各项课外活动，搞得有声有色，既陶冶了情操，锻炼了身体，又使同学们在各自擅长的领域，找到了本该属于自己的自信。

不主观、不包办、不藏私、不偏狭、不以学习成绩论短长，给每个人以平等的机会，力争发挥每个人的能量，卢老师的教书育人技巧、为人处事风格，潜移默化地影响了我一生。1983年，我在二十军五十九师服兵役，凡是连队的"后进"兵，凡是其他班排不愿接手的"问题"战士，指导员一律安排到我们班里来，我借用卢老师当年引领我们的方法，以公平公正之心对待每个人，硬是将九班带成全连先进班集体，我本人被评为优秀骨干，获得全师通令嘉奖的殊荣。

受用一生，惠及两代数人的地图教学法

高中文理分科后，卢老师由数学老师改教高中毕业班地理课。说真话，卢老师教数学，连我这个数学渣渣，都知道绝对没得说。可是改教地理，我们心里并不十分看好，甚至有些隐隐约约的担忧。唯恐卢老师一辈子英名，毁在一碗狗肉汤上。他可是我们初中三年的班主任呀！是我们同学心目中真正的大神！他的名誉受损，我们心里不好受。卢老师却信心满满地说：我是万金油，哪里需要涂哪里。

卢老师执法篮球赛，眼到手到哨声到，潇洒无与伦比，理科出身的人，体育也很在行，出乎我们的预料。卢老师写得一手好美术字，我们知道；卢老师会画画，这个我们也知道。卢老师到底能不能教好地理？我们真的不知道，毕竟数学和地理跨了两个学科。

第一个意外是卢老师教地理，从来不照本宣科。只是对着挂图说话。挂图不够，就用粉笔在黑板上画，有时为了讲课需要，大老爷们动刀动剪子，亲自制作地理教具。他做出的教具别出心裁，可以随意拆

分，随手抽出一张，让同学们在纸板上标出相应的地理位置。

第二个意外是卢老师不主张我们死记硬背地理常识。地形地貌、河流山川、铁路公路、矿产资源等等，全部拿图说话。

1979年高考时，地理试卷中有一道写出中国主要铁路干线的题目，当时脑子里一片空白，但我心里并不害怕，随手在草稿纸上画一幅中国地形轮廓图，标出中国铁路枢纽——郑州的位置，分东西和南北两个走向，画出陇海线和京广线起始点，再依次画出其他铁路干线，较好地完成了这道考题。

儿子上初中时，其他成绩都很不错，地理、历史却成了跛腿科目，我联想到卢老师当年的地理教学法，将历史与地理有机地融合在一张中国地图上，不到一个月的时间，儿子的地理历史成绩名列年级前茅。

无独有偶，2014年，一位朋友的孩子也有了学习地理、历史的困扰，经我提示后，家长如法炮制，孩子成绩突飞猛进。

方法得当，事半而功倍矣。我不是高人，不敢贪天之功。能有此招，实乃恩师传授所得。

十八年后师生相会失之交臂

1996年春节，部分1976届初中同学在无为饭店小聚，卢老师悄然而至，我们围坐在班主任四周，听他细说当年我们这些人的"糗事"，没有羞怯，没有惧怕，只有亲切与感动！仿佛时光倒流，我们又回到了初中时代。

听说我在铜陵工作，他轻声对我说：铜陵亲戚邀请了很多回，我都没去，下次去铜陵时，我去看你。我特别高兴，端起酒杯一饮而尽，为师生能够他乡重聚干杯。

1997年4月，卢老师来到铜陵。接到电话时，我迫不及待地要去见他，他说："我这地方你不好找，黑漆麻乌地就不要来回跑了，有空我联系你。"

第二天，一天没有接到消息，第三天单位组织职工去庐山旅游，首

往事回眸

批由我带队。临行前我给卢老师打电话，他说："你去吧！以后有的是机会。"以后，数次回故里，都未能与卢老师碰面。2014年3月12日，卢老师驾鹤西去，师生天人相隔，后会无期。为了那次爽约，我抱憾终生！

我们的个性形成，我们对世界的看法，我们不畏困难，任何时候都不丧失信心的理念，得益于三年初中教育，得益于卢老师培养和引导，是他引领我们走上一条健康、正确的人生之路。不敢想象，如果没有卢老师持续三年的统领，我们这群野牛会成为什么样子？！

卢老师，如果有来生，我还做你的学生！那时，我一定好好学习数学，做一名合格的数学课代表，争取不辜负恩师对我的期望。

二、比评语还要深长的是恩情

2007年2月，适逢开城中学1979届高中毕业生再聚首活动，在无为宾馆举行。在这里，我见到久别的潘恒俊老师（潘老师在我们离校不久后担任了开城中学校长，窃以为还是称呼潘老师亲切，希望恩师不以为忤方是），看到潘老师精神矍铄，风度依然，心中尤为高兴。28年过去，岁月没有在恩师身上留下太多痕迹，如果不知根底，根本看不出他是一位颐养天年的老人，没有一点龙钟之态！

初中三年，高中两年半（含全国延长学制半年），我在开城中学读了五年半书（不含复读的那几个月），所有的开中老师中，我与潘老师认识最早，渊源最深。对潘老师的学识、文才早有耳闻。潘老师1958年发表在《巢湖诗集》上的作品，我曾有幸在1970年代末期拜读过。

"百衲"作文本

1977年，全国恢复高考那阵子，学习风气陡然上升，即使像我们这些学习基础薄弱、明知高考希望不大的学生，也想趁此机会学点真本领。

1978年，潘老师执教高二文科班语文，由于荒废的时间太久，我们的文言文翻译和写作能力普遍不太好。每次作文题目布置下来，绞尽脑汁、搜肠刮肚写不出500字来，勉强凑够字数，也是词不达意、不知所云。

　　潘老师布置第一篇作文题目是："我最难忘的事"。我就当时文理分科，家长们对文科生的误解，说出了萦绕在心中的困惑。作文本发下来后，潘老师的红笔评语足足写了一页半纸，比我的原文还要长。除了详尽评点这篇蹩脚小文得失外，还极尽鼓励之词："文科理科，都是国家需要培养的人才。你的文科基础很好，不必妄自菲薄。"看到这段评语，我欣喜莫名，信心大增。以后作文，同学们每提交一篇，我则提交两篇三篇。每一篇作文，潘老师都不厌其烦地详加点评。这既让我喜出望外，又让我感动莫名。在扩写刻舟求剑这篇文章时，甚感要领无从把握，于是在作业之后，斗胆写了一段求教文字。潘老师的回复，几十年后仍然让我记忆犹新："扩写如放大照片，要同比例均匀放大，绝不能为了扩大，在额头上增添一只耳朵"。细读这段回复，如醍醐灌顶，令我茅塞顿开。

　　为了进一步提高写作能力，潘老师鼓励我课外阅读契诃夫作品，限于当年条件，我未能如愿。走上工作岗位后，我不仅阅读了契诃夫短篇小说，还购买和阅读了《契诃夫全集》，补上了恩师布置的课外作业。

　　1981年参军去部队当年，我就担任了连队文书工作。1985年正式工作以后，步入社会后所写的首篇小文，被评为铜陵市农行系统优秀论文，并借此当选为铜陵市第一届农村金融学会理事；2006年，在铜陵市银行系统征文竞赛中，我的一篇探讨金融与法律关系的小文，获得全市论文一等奖。

　　成绩微不足道，但每一点成绩的取得，都与潘老师当年的悉心教导分不开。那本"百衲"作文本，我一直珍藏了很多年。可惜在后来的几度搬迁中遗失，但恩师的关爱、教诲却一刻也不曾忘记。

往事
回眸

持续关注,深情似海

倔强的人生,注定享受不了坦途风景。潮起潮落,逆流顺流,承蒙恩师不弃,一直都没有忘记我这个不成器的学生。

2007年,同学聚会上我作了短篇发言,根本没有料到,在那样一种嘈杂的环境下,恩师竟然一字不漏地听进去。事后当面对我说:你的发言,就是你人生写照。知我者,恩师也。2019年,我即兴涂鸦的一首小诗——《写给一个人的歌》,受到了潘老师谬赞,他在委托林芳老师转达的微信评语中,不吝赞美之词,亦如当年。令我感动,更让我汗颜。

2020年,在无为县诗词协会期刊上,读到潘老师的大作,不知天高地厚地写了一篇读后感言。潘老师知悉后,给予了很高的评价,谦称受小文启发,重新将诗文最后两句加以改写。

谦谦我师,如此虚怀若谷,此生注定只能仰视。

说不尽的师生渊源

哥哥和我都先后受教于潘老师。没有跨进开中大门时,我曾陪伴探假回家的大哥,拜访过他当年的班主任……潘恒俊老师。印象中,潘老师当年住在开中旧礼堂那边。

1968年,父亲带着只有六岁的我,坐轮船去芜湖。考虑到上面的空气光线比舱底要好,父亲没有带我下到船舱,而是随便找了一个座位,专心地看起小说来。我独自在船栏边玩耍,看到别人在甲板与船舷边翻过来翻过去,不谙世事的我,觉得很好玩,也想学着别人的样子翻一个,就在我手抓铁栏,重心前移,双脚即将腾空之时,一位老奶奶抓住了我的双脚。父亲在老奶奶的叫喊中,看到这一幕时,惊出一身冷汗。

成年后,父子谈心,父亲告诉我:当年救我的老奶奶,就是潘老师孩子的外婆。

救命之恩大于天,教导之恩深似海。冥冥之中,仿佛注定了我与潘老师及其家人的不解之缘!

三、不是姐姐胜似姐姐的老师

我只有一个兄长，没有姐姐妹妹，希望得到姐姐呵护，是我自小就梦寐以求却无法实现的愿望。

读初中时，我遇到了一位老师。她对我的照顾和关爱，比亲姐姐还要亲。假如在老师和姐姐这个角色中做单项选择的话，我会毫无悬念地选择她做姐姐，而不是做老师。

跨界老师

认识林芳老师的时候，准确地说，她还是一个高二年级的在校学生，兼职教我们这些学弟学妹音乐课。这种在学生和老师之间的身份转换，既做学生，又做老师的跨界特例，今天并不常见，当年也是凤毛麟角。

林老师的嗓音条件很好，初次站上讲台时，还带有一些女性的羞涩。

那时，我对文化课不太上心，对于学唱歌曲倒是颇感兴趣。或许是比较听话、肯学的缘故，林老师记住了我这个并不乖的"乖学生"。

林老师教我们唱的第一首歌是《我爱呼伦贝尔大草原》。在革命歌曲震天响的年代，这首歌曲无论是旋律，还是歌词，都算得上是上乘之作。即使在今天看来，艺术风格也还不算落伍。40多年过去了，许多东西都淡忘了，这首歌曲的旋律还能哼得出来。

我初中毕业，林老师高中毕业。我很担心，这个爱我如姐姐的老师，从此没入人海。

冰雪融化，新学期伊始，不期在报名处，意外碰到了林老师。她不无兴奋地告诉我，她正式到校当代课老师了！假期中的那份懊恼，如同冬青树上的残雪，在温暖的阳光下迅速消融。

往事回眸

跨界宿舍

林老师的宿舍不大，分里外两间，里间是休息室，外间是学校广播室。住宿与宣传功能上的跨界，构成了这个不大空间的另一个特色。大约是我在学校诗歌朗诵上取得的成绩尚可，我成了校广播室的业余男播音员，每天早晚，用开城普通话，播发一些通讯稿件和学校临时通知。

近水楼台先得月，这就使我比其他同学有了更多的与林老师单独相处的机会。除了上课，课余时间经常"泡"在广播室，山南海北地与林老师聊天，多了一些亲切，少了许多顾忌。年少轻狂，有时说错了，说过头了，林老师不是简单地打断我，或者严厉地批评我，而是静静地看着我，一言不发，让我自省。

一次我扁桃体发炎，很是严重，学校规定的播音任务，又不得不完成。夏日晚间，小小播音室里温度依然很高，林老师端着一杯温开水，站在一边。我每播完一篇稿件，就示意我关上话筒。不待我伸手，直接将茶缸送到我嘴边，如是者三，直到我播完所有稿件。

温情呵护，无微不至。那个傍晚最深情的画面从此定格在我的记忆中。

跨界姐弟

1980年回校复读，巢湖地区摸底测试不宣而来。林老师彼时已由音乐老师改任语文老师，再一次实现了专业跨界。摸底测试的作文题目为《月夜》，特定的作文场景，让很多同学败走滑铁卢。语文组批改试卷时，林老师出于对我的特别关注，率先审阅了我的语文试卷。

那个年代高中生的见识可能还比不上今天的小学生，我写的场景大多数人都不太熟悉，引来了某些老师的质疑，说通俗一点就是怀疑我的作文直接剽窃了别人的劳动成果。这也难怪，当年开城小镇上能见到小提琴的人真的不多。我大哥喜欢拉小提琴，机缘巧合连带使我对小提琴演奏、小提琴曲目多了一些直观了解。但单纯描写一个糙老爷们站在月下拉小提琴，不够浪漫，也缺少一些美感。我将角色来了一个大反转，写了一位青春少女在月下演奏《新疆之春》这个经典小提琴曲目，从而由《新疆之春》进一步引申到祖国的科学之春的到来。现在想来，牵强附会，很是幼稚。

下课之后，林老师将我叫到她的"多功能"宿舍，以十二分信任的口气，称赞我在那么短的时间内，写出了一篇令人耳目一新的好文章，感情比她自己得到别人肯定还要高兴。

1980年11月下旬，入伍通知书正式下达。换装的那天，我专程去学校与林老师告别。林老师正在给同学们朗读课文，视线没有离开课本，感觉有一道黑影靠近班级大门，以为是某个迟到的学生，随口叫了一句"进来"，全班哄堂大笑，发现是我，林老师也笑了，掏出宿舍钥匙递给我"你先去宿舍坐一下"。

环视这熟悉的场景，内心隐约有些伤感，这一别又不知有几年才能见到这位和蔼可亲的姐姐？

林老师回到宿舍，默默打开写字台抽屉，拿出一个崭新的笔记本，还有一支钢笔，她说："小云（此为林芳老师对我的爱称，也是唯一一个这么称呼我的人），这个送给你做纪念。不著一字，不置一词，我的用意你应该清楚，未来的人生需要你自己去书写。"我只有点头，却说不出一句话来。林老师的钢笔字写得很漂亮，她在送我的礼物上却没有写上一个字，可谓用心良苦，深情一片。

20世纪90年代末，即使数次寻访不遇，也没有动摇我看望姐姐的意愿。终于在开中校园见到林老师！一别数载，我们有许多话要说，林老师夫妇执意留餐，同来的驾驶员很不好意思，我却心安理得地坐下来侃大山。

归途，驾驶员对我说："你们老师对你真好！"我非常自豪地跟他说："那当然！"

现在林老师夫妇定居省城合肥，见面的次数不多，微信联络，电话联系倒也频繁。我早已不再称呼她为林老师，而是直呼"姐姐"。由师生情转变为手足亲情，这是一种跨越血缘和遗传因素的新型人际关系。

苍天赐给我一位可亲可敬的老师，复又赐给我一位可爱贤良的姐姐，着实待我不薄！

写在后面的话

韩昌黎说过，"师者，所以传道、受业、解惑也"。多年来，许多人将"传道"二字解释为传授方法或道理，我以为道者，天也。它不是普通的道理，也不是什么乌龙的方法。它是做人的原则，更是不可逾越的底线，"道一成而三才备"。朱熹说过"天之所以为天者，理而已。天非有此道理，不能为天，故苍苍者即此道理之天"。

回想恩师当年对我们的教育，完全不计个人得失，不计时间成本，全心全意、倾情奉献！我们该是多么幸运的学生！从恩师的言传身教之中，我们不仅学到了文化知识，更学到了如何做人的道理。我们的恩师传道、受业、解惑一样不落！

浑浑噩噩半辈子，一无所成。每每忆及恩师教诲，便觉自惭形秽，无颜面对。恩师的关爱没齿难忘！它是我今生最大的财富，也是不可复得、无以替代的财富。永远的班主任卢前荣老师，诲人不倦、虚怀若谷的潘恒俊老师，不是姐姐胜似姐姐的林芳老师。你们是我的恩师，是我学习的榜样，更是爱教重德的楷模。

十分抱愧的是：我本顽石，虽经恩师不辞劳苦、辛勤琢磨，终究成为不了一块美玉。

（开城中学杰出的老师有很多，仅以我最熟悉的老师为代表，恕学生手拙，不能一一列出，还望各位恩师多多包涵！学生就此谢过）

童朝云

愿师生之情永流传

一

我 1974 年自开城中学毕业，至今已 47 个春秋了。这期间，我待过不少地方，经历很多事情，但大多数都已经淡忘，唯独中学读书时经历的一些事情，记得很清晰。

1970 年春（当时春季始业），我进入开城初中，学制两年。此时的开城中学还没高中，初中两个年级四个班，学生二百来人。

当时办学条件十分简陋。校门没有门楣，只有四根三米多高砖砌的门柱。中间两根门柱上方悬挂了四块圆形铁皮，上面用红漆写了四个正楷大字——开城初中，油漆脱落，锈迹斑斑。

走进校门，迎面是一条碳渣铺成的小路，直通学校办公室。小路中段的东西两边，各有一幢红砖青瓦房，是我们的教室。初一两个班在路东，初二两个班在路西。

教室的前面是一片空地，上面栽了不少泡桐树和农作物。春夏之际，泡桐花、油菜花、蚕豆花相继绽放，黄、白、兰、紫相互交映，也算是学校的一道风景了。

教室后面，各有一幢土坯草房。房子很破旧，这是老师的宿舍，土坯房中间有一幢青砖黛瓦的平房，共七间，为校长办公室、教务室、收发室、老师的集体办公室。

校园的西北角，有一个体育场，面积不大，体育设施也很简陋，有篮球架、排球网、乒乓球台、爬杆、沙池、单杠、双杠等等。课外活动时，这里很热闹，同学们打球、跳远、玩单双杠，相当活跃，各种体育赛事不断，老师和学生都参加。观看的人很多，不时爆出喝彩声、笑声和掌声，这给我们的青春岁月增添了不少的乐趣。

体育场南面不远处是食堂。食堂办得相当好，饭菜可口又便宜，老师和学生都在这里用餐。记得二分钱能打一瓷缸粥，还能配上一些小菜，真的很划算。我虽是走读生，也还时常在食堂里吃饭呢。

体育场东边有一片菜地，称作农场，也是上劳动课地方。农场有专门工人管理，管理得很好，一年四季各种蔬菜生机勃勃，青翠欲滴。夏日里瓜果飘香，鲜嫩成熟的黄瓜、瓠子、番茄，挂在枝间，让人看了眼馋。我班有个调皮的同学，趁农场场长不在，偷偷地溜进菜地里，摘一条黄瓜藏在腋下，又怕被场长发现，那种滑稽的样子，至今想起来都觉得好笑。

二

1971年春，开城中学首届高中招生，甲、乙、丙三个班170多名学生。当时学校的教学活动已走上了正轨，校容校貌也有所改观，增添了教室，也增加了不少老师。

此时开城中学的师资力量在全县都算是很强的。他们不论在教学水平上还是在师风师德上，都是一流的。季涛老师夫妇（后调巢湖学院和巢湖一中）、郑养法老师夫妇（后调无为师范学校）、潘恒俊老师（后任开城中学校长）、刘国定老师（后调无为中学），还有后来的童朝胜老师（后任开城中学校长）等等，他们的教学水平和敬业精神，都给我们留下了深刻的印象。

童朝胜老师从1971年当我们的班主任起，和我有四年的师生情缘，我们结下了深厚的师生情谊，我对他的印象很深。

记得1972年的一个冬夜，天下着雨。这天晚上因家中有事，我没去学校上晚自习。在家做完作业后已是晚上十点左右了，正准备上床睡觉时，突然听到有人敲门，开门一看，见童朝胜老师手里拿着一把雨伞站在门口，我赶紧让童老师进了屋。童老师见我还没睡，就问我说："在家干吗呢？今晚怎么没去上自习呀？"我赶忙回答说："今天家里有事，所以没有去上自习。"童老师笑笑说："在学校上晚自习有很多好处：有老师辅导，有问题可以随时问；大家在一起自习，学习气氛浓，这对提升学习成绩是有帮助的。以后没事的话，不要缺席，好不好？"我听了很是感动，连连点头说："好的，好的。"

这晚我躺在床上反复地想，多好的老师呀！为一个学生没有去学校上晚自习，深夜顶着风雨家访，这敬业的精神是多么可贵呀，我不能辜负他啊！从此我再也没有缺席过晚自习了。

1974年底，我们即将高中毕业，等待我们这些城镇青年的将是下放农村锻炼。正在这时，传出了征兵的大好消息。在那个年代，城镇青年高中毕业后没有大学可上，若能参军，服役期满，退伍回乡，政府负责安排工作。因此，那个时候城镇青年人哪个不想参军。在开城体检时，我顺利通过了，我的一位同学被发现身体有点小问题，可能要打破他的参军梦，思想很痛苦。童朝胜老师提醒他：会不会是误诊？应当到县城去复查！他当晚带这位同学步行四十多里路来到了无城，并于定兵前拿到没有问题的诊断证明。这位同学终于如愿以偿了，至今他还记着童老师的恩情。

当年，在开城中学，像童朝胜老师这样对待工作，关心爱护同学的老师很多，他们和学生之间没有距离，打成一片。

当时老师也在自己的卧室里办公，下课后和放学时，他们的卧室里挤满了前来问难题的学生，老师们从不嫌烦，很耐心地一一讲解，直到他们弄懂为止。真的是诲人不倦啊！

老师们对学生们的生活也是关怀备至的，待学生像待家人一样，和每位学生的关系都处得非常融洽。同学们有什么想法就跟老师讲，有什

往事回眸

么困难找老师帮忙。老师们也都是真心实意地尽全力帮助。因此，老师和同学们结下了深厚的情谊。这是世界上最纯朴、最真诚、最珍贵的情谊，让人铭刻于心，牢记一辈子。

2019年，陈雨岚老师病重，由于她的三个子女都在国外工作，老伴季涛老师双目接近失明，生活很不方便。他们当年开城中学的学生们，络绎不绝地上门看望，并揽下了他们家中的一切事务，不分昼夜地在老师家和医院之间奔波。陈雨岚老师去世后，同学们又帮忙办理后事，那种师生情谊堪比父子和母女之情了。很多的同学远道而来参加陈雨岚老师的追悼会，挥泪告别恩师，场面非常感人。我真的希望这种珍贵的师生情谊永远流传下去。

王大全

鉴书明法　纳古图新
——论周鉴明和他的书法艺术

　　初识周鉴明，心中暗暗为他儒雅不乏刚毅、俊朗不失耿直、典型的秀外慧中的风度所喝彩，也为他从军从政的金牌人生经历所叹服。当走进他的书法艺术世界，又为他创造的独特的书法艺术气象所迷醉。浓厚的艺术气息遮掩了他的政府官员身份，甚至多年来让我只关注他的艺术收成，而极少问及仕途几何！

　　艺术是一场苦旅，而追求艺术的人恰恰是这旅途上的独行者。周鉴明，1956年12月出生在安徽无为，那个艰苦奋斗的年代不曾给他富足的生活，但温暖的家庭却给了他充沛的精神营养和顽强生长的力量。在对文化知识的求索中，书法艺术的种子悄悄地在他幼小的心中发芽，中国的方块字给了他融注想象、融注激情、融注美感的无限空间。他把课堂以外的大部分时间都倾注到了书法练习上，书上描、纸上写，没有条件时就在地上划，甚至把供销社装化肥的牛皮纸袋拆解开来当作书写材料。正是由于他的这份热爱、执着和天赋，感动了当地文化名流、书法功力极深的丁以任先生，丁先生手把手地教他临帖摹碑，传艺授技。在其唯美艺术思想引领下，周鉴明开始走上正规的习书之路。

　　1972年，刚满16岁、学业成绩优秀的周鉴明被部队选中，加入了空军。军人的经历和磨砺极大地丰富了他书法艺术的内蕴。在20年的军旅生涯中，他辗转在新疆、北京等地，供职于连队、机关、院校之间，无论在哪里，在什么位置，他都不曾停下手中的笔。他的笔墨在天山山脉流淌，在首都北京飘逸，和着口令声挥洒，伴着军歌声飞舞，此时，他已进入了"灯火夜深书有味，墨花晨湛字生光"的艺术状态。1992年，他转业到安徽省委办公厅工作，又师从书法名家刘子善，继续向书法艺术的高峰攀登。此间，他创建了安徽省硬笔书法家协会，开办了安徽省硬笔书法函授院，书法艺术和书法事业一时风生水起。后来他调到海南省人民政府办公厅任职，书法艺术之舟驶向了更加壮阔的海域。一路走来，无论环境、工作、生活发生多少变化，他都把书法艺术作为人生又一"伴侣"，孜孜以求，不离不弃，始终如一。书法女神，也带着微笑慷慨地回报了这位艺术苦旅中的独行者，他在多项全国性书法大赛中摘金夺银，并在书法界拥有多项桂冠，他在书法艺术世界里获得了丰硕收获，赢得了瞩目地位，实现了人生价值。

艺术向来与灵魂密切相关，正所谓"字如其人""艺与心同"。周鉴明的书艺风格，如其做人一样，遵循规制，踏实沉稳，宁静平和，内敛大方，不事张扬，更不以乖张怪异去赚取眼球。他把写字与做人放在一个天平上，注重品行，追求品位，塑造品格。借书法之形显其心志，昭其精神。这些都源于他道德的修行、内心的历练和灵魂的力量。无论是他的硬笔功法，还是毛笔功力，都秉承古法传统，博采众家之萃，吸取有益养分，形成一己之长。他的作品结构稳健严谨，行笔收放自如，运墨浓枯有度，气韵流畅贯通，章法疏密得体，布局张弛有致，筋骨内含，质感外现。字里行间，处处释放着二王之妍美，苏轼之深厚，赵孟頫之遒劲，柳公权之端庄等传统的大家气息，又处处洋溢着周鉴明对社会、对生活、对艺术、对美的个性理解，在每一次信笔挥洒中，他都能准确地将书写与心境熔铸一体，通过线条的表达，创造出新颖独特、美感四溢的视觉艺术境界。

艺术的最高追求在于美的呈现。周鉴明的书法艺术充满着诗意美，他把诗意的书写和书写诗意高度融合，引领人们进入随笔墨而目定、而情生、而心动的审美状态，观赏字架结构过程中的起落、收放、进出之气势，品味笔墨在运行中的虚实、粗细、枯润之把控，感受书写韵律上的抑扬顿挫之节奏，心态沉静，不激不励，气定神闲，就像一个娴熟的钢琴家，在黑白相间的键盘上弹奏出行云流水，亦如一个高超的画家，胸怀万里壮景、呼之欲出、点墨成金。周鉴明的书法艺术之美，美在淡定心态下的精神与气质，美在自然状态下的纯粹与生动，美在灵秀形态下的诗情与画意。

艺术虽是个体创造，但不由个人独享，更不能据为己有，她为艺术家和社会所共有，属于人类与世界。周鉴明是一个出色的书法艺术家，同时又是一个优秀的书法组织管理者、书法社会活动家和书法艺术传播者。从安徽硬笔书法家协会主席、安徽硬笔书法函授院院长到海南徽韵书画院院长及中联国兴书画院院长，从编辑出版《硬笔书法集》《书法教程》到组织举办"首届黄山杯书画大赛""迎香港回归全国硬笔书法大赛""四方杯全国少儿书画大奖赛"等全国赛事，样样拿得起、放得下、叫得响、立得住。他善于自我"裂变"，从书法创作的"带动"到书法活动的"联动"，将所有同一志向的书法人集合在一起，变"小我"为"大我"，形成一条战线，一个群体，抑或是一个地区的书法"方阵"效应，用团队的力量为自己钟爱的艺术"造势"。

这些作为，非胸襟开阔者而不能，非目光长远者而不能。他每走一地，都把书法艺术当作"种子"一样播撒，以至于走出国门也不忘使命。他的作品曾经作为国礼赠送给斯里兰卡总统拉贾帕克萨和缅甸总统登盛等外国元首。为推介书法艺术，传播中华文化而身体力行，忠诚尽责，体现了一个中国书法艺术家高度的文化自信和文化自觉。

艺术家的阅历，决定作品的蕴含；艺术家的眼界，决定作品的气象。在当今多元的文化环境里，周鉴明不为追星逐月的书坛风云而动，而是清醒、理性地坚守自己，坚守风雨日月的自然，坚守诗书礼乐的深厚，坚守喜怒哀乐的真情，坚守不为名利的追求。他豪迈的军人气质，儒雅的文人性格，沉稳的务实作风，忘我的敬业精神以及高贵的书法品位，浓缩成他的艺术人生的最高价值——德艺双馨。

笔下生花摹盛世，墨端溢彩书华章。周鉴明站在时代的书案前，正

往事回眸

以"鉴传统书体，明挥写法度，纳文化古蕴，图笔墨新风"的艺术姿态和"举手不得，跃而可获"的拼搏精神，向着书法艺术的下一个高阶悠然前行。

顾焕金

周鉴明艺术简历

周鉴明，安徽无为人，1972年毕业于安徽省无为开城中学。曾投笔从戎，供职于海南省政府办公厅。参加全国全军及国际书法大赛数十次，多次获得一等奖或金牌奖，有《周鉴明书法集》等书法专著十余部。现兼任中国书法家协会会员、海南省书法家协会副秘书长、主席团成员、省文联委员、海南徽韵书画院院长、北京中联国兴书画院驻会副院长、徽韵艺术培训中心主任等职。其作品多次展览于中国美术馆、国家博物馆、军事博物馆以及日本、韩国、欧洲和东南亚诸国，并作为国礼赠送斯里兰卡总统拉贾帕克萨和缅甸总统登盛等外国元首和政要。先后在北京军事博物馆、海南省博物馆、安徽省博物馆三次成功举办个人书展，人民日报、解放军报、光明日报、新华社、中央人民广播电台等报刊媒体作了广泛深入的宣传。2014年6月其书法长卷《安徽赋》以30万元拍出。

一本增添佳话的作文簿

　　高中时的语文老师潘恒俊先生从省城回家乡，在他女儿家，我同他见面，讨论我们开城中学校史编写事宜。谈话间，潘老师高兴地拿出一个作文本，说是1975届宇正香同学的作文，下次见面，要当面交还她。学姐高我四届，我对她有所了解。她于1978年考入安徽师范大学政教系，大学毕业后，分配到无为中学任教，后随丈夫调入浙江大学。学姐一路"蝶变"，终于华丽转身，成为浙江大学教授。学姐是老师的"心头好"，也是我的榜样。一本作文，老师妥善保存了40多年，我惊叹老师的细心。这本作文引起我极大的兴趣，身为教师的我，知道这本作文的教育价值和史料价值。因为珍贵，我只匆匆翻阅一下，我怕损坏，怕丢失，不好意思贸然借阅。而后一连多日，我们一直处于忙碌之中。同外地归来的历届校友代表座谈，商讨校史编排体例，优秀教师、优秀学生评选标准，捐款事项，出版、发行事宜。我们回母校参观、怀旧。母校建于1959年，2019年被撤销，我们心情复杂，各自寻找属于自己的记忆。地方政府得知我们到访，热情接待，带领我们参观新农村建设，介绍家乡的巨大变化，我们心潮澎湃。然后我们又去外地看望优秀教师代表。但我心中丢不下学姐那本作文。我要趁老师归还前拿到那本作文。我体验到"雪夜闭门读禁书"的快乐。这本作文簿的规格为16开30页，内页为60开单胶纸，封面为80克书皮纸。粉红色封面，边角处已落色。"作文簿"三个行书大字居中、偏上。上为仿宋印刷体"无为县开城中学"，我亲爱的母校。下方依次为年级、姓名、座号、教师及对应的四行虚线，我奇怪学姐为何均没有填写。共有四篇作文，首尾两篇同题为《金秋时节》，其中第二篇为散页，是从别的本子上裁下来的，细心的学姐怕近视度数颇深的老师阅读不方便，特意在每页页底标上序号，8页4大张。另两篇分别题为《在防汛抢险的日子里》《人勤春早》。那时学生用的是钢笔，前两篇为淡黑色，后两篇为浅蓝色。学姐书法笔性很好，对郑养法老师的字模仿得很像，只是《人勤春早》一文去"郑体化"，钢板字痕迹很重，且标题出位，写在天头上。

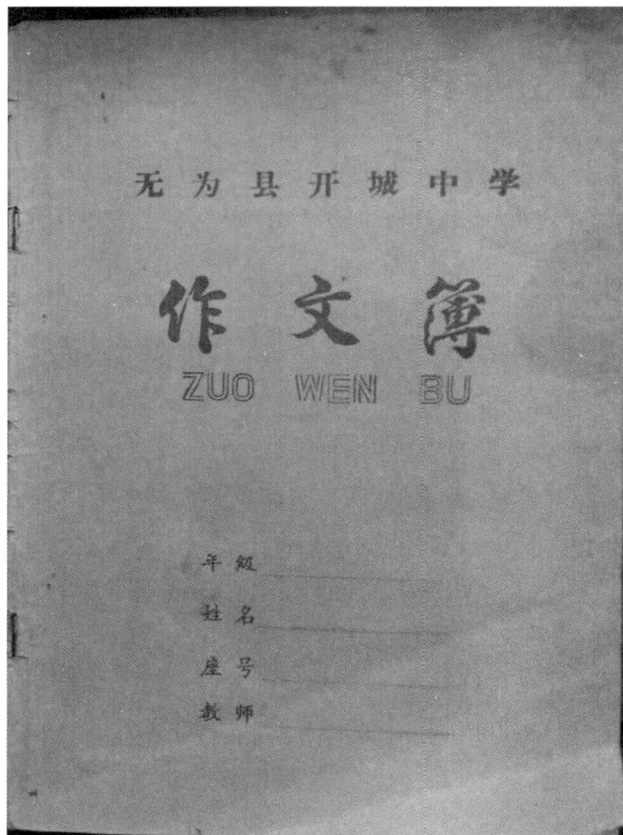

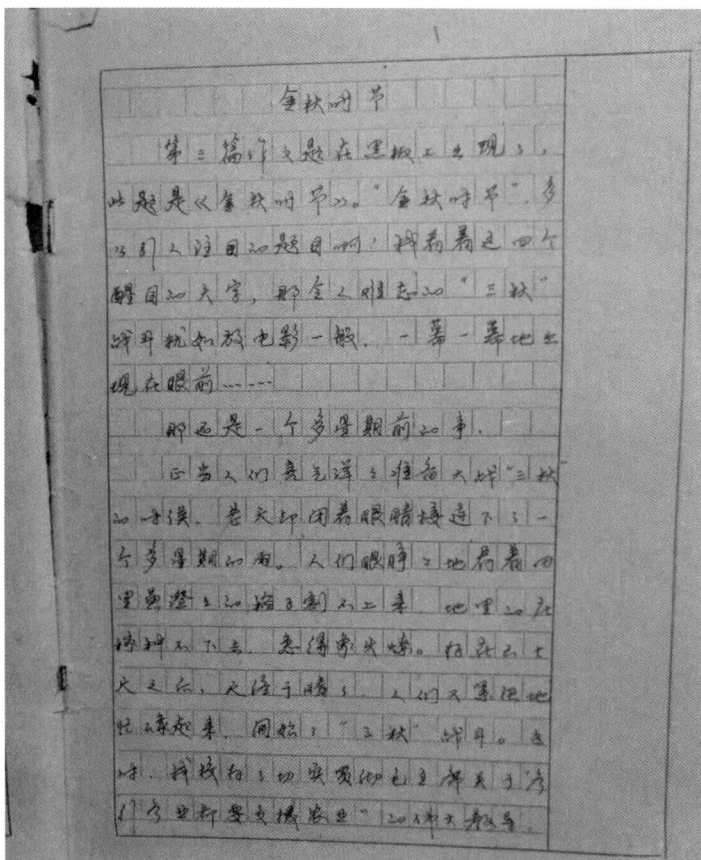

学姐的文章立意高，每一篇都充满了英雄主义、集体主义精神，每一篇都充满了劳动意识、责任意识、主人翁意识，还有榜样力量。学姐的文章构思巧，场面宏大，气氛紧张、热烈，情节曲折，描写"点面结合"。学姐的文章善于塑造典型人物，老队长张得福带病战斗，爸爸带病跳进洪水中，上海知青闯小英秧苗试验成功。学姐的文章注意描写景物、渲染气氛，布谷声声，雄鸡报晓，红旗飞舞，银锄闪闪，机器轰鸣，马达欢唱，更有清泉哗哗，书声琅琅。学姐的文章散发出浓浓的乡村气息、泥土气息。学姐的文章是经老师批改后重新誊写的，让我遗憾的是，我无法看到老师当年的批改情况。学姐的文章是一个时代的童话，也是一个时代的史诗。读学姐，也是读自己。感念潘老师为学姐保

存一段美好的青春记忆，感念潘老师为开城中学 60 年办学历史又增添一则佳话，感念潘老师可贵的教育情怀和使命意识，耄耋之年带领我们编写校史，让我们以学姐这本 1975 年的作文簿为鉴，让我们师生共同努力。

徐先挺

同学情

  2018年3月8日下午4时，平时极少用电话跟我联系的老父亲，突然给我打来电话。接通后，话筒里传来的先是老父亲急切而虚弱的喘息声，并夹杂着丝丝哀鸣之音，半天才断续地说出了几个字：你妈走了……其实从拿起手机看到家里的电话号码时，我已有了不祥的预感，但真的听到老父亲说出的噩耗，我还是如晴空霹雳，霎时失魂落魄，脑子一片空白。后面老父亲是否说了什么，我是否又说了什么，什么时候结束通话的，我全然不知，泪水模糊了我的双眼，手机在手中颤抖。

  此时的我远在千里之外的北京怀柔红螺山庄，参加国台办举办的培训班学习。稍微回过神，便想如何料理母亲的后事。老父亲年高体弱多病，哥哥数年前去世，弟弟一家在母亲去世前一天，去外省打工，我又不能及时赶到家，慈母停躯在床，何人穿戴入殓？按家乡习俗，三天后出殡，如何是好？我心急如焚。

  冥冥之中，潜意识里似乎有人指点，不由自主地拨通了同学班风顺的电话，这是我唯一能指望的求助电话。

  风顺侠肝义胆，乐于助人，同学有难事找他，总能得到他最真诚的帮助。接到我电话后，他急忙赶往我老家。就在赶路途中替我订购了火车票，安排另一个好同学丁仍江于第二天凌晨在南京接站，并伴我回无为。他到了我老家，连夜安排葬礼，亲自为老母亲穿戴入殓（每想至此，热泪奔流），通知有关同学前来吊唁。待我赶到家时，一切安排就绪，老母亲葬礼风风光光。

我的老母亲一生吃苦无数，尤其是前半生，数十年夙兴夜寐，节衣缩食，把我们拉扯成人，而今仙逝，竟未能送终尽孝，愧恨难当。唯一让我欣慰的是有如此多的我的好同学替我尽孝，使老人家享此哀荣。这是上天对她老人家的哀怜和眷顾吧。人间真情感人至深，我和家人对此，刻骨铭心，不知何以为报。

从母校开中毕业后，同学们为谋生计，各奔东西。我与风顺重新走动则在20多年后了。此时，风顺经历20年打拼，已是功成名就。随着往来增加，我才渐渐地对他这些年来的情况多了一些了解。原来他一路走来，也是崎岖坎坷，历经磨难。当年高中毕业后，高考失意，本想复读再考，因家贫无法如愿，为减轻家里的负担，只身上北京闯荡，一个不名一文，无亲无靠的穷小子，流入皇皇帝都，何其艰难！然而天道酬勤，他一边打工，一边学习，不久当上项目经理，成为房地产开发的成功人士。但他仍矢志进取，终于考上北京建筑工程学院，后又考入北京林业大学继续深造，毕业后分配至原林业部工作。一年多后，为筹款给其母治病又调入央企。此后人生旅途，正如其名，一帆风顺。

作为风顺的同学，我在赞赏他能力的同时，更钦佩他的人格人品。也许是过早地经受贫困生活的磨炼，也许是读书时担任班长工作的经验积累，抑或是天生就具备的一种潜质，在我印象中，他一直是兄长的风范。对同学极尽所能给予帮助和庇护，对老师恭敬有加，视若至亲尊长，做事负责尽职，尤其是他将同学父母视为自己的高堂。

风顺对我母亲的尽孝，只是他众多功德的一例，就我所知，吴松虎、丁中文、章金罗等同学母亲去世后，他都如同孝子，尽心尽力，不辞劳苦地操办后事。不论寒暑，彻夜守灵。同学家中遇有难事，他都尽己所能，或慷慨资助，或代为操办，或艰难斡旋。至于他的亲戚朋友受惠于他的，那就更不计其数了。

一个人成功一时并不难，但成功一世，没有优良的品格，从何谈起。古有名言"厚德载物"，我想应在风顺身上，甚是恰当。

学子优秀品质的养成，根植于早期的教育，我感恩母校开中！那是我们成长的摇篮，放飞梦想的沃土。母校的良好校风，恩师无计晨昏的耕耘，培育了一代代青年学子。造福桑梓，泽被后人。而我们对母校的拳拳之心，眷恋之情，不随时光流逝而稍减，我虽年近花甲，却历久弥坚。

同窗共读，结缘于母校开中，亲如兄弟姐妹，相伴终生。

伍开卯

胞兄童根和的成才之路

家境贫寒　寄予厚望

20世纪60年代，我们姐弟三人出生于两间破旧的茅房。家徒四壁，没有一件像样的家具，连一个正规的窗户也没有。为了通风降温，父亲在后墙上挖一个方洞，撑几根树棍算作窗棂，冬季防寒用个"草疙纠"堵上。自我记事起，母亲多病，不能外出挣工分，生活的重担全都压在父亲的肩上。姐姐只读完小学二年级就辍学，跟着父亲下田干活。尽管如此，我家总是"超支"户，也就是说，所挣工分换不回应分得的口粮，还得另外掏出钱来。家里常青黄不接时断粮，不得不借米度日。

家境虽然贫寒，但我家却是书香门第，曾祖父景林公是晚清太学生，经馆先生，名噪一时。然而，因祖父过早去世，父亲作为长子，不得不辍学务农，维持全家生计，过着"面朝黄土背朝天"的生活，这是父亲一生的痛。但他坚信知识能够改变命运，立志要把我们兄弟俩培养成才，对哥哥根和更是寄予厚望。

儒家思想，在我家根深蒂固。每逢春节，父亲自撰自写春联，记得有"礼乐从先进，诗书启后昆""屋小乾坤大，檐低日月高""耕读传家久，诗书继世长"等，并且向我们解释对联的意思，希望我们继承先祖的遗风，有一番作为。

少年时代，哥哥也是个爱玩的孩子。放学后，与小伙伴们一起游泳，捉知了，逮蜻蜓，放野火，看电影，玩得不亦乐乎。

初中时代哥哥开始懂事了，想着法子帮助父母。

在物资匮乏的年代，山芋是乡下人的美食。秋冬季节，放晚学后，他丢下书包，扛起锄头，钩着篮子，去一两里之外的祈雨山一带"倒山芋"。所谓的"倒山芋"，即再翻一次起过山芋的垄子，捡漏掉的小山芋，每每天黑才归来。母亲担心他的学习，规劝道："你已经是初三了，要好好学习，不能为倒山芋误了前程！"哥哥被感动了，立志学习。经过一个多学期的努力，终于考上了开城高中。20世纪80年代初，能考上开城高中，可谓凤毛麟角，令人羡慕。当年，宝山初中毕业生200多人参加考试，仅8人考上开中，其难度可想而知。

艰苦求学　名播开中

1981年9月初，父亲挑着破旧棉被和日用品，送16岁的哥哥去开中报名。当时的开中条件差，两人合睡一张床。后来杨老师告诉我："你哥哥读书时，棉被太破旧，同学都不愿意和他合床睡。"高中三年，吃的是自家的咸菜，偶尔在食堂买点蔬菜，一个星期只有两角钱生活费，有时还舍不得用，常常挨饿。几乎每个星期回家一趟，取一茶缸咸菜。穿的是唯一一件像样点、褪了色的蓝色中山装。往往是周六晚上洗好，周日下午穿着去上学。有时天气不好，只好穿着半干半湿的中山装出发。

哥哥在开中，最揪心的事情是高一下学期，被别人烫伤了脖子。那时大家都很饿，开饭时争先恐后，不知谁打翻了粥，意外烫伤哥哥的颈部。他忍着疼痛，走了10多里的路，回到家。母亲见了心疼不已，用邻居推荐的烫伤秘方，治疗一个多月，刚结痂，哥哥又回到开中。一个多月未上课，影响了哥哥的学习，也影响了哥哥第二年的高考，虽然成绩达到录取分数线，却没有被录取。不得已，1983年哥哥复读。这一年，是我家经济最困难的时期，甚至一连20多天全家未吃一滴猪油，父母举债供他读书，直到哥哥大学毕业后，工作了一段时间，才还清了债务。

"艰难困苦，玉汝于成。"越是艰苦的条件，越能激发人的斗志。他在开中，文科的各科成绩都非常优秀，特别是英语，在整个年级是遥遥领先。作文写得较好，常常得到老师的高度赞赏。我看过他的语文高考模拟试卷，老师用毛笔批阅，全班最高分。1984年高考，哥哥以501分的成绩，跻身于无为县文科前二十名，考上了上海华东师范大学法语系。可以说这是开中高考史上最好的成绩之一。当时的无为、襄安高中都是三年制，而开城中学还是两年制，他虽复读一年，也应该算是应届毕业生考上名牌大学。村上的老人夸赞说："将门出虎子！"成功的背后，当然离不开辛勤的园丁。那时的开中优秀教师云集，正是名师的栽培，学生才能如鱼得水。校长范先白高度评价哥哥：童根和，开中"学霸"。

展示锋芒　商海拼搏

开城中学不仅给了哥哥文化知识，更让他懂得了做人的道理，爸爸妈妈常常欣喜地说："高中三年，根和变得这样懂事，像换了个人似的！"

1984年秋，哥哥怀揣着华东师范大学的入学通知书，在父亲的陪伴下前往上海。在铜陵，遇到前往上海读同济大学的同乡，两人结伴而行。好在当时的华东师范大学，只收很少的学费，每月还有28元的伙食补贴，缓解了乡下贫困生的困难。哥哥一边读书，一边勤工俭学挣钱，减轻家庭压力。在学校期间，哥哥各门功课都非常优秀，还被同学们推选为班长。

大学即将毕业，校方要求哥哥留校任教，母亲不愿意他离家太远，最后回安徽，分配到了安徽茶叶公司。去合肥火车站接哥哥的单位工作人员贾鹏，见到帅气的哥哥，一时兴起，用法语与他交流，借以了解哥哥的法语口语和听力。他们从学校讲到家庭，再到未来的打算等，不知不觉聊了半个多小时，贾鹏不住地点头称赞。进入茶叶公司，诸多事务从头学起。很快，哥哥被送到江南茶校学习茶叶知识，到茶厂实习等，了解安徽名茶的特点，为后来的工作打下扎实的基础。20世纪80年代，国家开拓非洲市场。哥哥因精通英、法两种外语，多次参加广交会，和外商签订许多合同，为单位带来丰厚的利润。1991—1992年，作为安徽茶叶公司业务代表常驻北京中国茶叶进出口公司，和浙江、上海茶叶公司代表一起，共同负责对外茶叶贸易合同的签订，监督合同执行，为安徽茶叶出口争取到更多的订单；1993—1998年，中国土产畜产进出口总公司在塞内加尔设立三利公司，哥哥作为安徽茶叶公司代表常驻三利公司，主要推销安徽茶叶及其他轻工产品等。他先后驻北京、巴黎、达喀尔等地，为单位开拓市场争创外汇。他勤勤恳恳、扎实的工作作风，赢得领导和同事的赞许。

工作的同时，他不忘感恩。每次回来，总是给父母一些钱，改善生活，又买好吃的给父母补身体，然而，父母怕他浪费，常常责怪他。父亲常常腿痛，哥哥出差到北京，得知北京同仁堂药店有虎骨酒出售（那时候虎骨尚未禁用），开心不已。他一次买了两瓶，190多元，花了他一个半月的工资。虎骨酒是治关节病的良药，父亲喝着虎骨酒，心里美滋滋的，村里人羡慕不已，夸他养了个孝顺的好儿子。

童朝余

开城中学，一个让我圆梦的地方

我叫沈朝发，来自永安河畔一个偏僻的乡村。20世纪八九十年代，许多农村孩子读书的目的之一就是走出农村，初中毕业直接考中专、中师，"短、平、快"地谋一份工作，捧一个"铁饭碗"。但那谈何容易！这导致许多学生滞留在初三复读，我就是其中一员。在初三复读那年，我父母相继生病离世，我一下子就失去了生活和读书的经济来源。可祸不单行，教育局又出台政策，取消复读生参加中考的资格。那年暑假，失去双亲之痛，无处读书之苦，让我无所适从。八月份，我带着"想读书考出去"的梦想，来到了开城中学。

当时像我这类"三无学生"（无学籍，无中考成绩，无普通高中志愿）是不能被开城中学录取的。经人引荐，我找到当时开中教导处汪俊副主任，他把我带到了潘恒俊校长家中，向他递交了事先写好的一封信，表达我强烈的继续读书的愿望。按当时规定，我们"三无学生"上高中，需额外交300元扩招费。当时我父母双亡，依靠哥嫂生活，哪有钱交这笔高额费用。潘校长在了解我的情况后，如父亲般和蔼地对我说：你别急，我们学校欢迎每一个热爱读书的孩子，一定会让你有书读。那温暖的话语至今想起都让我泪涌。事后我才知道，潘校长派余先春老师去我读书的羊山初中和我们村调查了解我的情况，随后决定减免我的学费和300元扩招费，让身无分文的我有机会进入开城中学学习。可以说，没有当年潘校长的殷切关怀，就没有我沈朝发后来的学习机会。

高一年级我的班主任是任更生老师，任老师教学风趣生动，对学生关心备至。由于我学习刻苦，对我更是青睐有加。在任老师的关爱下，我努力学习，多次考出年级第一的好成绩。可好景不长，正当我踌躇满志，为自己的梦想发奋努力时，家里人却准备让我辍学。春节期间，我哥嫂看到村里和我同龄人都在外挣钱回来时，一致劝我放弃读书。我知道他们当时刚刚成家，经济很困难，根本无力供我读书，哪怕是最基本的生活费，更何况他们也没有义务供我读书，我也不忍心因为自己读书而给他们增加经济负担。万般无奈，我只得含泪放弃自己的梦想，春节后和村里人一道去天津收废品。还记得当时在天津，走在大街上，路过学校大门都不敢看，内心多么羡慕那些同龄人能坐在教室里，为自己的梦想而奋斗。我把自己痛苦的决定写信告诉任老师，潘校长和任老师得知我弃学外出打工情况后，多方打听，联系到我哥嫂，劝说他们无论如何要让我回来读书，"不能让一个爱读书的好苗子因一时困难而中断学业"（当时潘校长语），并明确表示，学校再解决我一些生活上困难。我被深深感动了，又回到开中。从第二学期开始，直到高中毕业，学校不但减免我所有学杂费，还每月给我30斤饭票，让我安心读书。就这样，在开中领导和老师的关爱下，我完成了三年高中学业。

在开城中学三年学习期间，我遇到了一个又一个好老师。高二文理分科时，任更生老师已不是我的班主任了，却把学校分给他的单身宿舍让给我住，自己搬回并不宽敞的自家老屋和家人挤在一起。高二时的班主任是程能法老师，程老师那丰富的学识、饱满的热情、乐观的心态，感染着他的每一个学生。他给我如父亲般无微不至的关心和照顾，鼓励着我一步步朝梦想迈进。开中给了我数不清的关爱和帮助，让我读完高中。1993年，我考入安徽师范大学。

学校领导和老师的关爱，让一个父母双亡的寒门子弟上了大学。开城中学，一个让我圆梦的地方！感恩这无私的大爱！也正是他们这无私

往事回眸

的关爱，让我深深体会到教师职业的崇高，我报考师范大学，选择当一名教师，立志把前辈们的这种大爱传承下去。我现在是一名中学老师，时刻鞭策自己：以我的师长为榜样，让我的每一个学生，也在关爱中成长！

沈朝发

心中难舍的纸鸢
——我与《投石》报的往事

时光流逝，岁月如歌。一转眼，我已离开母校三十余年了。我是1987年9月入学的，分在高一（2）班，班主任是物理老师喻诗文。喻老师是庐江人，说话略带乡音。记得开学两周后的一天晚自习，喻老师找我谈话，希望我担任班级团支部书记。他说，通过这些天的了解和观察，觉得我适合做班级团的工作。我欣然接受了。经过同学们的推选，汪平、孙华俊两位同学分别担任团支部组织委员和宣传委员。

团支部除了日常工作之外，怎样发挥先锋模范作用，特别是怎样做一些开拓性、创造性工作，是我当时思考的问题。20世纪80年代，喜欢文学，阅读文学作品，蔚然成风，许多青年怀揣梦想，想当作家，尤其是那些热爱诗歌的人，特别想成为伟大诗人。

开城羊山是著名诗人田间的故乡，我们对老诗人充满敬仰之情。诗人的故乡，文学青年甚多。那时，我与羊山乡文化站站长丁奉认识，我看过他写的诗，也在他家院子里看过他作画，他还送给我两本由他主编的油印诗刊《小草》。那些年，这种民间文学刊物不少，有的办得风生水起，很有影响力。

我心心念念地想办一份报纸。之所以想办报纸，是因为我喜欢新闻写作，敬佩一些大作家、名记者，觉得办报更能锻炼人，有助于提高自己的社会实践能力和创造能力。报纸既能为同学们提供一个文学创作园地，也可以刊登校内新闻，宣传校园新人、新事、新风尚。当我把这个想法告诉汪平、孙华俊时，真是不谋而合，他们也有此想法。有了他们的支持，我就去找班主任喻老师。喻老师同意我们的想法，很快他就向学校作了汇报，学校支持此事。

事情有了眉目，我们就着手去办。报名叫什么呢？潘恒俊校长学识渊博，睿智儒雅，为人亲切、谦和、宽厚，我想去请教他。

一天晚上，大约七点多钟，我与孙华俊同学来到学校操场旁那排简易的教工住宅区。他在潘校长家门口等我，我敲门进去了。开门的是潘校长的女儿、我们班的同学潘小芩。我把来意告诉了她，她让我等一下，就去书房把她爸叫出来了。潘校长也知道我的来意，略微想了一下，问我："叫'投石'怎么样？""投石问路！"我脱口而出，连连说好。见他那天很高兴，我借机请他题写报名。他没作推辞，提笔认认真真地写了三幅，让我们自己选择。墨汁干了，我从潘校长家出来，孙华俊便迎上来，我们小心翼翼地把题字拿到教室，正好汪平同学过来了，我们一起观赏、比较，最后选中一幅作为报头。

其时，我们组织了一些稿件，并且都已编好。诗歌、散文、小小说和民间故事、寓言、幽默笑话等都有，主要是学生写的，也有老师写的。我们班蒋士文同学还专门给小报创作了几幅篆刻作品。我们确定了报纸四开四版规格，刊期没有固定。我和汪平、孙华俊仨人进行了简单分工，大家共同策划主题、组稿、约稿、写稿、编稿、校稿，汪平写得一手漂亮的好字，负责版面设计和刻写钢板，孙华俊负责插图和油印，我负责统筹协调和处理日常事务，他俩出力甚多。大家干劲十足，做事干净利落，当年10月18日，创刊号面世！董学玉老师教会我们使用油印机，并给了我们一把文印室的钥匙，我们挑了最好的纸张，印了180多份。拿着散发着油墨清香的小报，我们像抱着一个新生婴儿似的，爱不释手，兴奋不已。第二天一上班，我们就把报纸送至学校领导和老师们的办公室，请他们多提宝贵意见；中午，我们就把报纸分发给各个班级，让大家分享我们的成果，给我们写稿。

1988年9月，学校学生会改选，我被推选为第十届学生会主席（一年后换届连任）。随后，学校团委改选，我和孙华俊、1991届丁学文同学被推选为委员。钟平老师担任团委书记，余先春、童晓宝二位老师分别担任宣传委员、少先队大队长兼辅导员，孙华俊为青年委员，组织委员章金罗老师负责联系学生会工作。

在学校政教处耿业定主任、周勇副主任的建议下，大约从第五期起，《投石》由我们班级团支部主办"升格"为学校学生会主办。学生会干部张冰、卢杨，团委委员丁学文和刘敏、汪安平、孙文斌、方来红、刘庆华、董俊、王海龙、谢林松、周元平、王良涛、谢峰、钱银锋等同学积极加入进来，加上原先的童天玉、卢新燕、潘小芩、吴成保、王开城、潘天鹏、章秀红等同学，编辑队伍一下子就壮大了许多。《投石》前几期虽然是由高一（2）班团支部主办，但班长汪洋、学习委员王海龙、体育委员黄根益、劳动委员万昌虎、生活委员王德平等班委会同学均给予了大力支持。

此后不久，我持学校介绍信，在无为县城一家刻字社刻了一枚椭圆形的投石文学社章。社章由我保管。团委、学生会都在政教处，编辑部、文学社名义上也设在政教处，实则与社章一样，都揣在我们的衣兜里。那时，学校条件简陋，提供不了编辑部、文学社的活动场地，我们能够理解。

一时间，同学们热情高涨，稿件纷至沓来。许多同学多才多艺，能写能画。潘校长与蒋克钊、童朝胜等校领导和程荷生、赵光轩、耿业定、周勇、赵同峰、钟平、章金罗、汪俊、徐先挺、焦晓澜、袁志好、喻诗文、方德球、赵健、董必如、童天海、张复常、崔叶盛等许多老师都对《投石》给予过指导，潘校长与周勇、徐先挺、焦晓澜、崔叶盛等老师给《投石》撰写过多篇文章，徐先挺、焦晓澜两位老师还给文学社做过诗歌、散文讲座。

截至1989年10月20日，《投石》一共出了10期。我们的小报渐渐地有了一些影响，无中、一中、二中、襄中和二坝、严桥、响山、石涧、仓头、凤河等地中学也有她的身影出现，校外也开始有少许来稿了。在第十期两周年纪念刊上，我写了一则按语，鼓励大家继续"投石

往事回眸

问路"，并且要更加努力地"问"下去。

此时，我和汪平、孙华俊都在跟随谢仕和老师学美术，每晚要练习素描或色彩三个多小时，有时中午还会出去画速写，临近高考，学业繁重，我们再也没有过多的时间和精力去领头办报了。第十一期印出后，我们就把办报的任务交给了学弟学妹们，张冰、卢杨、蒋文波、丁学文、刘敏、汪安平、孙文斌、丁卫华等同学勇敢地接下了接力棒。1990年3月，赵业胜（诗人孤城）同学与他们班同学自组、自写、自编，以刊物的样式、用学生会的名义出了一期增刊。据周勇老师介绍，我1990年7月毕业后，《投石》还在继续办着，中间一度中断，后又以刊物的样式复刊，前后出了五十多期，直至前几年才停办。真是出人意料，没想到这份小报的生命力竟然如此顽强。

我刚当班级团支书那会儿，学校团委书记是赵同峰老师，他是新闻写作方面的行家里手，我们熟悉后，他多次带我出去采访。记得1988年夏季，正值永安河防汛高峰期，赵老师带着我随区长卢劲松奔波在抗洪抢险第一线，我们接连写了两篇新闻报道均被县广播站采用。由于经常写些"豆腐块"被省内报刊和电台采用，县委宣传部、县广播站聘请我担任通讯员，并给我颁发了通讯员证。那时，我只是一名高中学生，由于阅历浅、接触面窄，只能写些短小的一般的社会新闻，但我并不满足，假期一有空就跑出去转悠，了解乡村和村镇集贸市场情况，总想写点鲜活、有点深度的报道。1989年下半年，我采写的反映无为陡沟、泥汊等地珍珠养殖户丰年歉收的《无为珍珠主产区珠囤价跌令人堪忧》一稿，《安徽日报》刊登了，这让我兴奋了好几天。

这段办报经历对我产生了重要影响，不仅使我的新闻业务水平得到了提升，更重要的是培养了我的组织与协调能力和团队意识，是我走上新闻工作的起点，也是我办报办刊生涯的肇始。

母校的培养，老师们的教育，同学们的真情陪伴，往事历历在目，特别是学校领导、老师当年给予《投石》的支持与指导，以及同学们的热情参与，令我终生难忘！行文至此，百感交集，我心里十分难过，不禁流下了眼泪，张复常、崔叶盛、董学玉、胡邦成四位老师和刘敏同学过早地离开了我们。

开中，承载着万千学子的青春梦想与眷恋，尘封了无数人的温暖情怀与记忆！

开中，是我心灵的家园和精神的栖息地，《投石》是我心中难舍的一只放飞的纸鸢！

永安河的河水依然川流不息，河西老街青石板上斑驳的石痕依旧记录着岁月的足迹。薪火相传，母校虽然不复存在，但开城千年古镇的文脉一定会永续下去！

焦　峰

往事回眸

开城中学，我永远的怀念

开城中学始建于 1959 年 6 月，2019 年是她诞生的 60 周年。她曾经是永安河畔一颗璀璨的明珠，也是开城人民的骄傲，为开城乃至全县的教育事业做出了很大的贡献。这里原来是一片黄土岗，到处是荒草、坟茔，是一代代开中师生用勤劳的双手，用 60 年不懈的努力，才建成今天这美丽的校园。创办当年，同学们用稚嫩的双肩，运回从附近的祠堂里拆下的大量木料和砖瓦，建起了简陋的校舍。从此，开城人民有了第一所中学。

60 年来，开中不断发展、变化，经过了几个华丽转身。1971 年，开中招收第一届高中生，1972 年首届高中生毕业（我爱人就是开中首届高中毕业生）。从此，学校正式进入完全中学的行列。1987 年，高中由两年制改为三年制，拥有二十几个教学班，高、初中学生两千多人。2006 年，为申报示范高中，学校初中部全部脱钩。经过全体师生的努力，学校赶上了申报示范高中的末班车，2009 年被评为市示范高中，学校进入全县强校之列。据县教育局教研室对全县招生情况的统计分析，20 世纪八九十年代，凡 500 分左右考入开中的考生，高考成绩都能达到本科分数线。

60 年来，开中培养了大批优秀的学生，向社会各个岗位输送了大量优秀人才，有的还成为名人。现在，他们工作在全国各地，有的还奋斗在大洋彼岸，异国他乡，进入高科技领域；不少人成了部队的优秀指挥员，师职以上的大有人在；有的成为各级领导干部。尤其在开城的教育界，许多教师都是开中毕业的学生，是开城教育的中坚力量。在较长的一段时间里，不少人自豪地称开城中学是开城师范。

60年来，开中的学校建设、校容校貌，也发生了极大的变化。原来学校的教室只有四栋平房，学生宿舍极其简陋，教职工住的是土墙草顶的简易房。学校四周虽有围墙，却不能封闭，永安村民来往都从学校经过，甚至连猪、狗、牛也经常光顾校园。当时，校外有钱的单位都盖起了高楼，如供销社、食品站、粮站，学校却因资金匮乏，盖楼只能先盖一层。当时开城有个歇后语：开中盖楼——一层。我记得校长潘恒俊在一首诗中感叹地写道："四面高楼连云起，堂堂学府叹无财。"现在，学校有了两座教学楼，一座办公楼，一座综合楼，电化教学，电脑办公；两幢学生公寓和可供千人同时就餐的食堂，教职工都住上了楼房。我在1981届学生聚会上曾写过一首诗："教育欣逢好时机，三十河东变河西，四面风光已不再，学府高楼连云起。"

就我个人而言，与开中也是休戚与共的。我与开中的渊源要追溯到20世纪60年代。1963年，正是全国人民开展"向雷锋同志学习"的时候，我从严桥乘船到开中参加小学升初中考试。考试过后，我浏览了一下学校，就在心里嘀咕：我将来要在这样一所学校读中学，真不敢想象。后来，我凭借一篇《向雷锋同志学习》的优秀作文，有幸考入了无为中学，我才长长地出了一口气。然而，1974年，我从安徽师范大学中文系毕业后，竟然鬼使神差地被分配到开城中学当教师，我真是十分不情愿。但当我到开中报到后，竟然一干就是40多年。是什么原因支撑了我呢？是开中的领导和同事们的关心，是开中那些可亲可爱的学生用真情挽留了我。我到开中时，还是"文革"期间，经常带学生下乡学农，从事社会调查，和他们吃在一起，住在一起，摸爬滚打在一起，建立了深厚的感情。记得1974年我带学生在沙口学农，每到吃饭时，同学们总是将好菜放在我的面前，在我的饭缸偷偷捺上许多饭，弄得我吃不下去求他们帮忙，他们才高兴。1975年，我带学生到襄安卞闸进行社会调查，了解日本鬼子在这里实行"三光政策"的罪行。我生病了，同学们跑到老远的地方请医生为我看病。我年轻时经常生病，同学们只要知道了，就赶快将我抬到医院，日夜轮流照应，让我享受特级护理的待遇。

多少年来，看着一届又一届的学生毕业离开学校，像雄鹰一样远走高飞，我就感到由衷的喜悦。而那些毕业飞走的学生，大多数节假日又飞回来看望我，真的让我感动，我舍得离开这样的学校，舍得离开这样的学生吗？

开中建校60年，我在这里工作、生活近40多年，占了建校时间的四分之三。我在这里度过了自己的青葱岁月，从一个普通教师，走上教育管理岗位，从稚嫩到成熟，从青年到老年，我见证了开中的发展，开中见证了我的成长，校荣我荣。我一辈子工作在一个单位，履历表上只用填上一栏：1974年7月至今：开城中学。40多年，我听熟了迎河寺的晨钟暮鼓，眼看永安河水滚滚流淌，耳畔听惯了学生那琅琅书声。也就是说，我把青春年华，人生的黄金时段都奉献给了开城中学，奉献给了开城人民。开城人民也给了我充实的精神生活，开城中学也给了我许多荣誉。

我曾在《教师节自吟》中写道：

讲台四十四秋春，青年已成古稀人；
灯影窗外和明月，夜风案前伴书声。
呕心浇灌艳桃李，沥血书写浴粉尘；
欣喜学生返校日，趋步齐呼老先生。

我和老伴在开中工作一辈子，退休后，我虽然在无为中央花园小区寓居，但我的儿子、儿媳仍在开中教书，我们一家人都和开中结下不解之缘。退休后，我虽然住在无城，却心系开中，时时刻刻关注着开中的发展变化。我和我的学生也有不解之缘，每一届学生都和我关系密切。多少年来，特别是我退休以后，同学们总喜欢到我这里来，师生交流、交心，回顾当年在校时的点点滴滴，温馨而又幸福。去年教师节，我曾动情地写了一首诗给我的学生。现冒昧地献给大家：

致我往昔的学生

同学们，

在我风华正茂的时候，

我们成为师生

那是你们汲取知识的开始，

也是我教学生涯的开篇，

那时我们的年龄差距很小，

教学相长，

互相提高；

在我人到中年的时候，

我们成为师生，

你们如饥似渴地学习，

我也在教学中总结经验，

互相磨合，

深入探讨；

在我年近花甲时，

我们成为师生，

我想探寻新路，

你们逼着我教学创新，

彼此升华，

共同前进。

人们都赞誉我：

桃李满天下，

我只想由衷地告诉大家：

我的学生很多很多，

我的朋友很多很多。
退休后短暂寂寞，
却不想再走旧径，
因为思绪的迟钝，
我不能误了学生；
虽然也有学校相请，
我却不愿应聘。
因为当我感到冷寂时，
有往日的学生登门，
在我双鬓添霜时，
有学生陪我谈心，
当我步履蹒跚时，
有学生前来慰问，
每逢四时八节，
热闹是我的门庭。
我倍觉欣慰自豪，
不枉有此一生。
我要感谢我的学生，
是你们让我活得精彩。
现在，如果让我重新选择。
我会毫不犹豫地选做先生，
如果人有来生，
我仍然要当园丁，
因为在我的心中，
放不进别的东西，
它只能装进学生。

近几年，生源锐减，学校招生遇到生源困难；一部分教师想进城，造成师资流失；全县教育布局的调整，学校离县城过近，学校的生存难上加难。即使在这样的困顿中，开中人仍然咬牙坚持。但是，正当学校准备庆祝建校60周年之际，却因为全县教育布局的调整，开中将要暂时退出历史舞台，这不能不让一代又一代开中人感到失落，遗憾。像我这样一生只在一个单位工作的老教师，临老退休了，却没有了自己的工作单位，像女人没有了娘家，这是何等尴尬。在这样一个特定的历史时期，我有千言万语要说，却又不知从何说起。

开中，他在极其艰难的年代诞生，具有顽强的生命力；

开中，他在改革开放中发展壮大，培养了一批又一批的优秀学生，创造了自己的辉煌；

开中，他在教育改革的大潮中暂时谢幕，我们期盼他如凤凰浴火般重生。

开城中学，开城人民不会忘记你，历届从这里毕业的学生不会忘记你，至今还生活、工作在全国各地的开中学子永远不会忘记你。

开城中学，你是我永远的怀念！

周　勇

难以释怀的"开中精神"

2019年是中华人民共和国成立70周年，也是开城中学建校60周年。我1974年从安徽师范大学中文系毕业分配到开城中学任教，至今在开城中学工作、生活了45年，已经是开中历史的四分之三了。45年，正是人生的精华，45年，我与开中结下了不解之缘。

在开中的这些年，我经历了许多事，结识了许多人，培养了许多学生。这些都是我终生难忘的。其中最让我难以释怀是"开中精神"。

第一，刻苦钻研的进取精神。

1974年，我刚分到开中，就面临着一个选择，是接替郑养法老师教高一的语文，还是在初中随便选一个年级。也许是初生牛犊不怕虎，我毫不犹豫地选择了教高中，这一教就是近40年，虽不是特别优秀，也不是什么名师，但得到了同学们的认可和同事们的赞许。原六店中学校长，后调到开中任副校长的李本茂曾戏说我是工农兵学员中的凤毛麟角。其实，这几十年的辛苦谁知道，我每天备课到深夜，批改作业有时通宵达旦。年轻时身体不太好，常常是抱病工作。令我感到欣慰的是，自己的努力得到了认可，先后担任过社会科学教研组（当时的自然科学教研组长是后来担任巢湖学院院长的季涛老师）、语文教研组组长，巢湖地区语文教学理事会理事，1998年还作为巢湖市唯一的代表，赴天津大港参加全国"语文课堂教学大奖赛暨高考研讨会"。1987年后，还走上了教学管理工作岗位。像我这样在教学上努力拼搏的人，在开中还大有人在。例如开中的阮方保老师，虽然是安徽师范大学外语系毕业，但由于他在高中时外语功底不是特别好，现在要教好高中英语，有一定难度，但他一直教得很好，为什么呢？这就是他勤奋好学、刻苦钻研的结果。我常常说阮老师是开中"勤能补拙"的典型。还有年轻的胡帮成老师，他是我的学生，1976年毕业于开城中学，没有到高等学校受过专门训练，就凭借潘立猷老师教给他的英语知识，留在本校教高中英语，而且受到同学们的欢迎，没有特别刻苦的精神，这是很难想象的。张复常老师是无中"老三届"高中生，原来在行政村担任会计，后来被借调到开中担任高中数学老师，按道理说这是困难重重的。但他的数学一直教得很好，他的教学方法、解题思路，深受学生欢迎。他的刻苦精神是常人难以想象的。由于我们学校是一所乡镇完中，顶尖的教师难分到，凭借现有的师资力量，要办好学校，难度可想而知。20世纪80年代末至90年代初，国家教育行政部门为提升各个学校的师资力量，举办专升本培训活动，开中从校长、主任到普通教师，人人参与，刻苦学习，最后90%以上都达到了本科学历。开城中学就是这样艰难前行，经过努力拼搏，师资力量提高了，教学质量也提高了。正是有了这样的教学团队，当时开中的教学质量在全县位次也是靠前的。据教育局统计，当时凡初中500分左右考入开中的，都上了本科高校。

第二，艰苦奋斗的拼搏精神。

开中的发展壮大，与开中人的艰苦奋斗精神是分不开的。当初，开中所在地是一个乱坟岗，第一代开中师生就肩扛手抬，用附近拆祠堂的旧材料，硬是凭勤劳的双手把一个初级中学建成了。虽有了简陋的校舍，但校内高低不平，一下雨，主干道都是烂泥、水坑，无法行走，学校就发动全体师生自力更生修路，并开展竞赛活动。老师和各班同学到处挖石头，抬黄沙，磨破了无数双手套，许多人手上磨出了血泡。当时我是高一甲班的语文老师，劳动委员陶玉宝带领我班全体同学利用一切课余时间修路，超额完成学校分给我们的修路任务，还为我们班争得了一面优胜红旗。当时的开城中学，地处荒岗，校内缺少水塘，给师生的生活带来不便，师生们就利用课余时间，一锹一锹地把学校西南角靠近公路的一块田挖成了水塘。

开中的老师，大多数家在农村，不少教师的家庭生活很困难，有些教师家属没有工作，除了教学，他们还要解决生计问题，少数教师家属在学校周边做点小生意，老师们也便利用教学之余，给家属帮帮忙。张复常老师家属卖学生饭，他就到粮站驼大糠，附近生产队大树砍伐后，他就去挖树根。他家当时生活困难到什么程度，开中的师生都知道，张复常为女儿到铜陵买户口，来回都是骑自行车。童晓宝老师、吴国瑞老师（后来担任过开中教导主任）家属卖早点，他们起早摸黑抽时间为家属做准备。伍先能老师（后来担任过开中教导主任）家属做豆腐，他常常深夜备课后指导家属进行操作。艰苦奋斗是开中的传统，认真教学、刻苦学习仍然是她的主旋律，这些老师从来没有因此影响教学工作，而且都是学校的优秀教师、把关教师、学科带头人，教学受到学生赞誉。有谁知道，工作时他们常常冒着严寒酷暑、披星戴月、深夜备课，甚至通宵达旦批改作业，把别人休息、娱乐的时间都利用起来了。

第三，团结友爱的和谐精神。

和谐相处是开中的传统，学校的校训就是"团结、奋进、求实、创新"。这种团结体现在教师和领导之间，师生之间，同事、同学之间。1974年，我刚刚分到开中，身体很差，常常生病，当时认为是胃病（后来经过检查是胆管结石），冬天特怕冷，一个刚走上工作岗位的青年教师，连一双皮鞋也买不起，对一个身体虚弱的人来说，确实冷冬难过。当时的革委会副主任（副校长）钱艺园，就把自己的一双翻毛皮鞋给我穿，让我艰难地度过冬天。"文革"期间，学校要经常带领学生走出校外，学工、学农，进行社会调查。1975、1976两年，我带学生到羊山沙口行政村，六店毛公的大伍、小马村学农，和学生吃在一起，睡在一起，劳动在一起，师生感情十分融洽。我记得那时每到吃饭时，同学们就用大饭缸给我盛饭，底下捺得板板的，让我怎么也吃不完，最后求他们帮忙，乐得他们哈哈大笑。1976年，我和部分同学去襄安下闸调查当年日本鬼子在那里实行"三光政策"的历史，同学们白天、晚上不停地找那些幸存者调查，认真地撰写调查报告。那一次很不巧，我一去就生病，他们既要进行调查，又要照顾我。记得我是同学们扶着去，抬着回来的，让同学们吃了不少苦头。刚到开中时，我经常生病，同学们总是用竹凉床把我往医院抬来抬去，并且日日夜夜在我房间里护理、守候，不少同学还开玩笑地说："我们周老师有高级护理。"我和同学们这种深厚的感情，一直保持到现在，40多年了，我们还当朋友来往（我和历届同学感情都很好）。有些同学经常对我说："从身份上说，你永远是我们的老师；从年龄和情感上说，我们把你当朋友和哥们。"

说到同学之间的互帮互爱，有一件感人的事在开中是有口皆碑的。20世纪90年代初，高中有个男生，因患小儿麻痹症，行动不便，上课、下课、上厕所，全班同学帮忙，有个叫孙献礼的同学，每天背着他上学、学习、吃饭，三年如一日，令人感动，《中国青年报》报道了他的事迹。

开中的同事之间也是亲密无间的，一家有事，全校帮忙，一家有喜事，同事们都道贺。青年教师下课迟了，节假日没地方去，只要吃不到饭，就到老教师家吃。我还没有成家时，就经常到老教师家蹭饭吃。当我也成了老教师时，青年教师也喜欢往我家跑。在我退下来之前，我的家就是青年教师的食堂，他们大多都在我家吃过饭，而且他们乐意来，我也乐意接待，彼此亲密无间，从无拘束。只要在开中工作过的同志，都会受到这种精神的感染。原来在开中工作过的俞佳培（后来是无为师范学校师训部主任）、丁晓岚夫妇调离开中后，就经常对我们说："我非常怀念开中的人际关系，这是在其他单位体会不到的。"

回想在开中的40多年，我深深感受到开中历届领导的勤政、亲民、奉公廉洁。开中多少年，一直风清气正，没有蝇营狗苟的坏风气。我从一个普通教师怎么走上行政干部的岗位，我自己也不知道。我是在潘恒俊同志当校长时提拔的，只是记得有一天中午，他要我填几份表送教育局，这时我才知道自己被提拔了。

2019年，开中走过60年，即将撤销建制，但也光荣地完成了她的历史使命。60年只是历史长河里的几朵浪花，但她也闪耀过耀眼的光芒。60年来，她先后培养了初、高中毕业生约90届，毕业生超过15000多人，为无为的教育事业做出了积极的贡献，为各条战线培养了大量人才，其中不乏精英人才。

这就是我与开中的情缘，这就是我难以释怀的"开中精神"。我为能为她贡献青春而骄傲，为自己曾经是开中一员而自豪。我真诚地希望，曾经在开中工作的同志永远记住开中，曾经在这里学习过的同学们永远记住：开城中学，我的母校！

周　勇

三位老校长返校记

1996年10月中旬，潘恒俊校长提议，请曾在开中工作过的三位老校长方式明、潘惠民、叶魁回校，一是向他们汇报开中近年来的发展情况，二是听取他们对今后的办学方向的指导意见，通过叙旧、参观，增进新老同志之间的友谊。

10月26日上午，无中吴师傅开车，送三位老校长回到学校，行政班子一行人，陪同三位老校长参观校园，了解学校这几年的巨大变化。随后举行了一个小型座谈会，参加会议的有范先白、蒋克钊、李本茂、童朝胜、章金罗、钟平、赵健、耿业定、赵光轩、周勇、伍先能、万士忠、卢劲松等。座谈会上，潘校长向三位老校长汇报了学校近几年的建设，以及教育、教学的发展情况，感谢他们在任期间对学校发展所作的贡献。三位老校长听了，十分振奋，作了热情洋溢的讲话，对学校的巨大变化，感到由衷的高兴，并给予充分肯定，同时对学校今后的发展方向提出中肯的建议。方校长当场赋诗，祝学校明天更美好。

当天下午，学校有关领导陪同三位老校长驱车游览了西九华风景区、周家大山国家森林公园和双泉古寺。一路上他们兴致勃勃地回顾过去，畅想未来。

三位老校长返校，新老同志叙旧畅谈，交流情感。开城中学没有忘记对学校作过贡献的老同志，而三位老校长对他们曾工作过的学校一往情深，并寄于美好的期望。

周　勇

往事回眸

我在开城中学的一段工作经历

1979 年 12 月，我通过无为县教育局的转正考试，成为一名公办教师。当时我年轻勤奋，工作认真，得到学校领导和老师的认可。组织上经过考察，任命我担任开城中学少先队大队辅导员。

担任辅导员以后，我深切地感受到：在自己的母校任教，得到师长的关怀，让我担任这个职务，是对我工作成绩的肯定，也是对我的鞭策。这更加激发了我的热情，决心更好地工作，在工作中做出成绩，不辜负学校领导和老师对我的信任。

我利用自身优势，向少先队工作内行的老师学习。认真组建开城中学少先队队伍，参与学校的各项文艺和体育活动，提高少先队员的积极性，扩大少先队的影响。我们还成立了少先队仪仗队，配齐了少先队队旗、指挥棒、大小洋鼓等。学校举办体育运动会、开展文艺汇演等大型活动，仪仗队入场，绕场一周，鼓号齐鸣，震天动地，激动人心。组织以小队为单位，划片建立校园卫生监督岗，清除校内卫生死角，劝阻缺少卫生习惯的人乱丢垃圾；开展向老人献爱心活动，帮助体弱多病的老人和残疾人做些力所能及的事；开展春游、烈士扫墓、诗歌朗诵、讲故事、歌咏、书画比赛等活动等。总之，学校的少先队工作开展得有声有色，为学校的教学和课外活动增添了色彩。

学校党组织经过几年考察，认为我少先队工作出色，有组织开展活动的能力，善于做青少年思想工作，成绩显著。1983 年 9 月，经学校提名，团县委批准，任命我担任开城中学团委书记。我在认真做好共青团工作的同时，紧密联系少先队工作，以团带队，丰富多彩。

1986年9月，共青团无为县委在全县开展评估活动，开城中学团委荣获安徽省教育厅、共青团安徽省委授予的"以团带队先进集体"光荣称号，我被通知去省城合肥，参加全省表彰大会。当时无为县还有一名优秀少先队员代表，是无为县杏花泉小学六年级的女学生，只记得这个学生姓陈。团县委领导告诉我：要带好这个学生参加会议，并负责照顾她的安全。

在合肥会议报到处，场面十分热烈，不仅有工作人员迎接，还有少先队员仪仗队，洋鼓、洋号齐响，我们热血沸腾。

表彰大会开幕式上，工作人员为我们披上红绶带，少先队员代表为我们献上鲜花，安徽省委、省政府领导到会作重要讲话，省教育厅和共青团安徽省委宣读表彰决定。

会议期间，工作人员告诉我们：上级有规定，不准发礼品。可是我们还是收到很多单位、教育部门、共青团系统赠送的各种书籍、文具等等。

会议还安排我们参观了合肥的名胜古迹，使我们了解到合肥历史悠久，山河美丽。特别令我们意想不到的是，安徽省民航部门安排我们乘坐小飞机。每次只能坐28个人，绕合肥城市飞行一周。20世纪80年代中期，不仅是我，很多与会者都是第一次坐飞机，大家非常兴奋，在空中俯瞰合肥市容，感受特别美妙。这对我们是最大的鼓舞，终生难忘。

参加表彰会后，我回到开城中学，带回一面大红锦旗，上面写着：奖给开城中学团委：以团带队先进集体。落款是安徽省教育厅、共青团安徽省委。学校领导很高兴，将这面奖旗悬挂在办公室的上方正中央。

1989年10月，我转口到政府部门工作。每次回开城中学，我都会去看看这面来之不易的锦旗。这是对我们工作成绩的肯定，也展示着开城中学曾经的辉煌。

往事回眸

赵同峰

请田间夫人作报告

"魂兮，归来！"

1985年8月30日，著名诗人田间逝世的时候，家乡人民向着北京深情地呼唤着。来自田间，回到田间。如今，诗人终于长眠在他深爱的故乡土地上——无为县羊山（属开城镇）东麓、童氏故居近旁。

1986年清明节，田间的夫人葛文、两个妹妹、侄女等，专程从北京来到羊山，为田间扫墓，也为偿诗人生前重返故里的夙愿。

得知这一消息，潘恒俊校长让我（时任学校团委书记）去羊山村，代表学校看望葛文，同时试探一下她能否来学校给师生作一次报告，介绍田间生平和他的诗。葛文爽快地答应了。消息很快在校内传开，大家都非常高兴。校长还把这事告诉了区委书记赵日亮和老校长范先白，他们都表示要来参加报告会。

4月8日上午8时，天下着蒙蒙雨，我和校长驱车去羊山接葛文。当时全区找不到一辆像样的小车，接葛文的旧吉普车还是向区委会借的。车到羊山头，远远就看见路旁站着一群人，我说："就是葛文她们。"原来，葛文等一行人，已经步行一里多路，站在雨中等我们了。望着他们头上落满细小的水珠，我们很感歉疚。葛文身子单薄，神形疲惫，又担心她作报告会很劳累，我心里有些不安。正想说几句抱歉的话，葛文笑着挥挥手说："上车吧，学生们在等着了吧？"她谦和、慈祥，一下就消除了我心中的拘谨。

64岁的葛文，看上去相当消瘦和虚弱，头发已经花白，然而那清癯的脸上，目光深邃而有神，显示出作家那特有的敏锐和洞察力。

攀谈中，葛文告诉我，她是河北人，15 岁参加革命，坐过敌人的监狱，挨过强盗的皮鞭。1941 年在华北联合大学文学系学习时与田间相识。田间作为新华社记者，曾在平山土案村的大树下，给大家讲报告文学的写作课。他平时怕和女同志讲话，常常未开口脸就先红了。但共同的理想和志趣，使他们的感情不断升华，1943 年他们俩结为连理。他们把青春和才华，献给了伟大的抗日战争和解放战争，从战争和人民中汲取了丰富的营养，捕捉到创作的灵感，带着战斗的业绩和创作的丰收，走进新中国。

报告会在开城镇大会堂举行，整个会场座无虚席。当潘校长陪着葛文出现在会场的时候，全场 800 多名师生，刷的一下全体起立，爆发出热烈掌声，经久不息。她慢慢地、一步一步向讲台走去，也牵动着师生们的视线慢慢向前移动。

葛文作报告前，潘校长简短致辞，介绍说：田间，原名童天鉴，就是我们区羊山村人。抗日战争期间，创造了大量的战斗诗篇，被著名学者闻一多先生誉为"时代的鼓手"。我们应当为家乡出了这样一位著名的诗人而骄傲！他还激情朗诵了田间的著名诗作《假使我们不去打仗》。看得出，校长的激情也感染了同学。

葛文操着标准的普通话，开始了她长达一个半小时的报告。她说话的声音不高，但很有磁性，能抓住听众的心。她详细地介绍了田间的生平事迹，他的创作道路和他的文艺观点。她说自己和田间，是在毛主席的《在延安文艺座谈会上的讲话》指引下，走向战场、走向农村的，用文艺作品激励战士英勇杀敌、鼓舞人民的斗志。田间把诗歌写在墙壁上、石岩上，甚至道路上，他是在写诗，也是在战斗。正是置身于火热的斗争，坚持为人民服务、为抗战服务的方向，田间才创作了那些有价值的诗篇，产生了那么大的影响。

葛文坚决表示：文艺为人民服务的方向永远不能变！她有些激动地说：文艺作品当然要题材广泛、风格多样，但内容必须健康，尤其是给青少年看的文艺作品更应该如此。一部作品谁也不愿看，谁也看不懂，那还有什么价值！

葛文十分动情地说：田间非常热爱自己的故乡，每每讲到故乡的人和事，总是一往情深。他生前多次打算回故乡探视，但因种种原因未能成行，他为此抱憾终生。后来，他得了重病，住在医院里，同是安徽人、老战友姚依林来看望他，他说到这件憾事时，两眼热泪盈眶。姚依林安慰他说："老童呀，等明年春暖花开，你的病也好了，我陪你回安徽去。"他欣慰地点点头。后来他自知病将不起时，嘱咐我说，一定要把他骨灰的一部分，葬到家乡的羊山上，他要叶落归根。如今他的遗愿实现了，无为县政府为他在羊山东麓建了墓，立了墓碑。长眠在生他养他的故乡土地上，他的在天之灵也安息了。

师生们听了她这饱含深情的诉说，都为之动容。

这次报告会开得很成功，葛文那声情并茂的话语，打动了每个听者的心。会场始终保持安静，连那些平时最调皮、在老师严厉注视下也不能安静坐45分钟的孩子，今天也听得很认真，全神贯注。

葛文走下讲台，一下子被师生围住了，他们一个个伸出手，想和她握一握。前面的人走了，后面的人又围上来。葛文索性停下来，满足每个人的愿望。很多人掏出心爱的笔记本，请她签名留念。在从大会堂到学校不过五百米的路上，她十几次停下来，站着为同学们签名。要求的人越来越多，我看她太累了，就和潘校长一道为她挡驾，说："这样下去，老人家受不了，回到学校再签吧！"葛文走进休息室，同学们跟了进来，室内挤满了人。实在满足不了所有人的要求，她便拿出田间的印章，请我们帮助盖，她自己仍然用笔签字。就这样双管齐下，忙了半个多小时，才把学生们打发走了。我也早早就准备了笔记本，但不好意思再提要求了。葛老看到我手中的笔记本，笑嘻嘻地说，最后把你的任务也完成吧。

闲下来之后，我们和田间的小妹妹童淑贞聊天。谈到葛文，她非常敬佩，说：嫂子是老八路，至今还保持着老八路的思想和传统。还像当年那样，对土地对人民有着深厚的感情。来到羊山之后，几乎天天都要走到田间的小路上，在油菜花和碧绿的麦苗间流连忘返；在一家家古朴的农家小院里，和大爷大妈亲切地拉家常，和他们在大草堆前合影留念，把那些头发蓬乱、满身泥土的孩子拉到身边，和他们逗乐。她满怀深情地说："羊山是个好地方啊！正是这样的土地，这样的人民，才培育了诗人田间。"

在生活上，葛文更是严格要求自己。她硬是退回了地方政府和乡亲们送给她的所有礼品和土特产，不肯到任何人家去做客，吃住在羊山小学，执意付给足够的伙食费。

中午吃饭的时间到了，我们留她们一行人在学校用餐，她不肯，说要到街上找风味小吃。我们陪他们走进开城桥边一家小饭馆，她高兴地说："多像当年武松进的那种路边饭店呀！"逗得大家都乐了。她点了四样菜：蓝花干子、千张卷、煮豆腐和板鸭，说："板鸭是为你们点的，我自己只吃素菜。"两桌15个人，只用了20元1角5分钱。饭快吃完的时候，潘校长示意我先去付了饭钱，葛文知道了，说什么也不依，坚决要把饭钱给我们，我们不肯收，田间妹妹劝我说："就依她吧！嫂子在这方面很倔。"潘校长接过葛文递过来的钱，激动地说："葛文同志，我接的是老八路的光荣传统啊！"

赵同峰

我的校长生涯

我于1983年任开城中学副校长，1984—1997年任校长，前后15个年头。其间，我尽自己的力量，干了一些事，也尝到了其中的酸甜苦辣。退休后，陆续写了一组回忆文章，这里辑录的是其中的一部分。

一、请张恺帆题写校名

1983年暑假，我被任命为开城中学副校长。开学之后，校长范先白被派到巢湖地委党校学习，学校工作暂由我主持。

当年的开城中学实在破旧得不成样子，而学校大门更是这破旧的标志。大门朝南，正对着无城至开城公路，破败的景象特别显眼。所谓大门其实就是四根方柱子，中间两根档距较大，宽约三米（两边各宽约一米），上端固定着两道弧形钢筋，上下钢筋之间，嵌着几块原来漆成白色的圆形铁片，一片一字写着校名。钢筋和铁片生满棕红色铁锈，斑驳陆离，字迹已模糊不清。四根门柱上原来糊着的水泥，早就脱落殆尽。由于雨水的长期冲刷，泥砌的砖块，有的已经松动，有的地方烂到柱子中间，随时有倒塌的危险。

校门扼守着学校的主干道，是学生上下学的必经之地。主干道原是炭渣石子路，因水土流失，门下路面形成一道道沟，深处一尺有余。校门两边是泥土垒筑的矮围墙，墙头盖着稻草挡雨，一冬一春之后墙头草稀疏零乱，淋淋挂挂，墙体开着裂缝，残缺不全，有几处被农民贴着牛屎粑粑。教育局一位姓邱的副局长半批评半戏谑地说："你们开城中学俨然是圆明园遗址。"

我虽然是暂时主持学校工作，但很想有所作为。我想干的第一件事，就是改变校门的面貌。征得范校长的同意之后，拆掉了旧校门，扒掉土围墙，在原址上建了一座牌坊式的新门，式样古朴，高大、雄壮、坚固、开阔。填平门下的沟壑，做了水泥地坪，新装了大铁门。两边围墙改用空心水泥砖砌筑，刷成粉白色，墙上用红漆写上大字标语，面貌焕然一新。

校门建好之后，谁来题写校名呢？我们首先想到本区先锋乡的丁以任（他后来是无为县著名的书法家），并请他的内侄、我校语文教师徐先挺向他提出要求。丁以任很热情，当即写好交给徐先挺带回。他的字写得很好，决定采用。

就在这期间，校友缪辉明从省城合肥市回乡探亲，并回母校来看望我。缪辉明是我校1974届高中毕业生，品学兼优，尤其是语文成绩特别好。毕业后，曾被留校当民办教师，教初中语文。恢复高考后，考取安徽大学中文系，毕业后分配到安徽省政协当秘书。此时省政协主席是无为人张恺帆，家乡人习惯称他为张恺老或恺老。闲谈中，我问辉明："你有机会见到恺老吗？"他说："能，经常送文件到他家，有时还把自己写的字拿去请他指教。"我忽然灵机一动，说："能不能请恺老为学校题写校名呢？""他年纪大了，现在不大给人写字了。不过，我试试看吧。"

不久，辉明从合肥打来电话，说："恺老已经为学校写好校名了，过几天我就带回来。"大家听了，喜出望外。

大家之所以高兴，不是因为恺老是高官，而是因为他的字好，人品更好，是无为人民心目中的包青天，有极崇高的声望。

恺老是有名的书法家，他的书法作品苍劲雄健，潇洒大气，独具一格，曾得到毛泽东主席的赞许，大江南北很多单位都请他题名，对他的墨宝都无比珍爱。

于是大家一致同意校门门楣上的校名改用恺老的题字。但是，我们当时疏忽了一件事，就是未能与丁以任先生沟通，未能把改用恺老的字的原因当面向他解释清楚，也未把他原先写的字退还给他，这肯定大大伤害了他的自尊心。几十年过去了，现在想起这件事，还心存歉意。

用恺老题写的校名有一个难题，就是他写的校名不准确。我校是完全中学，全名是"安徽省无为开城中学"，恺老写的是"无为县开城初级中学"，其中的"无为""开城""中学"六字可用，缺少"安徽省"三个字。请他补写，那是不可能的。怎么办？当时担任总务副主任的程荷生老师建议说："襄安中学的校名也是恺老不久前题写的，肯定有'安徽省'这三个字，我们不妨借来用。"我觉得这建议好，便和程荷生特地去了一趟襄安中学，果然借到了这三个字。

恺老题写的校名，写在一张长条状的厚道林纸上，每个字约十五厘米见方，跟一般家用菜碟差不多大，放到六米多高的门楣上，显然是太小了，必须放大。那时农村没有复印放大设备，只能用灯光投影的土办法放大。

这放大的任务是交给物理教师董学玉完成的。他先用一块块方形的薄玻璃蒙在原字上，毛笔蘸墨汁，用私塾蒙童描影的办法，一笔一笔，照葫芦画瓢，有一点差错，擦掉重来，一丝不苟，直到满意为止。

晚上，玻璃上的墨汁干了，开始投影放大。他先在粉墙上贴大白纸，再把描好字的玻璃固定在铁架子上，铁架子放在平台上可以随意移动，玻璃后面是电光源，将字影投射到贴在粉墙上的大白纸上，再慢慢移动铁架和光源的位置，使字体的大小符合要求。然后用铅笔沿投影的边缘慢慢描画，勾画成空心字后，用毛笔填实。放大一个字，往往需要几小时。

董老师就这样专心致志，一个字一个字地放大，一连干了几个晚上，终于完成任务。方法虽然很笨，但由于董老师的认真细心，一丝不苟，放大的字和原字形体几乎完全一样，形神兼备。

门楣上的校名终于做出来了，是用水泥砂浆堆出的凸形字，立体感很强，瓦工的技艺也很高超，完全保持了原字的风貌。门楣的底色为金黄色，九个大字为朱红色，在阳光照耀下，熠熠生辉。

恺老的墨宝，现在还完好地保存在开城中学的档案馆里，已成为镇馆之宝了。

二、面对教师荒

"文革"结束，学校教学工作走上正轨，特别是恢复高考之后，各校最头疼的是缺教师。尤其是农村中学，更是出现了教师荒。

这主要是因为"文革"中高校停止正规招生，师资培养脱节断层。虽然先后分来几批工农兵学员，但除少数外，大部分无法胜任中学教学，陆续调出或转岗。原有教师随年岁增长，自然减员，逐年变少。1969年，社会上刮起一股教师回原籍、"不拿工资拿工分"之风，各校教师纷纷被调出。无为中学这样一所历史悠久、教学质量全县最高的老牌学校，竟被撤销，校产被瓜分，教师下放全县各地。我校原有教师近30人，1969年任课教师只留4人，其余下放到本区所辖的几个公社，致使元气大伤。特别是自1971年开始，学校从原来的初中升格为完全中学，从6个教学班扩大到15个班之后，教师缺额之大，可想而知。本想将下放各公社教师抽调回来，但由于种种原因，很大一部分不能到位。

恢复高考后，优秀教师成了香饽饽，外地的、城里的、条件好的学校，通过各种办法从乡下挖人才，我校教师这样紧缺，也被挖走很多优秀教师。语文组原有两位语文教师郑养法、杨正方夫妇，都是华东师范大学中文系五年制毕业生，学养深厚，教学经验丰富，工作特别勤恳，教学质量非常高，深受学生的爱戴。郑养法先生还是著名的书法家，"当时跟郑老师学书法"一时成了学校的风气，很多同学因此而成大器。第一届高中毕业生周鉴明，现在是国内外很有影响的大书法家，中学阶段就是郑老师指导学习书法而得其真传的。郑老师夫妇本不想进城，并未提出调动申请，但是都被动员调走了。他们一走，语文组失去重心，学生学书法之风也就逐渐式微了。

1984年，我被任命为校长，其他中层干部也做了调整。原教导主任孙前来，一直是高中毕业班政治课的把关教师，调到陡沟中学任副校长；校长室秘书、高三唯一的化学教师章崇堂，调至本区宏林初中任校长。高三正常教学无法进行，我们急得像热锅上的蚂蚁。

政治课动员一名非毕业班授课老师担任，他勉强答应了。化学教研组虽有几名青年教师，但他们都刚从师范专科学校毕业，死活不愿接高三的课，也不好勉强他们。但开学在即，高三的化学课总得有人教呀，怎么办？

商量后决定到城里请临时代课教师，利用星期天集中授课。我到无为中学找到我的中学同学汪信汉，他有多年化学教学经验，水平很高。但他因妻子去世，三个孩子尚幼，又当爹又当妈，星期天有许多家务，不愿干。我们是老同学，相处也很好，经不住我软磨硬泡，只得答应了。回到学校，调整了课程表，把高三理科班正常的化学课停掉，星期天把学生留下来，上午集中到一个大教室里，由汪老师连上三节化学课，作业由本校教师批改，下午放半天假。同学们反映汪老师课讲得好，非常满意，我们也信心满满的。

当时班车不正常，车票不好买，为保证汪老师能按时到校，星期六下午学校派人去县城，买好第二天头班的汽车票，交到汪老师手上，自己在旅馆住一宿，星期天清早赶到他家，接他来校上课。一个星期六下午，蒋克钊副校长乘三轮车去无城，为汪老师买车票，车开到平安桥附近，三轮车右侧车轮突然飞出，车身猛的向右后方一倾，整车七八名乘客瞬间被从车厢里倒出来，老蒋被压在下面，幸好大家伤得都不重。老蒋只觉得身子右侧疼痛，也没在意，坚持走4公里到车站。买好车票，找好旅馆，脱裤子一看，右侧屁股上有一块碗口大的乌斑，老蒋哭笑不得。

还有一次，我到城里接汪老师，把车票交给他，便回姐姐家住宿。第二天一早，我来到汪老师家，他蛮有把握地说："我有一亲戚在车队工作，请他在西门口拦下班车，我们就在那里上车，不用跑那么远。"等他用过早餐，赶到车队一问，他那位亲戚因事外出了。指望不上，我俩像赛跑似的拼命向南门车站赶，足有一公里。到了南站，汽车已开始发动，我们急急忙忙爬上车，气都喘不过来，全身衣服被汗水湿透。

请外校教师临时代课，当然要给报酬，报销来往车费，还要招待吃午餐。学校没有教工食堂，便轮流到校长、主任家去吃，每顿饭学校补贴五元钱。说是便饭，实际上各家都办得很丰盛，把代课教师当贵客接待，因此每家都得赔钱。大家的事业心都很强，一心想把教学质量抓上去，没人计较赔钱的事。

高校恢复招生虽然已有六七年了，每年都有高校毕业生回乡工作，但大学本科以上的很少，即使有几位，也根本分不到乡下来。因受到各方面的干扰，教委也无法做到合理调配。学校每年都要上报进人计划，但往往都流于形式，想要的人要不到，不想要的人硬往里派。有一年教委分来一名体育教师，不在学校进人计划之内。当时全校15个教学班，已有3名体育教师，足够了。于是把他的介绍信退回教委，然而教委却又把他再分过来。交涉无果，只好接受，改干别的工作。又一年，教委分来一名美术教师，我找到教委分管人事的秦主任，说："我校初中只有6个班，每班每周一节课，全校共六节课（高中不开美术课），已经有两位美术教师了，再分美术教师来，我怎么安排他的课？"秦主任无可奈何地说："此前某县长已经找过我两次，都被我挡回去了。这是他提出的第三个要求，我再不能抹他的面子了。老潘呀，收下吧，就算帮我一个忙吧！"我还有什么话说呢。1992年，一位学生物的校友，毕业后回原籍，想回母校任教，我当然很欢迎。但教委以我校已有一位生物教师为由，拒绝他的要求。我推荐他到六洲中学，我知道那里缺生物教师，急需补充。他很高兴，带着我给六洲中学校长陈修廷写的推荐信去了那里。陈校长非常高兴，拍着他的肩膀说："欢迎，欢迎，我们正缺生物教师。这事由我来办，你回家等通知吧！"但结果却未能如愿，他最后分到一所乡村初中，学非所用，改教了别的课程。这一切说明，农村中学教师短缺问题长期得不到解决，与用人制度、人力资源得不到合理调配，有着极大的关系。

从进人渠道得不到高素质教师，我们便立足于自己培养。首先是鼓励教师在职进修，边教边学，教学相长。鼓励教师通过函授继续学习专业知识，提高学养。通过开展各种教研活动，帮助教师深入钻研教材，学习他人之长，总结积累教学经验。通过继续学习和岗位练兵，我校青年教师快速成长，一般教过两轮循环，就能成为独当一面的教师，甚至成为教学骨干。其次，选派、鼓励青年教师到高校脱产进修。在我任校长期间，前后有24名教师脱产进修，分别进入北京师范大学、上海师范学院、安徽师范大学、安徽省教师进修学院、巢湖学院等高校深造的，他们大多都取得了优异的成绩。但从培养本校教师的角度来考察，这是一个失败的举措。这24人学成后，只有章金罗、牛忠跃、胡帮成、林芳4人回校服务，其余20人，5人继续考研究生，成了大学教师，8人转口到了别的行业，7人回校工作了很短时间，就被重点中学挖走了。这令我们非常失望，非常沮丧。

教师有序流动，本是一件好事。但是大量抽调各农村中学教学骨干进城，甚至教育主管部门每年通过考试从乡下挖教师，充实重点中学教学力量，也就掏空了各个农村中学。据不完全统计，这几年来，从我校调入城内四所中学的优秀教师不下30人。大量优秀教师流失，使得学校始终形不成一支稳定的、各学科配套齐全、不乏学科带头人的教师队伍，这也成为办好学校的最大的制约因素，威胁着学校的发展和生存。

三、逐步改善师生生活条件

现在的青年学生，尤其是城里的孩子，无论如何也想象不到20世纪80年代以前贫困的农村地区中小学师生，是在怎样的艰苦条件下坚持教学和学习的。开城中学正是这样一所农村中学。

直到1983年，开城中学还没有一平方米水泥路面。学校所在的小土丘上的泥土很特别，晴天太阳一晒，硬得像骨头，雨天经水一泡，立即溶化，成为烂稀泥，黏性非常好。下雨天人人都得穿深筒胶靴，在校园内走一趟，两只靴子上要沾几斤重烂泥。主干道是条炭渣路，虽经雨水冲刷，坑坑洼洼，但下面有烂砖头、石子，还稍好点，通往饭厅、寝室、厕所的路，简直没法走。男生寝室与教室之间的路长不过十几米，却是名副其实的烂糊塘，没有深筒靴的同学，只得请同学背着进出。有的同学手里拿两块砖，交替垫着走过去。

学校的房舍，严格地说，全部（包括教室、办公室、食堂、师生住房）都是危房。教工宿舍中有23间泥墙草顶房。造房垒土墙时，工人就地取土，房子造好后，室内比室外的地坪至少低半尺。若遇大雨，水向屋里漫，室内成水池。土墙风干后，墙体开裂，大的裂缝内外通透，冬天寒风向屋内灌，夏季蚊蝇朝室内飞。教工为了防寒风和蚊蝇，只得用破衣裤、烂棉花或稻草裹稀泥堵墙缝。屋顶上的桁条和椽子，都是竹子的，受力就会弯曲，容易兜住雨雪，因此普遍漏雨。竹椽上面铺一层灰笆（用稻草先编成草帘，再抹上青灰和细泥做成），新的尚能隔风拦草，一旦漏雨，滴下的水都是黑的。时间久了，灰笆上生一种蛆虫，冷不防摔在床上、桌上，甚至饭菜碗里，叫人十分恶心。

草顶每年翻盖一次，都在秋天，用当年的新稻草，草上罩一层绳网，并封好屋檐，以防屋草被风吹走。稻草最容易腐烂，因此有的草屋当年冬天就漏雨，梅雨季节，没有一间不漏雨的，真是"雨脚如麻无干处"啊！

有一年，我住的老屋漏得特别厉害，比酱油的颜色还深的屋漏水，污染衣物很难洗掉。屋内地面上积了很多水，一家人只好都穿胶鞋，走路咕吱咕吱地响。为了弄干屋内积水，我在较低处挖一个小坑，坑周围开几条向四周辐射的小沟，用扫帚将积水扫到沟里，引到坑中，再用瓢舀到桶里，提到屋外倒掉。奶奶每天从锅膛里掏草木灰铺到地上吸水。

下雨天，教工们为了睡个安稳觉，都在帐顶上铺一块彩条塑料布，兜住雨水。一天夜里，孩子胡乱蹬脚，弄歪了支撑蚊帐的竹竿，彩条塑料布里的污水，哗啦一下泼下来，衣被全湿了，弄得我们哭笑不得。

1985年，我已经是校长了，一个星期天下着雨，我在椅背上绑一把大油布伞，罩着头顶和书桌，坐在桌前批改作文。这时，一个年轻教师，怒气冲冲地走过来，准备向我反映住房漏雨的事，看到眼前一幕，扭头就走了。

还有一次，张德根老师到我家来谈工作，屋里到处漏雨，找不到不漏的地方，没办法，我递给他一把伞，我自己打把伞，站着说话。

我们住房的地面，一年中有半年多是潮湿的，因此木质家具的腿，差不多都是朽的。这样的环境极宜白蚁生长。燥热的傍晚，常有无数的白蚁到处乱飞。1975年梅雨季节结束，一个星期天，天气晴好，我把受了潮的书搬出来晒，其中有一箱是我非常喜爱的中国古典名著。这天，当我打开纸箱时，见里面白花花一层白蚁在蠕动，我惊呆了。那些心爱的古书以及从小学到中学各年级得的奖状、"三好学生"证书、成绩单等，全部被白蚁吃掉了，我痛心不已。

20世纪80年代中期，我们请巢湖白蚁防治所派人来学校除蚁。防治专家们在古树下找到两个蚁穴，挖出两个大蚁窝，蚁后、蚁王及无数尚未长出翅膀的幼虫一锅端，轰动全镇，后巢湖电视台制作专题节目，连续播放。

我们的校舍建在乱坟岗上，下面还有为数不少的棺材未挖出来，那里面是蛇的安乐窝。每年的燥热的夏天，总有蛇从棺材洞里爬出来。从20世纪60年代中期到70年代初，我们差不多每年都要合力打死一两条赤斑斑的火练蛇。

我们的住房面积小、质量差。20世纪70年代中期，我全家五口人（夫妇二人，两个孩子及岳母），住一间半草屋，面积约20平方米，半间是卧室约8平方米，摆一张床和子女合睡，一张书桌和书架、两只衣箱，所剩空间很小，走路都要侧身走。外间约12平方米，奶奶一张床、一个烧柴草的锅灶、一个糠槽、一个碗橱、一张饭桌。漏雨的泥土墙极易倒塌。一个晴朗的上午，四五岁的儿子小鸿，靠在奶奶床上翻小画书。后被小伙伴陈翰洋邀出去玩耍。两人出门不久，奶奶床上方的墙突然倒了一个大窟窿，随着一声闷响，大块的泥土把蚊帐、床砸得稀烂。假若小鸿不被翰洋叫走，仍在床上，那后果我不敢往下想。

后来当上巢湖学院院长的季涛，曾是我校教师。他们是双职工，住房稍微大一点，全家六口（夫妻俩三个孩子加岳母）住三间泥墙草屋，面积不到40平方米。其中一间，门框上端的门臼烂了，他便在门框上钉一根铁钉，用细绳把门转榫系到铁钉上，凑合着使用，开门关门晃晃悠悠的。

这样的住房经不住暴雨的冲刷，更承受不了暴雪的重压。每当大雨大雪天气，我总是和总务主任赵光轩一起，带着工人陈基仁，一处一处查看。草屋周围排水不畅的便抽沟沥水，以防土墙倒塌。房顶的雪积厚了，老陈便用一个长柄篾耙把积雪耙下来，以防压塌屋顶。

夏天的日子更不好过。低矮的茅草屋，窗户又小，通风不畅，室内热得像蒸锅。那时，没有一家有电风扇，更别想空调了，唯一的办法就是用芭蕉扇。晚上热得不能进屋睡，都到室外空地上纳凉。傍晚时分，便在地上洒水降温，晚饭后，家家把竹床或竹床片（无腿，临时搭在板凳上）搬出来，一家占一块场地。洗过澡，大人们坐在床上，摇扇聊天，孩子们绕着竹床疯玩、打闹，有时唱歌，有时缠着大人要讲故事。我家隔壁的周勇老师，是故事大王，常用幽默的小故事，逗孩子们笑得前仰后合。孩子们好奇心强，听了一个，还要求讲第二个第三个。只要一停下来，他们就集体拍着小手唱："周老师哎，讲个故事哎！"一遍一遍唱，弄得周老师只好搜肠刮肚编故事哄他们。夜深了，孩子们都困了，一个个躺到竹床上，眨着眼睛数星星，慢慢在遐想中睡去。大人们坐在他们身旁，摇扇扇风赶蚊虫。

等孩子们都睡熟了，也凉爽些了，便把他们抱回屋里睡。室内还是很热，但孩子们睡性好，常见他们浑身是汗，人多长，篾簟上的汗迹就有多长，也照样睡得香。

安顿好孩子们，大人才能躺下来休息。外面有蚊子，猖狂叮咬，叫你无法入睡。不得已，用被单把身子严严地裹起来，就这样，一夜过来，脸上、四肢上会发现很多被叮咬的小红点。夏天露水大，在外面睡一夜，第二天便觉身上软绵绵的，打不起精神。

每年最热的那几天，我们干脆把床搬到外面铺好簟子、挂好蚊帐，还能睡个半夜安稳觉。但也有意外。记得有一次，后半夜突然下起大雨，雨点砸在地面上啪啪响，我们慌忙起来抱孩子回家，找不到放在床边的凉鞋，只好赤脚来回跑，等到把床撤回屋，蚊帐、单被、簟子全湿透了，一家人只好坐等天明。第二天，到处找不到凉鞋，肯定是狗狗叼走了。后来一社员在草堆旁发现一只，送还给我。那时塑料凉鞋还很稀罕，我恼了好久。最后把找到的那只送给生产队那个只有一只脚的残疾社员了。

1985年"五一"劳动节过后，天气渐热，我在一次教师会上宣布："今年夏天，给每个办公室装一台吊扇。"大家惊异地望着我，表示怀疑。我说："这是真的，买吊扇的钱已经装在赵主任的兜里了。"老师们这才相信，热烈地鼓起掌来。

其实，在那么艰苦条件下工作，大家也不觉得多苦，成天也乐呵呵的，这是因为从小到大就是这么过来的，苦日子过惯了。那时我们都有一个崇高的理想，就是跟着毛主席干革命，解放全人类，在全世界实现共产主义，吃点小苦算什么！大家兢兢业业，埋头苦干，不计较报酬，没有怨言，理想的力量多么巨大啊！

学生用房，同样破烂，而且房屋少不够用。

男生寝室只有一排平房，11间，每间6张双人床，住12人，共住100多人。但要求住宿舍的常年都在300人左右，大部分人花钱到学校周围租房住。宿舍虽是砖墙瓦顶，但水泥桁条、细竹椽子，存在极大的安全隐患。1987年秋天，一场大雨过后，其中一间寝室的屋顶，突然塌落，压断的水泥桁条和屋瓦砸烂两张双人床。这事幸好发生在白天上课时间，如果发生在学生熟睡的夜间，后果不堪设想。我们把这一情况向上级汇报了，县政府派人来视察，最后的意见是：男生寝室属危房，禁止继续使用。至于如何解决男生宿舍问题，只字未提，把难题完全交给学校解决。没办法，我们只有把教室里的课桌往前挪，在教室后面腾出一块地方，放三到五张双人床，供学生暂时栖身。

女生寝室只有四间屋，是原来的厨房改造的，前面有围墙，独门独院，也还清净，住宿的女生不多，基本够住。但它坐落在学校最西端，西山墙外便是一条通道，山墙是泥巴砌的空斗子墙，很容易被打通，社会上那些不三不四的人，有意在墙上打洞，晚上用电筒向室内照，或大声怪叫，吓得女同学哇哇叫。

作教室用的算是学校最好的房子了，但墙体也是泥巴砌的空斗子墙，学生上课坐的长板凳，有意无意一抵、一冲，墙砖就松动，或歪斜，或缩进空斗子里，墙上就会出现一个洞。节假日或星期天，工人陈基仁总要提着泥巴桶，一个教室一个教室地补洞。

教室的门窗，大多是松木的，容易腐朽，几乎没有一扇窗门是完好的。计划经济时代，木材和玻璃，都是计划供应的，没计划买不到，只有任它破烂下去。玻璃即使买到，烂窗门也没法装。一到深秋，天气渐冷，各班便用塑料薄膜蒙窗户，边缘处用篾片或薄木片作压条，用钉子固定到窗框上，以此来挡住外面的寒风。但薄膜很容易被捅破、划破，或被狂风吹破，真正到了冬天，几乎每个窗户都有破洞，雨雪、寒风向室内灌，教室里冷若寒窖。破塑料淋淋挂挂，一片破败景象。

当年校舍如此破烂，主要原因是政府投入不足。无为县是国家级贫困县，县财政是吃饭的财政，对教育投资很少。除了保证教师的工资，平时几乎没有任何拨款。学校一切开支，都得自筹。学校唯一的经济来源是每学期开学时向每个学生收取的几元、十几元学杂费，全校几百人，收的钱连维持正常运转都不够（我们每年年终都要借债，寅吃卯粮），哪有多余的钱来搞建设！

上述情况，到1985年以后，开始有所好转，因为资金来源有了新的渠道：一、教育费附加。全国教育工作会议上决定对农业开征教育费附加，以解决中小学办学经费不足的问题。我校高中面向全区（当时县下设区，区辖乡镇）八个乡镇招生，县政府规定每年从全区教育费附加中提取5%约4万元给我校（虽然很难落实）。二、复读费。恢复高考后，高校招生人数虽然逐年有所增加，但高中毕业生人数增长更快，因此升学率不高，每年都有大批高考落榜、希望明年再考的复读生。我校的高考升学率在农村中学算是不错的，每年都能招收几个班的复读生。复读生收费高于在校生，标准各校自定，这样一年能收2万元左右。

有了一定财力之后，我们便积极改造危房，改善师生住宿条件。首先，维修加固了男、女生寝室，使住校生有个安全的栖身之所，不再为他们的住宿安全而提心吊胆。其次，校内修了数百米水泥路，阴雨天，师生免受穿深筒胶靴、踩烂泥之苦。1986年，我们将学校对面的原操场改为教师宿舍区（教师戏称"小上海"），一次性解决20多户的住宿问题。同时，扒掉了全部土墙草顶住房，消除了最大的安全隐患。紧接着，我们在校门东侧征用一亩一分农田，沿街建起一座上下各十间的两层小楼，下层租给市民经商，上层供单身教师住宿。20世纪80年代末，又在校门西侧盖15间平房，供教工住宿。1994年，新的教学大楼建成交付使用后，将原来作教室的4栋平房中的3栋共36间，改造为教工宿舍，基本满足了教工的住房需求。这些住房，今天看来是极其简陋的，又无完善的配套设施，但当时教师要求不高，不再住通风漏雨的危房，而且较为宽敞、舒适，也就满意了。

在那个年代，教工生活上的事，学校都得管，而提供住房是其中最大的难题。不少学校因分房而吵闹、打架、抢房、上访，闹得学校领导无法工作。我任校长14年间，住房问题上从未出现过大的矛盾，教师的怨气不大，在农村中学中形象不错。现在回想起来主要有以下三个原因：一是学校领导层严格要求自己，不与教师争房。有了新的房源，先满足教师要求，自己的住房问题最后解决，教师还有什么话说。二是逐步解决，不让矛盾集中爆发。无论经济上多困难，每年都挤出一些钱来，或新建或维修加固已有的住房，安置最困难的教师，缩小矛盾面。三是公平、公正、公开。每次分房，不是由学校领导决定，而是把权力交给主要由教工组成的分房领导小组。首先制定分房方案。方案在广泛、充分讨论的基础上产生。根据教师方方面面的条件，量化打分（职称、教龄、学历、教学成果、家庭人口及现有住房条件等，逐项打分），累计之后，从高分到低分排出顺序，根据房源的数量依次解决。对于那些在教学和班主任工作中取得突出成绩，受到上级嘉奖者，额外加分，优先解决住房问题。各个人所得的分数公开计算，张榜公布，自己可以复核。所以分房结果，大家心服口服，没有怨言。根据量化打分来分房，客观上激发了教师努力学习、钻研教学、争创优秀教学成果的积极性，成为树正气、提高学校教育质量的动力。

饮用水直接关系人的健康，而且天天需要不可或缺。如何让师生喝到清洁的水，是摆在我校面前又一头疼的问题。学校坐落在开城镇东关外的土岗上，地势高，离水源地（永安河、小山河）都很远，镇上没有自来水，校内没有吃水塘。自1959年学校开办以来，师生一直饮用永安行政村的一口长方形水塘里的脏水。水塘面积六七百平方米，蓄水不过千吨，而且是不流动死水。平时社员在塘里放养鹅鸭、洗衣服，舀水浇菜地、洗粪桶。若久旱不雨，塘水得不到补充，越用越少，加之水草腐烂，水体就会变黑发臭。但这是我们唯一的饮用水源，再脏也得喝。

学校厨房里砌有一个大水池，中间隔开，分成大小两个槽，能储几十担水。有专门的挑水工，每天不停地挑水。大池注满后，加明矾使泥淖沉淀，待上层的水稍清后过到小槽里继续澄清，再把大槽底部黏稠的污泥带水，从排污口排出，然后继续注水。煮饭、烧汤、烧开水，要求用小池上部的清水，因为小池的下部沉渣还是很多。实际操作时，工人往往粗心大意。他们从小池提水时如果用力过猛，就会使底部的沉渣泛起，再等澄清已经等不及了，便用混合各种杂物的脏水煮粥、做饭，看着叫人恶心。

天气干旱，塘水渐少，眼看脏水也要枯竭的时候，学校便和永安村协商，在山河和水塘之间，开挖一条数百米长的临时沟渠，再用几盘农用水车，把小山河里的水引到塘里，供师生饮用。我曾几次参加这种车水劳动。

随着农药、化肥的大量使用，塘水水质越来越差，再也不能继续饮用了。被逼无奈，学校前后打过三口水井，但两次失败，第三口井打在学生食堂附近。因为地势高，地下水位低，井深达到33米，穿过含水沙层，水很清冽，水量也不小。出水那天，师生兴高采烈，欢呼雀跃，争相品饮。

井水很深，人工无法提取，学校便买了深水泵，再用水管接到水池、灶台，再不用人工挑水了。使用井水也有两个问题，一是每日的出水量有限，若不节约用水，合理分配，也会出现水荒。为此，学校规定，每日清晨，先由工人将水池灌满，保证学生食堂用水，再分配给教师。这样每天上午，教工每户都将一担水桶放到井边排队接水。正常情况下，能保证每户一担水。遇到干旱，出水量减少，排在后面的，不一定接到水，所以各户都起早排队，免得闹水荒。二是井水水质并不理想，经检测属硬水，含矿物质较多。煮沸后，便有白色粉末状物质析出，沉在水底。家用烧水壶、热水瓶胆内壁，都结着一层蛋壳状的水垢。脱落下来有分币那么厚。长期饮用，有害健康。为避免摄入过多矿物质，教师家庭煮饭、煲汤，都用煮沸过的水，而学生只能长期饮用硬水，这是没办法的。

直到1991年，饮水问题才算得以解决。这一年开城镇办起了自来水厂，学校出资3000元，参与筹建。自来水接到每家每户，用水方便了。但是，永安河水质不好，自来水厂设备落后，生产的自来水达不到国家规定的饮用水标准。教师开玩笑说："打开水龙头，放出小鱼来。"但那时，能喝到这样的自来水，也心满意足了。

一日三餐，烧火做饭，离不开燃料。20世纪六七十年代，教师家家厨房里都砌有如今只有在电影里才能看到的大锅灶，一般有两口铁锅，一只吊罐，靠锅洞门一边，砌着内藏烟囱通道的照壁，烟囱穿过屋顶伸出，烧饭时，炊烟袅袅，确是乡村一道温馨的风景。当时燃料一般是稻草、茅草、木柴和大糠（稻壳），多数人家选择大糠。烧糠要不停地鼓风助燃，所以锅灶边装有风箱。烧火时，烧锅人一手不停地抽送风箱拉杆，另一只手连续不断地抓大糠均匀地撒向锅膛，火苗一冲一冲地往上蹿。停止鼓风撒糠就熄火，所以炒菜必须两人合作。大糠体积大，家家都砌有糠槽储备。各家糠槽大小不一，一般容量三四立方米。大糠储久了，受潮会产生一种土鳖虫，俗称土鳖子，是一味中药。

大糠是计划外物资，不凭票供应，凭粮站站长的条子。怎样才能走后门弄到站长批条，这就要"八仙过海，各显其能"了。那时开城镇流传的顺口溜道："胡站长（文化站站长）人情咚咚哐（敲锣打鼓感谢帮助过文化站的人），汪站长（粮站副站长）人情批大糠。"批条弄到了，运输也不容易，镇上有专以帮人挑大糠为生的人。多数教师舍不得花人力钱，利用星期天自己挑。扒糠、装袋、挑运（约两里），运一槽糠耗费大半天时间。弄得满头满脸满身都是灰，甚至有人被呛得鼻孔出血。

民用无烟煤，是计划供应物资，只供应县城的市民和职工，乡村教师是享受不到的。我有一个姐姐一个妹妹在城里当教师，她们把每月节省的煤票送给我，但仍是不够，就想方设法找人。一次找到时任化肥厂党委书记，他批了1000斤无烟煤给我，我高兴得不得了。请了一个板车工，步行40里运到家，我已经累得不行了。妻子吴荣林却干了一夜，做成蜂窝煤块，累得直不起腰，第二天照样上班去了。改革开放后，小煤窑应运而生，开城镇也买到高价燃煤了。渐渐地，教师们淘汰了大锅灶，改烧小煤炉了。到了20世纪90年代，液化气灶和各种电器灶具走进千家万户，拉近了城乡差距，乡下人也过起了城里人的生活了。

四、建全县第一个实验中心

直到20世纪80年代末，无为县县城以下的10所完全中学，还没有一个正规的符合标准的教学实验室。别说学生的分组实验，就连老师的演示实验也大多没有条件做。学生幽默地说："黑板上测电流，嘴巴里制氧气。"

随着高考试题中理化生实验题占分比例的加大，实验教学的缺失已成为制约高考升学率的一个瓶颈。建立实验室，改善实验条件，加强实验教学，已成为教育主管部门、学校师生、学生家长及社会有识之士普遍关心的问题。大家都很着急，各地呼声很高。但实验室建设需要投入，不是学校想办就能办得到的。

为了弥补这个缺失，县教育局教研室购置了中学各科实验教学演示胶片和放映机，于高考前夕，轮流到各中学去放映。影片虽然把各个实验所需器材、实验步骤、要领和注意事项都说得很清楚，操作过程都很规范，但毕竟不能代替学生自己动手，而且一次演示那么多实验，学生一时也消化不了，高考还是吃亏，学生多有抱怨情绪。

1990年春，巢湖行署（当时无为县属巢湖行署管辖）教育委员会作出决定，在全区县城以下的完全中学建设实验中心，地方政府和学校共同筹资建实验用房，行署教仪站配备全套实验器材（包括生物标本、各种试剂和耗材），而且规定：哪个学校先建成实验室，验收合格，就先给哪个学校配发器材。

这一决定调动了各县的积极性。无为县政府决定，给每所完全中学拨款40000元，由学校在校内选址建房、购置实验桌凳和橱柜等，资金缺口，由学校自行解决。但县政府承诺的这40000元，不是由县财政支付，而是由学校所在的区公所解决。区财政也很困难，多数区不能落实到位，而40000元远远不够，学校又难以筹措配套资金。所以只听楼板响，不听人下楼，大多学校都在观望等待。

相比之下，开城区对我校还是很支持的，答应给30000元，其余要我们自筹。建实验室是师生渴望已久的好事，也是我接任校长以来一直想干而未办成的事，现在有了机会，当然不能放过。在学校领导层意见统一以后，我们说干就干，雷厉风行。

我们请人做了预算，6间平房、上下各8间的2层小楼（当年先建底层），造价约70000元，加上配套设施，总数不少于80000元。当时学校没有钱，决定借贷，并与桌凳、橱柜承包人商定，货款改作民间贷款，分期支付。同时，办公支出、来人招待都严格控制，能省就省，当年教师也几乎没发奖金，大家都能理解。

实验室于1990年4月破土动工，平房楼房同时开建，工期抓得很紧，到9月中旬，土建完成。平房与楼房平行，相隔约10米，两端用院墙连接，形成独立院落，便于管理。两端院墙上各开一个月洞门，装上铁栅门。门头上是书法家郑养法（曾为我校教师）题写的"实验中心"四个大字。院内栽花种草，清幽雅静，别有洞天。

六间平房为生、化实验室，其中三大间为分组实验室，另外三间为标本、实验器材储藏室；楼房底层为物理分组实验室、实验器材储藏室、实验准备室和实验员办公室。房屋落成之后，紧接着实验桌凳、橱柜也安装到位。一切按行署教仪站规定的标准办，生、化实验室安装了换气扇、水龙头和水槽，储藏室内砌了沙池，储藏危险化学药品，物理实验室电源接到实验桌。

与此同时，我们配齐了实验员，制定了实验室的各项规章制度，物理、化学、生物三个教研组，根据教学大纲拟定实验教学计划，并把具体时间安排制成表格，贴到墙上。学校实验室之所以称作实验中心，就是要求它对全区各乡初中开放。我们把全区八所初中的教导主任请来，共同拟定了开放计划。

9月底，一切准备工作就绪，请行署和县教委领导来校验收。两级负责人看过以后，非常满意，行署教仪站立即决定为我校配备全套实验器材，还额外赠送一台大彩电，要我们备车装运。10月初，县教委又通知我们，决定于10月19日，在我校召开全县实验中心网络化建设现场会，推广我们的经验，推动全县实验中心的建设进度，届时将有领导参加，要我们做好准备。大家都很兴奋，一边装运实验器材，登记造册、装橱，一边筹备现场会，忙得热火朝天。

现场会如期举行，会场就设在物理实验室。学校像过节一样热闹，彩旗招展，鲜花夹道，学校军乐队奏迎宾曲，迎接来宾。巢湖行署教委副主任倪进涵，分管教育的副县长李长春，县教委主任吴代坦、副主任胡开盛，开城区委书记汪为俊，全县 10 个区的教育办公室主任，各完全中学校长，本区各乡镇的教办室主任出席了现场会。

会议开始前，副县长李长春、区委书记汪为俊共同为实验中心落成剪彩，接着参观实验室和储藏室，实验员作简单讲解。会议由县教委副主任胡开盛主持，我在会上介绍我们对建设实验中心意义的认识、建设过程和体会。李长春副县长、倪进涵副主任、吴代坦主任分别讲了话，强调各完全中学及所在各区的领导，要认识到开展实验教学对提高教学质量的重要性，号召各校学习开城中学的经验，加快建设进度，要求各校今年内一定要起步，明年全面完成实验中心建设。

汪为俊书记发表了热情洋溢的讲话，赞扬我们克服困难、脚踏实地的苦干精神，并表示下一步将支持我校盖教学大楼。他的讲话赢得了热烈的掌声。兄弟单位代表发言，表示要学习我校经验，加快建设步伐，开城区各乡镇还给学校送了礼物。

县电视台派记者到会采访，全程录音录像，并在此后几天的新闻节目中连续播放，在全县产生了很好的影响，推动了乡村中学实验中心的建设，也提升了开城中学的声誉。

现在看来，当年的实验中心规模小档次低，微不足道，早被各校更好的实验设备取代了，但在当时，却是一件很有影响的大事。

五、教学楼兴建前后

在学校校舍普遍是低矮、破旧危房的时候，建一座高大、漂亮的教学大楼，和城市里的师生一样在宽敞、明亮的高楼里上课，是乡下学校多么奢侈的梦想啊！而我校的这一梦想，竟在 20 世纪 90 年代初成为现实。在当时，建一座教学大楼需四五十万元，这对乡村学校来说，简直是天文数字。筹款是极其困难的，因而建楼过程是艰难曲折的。

（一）

说实在话，当时农村中学校长，考虑最多的是如何消灭危房，确保师生的安全，至于筹措巨款建高楼大厦，连想都不敢想。敢想并付诸实施的，是时任无为县县长的徐业培。

1990年8月，县教育行政工作会议上，教委主任吴代坦宣布，在新学期里，给每所农村完全中学两万元，用于改善办学条件。我们都喜出望外，这是多年来第一次拨这么大款项给农村高中。会后，各校都将这两万元列入预算，派上了用场，多半学校不等拨款到账就借钱先花出去了。可是到了年终，县教委迟迟不兑现，说是县政府把钱扣下去了，教委无能为力，校长们急得不得了。汤沟中学校长焦国志，给部分校长写了一封信，相约到县政府去要求兑现教委的承诺。襄安中学校长谢咸敬、六洲中学校长叶再和、牛埠中学校长方光超，加上焦国志和我，如约聚在县城一家宾馆，商量如何去政府提要求，后公推叶再和先去向徐业培县长说明来意，再约定时间大家同去。叶很快回来说，徐县长很客气，邀请大家到他家吃午饭，边吃边聊。席间，徐县长说：全县非农业教育费附加，每年四十几万元，若像撒胡椒面一样，分给全县几百所学校，只够补墙洞，永远改变不了学校的面貌。因此政府决定把这笔钱集中起来使用，用5年左右时间，为农村10所高中，每校盖一座教学大楼。楼盖好了，原来的教室可以改作他用，学校的面貌一下就改变了。我们听了都很惊喜，不觉鼓起掌来。接着徐说：光有县政府的积极性是不够的，必须把区、乡的积极性也调动起来，我们把40万元分成两份，每年两所学校，各给20万。这只够建楼的一半，另一半要区、乡出。哪个区有积极性就先给哪个区，你们回去争取，做好区委书记和区长的工作，我在他们的会上也要讲。

徐县长的话使大家欢欣鼓舞，钱未要到，却都高高兴兴地回了家。

回到学校，我们按徐县长的思路，找到开城区委书记汪为俊，他非常高兴，说："这是大好事，我全力支持。不过数额这么巨大，筹措有

往事回眸

一定的困难，先要统一思想，还要做各乡镇的工作。你们放心，这工作我来做，也一定能做好。"此后，汪为俊分别做乡镇领导工作，特别要求那些曾在开城中学读过书、现为乡镇领导的更要积极主动。后来在全区筹教协调会上，羊山乡乡长王本正等校友，带头表态赞同，很快取得一致意见。1991年3月26日。开城区公所以〔91〕27号文件形式向无为县政府呈送《关于请求为开城中学建教学楼的报告》："……为彻底改善开城中学的办学条件，提高教学质量，区委、区公所研究，决定为开城中学，盖一座教学楼，计划教学楼三层共二十个教室，基建面积为1800平方米，总造价45万元。按县政府意见，我区承担一半，自筹22.5万元，请求县政府财政拨款22.5万元，并列入本年度建设计划。希及早拨款以便早日动工，尽快建成交付使用。"

据了解，同时报告的有石涧区等几家，能否拿到本年度计划指标，竞争相当激烈。我们找到副县长袁乃平（他是开城区人），请他为我校争取，袁副县长欣然应允。

5月11日，研究、落实本年度建设计划的县长常务会议召开时，我们坐在县政府办公室里等结果。会议中途，袁乃平副县长出来，我们迎上去问，袁高兴地说："通过了，你们学校列入本年度建楼计划。"7月1日，无为县人民政府办公室下达"政办〔1991〕087号"文件《关于同意石涧中学、开城中学兴建教学楼的批复》：

石涧、开城区公所：

你们报来要求兴建高中教学楼的报告悉。

经5月11日县长常务会议研究决定，同意石涧中学、开城中学兴建教学楼，资金规模均为40万元。其来源是，县财政分别拨给两校各20万元，石涧、开城区公所各自筹20万元，分1991、1992两年实施。1991年县财政分别拨给两校各10万元，两区各自筹10万元；1992年与1991年相同。请你们会同学校成立基建组织，着手工程设计，编制预算方案，早日动工。

这个批复也抄送给了学校，消息传开，师生都很振奋。建教学大楼的美梦就要实现了。

（二）

接到县政府的批复，我们便召开有关会议，讨论建楼的前期准备工作。主要是以下几个问题。

第一，选址。原教学区位置适中，但四排教室以外的空地很小，容不下一座楼，若拆除其中的两排，将近半数的学生无教室上课。教学区搞大规模建筑，噪音、扬尘对教学的干扰太大了，还存在安全隐患。而且原教学区的主干道又是村民的来往通道，无法封闭，楼建成后，教学还会继续受外界干扰。于是决定改变学校原来的布局，将教学楼建到实验中心后面，不但可以封闭，形成独立的教学区，而且学生做实验也很方便。

第二，教学楼规模。县教委一再提醒，只能尽锡打壶，量体裁衣，切莫贪大，否则，造成的资金缺口，教委无法解决。当时我校15个教学班，初中6个班，高中9个班，另外，高三尚有几个复读班，太小了，不够用。最后决定规模为3层18个教室，建筑面积为1800平方米，出现少量的资金缺口，学校自筹。

第三，把好质量关。教学楼乃百年大计，直接关系到师生的安全，必须确保建筑质量。主要建筑材料包括钢材、水泥、木材等，由学校负责采购。聘请建筑行家潘有为、赵光水两人担任顾问，关键时刻请他们把关。学校领导层明确分工，由我和副校长李本茂、总务主任赵光轩，专管教学楼工程，全权负责。

第四，确保资金到位。县政府的批复下达不久，县财政的10万元建楼专款已到学校账户，只要开工，即可动用。要落实的是开城区本年度自筹的这10万元。

但我们去区公所落实时却碰了钉子，建楼计划于是搁浅。紧接着，一场突如其来的大雨，给无为县带来了空前的水灾，农业大幅减产，教育费附加无法征收，更谈不上筹措教学楼的配套资金了。

（三）

建楼计划虽然暂时无法实施，但我们继续努力，为下一年地方筹资理顺关系。先找了对教育很关心的副区长汪前所，汪说：今年是不行了，但你们放心，区里的承诺一定会兑现的。

我又找了袁乃平副县长，他态度很坚决："自己给县政府送的报告，不兑现怎么行！今年大水灾不说了，明年我来做工作。老潘呀，别着急，会有转机的。"分管县长给我吃了定心丸，心里踏实多了。

转机真的来了。1992年2月，全县撤区并乡，行政区划和干部配备都有很大的变动。原开城区所辖8个乡镇，划为3个乡镇：赫店乡、宏林乡、苏塘乡合并设立赫店乡；羊山乡、先锋乡、西都乡合并设立开城镇；六店乡、尚礼乡（原属严桥区）、百胜乡（原属蜀山区）合并设立六店乡；原属开城区的宝山乡划归建国乡。原开城区党委书记汪为俊任开城镇书记，原区长卢劲松任赫店乡党委书记，六店乡党委书记则由原尚礼乡书记叶太应担任。开城中学为新设立的3个乡镇服务，建教学楼的配套资金由3个新乡镇筹措，阻力小多了。

但是，撤区并乡也带来新的问题：原来的建楼申请是由开城区公所报送的，县政府的批复也是下达给区公所的，现在的开城区不复存在，原来开城区的筹款任务改由新设立的3个乡镇来分担，县政府必须重新发文，或召开专门会议，作出明确规定，否则是很难落实的。3个乡镇中，开城镇因为汪为俊书记继续留任，是不会有问题的；六店乡新并过来的原尚礼乡、百胜乡，不在我校服务范围内，叶太应书记也不是原开城区干部，对筹款建楼的事毫不知情。使三个乡镇的意见统一，共同完成原开城区的筹款任务，这不是学校所能办到的。对此，我很忧虑。

1992年3月18日，我鼓起勇气，给已经升任县委书记的徐业培写信，说明了上述情况，请求政府出面协调。

不知是我的来信提醒，还是政府早有安排，1992年6月20日，副县长兼教委主任曹筱峰赴开城中学现场办公，主持召开了赫店、六店、开城三乡镇及开城中学负责人座谈会，共商筹集配套资金兴建开城中学教学楼一事。

与会同志经过认真讨论，达成共识，形成了《筹集兴建开城中学教学楼配套资金座谈会纪要》。主要内容如下：

一、执行 1991 年 5 月 11 日县长常务会议决定，于 1992 年动工兴建开城中学教学楼。建筑面积 1800 平方米左右，资金规模为 40 万元，分两年实施。

二、资金来源：根据政办〔1991〕087 号文件规定，县财政拨款 20 万元，1991 年已落实 10 万元，1992 年全部到位；其余 20 万元由赫店乡、六店乡、开城镇负责筹集。三方同意 1992、1993 两年每年从本乡（镇）教育费附加中动支 12%（包括每年给开城中学的 5% 在内），计约 10 万元，由县财政局从各自上缴的教育费附加中直接划拨到建设银行，与县财政拨款一同汇入开城中学建楼专用账号。

三、为保证教学楼建筑质量，协调各方面工作，成立"新建开城中学教学楼领导组"，领导组由下列成员组成。

组　　长：方继根

副组长：任玉华、钱扬宏、赵平荣、潘恒俊

成　　员：任玉华、万清华、万士忠、吕天来、丁仍铸、朱同和、王善法、谢继凡、董必年、李本茂、赵光轩

领导组负责教学楼选址、设计及预算方案，教学楼竣工后负责验收和决算。

领导组下设办公室，潘恒俊同志兼任办公室主任，李本茂、赵光轩两位同志任副主任，负责建楼具体事宜。办公室对领导组负责，并随时汇报工作。

各与会人员，将会上草签的会议纪要带回各自的乡镇，经领导同意后，加盖了政府公章，批准了这个纪要。1992 年 7 月 16 日，县政府办公室以〔1992〕105 号文件形式转发了这个纪要。还把为开城中学建教学

楼确定为地方政府要办的事，建楼领导组组长方继根是开城镇镇长，副组长任玉华、钱扬宏、赵平荣分别是三个乡镇的副乡长或副书记，成员中包括各乡镇的教育办公室主任及财政、税务、法庭、公安方面的负责人，学校在这个组领导下，具体负责教学楼的兴建，资金来源的渠道亦已明确，去年就到账的10万元，可作启动资金。一句话，一切条件具备，教学楼可择日开工了。

（四）

1992年11月18日，教学楼正式开工。

教学楼由县建筑设计室设计，设计师孙武，是我校校友。县二建公司施工，项目经理吴书豪。早在勘察地形土质时，我们就告诉设计人员：学校土质属膨胀土，其特点是晴天硬似骨，遇水烂稀稀，请他们在基础设计时，一定要注意到这一土壤特点。后来孙武设计时，梁柱都加大了保险系数，特别是地脚梁保险系数更大，底部很宽，截面呈梯形，扩大了正压面，加大了基础承重能力，因此更牢固。但施工难度增大了，工人在施工过程中，用粗话骂孙武。

挖地槽时，出现一处隐患。距地面约一米深处，出现一条南北走向的软土带，宽约3米，与大楼的墙基中部形成十字形交叉，而且越向下挖，土越软，呈黑色。再挖便大量涌水，像泉眼似的。专家告诫我们说，这处地脚不处理好，将来大楼会在这里断裂，成为危房。这引起我们高度重视，请来设计室地基方面的专家，并告诉他们，这里本来是有一条排水沟，后因阻碍交通填平了。专家们经过会商，决定在排水沟下游，挖一个深坑，把涌水引到坑里，用抽水机抽干。然后，扩大面积继续挖基槽，直挖到老黄土板，用大片石垫底，再浇注混凝土，填至与别处地基平齐，最后做整体地脚梁。事实证明，这一处理方法是正确的，楼建成20多年了，至今安然无恙。

为了保证建筑质量，在与建筑方签订合同时，我们坚持主要建材由学校采购。因为当时小钢厂、小水泥厂生产的伪劣建材充斥市场，价格便宜，由乙方采购我们不放心。但这却给我们带来很多麻烦。当时建材价格实行双规制，计划内的价格低，但政府批给我校的计划少，计划外的价格高，会增加工程造价。为了跑计划内建材，我和李茂本、赵光轩跑到淮南、合肥钢厂和铜陵市，利用人脉资源走后门。但计划内外物资价格差距大，各单位都考虑自身的经济效益，结果都无功而返。不得已，只好出高价买建材。其间，一些地方小厂上门推销建材，都被我们拒绝了。

施工过程中，我们对工程质量的要求是很严的，工程由县监理室监理，自聘了潘有为、赵光水两名建筑行家作顾问，关键节点请他们把关。平时施工则由学校派人监管。砂浆、混凝土的制作材料必须严格按规定的比例搭配。我们把大秤架到工地上，每种材料都必须过秤，毫不含糊。工人半牢骚、半开玩笑地说："我干过的工程大小十几处，没见过像你们这样'撒尿过笮篱'的。"

施工过程中，甲乙双方虽然不时产生些小的矛盾，但总的说来配合还是协调的，我们保证按进度拨付工程款，乙方严格按图纸施工，所以工程进度较快，质量也很好。到农历年年底，主体一层已经建好。

（五）

1993年开春之后，教学楼继续施工，工程进展顺利，截至五月底，西半部（楼长68米，分两段施工）3层已封顶，东半部2层墙体也已砌好，与之配套的东西院墙、自来水改道、填土、排水沟等亦已完工。但这时资金却遇到了很大的困难。开工以来，建材价格飞涨，其中钢材40吨，每吨涨1600元，超预算64000元；水泥350吨，每吨上涨110元，超预算38500元；木材40立方米，每立方涨400元，超预算16000元，仅这三大材就长了近12万元。学校预付工程款375600元，而1992年到账专款只有261637元，其中县财政180000元，三乡镇筹款81637元。（赫店、六店两乡欠交18053元）为了凑足这倒挂的11万元，学校东挪西借，向银行贷款，连食堂预售的饭菜票的钱都挪用了。到了当年的6

月，学校再也无资可投，只有被迫停工。

我们把资金困难情况向县政府报告，请求追加财政拨款150000元，弥补建材涨价带来资金缺口；请督促赫店、六店两乡补齐上年的尾欠，并落实1993年三乡镇筹资款，否则工程难以为继。

为落实第一次座谈会确定的目标，1993年7月22日，分管教育的副县长曹筱峰、县人大副主任袁乃平，再次来到开城中学，主持召开了第二次筹款协调会。出席会议的有六店乡党委副书记钱扬宏、开城镇副镇长周克华、赫店乡党委宣传委员姚继华，赫店、开城教办主任徐成长、万士忠以及开城中学的三位校长。

经过热烈讨论，形成第二个会议纪要。主要内容是：

一、这次协调会是1992年6月20日座谈会的继续，目的是进一步贯彻政办〔1992〕105号《关于转发〈筹集兴建开城中学教学楼配套资金座谈会纪要〉的通知》精神，落实工程配套资金，使开城中学教学楼如期建成。

二、通报了工程进度和资金筹集、使用情况。1992年到位资金261637元，其中县政府180000元，开城镇40770元，全部完成当年筹集任务，赫店乡到账21867元，欠交10977元，六店乡到账19000元，欠交7076元，工程累计投资375600元，实际倒挂113963元。

三、为保证教学楼本年内顺利竣工，三乡镇必须严格按照1993年教育费附加的12%足额上缴，其中开城镇51689元，赫店乡43821元，六店乡33152元，合计128662元。

会议指出，建设好开城中学教学楼，改善其办学条件，是关系到三乡镇子孙后代教育的大事。此项工程已经进入关键阶段，各有关乡镇要顾大局、识大体，努力做好配套资金筹集工作，以确保教学楼早日竣工。

7月28日，无为县人民政府办公室，以第18号文件形式，转发《关于筹集开城中学教学楼配套资金的第二次会议要》，会议精神得到县政府的确认。但在实际执行过程中，仍有不小的困难。截至1993年底，开城镇足额交齐当年的 51689 元，赫店乡只交了 11974 元，连同上年的尾欠，共欠交 31847 元，六店乡只交了 20000 元，连同上年尾欠，共欠交 13152 元。好在县政府不但补足了规定的 20 万元，又追加了 5 万元财政拨款。

我们顶着巨大的资金压力，坚持施工，到 1993 年冬，主体工程全部完工。1994 年春开始内外装修，完成配套工程：筑路、建厕所、安装路灯、绿化等。接着工程验收、审计，与乙方结清账务。时至 6 月，教学楼全面竣工，具备交付使用条件，我们长长地舒了一口气。

教学楼建在学校的最高处，而学校本身就坐落在一座土冈上，所以它虽然只有 3 层，但从远处看，显得特别高耸。登顶纵目，视野非常开阔，开城小镇尽收眼底。全长 68 米，建筑面积近 1800 平方米，3 层共 18 个教室，2 幅楼梯，8 个楼梯间，用作医务室、广播室、教师课间休息室和储藏室。经最后审计，工程总造价 635517 元，平均每平方米造价 353 元，这在当时也是很低的。

教学楼与实验中心，教师办公室及规划中的图书馆，构成完整的教学区，周围院墙环护，不再受外界干扰。楼前开阔，道路宽阔，花草树木繁茂，环境清幽，成了读书的好地方。

（六）

1994 年 8 月末，教学楼正式投入使用前，隆重举行了教学楼落成典礼，分管教育的副县长曹筱峰，县教委主任王惠舟，全县 13 所完全中学校长前来祝贺。赫店、六店、开城三乡镇主要负责人及教育办公室主任、建筑方代表，应邀参加。

会前先参观。大家一致认为：教学楼设计庄重简朴，内部结构合理，采光通风条件好，很适合于教学；教学区布局合理、紧凑、环境好。在参观过程中，赫店乡党委书记方继根对我说："赫店乡欠款的事就不要在会上说了，会后你派会计去，我一次付清给你们。"

会上，我汇报了建楼的艰难过程和资金的收支情况，对那些为此项工程作出贡献给予帮助的单位和个人，表示真诚的感谢。县领导和兄弟单位的代表，在讲话中充分肯定了学校的努力，热情赞扬了我们的艰苦创业精神。

新学期开学后，全校14个教学班，全部搬进新楼上课。师生们喜气洋洋，兴高采烈，但学校的主要负责人却在为欠下一大笔债务而发愁。

六、关于教师评职称

教师队伍实行职称制，启动于1987年。普通中学设高级教师、一级、二级、三级教师四个等级，其时尚未设特级教师，会计、校医、图书管理员、实验员，也评教师职称，后单列。教师职称的取得，要经过严格的评审程序。各个级别的职称，都定有学历、教龄等不同的任职条件。教师根据自己的情况，对照任职条件，提出参评某级别的个人申请，并提供评审材料，学校初评，县、地区复审，高级教师还要由省评审组最后审定。报各主管部门批准后，发证书确认任职资格。最后，县教委根据各校需要聘用，拿到聘任证书的老师，方可上岗执教。

学校拥有各类职称的教师人数多少，由县教委根据各校规模和教师现状来确定，一般不允许突破。我校最初定编为高级教师15人，一级教师27人，二、三级教师名额不限。高级、一级名额不一次用完，每年下达有限指标，评审晋升。1987年分配给我们的指标是高级教师1名，一级教师12名。

最初评审还是相当宽松的，只要参加县教委组织的教材教法考试并合格，就有资格申报各类职称，教龄在20年以上的免试。开始时，教师对职称评定意义的认识是很不够的，不知道有什么作用，少数人不当一回事，抱无所谓的态度。但是学校还是认真对待的，教龄低于20年的都动员参加考试。考题很简单，全都及格。学校成立考评组，凡考试及格的，全都申请，填写履历表，提供学历证书等资料。

经过评审，全校共评出：高级教师1名，一级教师10名，二级教师

36名，三级教师2名。上报后，过了两三个月，各级复审结果陆续下达到学校，全都批准了。1988年上半年，发放任职资格证书，新学年开学前下发聘任证书，教师持证上岗。不久，又将职称与工资挂钩，高级教师享受大学副教授待遇，工资与副县级持平，一级教师享受大学讲师待遇，工资与科局级持平，工资的上调幅度都很大，二、三级教师调整的幅度则很小，各级教师之间的工资额，一下拉开了很大的差距。

教师职称与经济利益直接挂钩，晋级意味着涨工资，一下提高了教师对职称评定的关注度，竞争空前激烈起来。年岁长的工龄长，教学效果好的获奖多，课程多的辛苦，负担重，高学历的有学历优势。而且随着时间的推移，符合晋升条件的人越来越多，而每年下达的晋级指标却很有限，僧多粥少，必然产生矛盾。以1993年为例，我校二级教师53人，48人符合晋升条件，而当年下达的晋升指标只有4个。在这种情况下，如何做好职评工作，通过职评调动大家的积极性，不伤害教师的感情，真正把好事做好，确实很难。

为搞好一年一度的职评工作，教育主管部门和学校，在总结经验基础上，想出了不少好的办法。

1.制定量化评价标准

量化评价标准由县职评领导组制定，满分100分，分4个大项、25个小项，涵盖方方面面。其中第一大项"教育教学工作"，占60分，包括12个小项，诸如学历、教龄、教学效果（所教学科在中考、高考中得分情况，学生在各级竞赛中获奖情况，备课和课堂教学评价，公开课或校际优质课评比中获奖情况，等等），每周的工作量，是否担任班主任或教研组长，帮助转变学困生，开展课外辅导等。第二大项"教学研究论文著作"占20分，包括6个小项，诸如有价值的教学经验总结，编写有分量的教学参考资料，在各类报刊或教研会上发表的教研论文，担任教研学会会员或理事，等等。第三大项"受表彰情况"占12分，包括3个小项，诸如受县、省、国家级表彰等。第四大项"其他"，占8分，包括4个小项，诸如出勤，兼职，帮助、指导青年教师等。

这个评价标准可操作性比较强，根据各要素所得总分排出前后顺序，有说服力，职称评议小组有了评判的依据，而教师本人也能清楚地看到自己的所长和不足，有了奋斗的方向，从而更努力地工作，创造更好的业绩。

2.先评优后职评

全体有职称的员工都得参加评优，这既为即将开始的职称评定作准备，也是对个人一学年来的工作做个总结。结果定三个等级，即优秀，称职和不称职。县教育局规定，优秀率只占15%。被评为优秀者，学校发给奖品或奖金，将来晋级人选，也在他们之中产生，被评为称职者，不得参加本年度晋级评审。这样，职评就减小了矛盾面，也大大减少了工作量。还以1993年为例，全校参评人数为71人，优秀名额为10.65，可评11人，其中高级教师3人，占0.45，调剂给其他等级，一级教师12人，占1.8，评2人，二级教师53人，占7.95，评8人，三级教师3人，占0.45，评1人。当年上级下达的指标是：高级2人，一级4人，二级1人。这样一来，一级升高级、三级升二级，已经毫无悬念，顺理成章了，矛盾集中在二级升一级，八取四，仍要淘汰一半，但矛盾面已经很小了。

当然，评优过程也很复杂，也有矛盾，但我们充分发扬民主精神，把指标分给教研组，由本组人推选。同组人彼此非常了解，所以评选结果都较公正，即使有人有不同意见，也只是对自己未进入优秀行列抱屈，对他人评为优秀却提不出什么异议。

3.公正、公开地评审

学校评审，是教师能否晋升的关键环节。学校上报的晋升对象，只要符合条件，材料完整翔实，又不超过下达的晋升指标，上一级复审一般都能通过，很少有例外。正因为如此，学校对每年的评审工作极端重视，严肃认真对待，竭力排除人为干扰，力求公平公正。

怎样才能实现预想的目的呢？

首先，组织全体教工学习评审文件，理解吃透文件精神，了解本年度上级下达的各级职称的晋升指标，要求大家自我对照，做到心中有数。

其次，把"量化评价标准"印发给大家，要求每个申请人按要求准备材料，尽可能地挖掘加分因素，详尽地写出申请报告。同时教导处整理由学校保存的申请人的教学档案资料，与本人提供的材料合在一起，分人装袋，作评审依据。

最后，公证评审。要做到公正，评审组成员的素质是关键，他们必须为人正派，秉公办事。评审组一般由 11～13 人组成，包括校长，分管教学的副校长、教导主任、教育处主任及各教研组教师代表，名单由两位校长拟定，事前保密，也不告知本人。

开始几年，评审在严格保密的情况下进行。评审当天，临时通知评审人员到校长室集中，也不说什么事，然后一车开到临时借用的外单位办公室或会议室，关起门来评审。无论何人，都不准对外通报信息，一次性评审结束，回到学校当即公布评审结果，不再有任何变更。

这样做我们自己认为，已经很公正了，但实际上，持异议的人却不少，他们怀疑暗箱操作，有倾向性，甚或有小动作。这让我们既委屈，也很苦恼。

后来，我们改变了方法，把秘密评审改为公开评审。评审就在本校某个教室里进行，教室内临时划分为两个区，评审人员在一头，被评审人坐在另一头，见证整个评审过程，但不得走进评审区，干扰评审工作。

评审程序和过去一样，第一步学习文件，熟悉评审规则，端正评审态度。强调评审工作的重要性和严肃性，要求评审人员不徇私情，不昧良心，对每个参评对象负责，不辜负学校和老师对我们的期望和重托，用好手中的权。第二步熟悉材料，对申请人和教导处提供的每一份材料都要仔仔细细地阅读，不漏掉一个加分点。第三步公正评分。每个评委对全体申请人逐人逐项打分，然后加权平均，得出结论，并当场公布。

这样公开透明的评审，没有任何暗示和操纵，客观公正，自然就消除了流言蜚语。纵使落评人心里不服气，甚至认为有失公平，但对评审过程也挑不出什么差错，他们清楚地看到，学校领导也只是评委中的普通一员，未对评审结果施加任何影响。

绝大部分老师对这次公开评审相当满意，都说："该晋级的评上了，名正言顺；还有许多优秀老师这次未评上，那是名额限制，是没办法的。"

七、校长负责制试点

1988年8月中旬，全县教育行政工作会议前夕，县教委主任吴代坦把我叫到县教委他的办公室里，告诉我说："教委决定在你校搞'校长负责制'试点。开学前，抓紧时间拿出实施方案，开学后便试行，有什么困难教委可以帮助你。"

此时，我对校长负责制一无所知，怎么个搞法，很茫然。我平时除了校长工作，还教一个高中毕业班的语文，已经很累了，不想再搞什么新花样。我知道那是费时费力，弄不好会招来责骂的事，便推辞说："我本来就是校长，负责学校的全盘工作，不已经是负责制了吗？"吴主任说："这你就不懂了。这是中央一项重要改革举措，就是全面试行党政分开。工厂，厂长负责制；医院，院长负责制；学校，校长负责制，等等。党委不再干预行政事务，只在大的方针、政策方面起领导作用。实行校长负责制，你就有了组阁、用人和资金的支配权，工作不更好干了吗？"吴主任这一说，我心里更没有底了："学校教职工一向都是捧着'铁饭碗'的，我能改变这一用人制度吗？"吴笑着说："一下子当然改变不了。有权也是不能滥用的，原来的班子不错，教师也很敬业，不一定要有很大的变动，但都要经由你重组和聘用。"我若有所悟。

但我还是不想接受这个任务，说："让城里规模大的学校试点，他们回旋余地大，不是更好吗？""别推辞了！像你们学校这样不大不小的规模，搞好了才有代表性。""那我回去试试吧。"无法改变教委的决定，只好接受，起身告辞。在送我出门的时候，吴主任拍着我的肩膀说："这是一个新事物，各地都在探索。好好干，搞出点名堂来，明年在全县推广你们的经验。"

回到学校，认真阅读从教委带回来的几份外地的经验材料，结合本校的情况，拟订了《开城中学校长负责制实施方案》，并上报教委。教委很快批准了这个方案，并列入了工作议程。在接着召开的教育行政工作会议上，正式宣布1988—1989学年度，教委在开城中学开展校长负责制试点的决定。会议期间，一些学校的领导，半玩笑半揶揄地说："老兄成了'点'了。恭喜！将来取得好经验，可别保守呵！"这更增加了我的压力。

既然接受了任务，我们还是认真地干起来了。开学之前，在贯彻县教育行政工作会议精神的全校教工大会上，传达了县教委在我校搞校长负责制试点的决定，重点讲述了学校的实施方案，听取大家的意见和建议。因为我知道，在学校搞改革，没有教工的支持是不能成功的。此后，虽有人就细节问题提出改进意见，却没有人持反对态度，这增强了我的信心。此后一年，我校主要做了三件事：

第一，校长组阁。

首先，提名副校长蒋克钊继续留任，当然这只是走程序。

其次，调整内设机构，增设教育处。过去，校长室下面设教导、总务两处，分别管理教学和后勤工作。学生的思想教育由谁管，责任不明确，校长室、教导处（包括班主任）、共青团组织都管。随着学校规模的扩大，随着独生子女、留守学生和所谓"双差生"占比的增加，同学中的心理、思想、纪律等问题也随之增多，多头管理，有时变得无人管理。成立教育处，专管这项工作，开展多项活动，使学校的思想教育工作呈现出生动活泼的新局面。

教育处通过班主任和各班班委会，了解学生的思想动态，及时帮助学生解决困难，解开思想疙瘩，调节同学之间的纠纷，避免酿成事故。当时学校经常受校外闲散人员滋扰，教育处便与开城派出所协商，成立治安联防小组：派出所干警来校巡逻，学校组织同学执勤护卫。针对学生法制观念淡薄，请县司法局的专家、开城法庭庭长来校作报告，在学生中开展"法在我心中"演讲比赛，请法官当评委，给优胜者发奖状，效果很好。组织学生参观本县大型水利工程凤凰颈排灌站，清明节祭扫烈士墓、著名诗人田间墓，开展郊游、爬山等活动，活跃身心，进行潜移默化的教育。因势利导，帮助学生办好《投石》报。在学生社长焦峰的努力下，《投石》报办得有声有色，吸引了很多读者和撰稿人，丰富了学生课余生活，开展校际交流，产生了很好的影响。

对在校外租房住宿学生的课外生活，过去几乎是管理盲区，而学生中的一些不文明行为，也常常发生在这里。有的房主不能提供桌椅、床铺等设施，学生便搬走学校的公物，毕业后丢给房东，造成校产的流失。有些同学晚上偷挖教工和农民种的蔬菜烧着吃，极少数人在出租屋内赌钱、喝酒、谈恋爱，造成不好的影响。教育处介入管理之后，有效地制止了乱象的发生。

第二，教工竞聘上岗。

20世纪80年代末，学校教师队伍的整体素质虽然还不够理想，但从数量上来看，已经不少，一些学科开始超过编制，出现人浮于事的现象。按编制规定的人数聘任上岗，也就意味着少数人要落聘，这对教工的触动还是不小的。

怎样才能做到公平、公正、择优聘用呢？我们采取三步走、实行双向选择的办法。第一步，所有教师都必须提出应聘申请，表明自己接受聘用，并希望教某年级、某学科的课，每周不超过多少节；第二步，校长室会同教导处和教育处，聘任各年级组长和各班班主任，由年级组长召集本年级的班主任，协商提出各科授课教师的建议名单；第三步，教导处提出调整建议，最后由校长室发聘书聘任。

双向选择的结果，使各年级教学力量合理搭配，实现了优化组合，有利于发挥团队的力量。基本遵照了本人的授课意愿，过去那种因分课而造成的矛盾也就不复存在。总务部门比着上述办法优化组合，小幅调整。绝大部分教工对竞聘上岗，没有反对意见。

全校有三人落聘，其中教师两人，食堂工人一名。落聘的一名物理教师，一名化学教师，学业水平都不错，为人也很好，但各有缺点。如何安置他们，成了难题。经与开城教育办公室协商，分别将他们调至六店乡和宝山乡。后来物理教师成了六店乡政府的一名行政干部，化学教师不愿离开，调整做了实验教师。落聘的食堂工人，安排做了司铃员。

在"铁饭碗"体制下，校长手中的权是有限的，落聘了还得安置。不过竞聘机制对教师还是有压力的，毕竟落聘不是一件光彩的事，这便促使他们更主动更积极地干好本职工作。

第三，根据业绩发放奖金。

学校是清水衙门，每年用于发放奖金的钱非常有限。但如何公平合理地发放却很有讲究，弄不好会挫伤大家的积极性，把好事办成坏事。实行校长负责制后，我们坚决摒弃过去那种平均分摊的办法，制定相关制度，使干多干少、干好干坏的收入拉开差距，鼓励大家做出优异成绩，勇于承担更多的任务。

（1）设立教学成果奖。

其中包括高考、中考、会考奖。教师所教学科，学生在上述考试中的成绩，超出同类学校平均分数线者获奖，位列前三名获重奖；个别学生成绩特别优异，位在前十名之内，任课教师也获奖。

由教育主管部门组织的竞赛，学生获奖，授课教师、辅导老师则由学校发给奖金。

教师在教学比赛、校际优质课评比中优胜者，学校发给奖金。

凡获奖励都记入本人教学档案，作为日后评选优秀教师、晋级、分房时优先或加分的条件。

（2）设立岗位津贴。

班主任津贴。班主任工作很辛苦，发津贴是应该的，上级有规定，各校也都发。我们的做法是将全校班主任津贴平分为两部分，第一个百分之五十为基数，但也不平均分，而是通过评比，给优秀班主任适当奖励,拉开差距;第二个百分之五十,除以全校学生总数得出一个系数,各班主任所得则根据本班人数乘以系数而定。细化体现了公平,大家不再有怨言。

年级组长、教研组长,都是学校的骨干教师,起着团结、带领大家完成教学任务的重要作用。他们每学期都要开展各种活动,平时事务也不少,学校也给他们发放岗位津贴。

(3)实行课时金制度。

把奖金改为课时金,教一节课给一节课的津贴,多教多得,按劳分配。各学科特点不同,备课难度和课后作业批改量差别很大。同是一节课,教语文、数学与教音乐、美术,付出的劳动是很不一样的,发一样多的津贴,显然不公平。后经过讨论,找到一个大家都接受的方案,即不同学科乘以不同的系数,如音、体、美三科系数为1,历史、地理、政治三科系数为1.2,物理、化学、生物三科为1.3,外语1.4,语文、数学两科为1.5。这样,教10节数学课,拿教音、体、美15节课的课时金,都觉得非常合理了。

经过一年的努力,校长负责制试点取得初步成果,县教研室来人帮助总结,后写成经验材料上报教委,得到充分肯定,写进年度工作报告中,并在全县推广我们的做法。此后,开城区教办、襄安区的一些学校,相继推行校长负责制的管理模式,都取得了新的经验。

校长负责制调动了全校教工的积极性,促进了学校面貌的改观、教学秩序的好转和教学质量的提高,得到广大学生家长和社会各界的好评,学校在社会上的形象越来越好,而我个人也收获了荣誉。1989年,我先是被评为县级优秀教师,获县政府晋级奖,提升一级工资,随后又被评为全国优秀教师,国家教委、国家人事部、全国教育工会联合颁发证书、奖章及500元奖金。对我个人来说,这算是名利双收了。

潘恒俊

师生名录

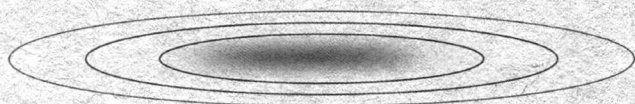

教工名录

历任校长、副校长

任别	姓名	职务	任职时间
第一任	戴勤功	副校长	1959年6月—1966年8月
第二任	方式明	副校长	1966年8月—1968年6月
		革委会主任	1968年6月—1970年12月
第三任	刘业敏	革委会主任	1971年1月—1973年1月
第四任	潘惠民	革委会主任	1973年1月—1974年8月
	钱艺园	革委会副主任	1973年3月—1974年10月
第五任	叶魁	革委会主任	1975年—1976年
	范先白	革委会副主任	1974年9月—1979年11月
第六任	范先白	校长	1979年11月—1984年8月
	潘恒俊	副校长	1983年9月—1984年8月
第七任	潘恒俊	校长	1984年9月—1997年4月
	蒋克钊	副校长	1984年9月—1997年4月
	李本茂	副校长	1989年9月—1993年8月
	童朝胜	副校长	1993年9月—1997年4月

师生名录

任别	姓名	职务	任职时间
第八任	蒋克钊	校长	1997年4月—1999年8月
	童朝胜	副校长	1997年4月—1999年8月
	章金罗	副校长	1997年4月—1999年8月
第九任	童朝胜	校长	1999年9月—2002年8月
	章金罗	副校长	1999年9月—2002年8月
	钟平	副校长	1999年9月—2002年8月
第十任	章金罗	校长	2002年9月—2019年8月
	钟平	副校长	2002年9月—2004年8月
		副校长	2008年9月—2019年8月
	赵健	副校长	2002年9月—2008年8月
	孙泉来	副校长	2004年9月—2008年8月
	钱春玉	副校长	2008年9月—2018年10月

历任党支部书记

姓名	职务	任职时间
戴勤功	党支部书记	1959年9月—1966年8月
方式明	党支部书记	1966年8月—1970年12月
刘业敏	党支部书记	1971年1月—1973年1月
潘惠民	党支部书记	1973年1月—1974年8月
范先白	党支部书记	1974年9月—1984年8月
潘恒俊	党支部书记	1984年9月—1997年4月
蒋克钊	党支部书记	1997年4月—1999年8月
童朝胜	党支部书记	1999年9月—2002年8月
章金罗	党支部书记	2002年9月—2019年8月

历任教导主任、副主任

姓名	职务	任职时间
骆家华	教导主任	1959年9月—1960年8月
徐国淮	教导主任	1960年9月—1962年8月
许秉中	教导主任	1962年9月—1964年8月
黄德业	教导主任	1964年9月—1968年8月
	教改组长	1968年9月—1969年1月
杭盛才	教改副组长	1968年9月—1972年3月
孙前来	教改组长	1971年2月—1979年11月
	教导主任	1979年11月—1984年8月
潘恒俊	教改副组长	1978年2月—1979年11月
	教导副主任	1979年11月—1983年8月
蒋克钊	教改副组长	1978年2月—1979年11月
	教导副主任	1979年11月—1984年8月
	教导主任（兼）	1984年9月—1986年8月
程荷生	教导主任	1986年9月—1993年8月
童朝胜	教导副主任	1984年9月—1988年6月
汪俊	教导副主任	1988年6月—1995年8月
伍先能	教导副主任	1995年7月—2003年8月
	教导主任	2003年9月—2011年8月
钟平	教导主任	1996年4月—1999年8月
周勇	教导主任	1999年9月—2003年8月
汪凯	教导副主任	2000年9月—2003年8月
吴国瑞	教导副主任	2004年9月—2013年8月
	教导主任	2013年9月—2019年8月

师生名录

姓名	职务	任职时间
徐圣云	教导副主任	2004年9月—2013年
周丹慧	教导副主任	2015年9月—2019年8月
袁宁军	教导副主任	2015年12月—2019年8月

历任总务主任、副主任

姓名	职务	任职时间
周久皋	总务主任	1959年6月—1961年7月
周连庭	总务主任	1961年7月—1962年8月
施应华	总务主任	1962年9月—1965年8月
叶松涛	总务主任	1965年9月—1969年12月
许世泽	后勤主任	1969年12月—1971年8月
骆家华	后勤主任	1971年9月—1973年8月
赵庭禄	后勤主任	1973年9月—1975年12月
盛达	后勤主任	1976年1月—1979年11月
盛达	总务主任	1979年11月—1980年8月
耿业定	总务主任	1980年9月—1984年8月
程荷生	总务副主任	1983年9月—1984年8月
程荷生	总务主任	1984年9月—1986年8月
赵光轩	总务副主任	1984年9月—1986年8月
赵光轩	总务主任	1986年9月—1996年8月
赵同峰	总务副主任	1987年9月—1989年10月
卢劲松	总务副主任	1992年9月—1999年8月
卢劲松	总务主任	1999年8月—2003年2月

姓名	职务	任职时间
钱春玉	总务副主任	1998年9月—2003年2月
	总务主任	2003年2月—2008年8月
童朝阳	总务副主任	2004年9月—2009年8月
	总务主任	2009年9月—2019年8月
王社林	总务副主任	2009年9月—2018年9月

其他中层干部

姓名	职务	任职时间
耿业定	政工组长	1971年2月—1976年8月
	校长室秘书	1976年9月—1980年8月
	校长室秘书	1984年9月—1988年8月
	政教处主任	1988年9月—1996年8月
章崇堂	(兼)校长室秘书	1980年9月—1984年8月
童朝胜	校长室秘书	1988年9月—1993年8月
周勇	政教处副主任	1988年9月—1997年8月
	校长室秘书	1997年9月—1999年8月
章金罗	校长室秘书	1993年9月—1997年4月
万士忠	政教、教导、总务副主任	1995年9月—2007年8月
赵健	校长室秘书	1999年—2002年
赵志田	校长室秘书	2003年—2008年
	办公室主任	2008年—2018年
汪凯	政教处主任	2003年—2007年
包晓兵	政教处副主任	2004年—2007年
	政教处主任	2007年—2018年

姓名	职务	任职时间
丁青松	政教处副主任	2008年—2019年
卢劲松	校长助理	2003年2月—2012年

历任共青团干部

姓名	职务	任职时间
凌名扬	团支部书记	1959年—1962年
钱艺园	团支部书记	1962年—1965年
周久珍	团支部书记	1965年—1970年
耿业定	（兼）团总支书记	1971年—1980年
张广林	团总支副书记	1973年—1975年
卢前林	团总支副书记	1976年—1982年
章崇堂	团委书记	1980年—1983年
赵同峰	团委书记	1983年—1987年
钟平	团委副书记	1983年—1988年
	团委书记	1988年—1996年
赵健	团委书记	1996年—1999年
赵志田	团委副书记	2000年—2003年
汪凯	（兼）团委书记	2003年—2005年
丁晓明	团委副书记	2005年—2007年
丁青松	团委副书记	2008年—2013年
	团委书记	2014年—2019年
黄汉林	团委副书记	2015年—2017年

各学科任课教师

语文教师

陈宗祝	周理毓	侯太学	陈三畏	孙学仁	徐慎修	赵本品
王辅耕	汪庭凤	潘恒俊	程啸宇	高 钧	杨正方	郑养法
童天星	任家森	钱之润	缪辉明	程希圣	周 勇	俞佳培
赵俊荣	钱荣生	何 俊	徐先挺	汪 俊	汪 清	张光荣
翟安妹	郑训平	陆桂荣	吴国瑞	刘传平	周德平	许忠根
陶春燕	万 师	赵晓燕	赵勤计	陈来福	李思常	王海兵
刘先进	胡昇秀	张陵祥	胡贤才	王戎轩	陈业荣	王社林
张 敏	童浩澜	曹昌富	马明婷	张 磊	谢同刚	张华东
倪芳芳	董必如	钱之俊	肖 勇	周桂英		

(61人)

数学老师

胡世荣	查贵书	程荷生	阮子昭	杭盛才	季 涛	蒋克钊
承大猷	童朝胜	孙才明	赵同峰	陈代凤	王启龙	丁家亮
张复常	周光剑	钟 平	刘先法	伍先能	童晓宝	周兆杰
赵同庆	胡金林	蒋士文	袁志好	陆先锋	丁以春	汪友爱
许小勇	钱玉炳	朱克银	任雪平	黄荣平	刘永罗	刘 平
胡晓芹	孙文超	谢柏林	陆承燕	胡 硕	张 勇	喻维山
王启贵	李天赐	郝 光	陈拥军			

(46人)

外语教师

潘立猷	骆家华	骆为民	孙业文	成廷章	阮方保	施小华
胡邦成	王世同	崔叶盛	刘仁萍	耿业红	童天山	倪福云
吴计芳	周复传	董彤云	赵红霞	孙才华	周云利	利 丽
刘明富	金 萍	林旭娟	汪 静	湛 云	何婧婧	蒋俊红

周 伟	王 丽	万翠云	任美启	郑 源	韦 静	万昌文
方千平	李向丽	李彬彬	朱德明	何凤林	周桂英	陶 涛
项 坤	丁静林	赵俊峰	李海燕			

（46人）

物理教师

鲍敦务	顾成华	杨尚水	陈雨岚	张清泽	余先春	喻诗文
程坤海	董学玉	牛忠跃	阮方平	赵前军	丁大银	袁宁军
郑海明	卢前林	童天龙	孙文超	邢 义	孔海波	王平军
童学峰	吴学平	王 翔	丁晓明	叶太兵		

（26人）

化学教师

唐芳德	刘国定	童天银	胡先明	章崇堂	吴克魁	赵汉卿
翟必华	高 康	徐圣云	程能法	童效平	钱扬义	张家凤
张德根	王成英	谢敏烨	赵志田	张显武	王金成	何 俊
卢贤能	赵平扣					

（23人）

生物（生理卫生）教师

翟跃华	余小武	董学模	沈启武	谢维富	孙致宏	张 敏
何 俊	汪童童	王昌法	卢 俊	谢发达	胡晋秀	张广林
孙泉来	钱扬义					

（16人）

政治教师

孙前来	耿业定	凌名扬	王瑞庭	王 伟	叶显慧	赵 健
童朝阳	陶常梅	张 超	朱丽丽	章振东	范广炎	黄汉林
王银兰	徐晓兵	张 俊	陶群山	任更生	李本茂	任克玉

（21人）

历史教师

汤恒泽	万长水	秦忠宏	陈基文	方德球	焦晓澜	任俊献

周丹慧　黄延胜　张春阳　孔令学　王银兰　叶素芬　董卫国
邢　义　魏运生　万　师　夏亚芳　汪　勇　汪　凯
（20人）

地理教师

潘国刚　吴国平　卢前荣　张传涛　章金罗　李　桦　钱冬冬
魏柏祥　丁冬梅　曹　明　刘　亮　丁春山　孙小兵　魏柏祥
缪玉玲
（15人）

信息技术教师

丁青松　钱加虎　张　娅　胡送送
（4人）

体育教师

时金成　张振凡　沈玉祥　刘善堂　卢劲松　钱春玉　包晓兵
骆方东　王石波　魏小秀　任克玉　王昌发
（12人）

音乐教师

周久珍　汤加旺　汪可秀　林　芳　程　浩
（5人）

美术教师

胡界平　谢仕和　汪　东　万迎春　陈恩尚
（5人）

各类非教学人员

姓名	职务	姓名	职务
余禹功	会计	钱宏秀	报刊分发员
张臣	会计	汪玉珍	图书管理员
高涤非	会计	凌先成	图书管理员
王成保	会计	蒋其芳	图书管理员
吴大义	会计	钱玉珍	图书管理员
谢策群	会计	张广林	校医
董必如	会计兼电工	胡晋秀	校医
程忠跃	会计	童天尧	学生食堂管理员
齐传年	会计	张光荣	学生食堂管理员
张信兰	会计	余能贵	食堂工人
焦涤非	教务员	庄明玉	食堂工人
丁晓岚	教务员	蒋生余	食堂工人
丁祖梅	教务员	戴恒龙	食堂工人
范茂华	打字员	仇厚余	食堂工人
蔡凤美	文印员	汪从寿	食堂工人
赵春花	文印员	侯家好	食堂工人
徐淑珍	司铃员	赵庭涛	食堂工人
李云	报刊分发员	李胜梅	食堂工人
钱杨林	食堂工人	李宛南	庶务员
崔秀芳	食堂工人	陈修应	实物保管员
费太喜	物资采购员	老宋	食堂工人
童忠全	食堂工人	老吕	食堂工人

姓名	职务	姓名	职务
赵佩珍	食堂工人	万炳怀	农场工人
丁传翠	食堂工人	谢继水	理发员
谢胜利	食堂工人	罗太昌	勤杂人员
丁传兰	食堂工人	陈基仁	勤杂人员
童忠全	食堂工人	李修玉	勤杂人员
老　宋	食堂工人	朱师傅	勤杂人员
曾祥敏	食堂工人	崔发春	教务员
赵　楼	食堂工人	王友龙	木工
朱善明	食堂会计	丁淑慧	报刊分发员
李士平	食堂会计	孔令兰	女生生活指导员
包元英	女生生活指导员	吴书平	图书管理员

师生名录

附录一：开城中学教师获奖情况

章金罗

1988年　被评为县级"优秀教师"。

1989年　所带班级高二文科班被评为巢湖地区"先进集体"。

1993年　被评为巢湖地区"优秀教师"。

1996年　被评为无为县"十佳青年"、巢湖地区"十佳青年"。

2001年　获巢湖地区地理学科优质课评比二等奖。

2004年　安徽省教育工会授予其"先进工会工作者"称号。

2007年　县政府授予其教学质量管理奖。

潘恒俊

1986年　因在1985—1986学年度高中毕业班语文学科教学中成绩显著，获教学成果一等奖。

1989年　被评为县级"优秀教师"，县政府奖励提升一级工资。同年，被评为全国"优秀教师"，国家教委、人事部和全国教育工会联合表彰，颁发证书、奖章和500元奖金。

钟　平

1990年　在"争先创优"活动中，被评为县级"优秀团干"。

2002年　因教育教学工作成绩突出，被评为县级优秀教育工作者。

2005年　获县政府"教学质量管理奖"。

钱春玉

1994年　所带高二（3）班获县级"先进集体"和县级"优秀团支部"称号。

2002年　被安徽省教育厅授予"先进个人"称号。

周　勇

1990年　被县政府评为"先进科技工作者"。

1999年　代表巢湖市参加在天津召开的全国直辖市省会城市青年语文教师课堂教学大赛及专家评课活动，并撰写专题汇报材料，发至全县各完全中学。

2002年　《风雨含悲人含情》获"佳作奖"，后由中国文联出版社结集出版，中国散文学会颁发荣誉证书。

伍先能

1987年　获无为县教育局"记功"奖。

1988年　获无为县教委"授予奖金"奖。

1996年　被评为巢湖地区"优秀教师"。

1998年　获安徽省五一劳动奖章。

陈恩尚

2008年　获安徽省教育学会主办的安徽省第二届中小学幼儿园师生绘画大赛教师组书法三等奖，辅导学生赵阳获中学组书法一等奖。

周丹慧

2011年　所任班级获无为县"先进班集体"称号。

2014年　获无为县"优秀教师"称号。

2017年　被评为无为县"骨干教师"。

金　萍

2013年　荣获无为县"师德先进个人"称号。

2013年　所任班级高二（7）班获无为县"先进班集体"称号。

2014年　荣获芜湖市"优秀教师"称号。

卢 俊

2007年　"农村中学生心理危机干预机制研究""网络在高中生物创新教学中运用的探究"两课题取得预期成果，经安徽省教育科学研究所重点项目专家组鉴定同意结题，并给予表彰。

陆先锋

2008年　所带班级高三（2）获县级"先进班集体"称号。

牛忠跃

1999年　被评为县级"优秀教师"。

阮方保

1986年　被评为县级"先进工作者"，记大功。

1987年　被评为县级"先进工作者"，记大功。

1989年　被评为县级"先进工作者"。

1990年　被评为县级"先进工作者"。

孙致宏

2003年　在巢湖市首届中学生生物教师生物实验大赛中获县三等奖。

2007年　安徽省教育科学研究重点项目"网络在高中生物创新教学中运用的探究"主要成员，研究获得预期成果，受到县教研室表彰。

2007年　巢湖市教育规划课题"农村中学生心理危机干预机制研究"课题负责人。

陶春燕

1996年　辅导学生参加全国青少年"热爱祖国，立志成才"读书活动，获全国一等奖。

童朝阳

1992年　所带班级高一（3）班荣获县级"先进集体"称号。

2000年、2002年两次获县级"优秀教师"称号。

童天山

2004年　所带班级高二（5）班团支部获共青团巢湖市"五四红旗支部"称号。

童晓宝

1989年　被评为县级"先进工作者"。

2004年　获巢湖市"优秀教师"称号。

万迎春

2000年　辅导学生参加全国青少年书画大赛荣获优秀园丁奖。

2001年　在全国青少年"讲公德、守法纪"卡通画（漫画）比赛中荣获教师辅导奖。

2008年　辅导学生作品《福娃迎奥运》参加安徽省中小学幼儿园师生书画文学艺术作品大赛，荣获书画类中学组一等奖。

王成英

2007年　获无为县"教学能手"称号。

王启贵

2002年　所带初二（1）班级获县级"先进集体"称号。

王社林

2006年　任班主任的高二（1）班团支部获巢湖市"优秀团支部"称号。

2007年　任班主任的高三（1）班获县级"先进班集体"称号。

吴国瑞

1994年　辅导学生在"祖国万岁"读书活动中获全国一等奖。辅导学生在"爱祖国，爱科学"读书征文比赛中获县二等奖。

1996、2002两年分别被无为县政府、无为县教育局评为"优秀教师"。

1999年　辅导学生在"迎奥归，颂祖国"征文比赛中获省三等奖。

吴计芳

2008年　被评为安徽省"教坛新星"。

包晓兵

1995年　所带班级高二（3）班被评为县级"先进集体"。

1999年　获无为县中学体育优质课教学比赛第一名。

2000年　被评为县级"优秀教师"。

2004年　获安徽省"高中体育教学精彩片段（录像）"教学比赛省三等奖。

2011年　被评为巢湖市骨干教师。

吴学平

2004年　所带初三（1）班获县级"先进集体"称号。

谢发达

2007年　任安徽省教育科研重点项目课题"网络在高中生物创新教学中运用的探究"主要成员，巢湖市教育规划课题"农村中学生心理危机干预机制研究"课题组成员，研究均获得预期成果，受到教育主管部门的表彰。

徐胜云

1995年　所带班级团支部获县级"先进支部"称号。

2001年　被评为巢湖市"优秀教师"。

2003年　所带班级获评县级先进班集体。

许晓勇

2006年　被评为县级"优秀教师"。

袁宁军

2000、2006年被评为县级"优秀教师"。

陈来福

1995年　被评为巢湖地区"优秀教师"。

丁春山

2007年　被评为"无为县教学能手"。

胡金林

2008年　所任班主任的高三（1）班获市级"先进集体"称号。

黄荣平

1986年　获无为县人民政府"记功"一次。

1995年　获县级"优秀教师"称号。

1998年　获县级"优秀教师"称号。

黄延胜

2007年　被评为"无为县教学能手"。

骆方东

2000年　所任班主任的初一（4）班被评为县级"先进集体"称号。

2003年　被评为县级"优秀教师"。

刘明富

2001年　被评为县级"优秀共青团员"。

翟安妹

2000年　被评为县级"优秀教师"。

张家凤

2004年　被评为县级"优秀教师"。

张　敏

2002年　辅导学生吴石玉在安徽省作文比赛中获省二等奖。

赵勤计

1996年　所任班主任的初二（1）班获县级"先进班集体"称号。

赵志田

2001年　获"全县优秀团干部"称号。

2002年　获"全市优秀共青团员"称号。

2004年　获高中化学优质课评比县一等奖。

2007年　被评为"无为县教学能手"。

朱克银

2003年　所任班主任的初一（3）班获县级"先进集体"称号。

2007年　获县"教学能手"称号。

丁青松

2004年　所任班主任的高一（3）班获县级"先进集体"称号。

2005年　获县级"优秀班主任"称号。

刘善堂

1988年　被评为安徽省"优秀教师"。

学生名录

初中部各届学生

初中部各届学生数统计表

届别	人数/人	届别	人数/人	届别	人数/人
1962届	316	1979届	157	1994届	76
1963届	112	1980届	174	1995届	99
1964届	76	1981届	54	1996届	109
1965届	67	1982届	108	1997届	105
1966届	83	1983届	89	1998届	143
1967届	100	1984届	104	1999届	174
1968届	104	1985届	106	2000届	162
1970届	62(夏)	1986届	97	2001届	173
1970届	96(冬)	1987届	87	2002届	225
1972届	95	1988届	137	2003届	235
1973届	96	1989届	112	2004届	194
1974届	78	1990届	116	2005届	227
1975届	95	1991届	91	2006届	199
1976届	61	1992届	97		
1978届	191	1993届	122		

师生名录

说明：共43届。1969年、1977年无毕业生；1977年因学制由两年改为三年，亦无毕业生。表中统计人数为5404人。

初中部1962届

丁祖玉	丁祖翠	丁少满	丁少菊	丁仁英	丁传仑	丁祖芳
丁祖方	丁云海	丁云秀	丁以胜	丁海全	丁祖友	丁以南
丁以祥	丁以武	丁少俊	丁仁发	丁绍富	丁秀云	丁祖华
丁祥玉	王平水	王永水	王宗全	王庭国	王贤来	王国明
王芝凡	王刚明	王瑞全	王维芳	王忠顺	王家道	王福胜
王国相	王万扣	王光正	王应文	王明玲	王惠英	王爱华
王玉新	王良春	王福道	万长寿	万以秀	万士秀	万士菊
万多好	万长江	万士淑	万守东	万长铭	万士好	万守木
万士千	万日银	万士东	万士明	万士木	万士林	孙运姐
孙应姐	孙维玉	孙继掌	孙来华	孙效福	孙效根	孙为茂
孙敬邦	孙继璋	张名保	张秀兰	张必应	张世中	张桂香
张尉文	张明才	张士根	张吉英	张吉福	张必水	张富荣
张福银	张赖信	张四秀	张明德	张明仲	谢同秀	谢绪忠
谢业宏	谢同淮	谢玉久	谢继乐	谢国华	谢继福	谢扬泰
蒋昌银	蒋克权	蒋声福	蒋其芳	蒋克金	蒋尚学	蒋尚良
蒋其凤	童朝胜	童翠华	童玉刚	童朝荣	童达英	童忠余
童朝良	童天秀	童天珍	童悟生	童朝舫	童朝珍	钱之所
钱玉发	钱之珍	钱扬华	钱之好	钱扬园	钱润芳	钱扬发
钱之义	钱扬云	钱宏应	钱扬乐	钱韵芳	钱扬春	钱扬惠
钱扬法	孔祥龙	孔祥秀	孔祥喜	孔祥玉	徐开准	徐志堂
徐永良	徐其猛	徐之朋	徐先达	徐其芳	徐志会	徐志保
徐正朋	朱鼎财	朱先荣	朱伯辅	朱玉昌	朱成福	朱成山
朱惠安	朱为好	朱玉喜	朱业芳	朱玉好	朱绍玲	朱从福
朱道德	朱德余	朱先松	朱俭德	胡根掌	胡昌群	胡万好

吴忠厚	吴学放	吴道泉	吴道生	吴克平	吴昌甫	吴永富
吴发根	吴守本	赵德余	赵玉池	赵润芝	赵大成	赵家宝
赵仁珊	赵孟华	赵益富	赵大根	任家昌	任筱芳	任家英
任俊科	任家根	伍绍全	伍万华	伍先保	伍传松	帅晋超
帅忠秀	帅忠玉	帅太凤	夏之钧	夏成会	夏梅珍	夏维芳
夏明仲	刘克友	刘秀兰	刘乐文	刘方治	刘萃芳	季一开
季益定	陆成刚	陆玉凡	陆承惠	陆先魁	陆先来	刘合松
刘海珊	刘克发	刘厚政	刘正玉	刘德元	陈庆彪	陈传福
陈恩发	陈效兰	陈效根	陈克元	陈传富	黄义兰	黄新印
宋从武	宋桂芳	卜安根	于景双	于锦宝	杨万保	杨代平
程前华	金纯长	焦照明	焦富宏	赖继和	赖年梅	赖家荣
赖继兰	汪友龙	汪家道	汪功稳	汪以成	范守端	范守国
周其贵	周元荣	周可香	周光秀	周惠珍	周　云	周复刚
李光荣	李会芸	李福云	李复玲	李立玉	李家准	安代胜
安希年	安后义	余士英	余正福	卢英胜	卢英翠	翟大成
钟正勤	白传锋	叶祥淑	沈同荣	项名福	项名高	项扬俊
何家祯	郑天顺	郝先正	魏英华	方广珍	李德周	林德仙
袁善翠	陶长德	戴荣全	包义群	包达平	乐培凯	潘恒顺
花日云	于亲勃	闫德顺	宇正华	侯家好	秦志珊	石开秀
石开平	石开保	包礼胜	包先炉	蔡湘生	班景荣	凤尔树
梅名祥	毛诗书	俞士宽	俞士英	俞亲铭	邢修儒	邢玉英
邢玉荣						

（316人）

初中部1963届

董青平	郑宏根	陶大武	汪秀苗	童天运	徐先英	程道法
张自全	丁静兰	吴进城	梅柏林	童天庆	谢道霞	李贤东
宋从桂	吴克明	汪其盾	戴恒富	王刚清	谢继秀	陈效英
赵家所	王德海	万长海	徐德海	陶后祥	汪功才	吴咸水

古贵生	侯运兰	徐光览	赵于德	童天根	闻广超	陈玉桂
肖邦发	王德仁	程希华	杜士友	王宗扬	王瑞好	缪成秀
汤宏喜	叶永发	丁加奉	萨贤良	胡根荣	王守甫	王尔丽
孙来锁	蒋克宝	王光球	王有木	徐学凤	高大正	谢国玉
吴其胜	李永玉	项本新	包先友	伍少昌	童天泉	陈传富
夏之贵	吴乐凤	杨昌兰	魏取泰	包正根	李　昂	乐培保
王泳秀	曹必仁	余传义	赵腊梅	花为胜	万士东	王为鉴
童达松	赵日霞	谢玉宝	林德仙	赖继洪	赵于龙	白传龙
徐先报	李家祥	彭合松	谢玉霞	戴文标	帅太凤	戴菊香
曹永兴	钱扬宝	缪克文	王惠玉	钱扬生	陈先桂	钱扬云
孙敬志	张忠发	王昌好	范守礼	谢春香	钱之贵	陈庆标
谢国玉	王宗明	戴恒溪	吴茂荣	赵益保	伍绍兰	王德秀

（112）

初中部1964届

万士忠	凌士金	王树生	陈效满	朱万龙	丁祖荣	吴道全
丁清满	肖吕文	王德兴	赵光壁	孙应姐	高桂芝	缪光胜
童天水	宇正国	吴茂荣	伍名富	王素华	王尚宏	朱昌发
童达乐	盛晓双	庄以顺	白其业	刘章清	魏声兰	徐常许
程道法	张自全	丁静兰	吴进城	梅柏林	童天庆	谢道霞
李贤东	宋从桂	吴克明	汪其盾	戴恒富	王刚清	谢继秀
陈效英	赵家所	王德海	万长海	徐德海	陶后祥	汪功才
吴咸木	古贵生	侯运兰	徐光览	赵于德	童天根	闻广超
陈玉桂	肖邦发	王德仁	程希华	杜士友	王宗扬	王瑞好
缪成秀	汤宏喜	叶永发	丁加奉	萨贤良	胡根荣	王守甫
于尔丽	孙来锁	蒋克宝	王光球	王有木	徐学凤	

（76人）

初中部1965届

卢前武	汪可秀	刘必满	童朝顶	童天伦	万士萍	朱荷香

陆宏祥	童天龙	侯道荣	骆方银	谢玉和	王开福	张明应
陈先宽	徐先平	齐发发	范先书	齐修明	戴坊生	章熙贵
胡必然	陈恩秀	董越强	俞伦斌	程松	李作华	丁祖元
李年宜	喻为山	俞经鳌	童达乐	李昌月	缪其广	何胜开
朱文	胡礼河	汪名芳	江礼全	卢贤明	胡根水	庄世荣
钱扬海	秦矩学	缪玉林	任俊朋	万士俊	黄文路	任俊年
惠传荣	李先芳	张家文	徐志娴	陈效和	陈效友	丁祖林
丁树生	吴正平	孙敬文	俞经月	童天秀	庄以顺	夏远节
夏桂翠	丁清满	夏远义	陈先水			

（67人）

初中部1966届

阮方秀	任克仕	朱醒民	李正中	万玞华	吴宗玉	周兆余
翟大胜	万昌群	朱伦堂	赵前贵	吴道凤	胡长锁	郑诗珍
周复果	王崇莲	陈先训	万长荣	刘修淮	谢同昌	吕天寿
李传柏	方光银	张坤山	卢贤开	陈正和	薛彦椿	汪维松
刘贤能	汪可玉	刘先广	叶廷玉	陈永金	周晞	翟光福
李作松	任家松	孙时水	张南喜	孙灿明	丁以正	杨冠军
杨中海	丁以才	赵锦泉	张家凤	张铸九	李启国	丁桂兰
缪世学	项名喜	刘吉胜	丁以华	赖年满	卢贤惠	丁传胜
张全双	李本生	胡达稳	江安高	李仁惠	王万松	金全本
高文珍	吴兴旺	任仕读	方诗应	陈先宏	卢金生	金凤英
张延堂	李继昌	李先鹏	王淑珍	赵光润	朱光华	杜继华
周宗泽	陶玉成	谢国才	丁素华	李世友	陈先斌	

（83人）

初中部1967届

甲　班　　班主任：潘恒俊

| 沈柏林 | 周奉童 | 沈曙华 | 陈先居 | 傅昌明 | 胡必涧 | 李先定 |
| 李学文 | 缪成玉 | 盛大发 | 汪昌学 | 汪淑英 | 夏成红 | 于景明 |

张国义	张名会	汪后权	张后友	汪美传	张玉喜	孙祖仙
周　强	徐　云	胡必权	郑少珍	徐兴培	黄文梅	张迥凡
万长东	任家秀	任俊海	骆以开	丁绍兰	汪国虎	马义和
童达信	花成奇	凤良枝	朱万钊	徐先稳	张玉刚	张修武
万士金	朱启凤	班先海	张延堂	林在壮	万士怀	鲁传来
丁素华	王金泉					

（51人）

乙　班　班主任：王辅耕

蒋克林	王庆芳	戴金兰	叶　钰	钱幼雯	黄义菲	故必政
曹永善	李方柱	俞纶江	汪丛跃	邢修良	陶玉成	陆长庆
潘成雨	徐强正	钱光敏	丁绍余	黄小同	胡根才	缪世海
鲁守平	谢继红	孙维荣	韦树宝	丁学善	丁以平	叶开明
郭少喜	徐庆生	刘先财	袁由茂	袁善福	丁宝安	钱光富
吕茂林	万长水	鲁必顺	谢道水	孔令奇	郝庭泉	朱忠华
李　云	万守勤	江高昌	季月波	孔凤华	孔凡之	焦裕林

（49人）

初中部1968届

魏守堂	李少华	潘文君	李继昇	赵　琼	李方金	曹德香
李作斌	丁以和	杨勤农	王名寿	王开英	曹必霞	李良倾
古学华	王先梅	朱秀春	方益成	方益泉	薛　彦	丁万生
王平凤	范玉民	卢为德	丁以山	帅晋玉	万士乐	谢溥春
缪其稳	谢继荣	李白民	许根胜	高令发	张必芳	陈永生
陈克春	耿昌玉	万守芳	钟书英	夏为丛	钱伍桃	赵加珍
阮媚春	侯扬好	张光玲	朱荣生	许根保	万多鹏	王建华
沈世长	王瑞苗	陈秀英	林桂平	孙为芳	吕美林	陆秀荣
丁少忠	骆方娟	彭合庭	金嗣松	谢同丽	王本正	花康乐
王德强	王得年	夏尤凤	鲁玉兰	马龙平	万长银	胡桂芳
张修顺	车家高	王桂芬	卢贤英	乔东永	王刚荣	王帮同

周志明	万士恒	张代保	于革非	谢国平	郑训保	蒋其昌
万长田	张忠林	蒋光润	钱扬准	曹永香	张修凤	万昌凤
杜保顺	丁长城	朱伦卫	童天丁	钱之发	汪国怀	罗家珍
翟必华	赵廷龙	赵春光	缪传加	丁胜桂	董学群	

（104人）

初中部1970届（夏季毕业）

李　文	方光秀	何　明	程希玉	程希珍	孙秀华	王金霞
邢修华	童天凤	王立华	张育秀	夏桂芳	帅宗翠	何敏银
赵秀荣	程希圣	何敏卢	毕久强	叶大成	袁则文	丁祖根
张士俊	张光才	吕和平	童天安	朱应双	丁淮南	刘乐中
丁祖桂	童朝迪	金祥华	谢家荣	汪孟法	程希贤	陈朝玉
翟庆年	程道新	陈先桂	骆先贵	钱扬盛	钱扬发	伍明贵
陈先法	张　萍	童惠珍	帅宗英	胡家荣	缪久玲	张修学
徐和平	何明长	周敦芳	陈朝荣	童天芳	汤宏秀	童天秀
齐长庆	陈先发	丁鲁南	骆先才	谢继凡	谢继勇	

（62人）

初中部1970届（冬季毕业）

童朝康	黄康泰	周鑑明	黄月翠	张士银	缪小敏	何明琴
张广凡	谢金华	齐秀金	宛　胜	钱扬宏	童朝保	薛良荣
王善生	程希俊	赵亚青	包义江	王东昇	丁祖明	骆先喜
余家成	程希华	童天祥	胡晋鹏	童天柱	魏彦生	马仁良
花凤英	许忠文	赵　明	帅晋秀	蒋克诚	王忠玉	汪贵之
蒋克祥	帅晋翠	汪为华	张明和	曹　俊	童天发	王　勤
钱扬凤	尤卫春	王朝明	毕永红	张绪华	屈敦芸	丁开南
程爱群	朱德顺	陶玉明	齐发翠	许国翠	惠保群	吴淑霞
秦正华	吴祖珍	王庆霞	张守平	赵孟玲	周玫玲	帅宗霞
刘春荣	卢英根	陶启华	钱孟琼	孙业文	余家学	赵廷华
于大梅	张广法	缪志伟	张志霞	张明玲	骆为民	谢绪坤

胡晋秀	钱扬明	阮方保	王刚顺	谢家凤	丁克珍	许根平
王庆玲	赵同丰	郑道华	陆祥秀	朱俊年	王为才	徐吉昆
张筱华	叶世平	童天生	帅善初	钱光敏		

（96人）

初中部1972届

郑训国	缪成祥	童天长	丁祖梅	洪 梅	李小明	王守朋
谢绪成	朱守珍	刘翠芳	曹可海	范先杰	王德年	汪为红
王素平	余凤霞	张都林	郝先贵	张兴波	包义翠	缪成宝
伍万玉	伍成兵	骆先发	徐昌英	朱启凤	黄丽秀	陈秀兰
王惠根	余家新	郑训柱	刘忠量	卢 明	许国春	戚士勇
缪小林	谢继兵	王善英	童天翠	王有好	丁祖平	徐吉钊
万新寿	孙前树	孙青元	孔令全	王德富	钱之闫	钱光秀
张玉珍	汪 俊	陶菊林	张昌全	赵 俊	谢绪水	缪松泉
汪 平	王先平	丁建业	张士才	王大权	谢桂芳	谢顺林
刘乐明	伍万荣	洪荣强	吴道朋	陆祥健	费康久	童天训
龙其权	童天俊	刘晓福	张信兰	洪荣春	朱启林	康宝山
童天文	胡召平	张吉平	程希英	袁翠霞	胡新翠	吕守芳
缪玉惠	缪克堂	谢继宝	王宗保	王为民	帅俊荣	张信林
陶玉珍	叶启俊	王先刚	齐加强			

（95人）

初中部1973届

陈克平	王开文	卢 琼	赵学桂	张同才	钱扬云	钱光春
童天霞	徐 霞	钱光玉	万金明	聂先定	童天勇	吴正左
童天然	骆为国	张晓华	文光发	缪金玉	毕训保	张效发
缪翠霞	汪维红	熊 林	缪克桂	张吉荣	陆祥忠	王平权
缪成友	骆以志	王刚涛	骆以驷	张秀花	汤宏英	任家胜
何 俊	杨庆年	赵昌宝	谢继科	郑景华	何敏富	丁根银
杨忠喜	缪克响	汪翠玉	马翠霞	程秀俐	龙启宝	周 骏

刘传银	童天林	缪荣林	汪友珍	陶俊林	丁忠俊	丁忠新
丁以桂	王刚贵	王素兰	童天文	王捍东	王秀芬	王德富
汪跃华	齐发金	谢道举	齐长莲	朱以忠	朱应松	杭庆华
杭庆珍	徐爱兵	徐其明	徐志爱	缪晓华	缪 亮	张吉林
张都林	张志群	章青山	谢荣华	谢绪才	陆祥成	陆祥国
陈晓银	赵秀华	郑芝名	曹炳贵	任俊华	吕守友	孔玉珍
孙业翠	童晓曙	邹太平	安继斌	俞加云		

（96人）

初中部 1974 届

丁秀芳	刘成富	洪 明	谢绪才	丁北海	刘慧琴	胡习友
孙修东	丁仁兰	汪为珍	钱扬华	伍开玲	王启昆	吴本瑞
钱晓东	陶长其	王刚峰	吴 平	袁由俊	陆祥成	王新莲
吴黎明	童天荣	王根年	朱 颜	童忠华	王刚新	林吉友
赵 松	王少才	张庆祝	缪 亮	王卫东	张信标	缪腊保
王德涛	张昌武	缪成涛	王守华	张胜鹏	翟庆荣	帅红玉
张 彬	窦红涛	刘成业	陆忠霞	刘传银	刘中明	洪荣林
张孝发	方千平	阮传胜	汪功勋	王 平	赵孟华	赵春玲
缪惠芳	童凤琴	帅玉荣	李全红	丁以珍	林德贵	庄世翠
汪帮红	刘传银	高学银	叶少华	吴玉福	刘 平	李 佩
张 明	黄艳梅	钱扬贵	赵孟清	王为庭	赵昌茂	丁凤华
朱顶胜						

（78人）

初中部 1975 届

丁以忠	丁玉霞	丁祖福	丁祖才	丁祖国	丁保国	丁学保
丁学超	马 庆	王德玉	王根年	帅玉宁	帅惠民	帅玉荣
刘天河	齐加芳	孙桂香	汪秀华	汪庆根	张绪华	汪帮红
何敏雨	周忠海	林叶青	周光保	赵贵芳	赵春玲	洪 华
钱之根	郭绍桂	曹永铸	盛学军	谢同花	程秀兰	童朝桂

程家翠	童朝阳	蒋　敏	谢和平	童天霞	童忠应	谢继顺
谢绪东	童朝玉	童桂林	丁以凤	丁绍春	丁春霞	丁本贵
丁绍伦	朱启超	朱立东	朱德年	朱红霞	王永华	王云贵
王　平	王维庭	王德芳	钱扬玉	钱扬环	钱之金	钱扬莲
赵孟华	赵春涛	骆冬梅	骆先玉	胡达社	胡桂芳	汪玉清
利力中	董学兵	孙运富	水从华	李荣华	陈琼瑶	吴宝城
齐长林	张梅双	钟　平	谢冬花	陶玉林	窦宇清	帅晋良
郝建平	徐昌军	程希翠	杨修清	缪腊保	周惠翠	刘玉华
舒世静	谢志霞	王占杰	江礼金			

（95人）

初中部1976届

王月年	王友玲	王明春	王玉明	王亚民	王林生	王为保
丁俊平	丁以平	丁忠霞	丁少俊	丁少东	丁志华	丁以建
张德艺	张士保	张秀珍	张金霞	童天翠	童天露	童忠春
童朝云	童朝阳	赵同庆	赵会明	赵昌桂	缪小菊	缪克兰
缪成法	骆启来	骆克锁	骆小兵	谢　云	谢桂兰	谢月珍
钱扬霞	钱光玲	钱光宏	洪　丽	盛小红	盛鑫玉	程永红
程笑春	余小刚	许　平	马玉平	齐长伍	李春生	费康英
杨生东	徐宏杰	吕守红	范玉兰	顾小平	袁由亮	陶玉保
薛良红	黄少明	伍先才	郭少芳	龙小仙		

（61人）

初中部1978届

缪小祥	叶世佳	谢同霞	戚灵芝	丁少南	谢继好	缪彩霞
万爱华	周增中	翟进山	钱扬群	郭圣林	童朝义	刘正恒
吴　俊	李全球	王俊霞	孙蓓云	吴宗俊	陶本才	王刚福
魏道平	吴　明	李仁义	童朝秀	耿合英	孔祥华	宇卫霞
王江朋	万昌军	缪加顺	王　忠	童桂英	毕晓霞	刘中年
缪克壮	庄世强	朱德平	汪维秀	赵桂芬	张信荣	丁有新

张守珍	张如琴	张来刚	王为国	张爱国	丁少东	利海林
李菊芳	张爱云	焦晓澜	钱炳南	陈克勤	许国强	王守霞
章少珍	李万秀	程小燕	卢瑛华	丁小保	丁东明	丁祖华
丁少朋	万守秀	王艳菊	王俊琴	王大霞	王建刚	王良福
王荣华	孔丰年	孙为伏	毕训霞	毕训银	毕训能	毕训刚
朱天德	沈玉兰	阮善扣	汪为祥	汪惠玲	汪为国	汪友义
汪祥华	张广荣	张玉树	张吉安	张梅成	张桂芬	何敏根
余小刚	李云	周琰	赵曙东	周德平	柳洪琼	杨秀俊
杨冬青	郑道群	钱小华	钱春喜	赵敏	赵玉芝	赵桂芳
夏贵宝	徐秀俊	徐中友	曹永翠	童云	童朝晖	谢大华
谢金年	程家栋	程宁	翟庆和	缪成生	缪成松	缪梅芳
缪素芬	缪俊华	缪启根	缪成武	丁祖玉	王德友	王成刚
王昌金	王忠柱	王守芝	王尔翠	王俊生	王平国	汪友忠
万世凤	万长林	伍万华	伍成兰	张春林	张爱权	张爱群
张光准	张华增	何敏昌	何敏圣	赵桂花	赵琼	谢凤珠
谢桂英	谢德胜	缪成凤	缪宏林	缪克芳	缪克福	缪学玉
缪翠林	孙金龙	孙为凯	舒世福	周政和	周广成	卢小明
卢英红	班景文	董必恒	陶红	程家霞	程中柱	费康永
郝先兰	骆先虎	黄英勇	钱扬琴	张惠琴	童天宝	张秀珍
王德高	章启怀	郑训芳	张信林	伍开跃	钱晓华	范先锋
周正中	陶为青	张秀玲	钱扬峰	赵勤	张合勤	汪桂华
梅秀俊	周曙东					

（191人）

初中部1979届

丁以标	丁俊	丁咏梅	万代云	万玉奇	王春景	王云
王德万	王维正	门炳正	孔令松	孔令富	叶启成	朱雪珉
汪维玉	汪祥华	吕菊香	卢英红	包义兰	张志忠	张建武
李小莉	李先群	李龙	赵前红	赵文兵	赵昌春	赵建明

陈克露	陈 兵	陈方苏	徐锦泉	徐光华	洪 玲	帅秀荣
周春林	陆俊超	杨淮海	沈少安	汤明霞	袁永胜	花国建
柳业能	郭春英	钱扬露	钱银华	高学兰	蒋克祥	舒吉宏
彭国应	梅 生	谢玉舟	谢锦荣	谢绪铭	秦东升	童朝红
袁凤琴	童蓉晖	丁绍云	丁祖发	门炳华	王正芬	王成勇
王正英	王成露	王为华	孙桂芸	孙 俊	马菊香	汪启发
李加桂	李立华	李 炬	刘传芳	何敏秀	洪荣武	洪和平
张光俊	张守江	张德清	张绪翠	张俊凤	张克银	张昌露
张 卡	张吉树	张金露	周宗玉	赵行龙	陆祥珍	陆祥荣
徐志富	项桂林	钱之平	钱光华	黄 萍	童天明	童朝辉
童天兰	童朝忠	童天凤	魏道英	谢春露	谢荣桂	谢映月
缪克志	缪成玉	花日开	丁学富	丁以翠	丁以英	于海琴
万菊平	王为福	王桂芳	王守俊	王会平	王为露	王刚秀
吴玉玲	汪为胜	汪从秀	汪可露	毕永生	周金龙	周月霞
李良莹	李学珍	李祖珍	李兆露	张桂芬	张光露	张明秀
林先兰	朱德英	金泽全	郑训秀	钱之翠	徐继珍	项花香
郭少珍	董训香	康 英	骆阿马	黄英露	蒋宗好	潘铁兵
潘前兵	童天会	童朝露	童天兰	童海露	童桂平	童丽娟
谢桂平	谢献礼	谢文清				

（157人）

初中部1980届

甲 班

赵前福	孔令霞	谢顺翠	陶为凤	童朝勇	童忠石	张克法
汪松林	车家芳	程玉凤	孙维勤	阮善霞	李卫光	王桂云
万建刚	赵行朋	方启玉	张春玲	阮善发	蔡可为	孔祥华
童天霞	汪红梅	李桂平	万丛林	万明华	王和平	胡克根
方建明	王代娣	缪刚林	侯正荣	曹永铭	王真霞	张桂兰
吴 明	王晓玲	丁少友	赵玉霞	钱光林	丁祖凤	徐志林

伍翠霞	蒋文秀	郑道海	丁祖道	王从容	钱 平	丁祖霞
王维宝	宛 玲	汪留兵	王会和	丁以林	方自兰	陈桂芳
童朝贵	王德利	高自霞	郭 顺			

（60人）

乙 班

童朝俊	陈国庆	王忠良	蒋安平	童忠庆	万树林	刘 翔
刘 飞	陈克祥	王成年	李加斌	张秀红	毕训强	钱光玉
李小林	吕东升	朱吉春	缪新节	何敏保	李本林	俞汉青
周茂之	钱春虹	缪加桂	童春霞	王恩文	张功秀	缪荣敏
邹春英	王德珍	焦玉香	童俊凤	叶桂玲	钱翠平	舒世翠
钱扬桂	帅永生	方 平	吴本翠	张桂云	丁海燕	耿为群
钱 云	洪昌道	马玉翠	童朝文	汪桂霞	李春阳	汪素芳
汪跃发	赵孟球	杨桂林	孔祥辉	童朝龙	吴道和	车小球
卢 军	汪 平	毕训保	汪德生	胡新生	吴宗明	耿昌玲
谢家严	王会平					

（65人）

丙 班

王恩波	郑帮兴	童天智	郑景平	王平龙	何敏开	李良平
骆方玲	季长城	王平松	童朝翠	朱应才	帅玉梅	钱之发
童朝开	钱光英	吴昌华	董卫芳	孙绪发	张士发	伍玉平
赵昌梅	张士举	何邦玉	齐家安	钱扬杰	钱扬玉	万多文
张吉平	班金华	丁少宝	王刚发	丁菊霞	吴玉芳	钱扬正
丁忠桂	伍万云	张顺芳	宇 明	陆荣明	童宝成	童忠兰
童朝全	毕训兵	周翠云	管志刚	丁少闩	毕训凤	王亚珀

（49人）

初中部1981届

| 丁生荣 | 丁播生 | 王平霞 | 王会芳 | 王大保 | 汪金平 | 尹金保 |

孔 亮	马翠兰	江金保	刘 琼	刘传霞	朱应平	汪维胜
宇树平	张德珍	张世全	张士军	张华荣	张雨锋	赵小梅
赵金霞	赵桂英	赵建中	赵中华	赵桂良	张秀舟	郑训平
陈 冰	徐昌玲	陈光春	张正珠	徐仁贵	林 燕	屈本明
舒士文	夏祥生	骆先水	陶 丽	杨昌凤	程黎明	钱扬文
钱骏骑	童忠清	童转福	童庆明	缪桂芳	缪来群	薛良胜
宋永红	张克华	丁 静	孙孝进	翟 瞿		

（54人）

初中部1982届

孙 木	胡 勇	丁有保	孙素平	童天柱	钱杨明	赵安乐
王 平	孙帷纯	童天红	童 驭	程荣芳	陈玉平	郭绍来
伍桂芳	丁宗平	王成云	王旭东	丁绍翠	史玉华	洪 立
周先梅	童晓红	赵昌荣	童朝贵	李玉明	尹之友	陆荣和
王玉玲	程家玉	陈明霞	万冬生	黄英华	黄世明	缪红文
邢文生	吴红胜	王良应	包富贵	万 丽	周春芳	耿庆华
张同华	张必玉	葛笑梅	张明霞	赵玉保	方东升	张小云
王佳珍	洪荣昌	王成芳	郭登玉	刘晓燕	刘传平	钱扬华
王金祥	童天翠	张卫东	朱启田	万昌明	缪海涛	王守江
方红妹	陈先芳	陈 玲	刘翠平	王宜芳	汪为秀	钱扬珍
童朝年	帅光荣	张光秀	黄克保	叶启文	童天云	阮 兵
谢序宏	崔旭东	张光发	张正丰	牛社平	缪伽安	万士分
宋奋发	张光俊	王士林	赵 光	王成元	孙以发	张秀舟
郑训平	薛良胜	童忠华	张克春	林善峰	童晓飞	胡晋保
侯天江	骆先俊	何敏寿	吴祖俊	刘晓燕	范茂华	孙玉霞
王先艮	黄美华	童天玉				

（108人）

初中部1983届

李兴连	万 燕	王运霞	潘海滨	潘寒冰	童天文	郭绍根

赵生松	王为明	朱启荣	高得宝	王成桥	叶启霞	张士秀
童会琴	朱道昌	张爱民	王亚群	丁传根	郝五东	翟小马
毕 芳	谢 平	孙四青	刘传玉	童朝祥	童咏梅	张广文
夏文莲	张光兵	王成桃	杨秀春	王建珊	李志全	赵中桂
高 琴	周 懿	万 明	王 曼	徐淑新	谢育新	童四新
孙四新	方建文	缪承华	周增红	徐自平	孙业芳	蒋尚华
王珍芳	洪文全	程 超	朱吉东	童凌云	赵玉松	张士云
金正来	吴道翠	孙惟斌	任更生	赵爱民	赵翠英	顾晓琴
刘秀宝	王维俊	童小红	孙业昌	王平凤	朱启平	何敏翠
杨万云	丁少平	谢光明	丁祖苗	陈玉梅	王平俊	丁祖荣
承昆仑	葛劲松	吴忠林	孔玉霞	童朝华	钱东林	孔令贵
焦晓玲	张俊梅	朱应贵	张明才	朱启荣		

（89人）

初中部1984届

张劲松	徐昌杰	朱启胜	丁东升	童爱民	汪志中	谢玖胜
李 俊	王平强	吴红霞	丁少改	吴胜斌	李先忠	金晓明
张华超	陈晓明	李惠生	王刚红	童玉柏	张光舟	丁丹熠
邬德宝	章曙光	童天好	吕 发	王平军	张旭东	童卫民
张志珍	李 梅	帅 琼	王晓燕	王冬生	王 平	王玉凤
陶卫华	陈晓玲	王大庆	钱扬真	汤会艺	童朝勇	李晓斌
蔡红岩	汤 平	盛晓华	谢晓玉	汪为新	秦学兵	任 雄
宋国权	丁克阳	缪爱军	黄 云	舒世凤	王 芳	张 丽
花日东	朱启山	王 军	包义梅	彭 兵	赵凤英	徐继寿
童 兵	杜保全	丁以翠	童朝桂	吴成凤	王 忠	童朝雨
赵 斌	夏桂兵	万 霞	童竹君	沈以珍	林 燕	刘邦应
童小梅	童朝霞	童天菊	万秀梅	朱道明	王世芳	童天松
童朝发	王 俊	尹之平	王竹青	王松林	丁少凤	丁祖云
洪昌兵	丁晓荣	伍 军	缪红梅	钱扬东	童其林	丁中华

钱小东　童朝红　胡光辉　林先玉　童　立　程　俊

（104人）

初中部1985届

郭登福　汪为芳　王宜文　王大梅　吴和萍　毕训华　童月华
王玉刚　王亚琼　张咏梅　任蔓萍　万代红　章　永　吴　冬
沈永春　钱雨庆　谢文忠　宋红旗　汪　平　舒世华　万建文
鲁　兵　童朝霞　丁晓荣　丁忠秀　王晓梅　张士凤　石国珍
谢忠亮　郭登全　胡界兵　王　锐　程文利　杜精红　陈中利
王德珍　赵俊玲　赵　荣　王海燕　张　兵　赵　明　崔春刚
丁以祥　钱新华　李兆凤　朱德海　童忠谋　孔令顺　蒋士平
阮善平　吴玉霞　吴静平　吴启玲　周会忠　万明生　王平翠
童晓霞　丁以兰　钱扬胜　伍先林　秦金平　侯为群　范雨红
丁东哲　丁传能　承　纲　丁少胜　王红波　潘征鸿　李云志
丁祖好　马凤铭　张卫平　赵　力　曹春梅　童小玲　童朝忠
黄文生　帅永林　郝智勇　童永生　帅先兵　吴春红　骆会玲
舒世胜　童天梅　谢顺平　丁少忠　丁以明　王之艰　王守根
王会玲　王庆华　王家兵　张光银　赵旭东　徐志言　徐宝春
缪克芳　缪成思　朱柏林　王成芳　胡俊玲　钱玉梅　刘永芳
赵晓宏

（106人）

初中部1986届

丁火林　张　会　吴　松　丁传桂　丁以松　洪　新　徐志毅
万晓梅　张晓红　刘传来　张吕珍　丁以山　花如松　伍邦明
张同贵　周　晔　马仁翠　汤　娟　刘秀英　孔玉玲　耿立新
胡永春　童天凤　陆忠义　黄金梅　刘晓波　马东才　王　斌
朱应保　夏会平　王小兵　张　兵　陈克平　徐　莉　马菊梅
朱业俊　董雄兵　张拥军　汪爱民　骆　兵　杜继群　谢红梅
王立宇　方云山　丁以报　谢　琴　宋红年　程劲松　徐志红

李翠芳	赵海波	赵澍玫	吴玉梅	汪彩霞	董加勇	张　静
王宇辉	王　芳	陶　勇	胡　静	王成定	何桂林	童小红
汪志霞	朱道胜	朱旭东	方小闩	汪俊松	万经中	吴正平
徐吉荣	刘天珍	丁少茂	徐胜波	王真凤	王启文	王中平
黄晓波	童朝军	胡东红	江慧莹	王成友	董得能	丁翠芳
吴　刚	孙士松	程冬玲	曹俊梅	张同霞	朱启学	王先根
赵素梅	丁爱萍	童劲松	丁宗秀	汪　进	王恩良	

（97人）

初中部1987届

万迎春	丁少兵	王　刚	王　有	王　林	王晓明	马凤铭
刘传芳	张　兵	张勇刚	刘传红	丁秀华	陆成平	孙运连
朱吉梅	张功龙	李　芳	汪为宏	周科银	徐志文	赵小根
何敏翠	崔　琼	钱光福	蔡利明	童春喜	万　象	帅　领
倪育红	王　红	王　勤	钱光柱	王桂兰	王珍玲	王惠荣
王晓兵	王俊敏	朱启荣	何敏俊	杜保超	陆俊霞	赵劲松
赵　媚	赵玉荣	陈玉芳	吴红云	吴志安	郑春玲	胡习华
张光荣	舒世群	蔡　燕	童晓兰	童陶然	缪加开	潘爱兵
钱光红	钱光俊	谢叶荣	蒋士文	王荣荣	阮东梅	李　岚
陶为东	张克宏	张至全	王维家	潘小芩	王大春	沈祖群
丁玉龙	赵益华	曹　红	胡光芒	方小平	王恩良	胡　俊
童朝松	缪翠萍	刘爱平	丁仍红	宇　梅	潘海波	黄宗将
陶　青	宋国斌	孙金梅				

（87人）

初中部1988届

吴乐群	丁宝山	徐海兵	顾　兵	安长平	张来珍	赵　莲
陶广洲	张光益	张志红	尹之顺	陶小林	童朝慧	周　娟
丁祖霞	王尔生	丁祖所	钱小广	陶为文	丁来宝	童晓平
何永安	丁更生	董雄军	陈玉春	张来俊	吴爱国	朱德江

张俊	郭绍忠	吴爱兵	汪志荣	叶泓雨	门小红	王大宽
沈祖军	赵长珍	盛玉梅	王军	张红	盛云生	王大树
赵宏韬	张昌栓	王金国	汪晓玲	何建军	钱汉文	乔素平
王荷生	丁少俊	马玉山	汪平	王真生	王亚茜	章红
张琼	童竹青	赵敏	张吉武	吴金	孙运纲	万敏
方斌	李平	任俊青	吴宗丽	魏安平	童天芳	童朝宝
丁晓芳	尹群	赵中双	王拥军	黄英凤	童朝义	程希翠
伍玉翠	赵俊	张玉群	朱启秀	吕荣	鲁霞	丁友梅
范廉泉	谢文	周洁	叶国玲	谢中清	崔加玲	方春红
许芳	张吕英	刘秀成	陈中芳	孙金梅	张克宝	董光成
董俊	童朝霞	谢春	童逸云	童朝宏	汪维荣	张玉俊
葛遒竹	王玲	赵树翠	童俊魁	伍洲	徐志雄	吴秀娟
崔佳	赵秀娟	田明珠	钱桂珍	丁学琴	翟娟	卢斌
宇亚东	丁彬	邹宝林	吴忠根	汪芝宏	丁少龙	谢惠琴
程素珍	吴吉林	万勇	汪霞	程昆江	陈晓东	卢湧
海素岚	王爱丽	刘兰	宋国云			

（137人）

初中部1989届

阮丽	帅珊	吴俊	孔翠平	李志霞	张光翠	赵树翠
童丽	吴红梅	沈小丽	丁祖英	张丽	倪平	赵俊峰
王海涛	帅晓弟	谢海涛	王俊	童晓三	万士明	王成林
范代红	王玉梅	赵丽	承德琰	俞金霞	熊迎春	童海燕
许会枝	张东	王旭平	王勇	王平平	于青松	卢小玲
王双朋	丁劲	万春华	杜娟	陆承忠	钱立	郭启桂
俞世芳	王娟	谢慧霞	陶为莲	谢爱明	陶为英	丁桂林
丁红娟	张群	钱扬武	吴腊梅	赵新军	赵青华	吴大艺
童爱明	王林宝	王正飞	徐军	谢玉琴	吴启军	钱静
童玲玲	杨玉群	王从群	王文	钱平	刘金芳	徐金凤

汪保群	王桂霞	汤明富	沈小玲	丁应华	汪桂红	帅润四
万　燕	毛万根	秦会琴	束向荣	童小冬	舒　荣	丁以德
张明兰	孙　所	孙金海	万军荣	张明翠	孔令宏	高　岭
卢　琼	张小红	赵益芳	张海燕	缪宝涛	翟　峰	吴玉成
易成香	张功成	张光庆	耿春华	童竹青	章　红	董　俊
张吕英	陈玉春	张　勇	万　敏	董雄军	沈小丽	许会枝

（112人）

初中部1990届

丁以德	陈　俊	赵建刚	董雄辐	万士年	陈学荣	钱　斌
熊宝珍	孔令树	陈晓群	钱光福	丁少俊	王业翠	张　力
钱其柱	丁会菊	丁传武	张文亚	路　涛	王　英	王红霞
张　路	陶为虎	王　斌	刘　青	张永生	陶俊生	王尔红
张志秀	张光荣	谢妮妮	王冬玲	朱　宏	张笑梅	谢顺刚
王宜兰	朱德秀	汪月怀	章　成	王春珣	任俊青	陆俊红
童晓红	王晓勇	吕秀兰	周正长	童冬生	王精明	吴忠梅
饶春生	童玉梅	王露清	吴宏权	赵　胜	童敬之	方小弟
李爱翠	赵宏梅	董光成	叶君胜	李翠兰	黄银桂	刘　兵
张　虎	熊花虎	田　燕	张光富	鲁　云	帅冬梅	王旭东
张光保	孙　辉	徐春梅	王　方	吴　云	陆万江	舒世超
吴小玲	钱　利	尹　琼	吴　燕	钱之军	魏俊红	吴玉荣
钱扬梅	吴忠芳	童忠翠	吴忠满	童军红	丁　劲	余条青
朱晓梅	易成香	李　勇	童朝国	吴军荣	童朝翠	王　文
王珍飞	黄　军	帅　珊	程玉梅	帅小弟	汪悦怀	童海燕
汪桂红	万　燕	张明兰	张海燕	承德琰	阮　丽	童　丽
赵俊峰	童小三	王宜武	耿春华

（116人）

初中部1991届

丁友余	丁友梅	王玉宝	王真玲	王真东	车红云	李新年
朱 霞	张庆丰	张耐霞	吴雪峰	周正年	丁春山	万 燕
于桂芳	王戎轩	王连升	王友翠	孙运文	李生宝	卢 霞
朱道云	许晓龙	陈中宝	张黎明	吴乐群	吴中年	胡业东
姚春梅	钱扬东	崔冬梅	章 健	程利明	缪成角	徐志勇
刘 青	路 涛	章 成	童敬之	吴晓玲	吴 燕	吴宗芳
万春霞	董光成	谢 娟	董以胜	缪昌付	谢 毅	汪桂芝
钱之斌	张 斌	丁春梅	丁祖兵	丁鸿鹄	童 玲	乔维虎
陈晓群	张 亚	王晓勇	王露清	钱扬梅	许 宁	李碧荣
赵新梅	张向明	钱 斌	钱 敏	胡 敏	王小玲	王凤琴
刘秀明	张小红	张功浒	王正宏	王成兴	阮学锋	阮善忠
李碧荣	张 东	张 燕	邹震生	郑小军	赵一芳	骆成山
钱 锟	钱翠兰	陶为兰	陶卫英	童朝林	翟光勤	骆银平

（91人）

初中部1992届

王学峰	沈小斌	徐金峰	张俊生	丁以龙	汪 华	崔华琴
张俊红	李生强	陆小俊	钱扬兰	张吕平	丁名刚	张九宝
陶 娟	张敬群	王 成	余 银	童青松	谢俊峰	王 俊
张克军	童丹枫	潘海琼	王凤霞	张同秀	童晓禹	缪成秀
王连清	张红梅	熊建国	王玉兰	王海英	花春红	徐志东
童莉琼	吕军海	周劲松	钱贞洁	俞复娟	朱启全	赵 云
徐吉松	俞金涛	李 梅	林 宏	侯小红	张 静	伍爱民
郝 玲	邹太朋	张红春	汪桂生	徐晓冬	杨腊梅	童爱华
汪德华	徐志伟	张道闩	丁向国	丁永胜	张 敖	张 丽
张 艳	何贵松	汪国军	汪林静	吴忠胜	宇亚平	李立升
朱卫文	阮小燕	王桂玉	徐志洁	丁晓莉	王守玲	徐志东
丁少兵	李碧荣	丁中俊	赵新梅	魏安庆	翟大庆	董以胜

| 孔 庆 | 钱 锟 | 帅 琼 | 董 文 | 钱 斌 | 胡 敏 | 阮学峰 |
| 汪桂芝 | 钱 敏 | 钱之斌 | 缪昌付 | 卢 冉 | 谢应春 | |

（97人）

初中部1993届

万晓兰	赵俊辉	陈 颖	谢 丽	王 芳	赵健民	许海林
谢晓明	王 丽	姚春莲	邹小弟	童泾生	王爱民	崔华丽
何 萍	缪云枝	王爱君	钱华丽	汪小国	钱之超	帅砚成
曹智锋	汪晓华	丁向国	李素媚	谢晓凤	范冬生	黄海群
张 丽	汪桂生	何敏群	丁红梅	周吉平	张九宝	吴 勇
王 家	林 梅	周劲松	吴正来	王 琴	郝 玲	吴昌霞
王海燕	崔华琴	洪正安	刘代秀	程 洁	王爱丽	赵先军
阮小俊	童华琴	赵春红	吴悠扬	童国庆	张 艳	张 军
刘代秀	陶 刚	谢俊松	田方鑫	王之平	洪正苹	王维霞
王文进	缪云之	王 奇	王旭东	蒋加涛	张小东	陈 颖
丁爱荣	陶为龙	陶 阳	周梅娟	徐志珍	花冬生	缪建武
丁泽仕	徐艳丽	汪晓华	张开城	张 丽	丁祖安	何敏东
胡菊芳	许志远	何 萍	张会东	邹小弟	林 梅	余劲松
陈志军	张燕红	沈小敏	童泾生	钱云超	童化琴	张开胜
张 傲	洪正安	孙金龙	张俊生	宋红兵	王 莉	徐志远
任 伟	钱员洁	牛和智	俞复娟	童爱丽	洪正平	童莉琼
赵先军	王小琴	熊海群	张翔宇	郑军友	王月龙	林小妹
丁 阳	徐志珍	万 丽				

（122人）

初中部1994届

丁以梅	张敬民	崔华山	谢金治	刘复权	丁雪芹	陈慧梅
谢红艳	谢会芳	张 良	万 年	汪迎春	翟 芹	丁爱荣
童效浆	万立娟	何红梅	汪贤豹	孔德武	丁 红	孔令其
何金龙	周振生	田方金	王峰森	孔春玲	陆承俊	陶为国

陈志军	熊凤霞	王大翠	周正国	赵 俊	何敏东	钱林萍
王忠保	俞金铸	刘云龙	张燕红	钱 勇	王银杰	骆先中
杜晓冬	洪常珍	王玉萍	王春梅	赵 伟	张雪梅	徐艳丽
丁少芹	叶浩澍	钱 兵	许汉生	钱小君	郝 俊	李 梅
陶 雷	童天瑞	朱梅芝	陶 琴	童迎春	张 亚	陶维琴
童晓萍	吴 云	钱俊岭	王昆昆	胡为林	陶维扬	张明龙
张 超	张 刚	万 燕	周山丹	童晓荣	钱 景	

（76人）

初中部1995届

丁海兵	任 辉	谢翠芳	卢海岚	陆承志	丁中胜	阮晓敏
谢 平	任军山	钱荣贵	王 健	阮 花	谢 军	庄学楠
陆成俊	王军华	何兴富	童玉萍	朱月娥	童朝山	王忠兵
吴丽莉	丁金凡	阮青松	童朝政	王 兵	张克生	丁晓玲
汪为华	谢 聪	王海英	张 勇	丁志敏	汪安平	缪琴琴
王春燕	张 菊	丁俊荣	李 苏	魏 焱	王凤群	李 婧
万代娣	张和连	杨 洋	汪友波	缪玉林	王永桃	张仕伍
钱 铖	方绍飞	赵 丽	王玉坤	张业衡	赵勤木	孔冬梅
赵 前	王 燕	吴 刚	蒋萍萍	车学森	骆启贵	王 飞
邹晓琴	章 群	卢 俊	徐 东	王 俊	周剑棠	丁 琴
卢 鹏	徐志霞	王进军	赵青水	王丰森	卢海波	章晓琴
孔 花	赵 芳	王昆坤	帅 军	章 胜	刘骆中	赵青松
刘春桃	程 琨	刘江平	胡为林	周丹慧	胡蓓蓓	钱 勇
钱 景	钱林萍	童晓荣	陶为扬	张 磊	叶小菲	程 曙
张小东						

（99人）

初中部1996届

吴庭梅	王 平	王汉超	谢 飞	吕海波	李 凯	丁绍群

张 青	周晓燕	方绍育	张 勇	龙佳顺	程昌江	胡先安
赵婷婷	徐发珍	杭敏燕	丁友四	方丽萍	童臻珠	陆承慧
范光辉	郑 亮	王金枝	郑 非	洪 颖	童 陵	黄克银
缪 恒	张立新	阮 然	马 训	王川安	何雪薇	童天勇
熊健平	张汉洋	刘晓燕	刘三保	齐昌云	章 进	董为莉
孙志华	王银春	张 春	许汉云	陆 辉	童贝贝	吴林梅
孙慕芳	王学超	王海楼	叶 琼	牛雯雯	熊 蓉	刘 云
王正平	王 玲	丁少明	张毕正	王天镜	何 平	范图艳
陆海燕	童维华	万士菊	章小雨	尹红梅	王 云	姚春燕
王海华	童晓燕	丁海兵	徐志松	谢 刚	万学兵	谢江涛
孙为花	周丽梅	张旭东	程 亮	何 飞	李 青	张 兵
陈 秀	孙友新	王 丽	童阿五	许 华	王 靖	龙佳佳
陈小三	帅玉莲	王 萍	张 林	丁 凡	万志远	黄克银
曹飞飞	王云云	张桂玲	张金龙	丁绍芹	王芳明	郝丽芳
黄 慧	谢 飞	谢之华	吴 毅			

（109人）

初中部 1997 届

丁 超	王群英	赵绍俊	谢 飞	丁 霞	车石林	饶晓棠
谢天榜	丁中心	包迎春	姚 瑞	丁 娟	丁林中	龙为民
张小勇	丁少翠	丁爱民	庄学春	张士兵	丁玉香	丁爱群
伍 平	张俊清	丁祖俊	丁桂枝	伍文婷	张陶林	丁祖国
万 平	刘 洋	张菽芳	丁蓉蓉	万志洋	徐荣花	侯 佳
万 超	万慧莹	吴 毅	钱学培	万桂香	孔德勇	李生兵
章正英	王 旭	王 明	汪明作	黄 岚	王 政	王 俊
周旭东	童 陵	王 彬	王 娟	赵 刚	童忠诚	王 琴
王 翔	赵 福	董得春	王平萍	王万松	赵亭亭	蒋胜红
王胜军	赵冠亚	谢俊杰	王维平	张 芸	郑 非	孔腊梅
张 希	缪东升	叶朝军	张 兵	杭敏燕	齐丽群	张 勇

刘 茜	张玉伍	范光辉	刘玉洋	徐红雨	陈学华	吴昌玉
钱扬东	陆 辉	何新宏	钱慧民	王 丽	郑 刚	耿桂平
王正平	郑春霞	童忠林	王云云	赵 静	童朝俊	丁甜甜
赵小龙	董为民	徐 敏	赵晓林	程大平	陆海燕	范图艳

（105人）

初中部1998届

丁志钢	丁冬勤	丁 婷	丁 勇	马 锐	孔 俊	万江平
丁冰杰	王琴琴	王金成	王 艳	马红艳	吴宝林	吴昌环
李 芸	朱 庆	张芬芬	张 敏	邹 宇	何敏宏	胡林艳
周鸿冰	林晓丽	张艳梅	钱 军	徐 静	赵春梅	张 艳
薛文溢	康 壮	黄卫国	陶 勇	丁玉平	钱 花	童振兴
童 莉	万慧荣	万学俊	丁绍满	丁丹凤	刘 林	王东星
王文东	孔梦花	汪德玉	卢昌嵩	汪 康	刘 错	何敏琼
吴 阳	朱文靖	陈东启	张小飞	张 诚	何敏稳	赵 磊
郑丛林	张素英	张文渊	梅玉玲	徐 燕	骆海鸥	赵小琴
童 海	童 娟	王恩宝	黄承有	缪津津	缪春艳	魏 琴
翟大平	丁海弟	丁荣华	缪燕燕	王 玲	王 庆	王 云
丁海涛	王玉豹	王 雅	王 珊	王 跃	齐修平	刘 松
孔桂香	王宏燕	宋 燕	伍孟林	伍亚梅	张 丽	何幸锋
何 平	吴美春	周元庆	陆 磊	张 晴	张士情	谢中华
谢文娟	周敏丽	缪飞雁	缪 军	蒋克勤	谢跃红	丁 汉
张金锁	丁以凤	缪宝林	赵腊梅	胡林艳	丁爱枝	费海云
万春香	谢天柱	赵昌茂	谢婧娟	王 皖	骆海鸥	丁成龙
何敏景	赵松林	骆玉平	花友春	缪书玉	张 锐	谢云芝
丁 辉	童巧云	丁海茜	王宏英	王 芳	谢文娟	童谢敬
王小娣	王春苗	王 海	赵云凡	赵云成	王小东	丁同辉
丁军军	叶碧文	谢中平				

（143人）

初中部1999届

丁 敏	王丽君	林小群	缪成云	丁以红	尹红娟	胡复年
丁 杰	丁志强	帅巧红	郝 盈	丁 莉	丁晓东	齐 鸣
童丹晨	王根生	丁大红	丁海兵	齐传巧	童海青	丁中玉
丁祖俊	刘 伟	黄晓琼	丁和平	丁洪海	李忠香	童汉民
丁康康	万长怀	朱发顺	童忠祥	丁鸿俊	王 平	高中珍
谢 成	万春霞	王 庆	张士兰	谢晶晶	孔 兵	王 丽
张友芳	谢素琴	王 元	张雪花	谢军军	王 林	王利俊
张欢欢	谢海燕	王勇军	张克梅	谢黎明	王 胜	王红梅
伍 培	蒋 浩	王 超	王成林	缪 伟	王 燕	王丽丽
季学琴	缪 军	王 磊	王中山	吴文娟	童红梅	王玉兰
伍常军	王忠霞	吴莉莉	缪 俊	王中兵	孙 蕾	王成兵
张 阳	缪二伟	王成家	孙 浩	王加红	张 明	缪文文
王芬芬	江巧云	王爱国	张圣清	鲍微峰	王肖肖	李 琴
王啟凤	郑超越	丁 峰	王岑岑	李中玉	王群花	花桂荣
丁友兵	李加春	王海燕	赵冬明	丁仁莲	王维年	李婷婷
齐昌伟	赵德红	丁宗芬	王菲菲	刘东明	刘文龙	钱冬梅
尤平静	刘福荣	何小丽	钱锦华	孔冬红	尹红俊	汪开云
何敏航	徐 超	卢爱岚	汪保忠	花 蕾	黄家超	王 松
叶 聪	汪 兵	彭佳年	王 雷	叶明林	张蓓蓓	汪 俊
童 超	王 群	伍 刚	范灏文	王 琨	童小云	王 婷
伍亚伟	钟 声	陆晶晶	童 明	王为胜	伍传平	饶德顺
骆艳青	丁忠玉	徐海燕	赵 进	王金花	童 鑫	徐文娟
陈凤霞	钱 江	王丽芬	章 央	张 翼	谢 云	杨 平
谢万桂	童巧云	谢云龙	徐新生	谢顺平	缪玉林	张 丽
王 俊	潘 彬	蔡珊珊	陆文昊	王 静	王 莉	

（174人）

师生名录

初中部2000届

杜娟	钱春燕	童朝流	王志斌	许晶晶	李立强	高春桂
张伟	王春林	王虎生	李丽丽	程辉	王海洋	王春燕
周童	李晓光	童军华	王亚飞	毕涛	张艳春	何丽
童玉佳	帅颖	孙月荣	孙云	何成成	谢伟	王海涛
王平安	丁蕾	汪海燕	缪银山	张美玲	钱媛媛	丁小霞
张兰	赵春年	熊阳阳	车红莲	丁平	张艳梅	蒋小宝
袁晋	汪俊	丁绍山	张勇	童孝华	丁超	张星
丁富贵	沐阳	童丽群	丁梅	尹万胜	王飞	陆婷婷
童朝俊	丁俊荣	丁伟	王荣	周明	谢林春	丁晶晶
胡萌	王峰	余海	王川云	庙娟娟	胡明明	王敏
丁秦川	王春燕	郑磊	王菊香	王强	车文娟	卢婷婷
夏飞	王银芝	王静	丁迎年	伍群	刘英	张强恩
车红莲	杨婷	蒋建国	伍可佳	张士兰	孙运芳	何明
陈婷婷	丁代娣	缪秋娟	何竹青	汪小虎	童小伟	张龙
何星明	张静	童丽群	翟海玲	赵德芳	胡娟娟	许松林
朱启娟	王彤	童莹	阮康	谢威凤	童兰慧	丁晨
谢小丽	聂晨	赵琴	万文娟	张昊	张小娟	王军
张保垒	谢珺	陆承燕	丁冬生	许迎春	赵春年	范修福
刘文娟	王岑岑	缪春涛	陈成	高春桂	齐传巧	赵星
饶德玉	蒋小宝	王元	赵小文	张超	童佳佳	王海涛
赵冬冬	丁小燕	丁小菲	王菊香	胡猛	方芳	王彤
刘乐超	郭丽	陆苗苗	王平宝	李小燕	王金伍	卢凯
王俊	周美	谢成凤	马仕伟	秦飞宝	王翔	缪小娟
胡萌						

（162人）

初中部2001届

张忠茂	郑源	丁友飞	王建业	钱小妹	丁以香	王守保

万巧云	张 强	张勉之	伍文逡	朱 翔	吕 兵	刘玉柱
丁飞飞	王 欢	吴冬冬	吴娇娇	钱俊杰	蒋 驰	帅云云
王宏鑫	王 磊	魏巧云	洪 燕	谢晶晶	王 娟	王 春
王 丽	王 非	邹太红	刘 琪	花 磊	齐 雯	丁 燕
李林玲	王 晶	童 慧	汪 云	童 鑫	李志梅	骆叶飞
魏 军	汪 丽	赵 娟	舒 伟	帅敏敏	齐秀云	江 磊
丁云锋	王园园	王 蓉	汪 雨	王敏敏	盛志伟	王 莹
伍亚忠	徐王莹	童清清	钱 强	程恩梅	张从龙	丁迎龙
徐娜娜	卢 珊	王 伟	何幸姚	王 灿	余 露	尹旭东
蔡 伟	夏 钦	杭凯峰	赵 静	王 云	王 慧	张兵兵
刘 超	王 琴	王 超	王 丽	王宝平	伍 丹	李海林
丁 阳	张开雨	王 勇	王玉梅	熊冬梅	李亚静	王 涛
王 祥	万长春	童苗苗	丁 健	王火举	王得平	丁小雪
王冬升	王 施	丁莉莉	丁伟伟	钱双双	江安凤	钱 铃
黄振超	王 银	童阿燕	赵 霞	班凤琴	孙 林	童 飞
童中权	汪巧玲	钱光明	童运运	缪 俊	徐 惠	徐 庆
缪玲玲	徐芬芬	缪 苹	缪文军	李金凤	缪 娟	赵 丽
丁群英	胡 硕	丁凌云	丁 敏	王焕之	赵 蕾	童忠群
韩道荣	童娟娟	伍春香	花 伟	王平蕾	张青青	孙世英
赵碧霄	李蔷薇	张会军	张永志	张开丽	李 超	张 胜
张银花	潘红梅	柏 伟	缪 敏	王 兵	童静佳	童 磊
童 梅	赵琴琴	陈一林	王亚飞	董 洁	袁 晋	童兰惠
童春燕	周 童	蒋云生	丁宝平	张天龙	赵 明	李凤清
周 昰	帅 颖	骆克斌	童 伟	李金龙		

（173人）

初中部2002届

王 明	尹学明	张 梅	孔 云	万伟刚	孙 军	钱 朋
庄学美	吴石玉	陶劲劲	曹一青	任露露	钱光龙	张金凤

丁亭亭	伍 林	庙珊珊	张小雷	缪琴琴	汪 强	帅晨光
王 静	宛 婉	阮小庆	刘秋婷	赵凤娇	王 娟	陆晨晨
张 飞	罗桂林	孔海燕	钱行春	邹太霞	金美丽	王 志
翟 挺	何丽萍	汪 刚	赵林森	李月雄	王 军	宋 娜
魏晶晶	王 玲	何 飞	张宝胜	张 亮	王 磊	王阿美
丁 凤	伍 瑞	缪成鑫	杨 兵	李平平	张雪梅	王 辉
李婷婷	童 莹	杨 娟	丁忠敏	丁文娟	李志伟	孔红玲
王 娴	徐蕴怡	王 洋	代振东	钱 勤	丁 磊	陈晓玲
张 伟	王汉东	杨 敏	朱拥军	丁 薇	王小伟	尤勇康
万长权	王 磊	童 晨	杨 俊	谢鹏飞	丁少安	张 勇
高 强	王翠玲	朱 丽	朱启娟	王云花	丁宗花	高 云
张 俊	杨 成	童明清	林 丽	刘明东	万凤美	万文清
张宏燕	谢锦柱	谢玉福	谢九年	刘 清	江海波	谢勤勤
谢娟娣	缪 伟	张 丽	魏 函	谢小玉	谢育峰	谢卓群
黄 群	花迎娣	赵晶晶	张 驰	缪夏丽	缪玉锁	缪佳佳
徐学玲	徐晶晶	王娟娟	赵 玲	王玉林	缪成燕	陈 诚
丁小磊	杨 洋	丁林飞	赵 军	丁海东	丁海燕	洪 娟
王 明	丁少林	汪光中	丁合群	丁皎皎	缪迎春	缪纷纷
张灵芝	王宜萍	董金兰	王丽丽	叶 香	何 玲	王 伟
刘 成	方拥军	张圆圆	徐佳佳	万冬生	王 勇	徐鹏飞
程 群	王小波	康 云	童 磊	童朝霞	童旭红	潘小敏
童 静	童玉凤	童朝刚	童婷婷	耿金金	童晓利	许朝昆
张金珊	伍万勇	王 登	王开明	王平娇	童砚文	王 娟
王 超	许翠春	王 佳	王建华	王金花	何新军	陈小二
王晶晶	王玲俐	王宝琴	伍俊凤	王 勇	张 军	童中诚
王东东	王 正	王平丽	王银强	王永强	翟江银	钱珊珊
张开宝	王 雁	孙金莲	张国荣	石亚山	潘复生	张青山
丁以如	丁以超	李 林	李 珊	朱 蓉	张灵芝	孔德宝

石金花　伍　飞　张梅君　缪巧云　许　蕾　王正雁　宋　文
任建睿　张　莉　王　华　吴文婷　张　超　王　猛　王　飞
张士顺

（225人）

初中部2003届

孔　蓉　钱　飞　陶晶晶　王珊珊　王　蓉　汪　洋　童翠平
吴起飞　周涛涛　王　成　李燕飞　王　清　孙　涛　蒋庆萍
蒋腊萍　季学文　丁志文　王　超　丁文祥　王为涛　潘作舟
孙　振　沈月腾　童海贝　何昭晖　童　锦　汪　伟　徐　亮
汪　莹　王　希　王晓雨　洪　静　洪　磊　李伟和　叶平丽
齐传龙　何凤晨　程　蓉　王　路　汪海明　徐雪林　郭亮亮
钱少云　缪丽君　班凤云　帅丹丹　张　进　彭蓓蓓　王　圆
翟丹丹　门　蓉　张皖芝　童寒雪　王盼盼　陶　丹　车学林
孔海龙　孙　力　彭　飞　伍文文　江小东　高　东　谢万棚
王　飞　王　平　谢红伟　王　强　李学军　谢顺进　王　朋
朱海燕　周欢欢　王　菊　王兰芳　李海生　童金平　万菲菲
张　倩　王　磊　童朝中　王　云　童孝韬　王春梅　万长妹
万彩凤　安　琼　孙文军　王茂义　骆小二　倪向成　万学勇
万学芬　朱放芳　孙　飞　骆　敏　万会会　赵军旗　万云云
王　伟　谢爱文　谢立成　钱迎春　孙敬龙　谢云云　谢小林
谢婷婷　刘　平　谢俊华　谢　磊　王玉银　骆克敏　缪文明
徐建华　缪云生　缪文辉　缪云云　缪　超　缪　飞　丁　群
丁红成　丁　文　缪迎霞　丁　静　丁　超　丁红雨　丁　玲
丁鹏程　丁　芳　汪向梅　丁　奎　王　鑫　张　亮　王　雨
王为成　丁　俊　丁少福　王　军　伍佳佳　钱广凡　钱广云
缪加林　徐咏梅　丁　凤　谢冬平　何芳芳　费　露　刘　洋
缪　燕　张富学　张玉萍　童幸雅　骆　飞　董超超　万　芬
骆超超　王　琴　吴海波　丁啸波　王　明　夏和平　童春林

王芝环	王 会	汪洋坡	安 超	孙文丽	谢文靖	吴云兰
丁 丽	王彬彬	汪 飞	丁哲源	许静茹	张小露	张 洁
张 稳	潘小二	赵 勇	刘 祥	孙华文	童静文	童 玲
胡 莹	徐培好	张小龙	谢 杰	谢 帆	谢艳红	王 兵
钱洋洋	杨国玉	陈 俊	张常丽	侯小四	张文举	王文涛
王小二	王金龙	王小娟	吴 静	王俊生	王 影	王兰香
王文林	钱玉璐	王 微	王国平	王江峰	伍万青	安 平
胡贝贝	张珊珊	钱小俊	王素珍	王海燕	王冬生	吕治国
张 敏	石金保	赵 伟	张树仁	张 慧	潘金玉	张 凤
李春风	张功胜	邹太燕	任 杰	钱海兵	童孝云	朱德敏
张静怡	谢小盼	孙 庆	王开瑞			

（235人）

初中部2004届

黄 倩	邹太山	胡克俊	班 成	王 云	张菊花	伍海波
门 云	王 涛	周涛雨	朱 强	张 军	王 琦	庄学英
李 溶	张 梅	张 甜	孙 伟	孙 飞	李 伟	王 琴
章涟漪	童 芮	周 佳	杜 琴	张娅娅	王 超	缪小三
何 鹏	童 健	王文娟	赵 文	丁以霞	刘 东	方梦园
程 云	何腾飞	伍海燕	刘 婷	王 军	郭 亮	缪林森
张 磊	吴 婷	王梦婷	龙书琴	何 洋	陆梦丹	代 中
童 威	刘文娟	王梅偲	钱 浩	周 伟	童甜甜	魏亚鑫
王晓明	徐丹丹	车金标	汪 涛	江 龙	张 凤	王欣欣
邹 力	王 芬	缪东升	王 芸	童 辉	赵 飞	朱月娇
钱广龙	汪金龙	谢 锋	王 娟	谢会敏	丁伯利	孙宏文
谢小龙	董静静	丁伟伟	孙 丽	汪 丽	王 飞	熊小波
丁 兵	陆世华	张巧云	丁兰兰	熊佩佩	丁欢欢	朱启刚
蒋娟娟	熊海涛	谢鹏育	杨 柳	丁灿灿	丁玉梅	陈 美
王飞飞	丁林燕	丁 峰	蒋 丽	丁建华	丁小群	丁海燕

王红宝	童玉清	汪 荣	赵 月	丁虎林	万大康	熊晶晶
王成成	丁 红	王佳佳	熊园园	王夏云	赵佳佳	万勇军
郑 俊	王亚洲	方媛媛	伍红梅	童效琴	王平平	叶璐璐
谢傲珠	董瀚洋	丁畅文	丁 黎	伍万龙	缪文莉	程云萍
陶中监	王亚彬	丁京京	周 芸	宋 崇	张 霞	刘 洋
刘家红	王 萍	孔佳佳	代晓妍	王 健	丁 勇	王 欢
赵红丽	赵朴文	王佳佳	李丽丽	王莉丽	万盼盼	万 军
万学垒	项丹丹	谢小龙	谢 玲	谢绪海	张士文	钱玉晴
万 芬	赵 伟	万 涌	徐如平	徐双华	花木兰	王海燕
缪佳佳	徐 琴	缪翠云	缪 静	缪 稳	缪盼盼	谢金山
王海涛	王伟伟	王文文	童云云	王俊林	张月琴	王小燕
王文达	王媛芬	王 凡	钱文招	张苏红	王金秀	张开俊
丁婷婷	张劲松	张双喜	班峰云	徐颖华		

（194人）

初中部2005届

张 露	尹红丽	丁以兵	童亚丽	叶文朋	王 琴	何亚勇
孙 晨	章 燕	汪 飞	童明宏	杨 朋	曹乐乐	任 亮
王 骏	赵兰馨	吴莲莲	王 蓉	董兆勇	王 月	王亮亮
彭 晨	王 敏	张 辉	汪春东	谢 锋	丁 浩	丁 瑾
王 超	丁俊勇	刘银萍	王 雁	丁 琼	张 霞	李 晖
赵卜文	赵 悦	谢玉香	徐 科	骆凤鸣	缪晶晶	缪 帆
赵闻斌	缪 君	王 荃	章 慧	胡重九	花成琛	钱莉丽
缪仙仙	缪丹丹	王 杨	王维孝	朱梦媒	李 伟	李 超
童朝阳	童 佳	孔 健	徐君君	陈亚雄	缪芬芬	郭 政
王 东	杨 荣	张 敏	童霜霜	王诗怡	王 珊	伍小妹
张 栋	付红霞	程 浩	孙雅欣	孙欢欢	童首亚	钱福珍
孙 超	尹红强	缪 浩	王 琼	孙海霞	洪 伟	王亚军
宋 丽	吴 洁	王文韬	王成程	朱 明	钱 昆	童迎迎

杨海文	王琦	邹太玉	赵浩明	何亮亮	缪迎迎	缪超
丁露	孔俊平	童亚庭	丁媛媛	赵彪	赵娟	张培
张娟	童丽	李敏	吴涛	彭胜如	童婷婷	张功宇
丁庆庆	王维菊	童玉洁	缪甜甜	周蕾	孔红梅	刘会
张超	张康	赵静	王如	赵捷	丁京龙	孙盼盼
童中纯	丁利军	林海霞	万芬芬	王云龙	丁京凤	丁京琳
丁小雨	徐志苏	丁婷	丁云云	丁红梅	王燕	王乐乐
谢敏妮	张琦	王敏	丁鹏飞	何美良	康健	高洋
蒋俊峰	童明月	王伟	黄双喜	丁思源	何星光	王娟
孔婷婷	陈力	何婧	董成	李超	王建明	洪洋
李倩倩	王强	张健健	王洋	谢跃马	帅莉	赵碧玉
张悦	薛诗	张灵	叶文丹	田茜茜	陈楠	童羽
陈姝	赵雄飞	耿军	丁佳佳	王琳	钱松灵	骆梅
万学伟	谢序兵	赵冬生	赵淑蓉	万龙	丁玉霞	蒋克云
蒋晓敏	缪平	缪嫔	魏邦跃	缪雪花	缪潮海	王菲菲
缪兵兵	钱璐	谢俊梅	赵聪	阮磊	花成龙	童跃跃
程诚	朱凯	丁欢	童朝伟	孔潇潇	李兰	赵海波
孙英科	王贝贝	孙华萍	汪春荣	童佳丽	张敏敏	胡娇娇
王云云	汪瑞	汪欢欢	陈霞	张亚东	赵磊	王婷婷
赵贵淼	耿伟	汪强				

（227人）

初中部2006届

王冬泉	王欢	赵婷	徐露	陈小云	陈俊	缪锐
王春秀	丁磊	李冕	庙成成	丁飞	王磊	齐修花
钱广翠	汤大伟	丁婉婷	王召敏	张玉婷	童菲菲	张正宇
缪巧玉	孔浩	吴婷婷	刘川	陆世民	王军	刘玉林
张旭	王平	丁丹丹	张濂妹	伍兵	李明	张苏伟
沈国祥	孙爽	刘萌霞	高小二	骆原	丁亚生	王雪娇

丁大政	刘利娜	徐岭丽	丁文静	杜梅	张亚峰	谢凡
徐敏	方东山	丁志轩	张健	洪妹	丁璐璐	丁中燕
蔡蕊	王真	王婷	朱艳红	王成明	王梅瑶	王君
李圆圆	熊成成	张开云	赵敏	王晶晶	张功意	谢顺强
李小燕	徐勇生	林冬蕾	汪丹丹	钱伟	缪娟	缪洋
王媛媛	张军	张明月	朱亚平	马艳	王成亮	王丹
赵青	谢亚挺	魏安稳	骆强	余畅	缪王琴	王雄
程源源	童婷婷	赵姗	杨云志	熊庆红	王欢欢	矣颖
费雨	朱玲欢	丁维娜	丁晓云	缪永强	董雯	谢丽萍
孙燕	孔燕	赵玉	丁丽	缪晶晶	钱之武	何强
程羽	丁小凤	徐锦蓉	丁庆同	戚明珠	吴义伟	张明扬
王萍	钱丹丹	童翠琴	吴文园	缪皖豫	魏珊珊	丁安东
吴贝贝	张开丽	王涛	丁亚婷	刘庭园	周波	徐安安
张兵	赵进	童敏	丁婷婷	丁珊珊	俞点	章健
缪红	童雪舟	童帅阳	张志兵	包磊	王强	王志成
董蓓蓓	安佳佳	任路	周强	黄雪	丁闻君	陶娟
缪海思	章成铭	王昭昭	杨海波	朱方圆	赵健	赵阳
朱巧云	花磊	徐秋霜	汪涛	蒋丹丹	熊露露	汪春东
王慧	黄超	童京晶	赵文	徐青	徐文	丁雪彦
胡颉	童娜娜	胡婕	陈浩	张春香	林亚军	方迎春
童海琴	赵家留	赵明光	陈妹	朱富成	李素云	汪春生
张凤	童春良	耿昌龙	陈亚雄	李敏	伍丽红	沈昊浩
徐伟佳	方敏	钱丹丹				

（199人）

高中部各届学生

高中部各届学生数

届别	人数/人	届别	人数/人	届别	人数/人
1972届	180	1990届	155	2005届	368
1974届	113	1991届	114	2006届	359
1975届	136	1992届	100	2007届	416
1976届	145	1993届	289	2008届	417
1978届	124	1994届	171	2009届	567
1979届	282	1995届	178	2010届	319
1980届	215	1996届	117	2011届	336
1981届	210	1997届	166	2012届	432
1982届	201	1998届	243	2013届	313
1983届	141	1999届	241	2014届	395
1984届	77	2000届	194	2015届	235
1985届	107	2001届	213	2016届	174
1986届	162	2002届	219	2017届	190
1988届	157	2003届	346	2018届	188
1989届	149	2004届	334	2019届	182

注：1973年、1977年、1987年无毕业生，共计45届毕业生。1983届、1984届档案不全。本表统计10370人。

高中部1972届

甲　班　班主任：潘恒俊

余佳学　王刚顺　丁开南　钱扬风　王忠玉　钱孟琼　屈敦云

骆为民	陆祥秀	黄月翠	程希玉	帅晋翠	余家成	谢绪坤
缪小敏	钱扬宏	程希骏	许根平	童天祥	童朝保	蒋克诚
吕和平	孙业文	许先睦	孙善根	包景良	谢世寿	谢玉珍
谢道举	赵平富	卢前林	侯正席	童天榜	童朝加	董学周
张祖明	程小勤	方家根	陈来福	李先涛	丁新生	方友才
徐祥会	周玫玲	刘先法	伍先能	徐锦涛	童效云	马仁良
童天柱	刘春蓉	朱善林	张绪华	孙维荣	孙善平	蒋其善
丁玉珍	张筱华	邢修华	张志霞			

（60人）

乙　班　班主任：孙前来

章从秀	赵孟林	丁克珍	陶启华	胡晋秀	赵社荣	李秀华
惠宝群	程爱群	陈先兰	谢友英	郑　华	范守士	张明和
王东升	谢金华	张传涛	伍先宝	谢玉荣	胡　兵	张忠荣
刘爱民	陶玉明	谢家凤	鲁　明	刘吉宝	秦正华	张忠训
张忠举	徐代保	朱维群	钱之跃	谢玉龙	袁心兵	程希华
张广发	薛良荣	宛　胜	包义成	魏彦生	丁雨林	丁传铎
赵一平	赵庭华	骆先喜	包义江	花凤英	吴淑霞	张守平
侯卫东	阮方保	钱扬明	王立华	赵　明	钱光惠	汪维华
童天发	董玉珍	汪维华				

（59人）

丙　班　班主任：杭盛才　季涛

郑道华	谢桂林	缪红梅	王庆霞	翟庆年	侯芝秀	许国翠
吴祖珍	齐发翠	帅宗霞	张向明	童朝田	丁毅信	何敏卢
潘明扬	王朝明	毕永红	童朝康	王守平	花英明	陆世来
许业浩	魏守武	杨正根	张忠勋	蔡顺荣	陈恩荣	赵同峰
黄康泰	朱德顺	蒋克翔	陈利民	伍方保	陆卫平	帅晋秀
万世秀	高小平	管光霞	孔祥迎	丁大光	洪德信	孔令升
范先召	谢仁华	朱之好	孙来云	童朝根	张广凡	王光海

师生名录

范先怀　许太明　谢道昌　范先满　周鉴明　侯邹平　宣继南
陆成云　王　勤　于大梅　谢同发　邢旭东

（61人）

高中部1974届

甲　班

陈德茂　赵翠平　赵德生　周玉秀　骆先发　谢道安　张信兰
汪　平　俞加新　董必林　康宝山　童天伍　丁根来　孙桂芳
汪友爱　惠士朋　徐凡林　张吉平　伍西洋　张昌权　洪　梅
章从玉　黄启华　董勤华　谢仁秀　刘孝福　伍万玉　包正育
骆成宝　万长武　骆方成　刘后好　张正坤　董学华　张信波
郑训柱　缪辉明　孙敬水　伍成兵　许国春　李小明　俞凤霞
陈秀兰　赵益勤　赵庭安　童天训　王大权　陶先刚　张学华
钱光宇　童俊利　汪昌石　洪荣祥　钱杨林　曹永和　孙静安

（56人）

乙　班

赵庭涛　万和平　王先平　郑必奇　王守朋　钱扬荣　耿昌峰
孙为顺　卢　明　钱之宝　钱俊林　缪玉惠　张修林　孙为涛
童天俊　钟　俊　范守林　伍开春　丁少会　吴道朋　惠国鲜
丁学芳　王善英　吴　冰　钱开东　费康久　钱桂芳　吴前海
孙为和　包义翠　缪小林　程前生　朱玉兰　缪松泉　侯正华
伍万荣　谢桂芳　孔令全　童天斌　侯益群　汪　俊　黄大会
朱吉林　黄月秀　陈建堤　缪吉保　林　芳　钱扬金　许中波
洪荣春　钱光华　夏光荣　丁祖平　谢继保　朱德喜　谢同金
刘修俊

（57人）

高中部1975届

甲　班　班主任：瞿必华

缪克贵　王凤英　侯庆华　王刚涛　张会勤　杨忠喜　王百勤

鲁可平	汪翠玉	张合霞	王明华	万金明	任家胜	童朝扣
沈春林	徐丛桂	马翠霞	郏根年	张秀花	蒋峥嵘	赵昌宝
唐义友	丁学莲	钱扬所	刘善贵	陆祥忠	童天林	蒋翠华
张晓华	闻光发	陈克平	张家凤	孙敬稳	毕训宝	包义玲
许忠玉	侯维福	程秀莉	陶俊玲	丁恒山	利业林	林 平
杜士元	包义敏	丁春涛	孔涧泉	张明发	骆卫国	宇正香
孔令安	徐 霞	钱扬宝	董必胜	卢 琼	钱广玉	王安兵
陆桂珍	童天然	张龙新	孙万友	侯安全	骆以驷	丁传福
汪从寿	孙业翠	张俊生				

（66人）

乙　班	班主任：耿业定					
安继斌	班景辉	包礼兰	曹炳贵	程晓寅	丁根艮	丁钦阳
丁学江	丁学祥	丁以珍	丁月霞	丁忠新	丁忠俊	杭庆华
何 俊	胡友珍	孔玉珍	李本学	林桂珍	刘梅胜	刘启育
刘同文	罗正发	骆以志	缪守银	陶俊梅	缪晓华	潘恒荣
齐发金	钱 锋	钱广明	钱广生	钱金华	钱扬云	童爱华
童朝林	童朝明	童天福	童晓曙	汪跃华	王玉梅	谢士棠
谢学鹏	谢玉林	徐大陆	徐世明	徐兴霞	徐志爱	许太发
张都林	张甫尧	张合俊	张吉林	张俊生	郑基长	郑秀珍
朱以忠	朱 云	邹太平	刘成善	胡志珍	刘启腊	谢发贵
徐淑华	章修珍	喻维宏	侯玉荣	俞家云	叶显华	陈光华

（70人）

高中部1976届

丁学保	丁北海	丁贵花	王盛荣	王明亮	王少才	王群珍
王应茂	王启昆	王卫东	王守华	王世同	马桂兰	孔凡权
伍先胜	刘成富	刘忠明	刘成业	刘先林	朱 颜	朱鼎胜
宇亚兵	宇正如	任俊林	孙全涛	孙运苗	吴 平	吴黎民
吴本瑞	汪加兵	李冬杰	李正安	张 兵	张胜朋	张庆祝

张一友	张信标	张昌武	张昌树	张孝发	张加兵	张正岸
赵金梅	范月民	洪荣林	胡俊生	赵明荣	姚志玉	钱扬华
钱之发	高绪文	耿昌银	夏远祥	章启华	章敬之	陶列贵
谢道仙	谢玉霞	谢玉明	谢绪才	童朝贵	童忠树	童忠华
童朝发	窦红涛	潘为民	林吉友	丁友地	丁松林	丁学润
丁秀芳	丁静芬	丁锦霞	丁凤霞	丁少秀	丁晓平	丁正茂
于锦保	万多华	王能华	王刚所	王孝云	王德林	王孝平
王刚锋	王明海	孔令荣	孔秀兰	孔翠华	孙敬姐	帅红玉
刘会琴	馬绪林	赵前鹏	赵锦洲	张士秀	张会年	张红兵
张玉宝	张龙道	张海林	张和水	张忠好	张昌东	张生长
刘修喜	刘乐发	刘启腊	刘传银	伍开玲	林善兰	林 青
胡邦成	胡邦兰	陈大才	胡习友	陈翠云	张明英	陆祥兰
陆祥成	候正银	侯淮年	钱扬虎	钱扬根	徐代保	徐泽民
孙修东	缪 亮	蒋 俊	蒋克胜	蒋觉非	魏秀芳	汪维珍
范聪明	陈春林	耿业祥	高绪言	章启秀	程志学	董学芳
董金花	翟林玲	丁静霞	喻 军	喻玲秀		

（145人）

高中部1978届

钟 平	丁玉霞	蒋 敏	王云贵	盛学军	陶玉林	帅晋良
王维庭	童建林	骆方平	赵春涛	钱之金	丁以凤	陈效海
包先华	黄大福	钱扬虎	王志纲	童桂林	蔡友青	伍成木
骆冬梅	朱吉顺	班景华	孙 武	张梅双	王根年	丁祖国
陆先壮	林 青	汪从昆	帅会民	张凤云	胡达社	伍开宝
丁祖福	朱翠霞	杨彤云	董国珍	张孝平	徐昌军	陆成训
车佳成	朱顶华	伍先锋	刘明发	宇正岳	张建兵	汪秀华
郝建平	赵庭贵	刘小容	侯为林	孙思文	万大宝	谢同花
蒋安达	朱启超	蒋尚学	董必福	赵加贵	汪邦红	钱扬林
陈传年	凌明荣	周忠海	王得玉	谢继顺	丁春霞	王得芳

陈之兰	杨修清	程希翠	吴保成	谢和平	谢继球	朱红霞
钱之根	利立忠	王永华	程坤明	伍先知	丁祖才	丁本贵
王 平	丁学保	朱得年	谢绪东	齐加芳	孙桂香	孙仕贵
孙运富	朱为雄	骆先玉	何敏羽	朱立东	刘天河	丁少能
马 庆	童朝阳	童朝贵	童朝玉	王兴邦	陈传贵	王玉海
丁以忠	汪智华	缪腊保	赵亚民	方光才	童天霞	窦宇清
郭绍贵	周克翠	钱杨莲	董学兵	水丛华	朱庆保	朱为水
章厚长	程秀兰	谢玉兰	杨文兵	帅玉宁		

（124人）

高中部 1979 届

丁淑云	万玉兰	王 英	王玉发	王守东	王守凤	王亚民
王明春	王炼红	王德昌	王卫保	张普云	杨文兵	杨代顺
范松涛	赵同庆	赵勤计	赵会明	耿业明	侯为发	侯新生
钱扬云	吴松林	吴永平	李汤姆	徐光明	徐先进	徐得会
花日茂	骆奉根	陈绍清	胡会玲	张正超	张小刚	王先昌
王玉荣	方光银	孔令中	伍成荣	伍玉霞	刘之保	刘先菊
朱吉汉	朱善明	朱成彬	孔和平	卢育松	齐长伍	齐加秀
刘明开	孙小平	孙月琴	朱玉芳	宇正林	伍先壮	伍翠华
许 平	陈代银	陈治平	陈桂香	谢月珍	芮双林	利业军
沈志明	沈春翠	李春生	李红霞	钱扬忠	钱扬俊	吴成霞
陈利龙	程笑春	蒋英华	童卫胜	童得正	童朝云	童忠春
焦翠萍	缪小菊	沈光华	范守东	范 荣	侯为玉	夏章华
林善正	侯正华	钱扬春	钱扬霞	喻维林	鲁英南	鲁维和
潘世义	童新华	童宗新	童朝明	童小华	童达余	童天翠
童朝胜	童天定	伍开荣	丁传华	丁以寿	丁应根	丁福建
丁兆平	丁学松	马玉平	王恩云	王明珍	王明堂	王小朋
刘传红	孙来四	孙士栓	孙运华	伍先才	伍先俊	钟正林
沈春辉	李生根	束家祥	陈 方	花成好	班凤友	徐志红

范红英	范桂林	胡俊林	胡寒松	赵 明	赵开顺	杨文兵
赵棵林	赵家开	赵家秀	赵昌桂	张修余	张卫东	张士昌
张一平	耿翠花	钱金波	钱俊峰	钱扬真	钱扬启	钱扬清
侯启红	侯春香	郭少芳	黄大所	董淑桂	费康英	童春香
童凡荣	童忠诚	童天桂	童天露	谢桂兰	江传涛	冯路平
吕守红	许忠地	汪俊平	朱善余	吴成新	包先霞	宇亚明
宇竹林	刘义兰	刘凤英	管大珍	管大翠	薛良宏	翟得尧
丁学芳	丁学玉	丁玉雲	王友玲	王 强	王桂英	方祖荣
万大勤	丁以平	丁以闩	丁以信	丁以政	丁忠霞	丁学斌
丁俊平	童玉松	童朝平	童迎保	童天年	童天林	蒋 平
谢玉荣	谢玉金	谢 云	谢亚平	丁兆莲	谢继平	缪成法
丁绍根	丁学福	丁 奉	丁以朋	丁学友	丁少文	王成胜
王成新	洪 丽	杨升东	杨代霞	胡习之	胡鱼喜	张必荣
徐先挺	耿松林	赵桂云	顾小平	海中义	海国芳	陶玉保
陶桂华	袁由亮	骆小兵	骆克锁	骆方珍	钱 华	钱文武
钱广炬	钱光红	朱三根	孙保华	孙小东	龙小仙	张生广
张银花	张永新	张茂林	张昌云	张正玄	张更固	钱秀超
钱桂林	焦瑞中	陶玉石	喻启桂	黄荣平	管大林	盛鑫玉
陶筱娴	梅世涛	童朝阳	王启刚	孙运富	方光山	牛弩韬
卢英顺	刘承春	刘明秀	刘成富	汪 注	汪维云	汪秀根
伍开米	张生会	张 平	张克辉	周 红	周元安	周建新
徐贵明	赵光彩	赵光全	赵廷兵	陆先友	陆成平	丁宗新
沈淮生	方光才					

（282人）

高中部1980届

张忠文	张信保	张叔亚	范百英	范先英	陈效春	洪功飞
宣中国	周梅芬	周光成	伍先道	胡志昌	胡啸豹	任新挚
季 涛	李立传	李立茂	毕训银	吴成银	吴昌龙	杜保平

朱德平	朱来根	孙为楷	孙来虎	孙宝军	刘明英	刘修荣
孔令涛	王海涛	王开发	王国斌	王开龙	王 忠	万昌军
丁有发	丁俊峰	丁少飞	丁祖民	丁大银	丁友星	李全球
童天来	钱帮贵	阮善扣	秦加华	章启斌	张龙喜	张家荣
谢金年	钱广林	童俊林	丁东升	丁学纲	俞经富	郑训芳
钱晓华	汪友义	齐风帆	孙俊芳	万先林	童晓宝	丁学兰
赵俊生	刘天武	汪从富	童天元	吕卫东	赵家林	曹永翠
胡武平	王金海	徐志香	范先锋	蔡孝忠	侯进霞	骆克贵
朱德春	赵光兰	丁学保	谢业明	魏士刚	毕训能	王德高
刘明荣	范会明	侯维银	季昌好	邹树林	孙运贵	张 弓
缪克伏	童中华	童朝玉	王成钢	李俊明	孔令国	孔祥国
童明兰	谢继好	丁卫平	丁宗年	卢英华	王经刚	朱德灿
孔祥霞	马仕红	宇慧琴	林 松	李宗宝	汪庆梅	陈永红
陈琳玲	张理厚	张仁发	金来宝	徐立虎	钱 进	钱之金
钱沪生	钱扬学	焦晓澜	骆方松	俞丹青	童爱林	童天山
谢玉泉	谢宗顺	谢仁福	缪素芬	丁黎明	张名满	伍邦林
伍邦月	朱先所	徐志睦	张志贵	张如琴	汪传兵	陈海凡
李保菊	童朝胜	丁以勇	童中昌	徐从根	黄中胜	程江平
丁少华	丁和平	丁少明	丁晓保	赵山林	赵家华	丁玉梅
赵行贵	柏扣宝	徐后林	刘天道	孙运柱	章启水	朱顶宝
陈效祥	李兆应	傅维舵	孔金华	缪成武	姚志涛	沈朝平
程小平	舒世福	陈庆华	王经泉	汪为国	许宗柱	翟金山
卢英明	赵立新	王成玉	朱启荣	陆玉宝	侯家波	王安石
刘明柱	赵前朋	谢家政	谢 正	童达水	钱扬保	赵加周
董学贵	董学习	董长树	童忠玉	童朝成	童朝阳	童天俊
童朝华	钱扬开	钱俊璋	钱光玉	殷保志	盛小红	惠建华
蒋光余	赵前程	张德志	张士桂	张守保	周德平	汪为燕

谢中顺　赵学芳　袁志好　孙华荣　童天俊

（215人）

高中部1981届

丁中文	丁以平	丁少铁	丁文红	丁少飞	王德云	王德所
王起龙	王维山	刘大宝	刘天树	马龙福	丁桂兰	孔春年
刘士根	朱社政	朱德传	朱德余	朱贵林	孙修圣	孙敬权
任俊华	胡和平	胡礼堂	张信荣	张吉民	张亚华	张建武
徐后来	陈应中	赵留福	赵昌春	徐志富	陈克建	杨正武
侯为华	袁由华	梅　生	黄礼保	俞永华	范茂林	钱扬义
钱献春	陆俊超	蔡顺贵	蔡友山	慈　红	童天宝	童朝忠
童朝胜	潘菊兰	潘要兵	谢为保	丁家宝	王春景	王平安
王启刚	利桃珍	伍晓林	李菊芳	李生才	孔令松	利成云
包义琳	朱雪珉	刘启福	杜天准	徐兆红	汪友胜	胡光喜
胡拥军	胡志专	许庆平	范文友	杨　兵	杨良明	程家栋
钱杨能	钱之华	钱光祥	周光剑	周元贵	彭国应	黄大发
陶玉贵	曹启玉	聂中胜	蒋光年	童天俊	童朝东	童有金
童天富	惠道华	谢仕和	谢景荣	谢业准	谢金华	汪昌春
傅光春	陈　斌	丁仍江	丁少来	丁少海	万玉琦	王德寿
方梅琳	孔令顺	刘小平	刘金平	刘运贵	伍先红	汪鹏祖
汪从寿	李立奎	花国江	朱以春	沈绍平	洪和平	宇青兰
林善春	徐迅好	徐桂平	陈鹤然	陈贤超	范玉兰	施社青
程丽芳	程中柱	张后芳	盛江新	俞　林	陶维青	钱　琏
钱文玉	钱扬凤	黄延传	章金罗	章启扣	赵乐平	惠道云
童朝红	童中华	童毅之	谢　平	魏守坤	陈凤林	周可昌
周建刚	周春林	周　瑛	丁绍虎	丁以标	毕训霞	门炳山
万炳福	万克国	王开定	王玉来	王经华	王恩华	孔令富
卢晓明	孙时朋	张　俊	张爱权	张　明	张严富	张爱国
宋尽中	任加才	徐兴翠	徐桂芳	赵玉贵	赵前军	赵文兵

汪经平	沈少安	周建华	班风顺	陈基明	陈克勤	宣士兵
陈中山	胡光雨	侯加根	侯为新	侯为波	钱扬霞	钱之玉
钱其兵	蔡家胜	蒋克利	董学荣	童前壁	潘纯生	潘金荣
缪小平	李菊芳	汪为龙	崔发春	钱瑛	伍开卯	赵行昌
徐卫红	谢序铭	丁以兰	张德根	朱维秀	张守保	张权亚

（210人）

高中部1982届

周曙东	郑玉龙	谢道升	冯为平	许宗兵	伍开锋	谢名闩
曹永法	蒋其新	孙来和	童朝胜	丁学云	张远平	方光云
陈根满	万长贵	丁友富	林善荣	童中林	孙敬方	周克桢
张占先	范爱保	刘秀忠	俞金生	胡光林	陶玉荣	李立保
万长荣	陈先付	耿志明	丁慕林	张方胜	赵于海	洪平
徐军荣	黄中华	钱扬贵	李学斌	曹永保	丁少宇	曹永才
赵加稳	伍开留	叶启程	宇正顺	童朝玉	谢华	丁凡
丁绍玉	赵加莲	缪翠萍	张翠宁	杜保胜	胡后玉	唐自水
卢九一	潘先松	王平根	汪扣葆	黄朝中	黄金玲	范先虎
吴松虎	周民生	童朝广	吴宗斌	李生林	钱为根	董学武
陈德堂	张本才	赵加奖	缪来社	童树声	孙为中	程守华
钱中宝	魏松林	郑本江	曹永鹏	杭兵	缪荣敏	丁俊琼
伍先应	赵一保	谢同水	赵斌	包正权	鲁求是	刘秀成
吕东升	谢玉玲	张士平	钱扬林	周甄圣	谢其富	范新平
赵前进	胡武服	李本林	李生群	王永保	朱吉林	丁少春
袁由柱	丁传标	汪平	王向荣	魏守清	丁春苗	吴咸宝
王万金	卢英红	任俊明	吴巨成	唐长根	赵晓彬	丁爱国
丁世红	王道昌	万昌武	汪庆明	伍开顺	杜青山	李树林
朱启所	孙敬珍	孙修霞	刘明顺	夏建龙	汤明霞	徐玉珍
赵秀文	赵家秀	陈小顺	周素平	耿业明	张莘俊	张敏
费太平	钱华	钱献春	钱扬蓉	钱扬水	谢同升	谢月霞

童朝方	童朝彭	童忠余	胡民生	胡光明	潘天玉	史为华
徐金梅	赵家松	王玉林	焦常炳	蒋安平	丁以胜	丁学传
丁道金	丁翠玲	万代云	王 云	王光玲	王本忠	王成全
王瑞俊	王翠兰	王维友	孔令强	孔令根	乔得玉	杜景云
孙运华	孙晓华	张代文	张永刚	陈兆山	伍孟林	吴志贵
吴根宝	胡 诚	胡友明	洪昌道	徐成刚	童蓉晖	潘贵香
潘恒华	缪凤玲	魏守堂	徐金保	范先广	童朝珍	谢玉舟
杜天友	洪 峰	孙爱民	朱德清	魏守堂		

（201人）

高中部1983届

理科班

丁传宝	丁中荣	丁道清	丁家银	万学珍	方光林	王孝兵
王惠平	王长松	王开宝	王明志	王生春	王光能	王和平
王长琼	王本金	卢贤松	卢小平	任加兵	孙爱民	孙为东
孙政会	孙元庆	孙修付	刘天玉	许锦先	伍开林	吴咸奉
李 明	何敏宝	陈效贵	花俊洲	张克勤	张俊峰	范守高
范善龙	林善云	林善文	费云明	赵家玉	洪功兵	胡达义
侯为广	钱晓莲	钱建谊	钱扬发	钱扬政	钱扬根	钱素华
徐立群	徐任知	盛晓荣	程竹林	谢玉水	谢道云	童朝俊
董必宝	慈龙茂	徐志艾	钱光天	刘玉锁	丁宗年	周业好
俞维银	王建华					

（65人）

文科班

张玉芹	任俊英	班楚凡	丁蔻年	孔令富	左其圣	伍先玉
杨名海	汪智华	朱启荣	吴根宝	鲁志刚	童朝英	张春风
李松柏	陈永铸	董 明	刘启云	童晓莉	孔令玉	李永亮
江 涛	丁柏林	童静文	张维强	赵三保	耿业红	汪 琼
徐后胜	钱荣生	朱文运	丁如涛	林再富	钱扬贵	任玉明

汪　清	汪先武	夏祥生	赵成怀	包晓琳	胡爱中	程坤安
丁宗顺	范图建	缪成林	童朝俊	童卫保	王翠兰	谢家严
赵昌伏	伍　平	张业兵	伍传红	王保平	赵成平	吴志桂
黄荣华	戴家贵	赵光华	朱以富	谢甄平	孙孝奖	赵加科
童根和	任俊英	班楚凡	丁蔻年	孔令富	左其圣	伍先玉
杨名海	汪智华	朱启荣	吴根宝	鲁志刚	童朝英	

（76人）

高中部1984届

伍梦泉	缪加安	丁家银	王政文	范俊生	张耐明	朱业伍
孙业根	孙华峰	钱扬安	程竹林	袁社珍	程黎明	童朝福
李乐荣	丁播生	侯为龙	周方向	丁春林	陆先利	钱帮道
闵修华	董　晋	谢富贵	张　敏	吕菊香	张吉贵	焦　姜
谢修龙	张必春	王德发	董必宝	徐葆春	周　云	谢继超
徐　红	丁和平	周　珣	林善涛	钱扬满	利先法	左其恒
赵家莲	徐立群	范先群	丁传宝	丁如涛	徐任知	王开宝
徐后胜	朱志伟	童天奇	钱献春	伍志峰	王　社	徐金梅
张耐红	董　进	孙友恒	孙万青	周　清	姚继武	鲁长江
蒋克然	丁应报	张翠玲	侯宝林	朱　伟	张世贵	吴　艳
宇振顺	孙运华	丁扣年	赵金红	吴根宝	范爱保	梅柏林

（77人）

高中部1985届

丁少华	丁红雨	丁东海	车东海	王　宇	王德祥	王守江
王德成	包义俊	刘天应	孙万青	孙为斌	孙为纯	孙蓓芸
孙友恒	何敏寿	李　明	李玉明	伍安东	陈玉冰	陆先锋
周　清	张　鸿	张纯华	张秀舟	张海燕	张明何	张耐红
张功名	杨宏运	杨爱萍	侯会琴	侯启山	耿为群	赵志国
周兆松	胡世华	承崑嵩	郭绍来	童天柱	童忠华	童天红
童朝龙	黄荣华	钱扬安	王晋升	刘正枚	刘传平	刘明玲

刘静平	伍开春	孙献礼	任更生	李祖祥	陆江星	利先法
杜妹	郑训平	郭绍根	童引	童朝阳	潘燕燕	薛良胜
万小权	丁少翠	王再强	胡少平	李锐	董必胜	孙栋臣
王旭东	童爱民	童晓莲	潘海滨	刘正武	江涛	周珣
汪先武	王保平	童含年	魏翔	赵建	林社涛	马妹南
任俊英	汪俊武	孙原庆	焦汉东	翟飞	任文生	汪腊姐
李玲	童天海	胡爱中	夏祥生	钱扬满	林再富	丁世红
黄延传	程坤安	周春林	黄柱涛	胡吉华	童朝华	黄英华
童海	孙修付					

（107人）

高中部1986届

鲁求斌	童朝华	王剑	万昌龙	童天新	孙万顺	缪爱军
孙木	朱少业	陈秀根	范俊明	徐文秀	丁竹山	汪东
童玉柏	袁宁军	方光余	许和平	丁松	黄延道	顾晓芹
谢士虎	童忠旺	范茂华	焦晓玲	张爱兵	陶先兵	于卫东
范图超	董必春	王经扣	丁友刚	谢太杰	胡晓领	汪从福
朱以军	耿志亮	吴道满	宛新保	钱文东	骆克水	吴云飞
汪庆中	董必春	周懿	钱金华	孔亮	赵学友	钱洁平
张顺华	孙孝忠	孙万珍	刘玉圣	王中顺	刘晓燕	徐丹
谢顺莆	童晓莲	张同华	张甫桂	杨代勇	胡金山	张宏生
钱扬年	丁春华	潘海滨	常学兵	魏取奎	童文卫	丁忠水
管大珍	胡光辉	吴宝桢	于庆林	郑玉梅	丁晓龙	童忠文
卜承佳	林善红	胡海北	钱光红	谢晓玉	侯为清	钱春玉
孙孝云	李先玉	王刚龙	周洁	潘鹤年	黄大春	蒋安贵
蒋克云	童文娟	童兵兵	童奇志	童咏梅	童春鸿	童朝年
谢卫东	蔡红岩	魏仕林	魏安秀	卢奇志	钱俊红	丁祖红
丁少国	丁文生	丁平桂	丁民华	丁传昌	丁国平	丁俊武
丁祖民	丁祖金	丁家银	丁雁滨	万昌国	王琼	王大成

王玉清	王社伏	王桂平	车家业	方一新	方光文	包正菊
朱以军	伍桦	伍成运	刘星	刘天祥	孙敏	李锐
杜宝康	李兴莲	李茂华	杨双河	杨代海	吴红霞	吴宗林
吴咸卢	汪金中	汪金明	张新	张一华	张咏梅	陈加胜
季永南	胡友胜	侯为社	侯为林	俞诗圣	姚志勇	骆亚华
夏英	钱光涛	钱勇国	钱梅珍	徐先明	徐先炉	徐金保
陶玉发						

（162人）

高中部1988届

丁俊	丁芳	丁中玉	丁文胜	丁以茂	丁以银	丁东哲
丁传虎	丁怀忠	丁社喜	丁素光	丁晓荣	丁新兵	万更新
王平军	王仕宝	王先涛	王晓玲	王善文	王德宏	王德甜
水星保	孔玉霞	孔令波	孔贵云	叶云红	付为银	包义红
包义素	包训龙	包晓兵	朱为民	朱扬宝	朱先兵	朱伟弟
朱红兵	朱菊成	伍亮	伍小兵	伍开能	伍先林	伍先福
伍桂明	任雪融	任曼萍	刘自荣	刘庆文	刘秀华	刘金明
刘敬超	许中文	许忠星	许晓红	孙晖	孙业芳	孙来升
孙修斌	杨庆发	吴东升	吴红霞	吴胜兵	利成霞	汪开胜
汪茂盛	汪根生	汪晓春	沈忠平	张士平	张太好	张守冲
张燕相	陈平	陈俊	陈中利	陈亚兵	陈晓东	范雨红
林浩	季学玲	金华	周自珍	承纲	赵荣	赵小兵
赵凤英	赵奇志	赵俊玲	胡勇	胡小红	胡志生	胡金林
胡金贵	胡俊玲	侯小东	侯为群	侯军锁	骆方东	秦金平
班景富	袁卫东	钱广祥	钱云飞	钱扬龙	钱扬平	钱扬华
钱光东	钱尚志	钱咏春	徐乃刚	徐代荣	徐代贵	徐成富
徐后松	徐后解	徐志虎	徐劲松	徐稳前	高琴	陶常翠
黄启林	章永	章曙光	蒋士平	蒋克荣	蒋俊峰	程大华
童来	童天忠	童中友	童中平	童中新	童永生	童红兵

童忠权	童忠权	童忠辉	童剑华	童晓明	童爱民	童凌云
童朝宇	童朝明	童朝明	童朝宝	童朝宝	童朝勇	童静芬
童蔚清	谢明	谢俊	谢士虎	谢和平	缪成长	缪成明
缪红文	潘天国	魏明奇				

（157人）

高中部1989届

丁英	丁松林	丁学谦	孔令新	孔令彪	孔祥福	王兵
王之根	王云涛	王社能	王和平	孙亚平	孙爱国	刘乐枝
许中凡	伍先锋	伍海银	朱治山	朱庆荣	朱克银	李中桂
李兆鹏	汪俊松	张森	张方显	张修法	张群林	陈先文
陈和生	陆士仙	郑群林	林玉翠	周兵生	侯永林	侯爱文
赵加敏	赵志兵	胡友涛	胡安平	钱涛	钱广发	钱扬华
钱桂芳	徐晓丽	徐德银	童永新	童效海	童桂荣	童季松
董必贵	董学模	董彤云	谢玉爱	潘荣华	潘寒冰	丁以忠
丁以勇	丁传明	丁同胜	丁祖好	丁爱平	丁爱华	丁春胜
丁桂仙	王迅	汪强	王长龄	王长春	王晓强	王德军
孔祥海	包传法	刘天友	刘余稳	刘晓波	朱以宏	朱启山
朱德文	朱学文	孙小波	伍开昌	伍小卫	李其凡	陈先荣
宋从华	沈永春	沈春光	陆桂荣	张静	张小红	张群山
郑军保	林俊涛	周保平	周建寿	范先永	赵成杰	赵其兵
赵海波	徐启明	徐志春	徐志毅	钱光江	袁文兵	黄祖贵
程坤	焦长林	潘生平	魏金昌	童凌	张晓东	周春华
杜保权	张拥军	盛建国	徐凤玲	陈前进	孔小曼	骆爱民
吴东	缪海涛	王大梅	舒世凤	朱为民	钱雨庆	汪进
郭全根	董雄兵	徐加庆	王石波	童忠庆	谢士虎	李龙
丁克阳	李先忠	洪星	洪文全	丁进红	丁向明	陶素峰
陈恩保	童忠庆	王海飞	汪吉传	丁为民	陈先文	王应龙

黄祖文　丁士满

（149人）

高中部1990届

丁平安	丁玉龙	丁如意	丁有才	丁以方	丁以俊	丁以胜
丁发东	丁传胜	丁为民	丁英	丁曙东	丁仍保	丁黎明
丁以城	丁正新	丁向平	丁照明	陈代发	陈大玲	陈绍富
王刚	王玉兵	王晓红	王俊生	王为家	王志南	王海龙
王德平	王金龙	王恩良	王能引	王开城	王良涛	王德银
王齐全	汪洋	汪有	汪荣标	汪建军	汪平	汪庆会
童天兰	童天玉	童卫兵	童晓明	童玉红	童朝红	童忠观
童小兵	刘星	刘修平	刘天兵	刘中平	刘敬文	张士平
张开香	张克宏	张桂玉	张小山	张世忠	张会	张炳喜
张静	吴进明	吴俊生	吴成文	吴前宝	吴成保	赵云
赵成忠	赵加支	赵劲松	赵星	赵军霞	钱光玉	钱光福
钱光武	钱学林	钱扬荣	钱银锋	钱正枝	钱玉梅	钱广祥
钱呈	俞金秀	俞金波	卢新燕	卢贤贵	谢士胜	谢林松
谢其秀	谢琴	孙万根	孙运才	孙才华	孙万标	孙玉芳
孙敬波	孙华俊	万晓梅	万昌虎	万芳	孔令勇	孔祥春
方小平	方旭光	方列明	范长青	范海洋	范俊	朱国祥
朱平	朱昌文	朱善强	潘天波	潘天鹏	潘小芩	杜保超
杜精红	胡翠芳	胡习华	胡玉银	骆玉宝	骆晓海	邢彦青
邢廷连	黄根益	黄祖发	黄宗将	焦峰	陶青	徐小军
齐福	利劲松	林花勤	伍成东	蒋士文	缪红兵	佐爱华
周元平	侯启银	耿立新	崔琼	樊亚辉	宇加根	沈祖群
舒世群	董玉芹	宣纪林	蔡燕	柴丽松	章秀红	帅领
李其凡						

（155人）

高中部1991届

胡习华	侯为华	候加东	陶长桂	谢 华	童忠杰	魏跃东
周 旭	陈晓东	沈春友	孙文彬	丁如意	刘忠平	万克全
王大树	王荷生	王维春	王晓斌	孙更明	孙敬玉	刘庆华
刘静泉	李本林	沈 玉	陈北平	范玉龙	赵树梅	胡桂众
俞 鹏	钱扬俊	崔 佳	陶运梅	陶维文	黄后军	程希翠
童建国	蔡利明	蒋素梅	翟 娟	张祖勇	丁传斌	于春红
方多好	王德志	孙晓爱	卢 涌	李本友	许宗贵	陈天德
伍 珊	张 兵	张克勤	张坚珂	吴击林	邹宝林	周丽芳
赵庭宏	徐志雄	赵金学	骆克双	钱 霞	钱俊浩	钱亚保
童卫兵	孙玉芳	朱善祥	林花勤	赵 星	丁学文	丁春晖
万金志	万经忠	刘亚林	陈 兵	张为学	范爱民	范晓东
赵秀娟	钱扬刚	钱扬军	程 浩	程根松	童忠安	童忠华
童爱兵	童朝会	童茹娟	丁少斌	万军勇	方来红	刘 敏
卢 杨	林善叶	张艳梅	汪 霞	汪桂荣	赵广圣	梅金华
谢道胜	蒋仲群	帅 领	孙运才	刘修平	吴成保	孔令勇
王能引	陈绍富	舒世群	张宏云	赵业胜	林 莉	潘明镜
丁赵平	丁友能					

（114人）

高中部1992届

沈扬贵	任翠芳	陆士林	陈庆松	张宝平	张桂芳	赵 俊
赵 松	赵晓保	徐先武	徐志建	钱小广	钱扬文	耿志祥
谢 勇	葛遒竹	丁传松	丁来宝	丁晓杉	万里荣	王 虎
王中山	王双朋	刘修田	李 平	吴爱斌	汪志荣	范小军
范慎谦	钱 坤	钱扬忠	钱扬涛	钱凯荣	赵澍翠	翟 峰
裴学群	潘燕玲	李步清	张 明	胡成荣	缪银雨	丁丽琼
张 斌	马玉山	孙 敏	叶永志	张 琼	范廉泉	项海宝
童俊奎	丁 彬	丁卫华	丁少武	丁彩霞	孔勇兵	方克松

肖 安	汪维荣	陈兰英	李学南	李俊生	吴金霞	赵凤琴
钱忠涛	赵俊华	黄和平	童玲玲	翟小燕	丁亚林	丁会中
朱先才	陈永生	任士龙	钱帮平	钱广红	王 林	王 军
童朝义	陶常梅	乐小英	陆圣玉	钱桂林	叶 政	徐海升
张明富	丁皖华	王真生	赵 勇	童庆松	丁以龙	王 成
吕军海	伍爱民	李俊生	翟 峰	万建东	丁以树	宋国斌
章 红	张 志					

（100人）

高中部1993届

丁 健	朱德荣	张俊峰	丁中学	伍震洲	汪照明	徐 利
丁学斌	陈应松	岳先国	耿 平	丁晓明	陈晓菲	杨公武
童 莉	丁晓福	任俊献	范翠琴	童锦莲	王建刚	陆大刚
胡永生	章启贤	刘旱雨	吴军荣	胡涛滔	谢妮妮	刘国庆
沐贤贵	赵 平	谢道平	卢 琼	张 彬	赵成佳	董春玲
吕 荣	张玉龙	赵建刚	程海珍	孙 彬	张光富	侯 勇
蔡顺华	孙玲琍	张守亮	钱 芸	潘可旺	孙薰林	张加好
钱 俊	潘庆华	许建红	张永生	钱之军	潘定保	朱启兵
张茂森	钱先福	丁 杰	丁中安	倪 萍	陈 刚	舒 荣
丁 宁	陈永俊	帅 珊	陈金富	童中如	孔军民	张 蓉
刘拥军	沈中权	童向阳	李桂霞	张童强	刘成国	张金银
童效明	汪远才	黄 敏	刘晓明	张腊梅	童晓莲	王社林
黄 军	孙光辉	杨青松	董 涛	万 仞	曹昌军	孙守文
林俊秀	谢青叶	陈中芳	陈晓敏	孙守军	赵 玉	谢慧霞
童竹青	丁经林	孙志奇	赵 亮	蒋俊武	童逸云	沈献忠
孙海波	钱广雨	管春生	董雄军	陈恩芳	朱启宝	钱文誉
魏守保	董 俊	伍开昌	徐后平	缪金华	陈 俊	伍向阳
徐凤琴	缪 立	丁 劲	伍寅超	耿春华	缪加胜	孔路广
余 悦	凌花根	朱立军	汪桂红	王小璐	安继武	赵加富

焦鸿琳 王中胜 杜士达 赵俊峰 蒋理 王守武 汪天赐
赵锦钟 蒋爱国 王晓梅 汪劲松 项宏胜 喻涛涛 王贤阳
沈松 侯维国 鲁云 方青云 沈晓英 钱伟 鲁成新
田明红 沈朝发 钱汉文 潘天仕 卢亚军 陈学荣 钱丽娅
缪和平 齐世福 陆海 高绪平 丁俊 包亚东 张成付
黄金芳 丁以根 孙运敏 张明兰 黄祖平 丁巢泉 孙来文
张扬斌 童小红 孔超 李春凤 张笑梅 童玉梅 万迎春
朱得兵 杨艳 童云飞 王万宝 朱海翔 赵开 童海燕
王成兵 夏叶 赵玉健 谢震 王维胜 丁传山 伍先流
赵丽君 童天华 卜安全 伍亚敏 赵大琪 童忠寅 孔令会
汪金书 赵玉宝 谢军 王训 汪艳菊 赵安东 谢仁平
王德斌 陈春香 赵前英 盛训发 王娟 陈晓春 赵益明
蔡孝好 玉兆文 陈翠屏 赵婷霞 蒋克松 王友平 张军
闻光胜 丁雨 王凤月 张仁来 姚兵 丁隽 王景华
张明发 钱平 丁玉圩 刘振东 张顺生 钱林 丁以文
孙运齐 郑卫华 钱卫兵 丁以锋 孙思云 范图爱 钱扬安
丁忠平 孙拥军 郑碧华 曹勇 丁海东 李爱翠 周虹
曹永煜 丁俊成 宇正兵 周昌监 章启玉 丁敬梅 朱爱群
赵冉 黄启梅 万敏 张汉中 白根福 王清 童忠春
朱应所 谢玉凤 丁忠又 利均满 陈斌 汪桂红 范如松
张中华 汪海涛 赵松 赵加六 包汉东 赵卫国 钱莉
赵月明 范小胜 童磊 陈虹 丁琼 曹昌海 丁翠莲
潘天兵 柯常松

（289人）

高中部1994届

程迎春 应玉清 易成香 章健 陆先付 许成林 王宏霞
朱以壮 郑方平 徐菁春 王文 王萍 张飞 张雪峰
周祥寿 伍素梅 张庆锋 郑平 陈俊 董斌 孙孝根

赵　勇	任俊青	童晓平	张　东	王学飞	赵清华	花成军
王善勇	陈文兵	李　平	陆万芸	徐　翔	陈　森	董学慧
丁洪亮	钱光荣	董雄锱	李立峰	童　磊	童中奎	承德琰
张　俊	陆成龙	刘　浩	许寅甲	李生宝	王先奇	张　军
侯桂姐	包红树	童珽山	潘荣国	丁　浩	王明霞	刘汉民
柯朝福	徐海兵	王家会	闻晓胜	许宝红	缪银余	沈大平
丁同庆	谢到付	童　涛	利成俊	叶勤华	伍百军	童朝军
丁志豪	陶常富	王德荣	童朝静	陈玉平	范图江	童朝丹
丁中胜	丁鸿雁	吴乐群	班征帆	缪陵勇	魏代铭	童　宽
赵　胜	卢政权	谢晓红	姚　驰	刘春鸿	赵广凤	王荣霞
丁少兵	谢青帆	魏　娟	童建中	赵　文	谢群兰	刘凯俊
丁江宁	万多义	伍　琳	王　羽	黄　兵	余能如	徐鸿飞
徐先中	刘敬国	宇学东	伍孟华	丁海兵	程泽武	刘天兵
童　胜	童朝海	汪从云	丁以奎	王春虎	张爱林	范玉权
吴宗年	钱扬苗	钱广浒	童中权	童敬芝	朱翠华	丁春山
王戎轩	张为兵	路　涛	王　梅	崔冬梅	孔小群	万　燕
童朝刚	童朝源	陈中宝	陈玉伟	王俊峰	孙明峰	张耐霞
吴宗芳	张明福	王玉宝	程文斌	丁稻香	万祥龙	钱玉芳
周　杰	卢　霞	赵　平	吴雪峰	伍　洲	伍孟银	高大俊
刘拥军	徐　飞	丁以虎	丁凯路	丁仍东	范　文	吴祥东
张大章	谢玉凤	董　俊	蒋　杰	王　静	陆照明	陈莉花
张　娅	徐志勇	丁胜权				

（171人）

高中部 1995 届

汪悦福	周君君	钱扬冬	许海林	朱来福	魏海波	陈青松
缪成富	王凤霞	孙俊峰	孙凤仙	万玉华	潘明信	赵　勤
孔祥军	孙卫国	徐先平	王成昌	于嗣荣	高庆英	张仁义
伍　力	朱能兵	李先冬	范先爱	李春霞	李卫民	花成桂

许业虎	丁忠芝	丁伟兵	丁春香	刘洁	侯加龙	陶玉平
凌支国	张红梅	张小红	张生亮	朱德贵	胡春红	张智
俞经顺	程欣华	蒋克军	谢永	谢同智	钱桂林	童孝芹
童朝文	童忠良	童爱平	翟春生	孙杰	钱桂军	钱进
徐勇柱	胡爱华	张和福	洪奇	周安武	陈爱国	王芝玉
丁青松	丁光辉	丁祖荣	丁鸿梅	丁中林	丁慧菊	丁振华
范文玉	潘祥华	潘春霞	潘荣珍	谢军华	童新苗	童文俊
夏秀梅	吴宗芳	赵行龙	黄巍	蒋杰	朱德秀	孙敬平
章成	汪经秀	郑平	许晓龙	朱宗胜	张海平	吴雪峰
朱德发	董以胜	范兴明	杨文俊	王琴	朱启典	焦先昌
童丹枫	徐志伟	张娅	许宁	郑钧	崔冬梅	宋自洁
陈宝柱	汪华	陶玉炉	钱军	王鑫	汪从玉	周春
童斌	李振兴	周建红	石国荣	钱玉宝	刘继杰	高岭
张仁云	张明福	郑钰	张向明	宇亚严	钱扬兰	陈玉勤
陈政	李立青	何宝华	侯正清	黄汉平	林彬	孙俊锋
童迎春	王武	伍洲	万大勇	周晓勇	钱爱民	陈中宝
童晓禹	丁向福	汪友明	盛金平	刘永保	王爱民	李立根
黄金波	朱德新	丁胜权	董以胜	董淑萍	汪友华	陆燕丽
许业红	卢霞	朱晖	王春霞	李彬彬	丁凌云	伍凤娇
赵新梅	丁虹	周金慧	宇琼	童中扣	丁传兵	丁以国
汪海峰	谢元庆	朱德华	丁振华	丁胜	赵新军	丁俊峰
徐静锋	丁卫东	万俊				

（178人）

高中部1996届

丁传红	包毅	陆军舰	程军	伍邦寿	汪仁平	徐安忠
孙运富	陆中平	潘海军	凌吉	赵长春	钱洪	于文进
孔令刚	杨青春	丁祖胜	丁胜	叶飞	陈勇	陈龙
蒋士文	丁全民	钱小马	吴昌霞	花艳	徐志远	于正国

范红群	翟飞翔	夏邦友	赵俊辉	谢青云	崔华丽	童迎红
谢俊杰	张荣	童雨林	伍通	陈书花	赵斌	汪桂生
周金荣	翟大庆	黄俊	童飞兵	钱广勇	王成龙	胡菊香
王旭峰	范勇	万士满	郑蓓蕾	孙孝冰	谢序华	李永青
吴勇	徐凤珍	赵先军	宋海生	黄汉林	陈霞	王和能
崔华琴	周春生	宋红斌	张东升	吴悠扬	万江平	吴枫林
郑花英	陈拥军	胡先斌	汪桂芝	汪桂红	朱步云	胡兰霞
陆平	夏劲松	钱敏	黄海群	王玉虎	胡文明	宋海波
包双琦	李青敏	钱广翠	李跃中	钱扬梅	赵成托	徐专
吴俊涛	王春霞	盛金平	石国荣	钱爱民	赵新梅	李立升
钱桂军	丁中芝	张向明	童晓禹	童中扣	丁虹	何萍
方正	陈士武	徐金锋	钱文君	王中和	赵亚群	胡先斌
夏华果	童中录	童淑萍	王爱丽	万莉		

（117人）

高中部1997届

骆春芬	丁以所	谢玉芳	郑玉海	丁军文	丁宗琴	丁爱荣
张凯	王飞	汪强志	李翠英	陆承彬	赵明	赵俊
赵修云	夏长春	丁丽	丁以梅	丁凤秀	丁亚林	丁美丽
丁学书	丁晓红	万汉年	万学红	王群	王文学	叶浩澍
包士奇	宇加春	王中杰	丁少正	伍勇	黄柱武	黄宗兰
谢灿明	朱长青	史承平	王永山	万霞玲	范蕊芳	丁昕显
梅广法	童天瑞	谢娟	徐俊	徐志顺	汪迎春	汪海波
吴道英	周正国	周迪	侯冬生	童晓壮	童朝顺	童凤霞
童朝群	蔡方红	张燕	陶长江	张重文	谢春燕	谢皖霞
钱振华	谢雯	张亚东	朱梅芝	王汉雨	伍丽	许士芳
许业宏	陈利军	陈志军	张代荣	张延琴	张雪梅	张晓枫
钱光辉	黄铸翠	缪成文	王金龙	童忠旺	范图超	胡晓领
骆克永	朱以军	吴云飞	孔亮	钱金华	丁忠水	于庆林

郑玉梅	谢小玉	丁晓龙	孔斐	张仝东	孙小冬	包士奇
童中录	崔华山	宣永坤	张艳	钱文君	童淑萍	周建文
李涟清	谢海芸	汪庆应	范蕊芳	何红梅	童中文	齐寒冬
童燕群	谢云芝	王根长	谢玉芳	谢同刚	汪爱民	郑玉海
江子	张翔宇	谢俊峰	杜保桂	魏海峰	张光耀	赵行云
童朝胜	徐菊霞	潘亚琼	许业文	陈正坤	张群松	胡成荣
丁冬春	任骏红	黄柱玖	朱莉华	钱迎柱	何俊松	俞进洋
王先福	王忠	田方鑫	赵伟	汪勇	赵枫	万正国
王永山	王丽英	丁二顺	丁宗琴	夏长春	童晓萍	谢治
丁建成	梅广发	李梅	万兴华	周益财	谢慧芳	徐金锋
丁凌峰	赵忠保	潘茂林	张杰	秦晴		

（166人）

高中部1998届

丁华	丁琴	丁凤秀	丁凤英	丁以斌	丁正强	丁永春
丁志敏	丁绍忠	丁俊峰	丁继兵	丁群娟	万云峰	万东明
万军荣	万学宝	万雄翔	于见见	于怀琴	孔勇	孔令国
孔翠莹	方绍飞	方振安	王贵	王强	王斌	王丰森
王文清	王玉坤	王先梅	王存保	王存锁	王守成	王守贵
王红琴	王良好	王良银	王宝春	王金发	王振华	王善红
王德云	卢俊	卢鹏	卢海岚	卢海波	叶晓菲	叶祥平
帅俊	白传喜	石国武	任军	任小梅	伍开云	伍俊生
刘平	刘江平	刘素云	孙俊	孙强	孙中华	孙长江
孙巧云	孙守荣	孙孝霞	孙爱平	宇文忠	朱小刚	朱中桂
朱文娟	朱长征	朱存杰	朱成富	朱应治	朱志华	朱俊武
朱晓群	朱德富	许业斌	许汉生	许红敏	许继元	阮青松
何文杰	吴金平	吴前华	吴海生	吴莉丽	张力	张军
张刚	张菊	张斌	张磊	张小虎	张仕斌	张功山
张必霞	张玉叶	张礼明	张丽芳	张言杉	张宝全	张金国

张思兵	张树新	张维国	李苏	李婧	李立成	李同生
汪东	汪文庆	汪平权	汪安平	汪金云	汪金国	汪桂霞
花正发	陆承志	陈飞	陈宜	陈继	陈小敏	陈桂生
周兵	周山丹	周丹慧	周玉翠	周剑棠	周胜利	周赐平
林翠	范文忠	范晓红	郑广柱	郑帆涛	郑庆峰	俞能花
胡克凤	胡蓓蓓	胡曙光	赵洁	赵胜	赵成东	赵灵芝
徐旭	徐明	徐子龙	徐东平	徐晓兵	耿林	耿明亮
郭登马	钱斌	钱景	钱万胜	饯广周	钱加林	钱加虎
钱杨玉	钱林萍	钱腊梅	曹阳	曹海波	梅玉梅	盛誉满
章胜	章群	章进蓉	章金妹	章振东	黄大友	黄大朋
黄文龙	黄柱银	黄维敏	焦常东	程昆	程玉荣	程晓敏
童林	童玲	童进	童卫国	童小云	童小荣	童中宝
童中杉	童玉芳	童孝兰	童孝春	童连山	童忠玉	童浩澜
童新林	董明玉	蒋驰	蒋海涛	谢平	谢聪	谢业相
谢业海	谢江平	谢序风	谢序荣	谢纯政	熊彩霞	缪琴
缪勤	缪丽娟	缪迎峰	缪鸣翠	缪夏杨	蔡加明	蔡瑞景
潘国春	潘学明	潘性龙	潘明胜	魏焱	魏俊	魏安国
魏曙华	朱卫国	朱晓东	吴峰	童朝文	童朝兴	丁晓玲
王俊	王海燕	孔冬梅	任辉	孔守朋	张斌	林童
姚为汉	梅玉梅	鲁超	童小云	童玉飞		

（243人）

高中部1999届

一　班

李小荣	李向丽	朱启山	朱红兵	汪爱国	杜宝刚	张羲
张法玲	张吾林	杨海生	陈应保	汪江明	王进军	王晓马
石国文	冯久仙	孙玉梅	孙静林	宇加山	许尚荣	夏亚芳
夏苍柏	夏银宝	丁祥	丁以江	丁友青	丁凌云	马俊深
马道春	方艳	王文	王小花	王玉成	陆跃	陆承慧

周海英	徐中莲	徐双喜	徐红春	海学峰	钱广珍	钱帮伟
章其霞	童凤兰	童孝云	童春芳	童俊花	童维华	童朝俊
管　俊	缪高峰	胡红梅	王守贵	方绍飞	丁　柱	丁以红
丁向荣	方祖明	王　丽	王松青	张勇保	王海涛	李玉凡

（63人）

二　班

王　云	王桂花	王根生	孙　琦	孙孝国	刘明荣	刘海涛
刘健飞	宇加名	宇加俊	许汉云	朱志勇	朱德红	汪海涛
何　飞	张　伟	张业衡	张兵生	张名科	陈昌龙	陆金根
林　群	郝丽芬	赵秀权	胡伦胜	胡亮平	胡蛟海	侯勇华
钱光华	钱光东	钱刚成	钱国军	钱勇闩	徐先涛	黄　俊
黄祥波	童五生	童玉扣	童亚萍	童忠兵	童径保	谢晓兵
谢金兰	谢菊花	蒋俊红	潘荣存	丁　琴	丁　超	丁绍军
孔令桥	王　春	王天镜	王美玲	王根娣	阮祥春	叶太兵
刘小六	王　薪	林启国	张俊岭			

（60人）

三　班

刘明保	刘敬平	李贵勇	朱广霞	朱文静	朱福康	朱晓生
伍东海	伍邦强	汪　静	汪国兵	汪锦如	杜建华	吴　东
吴晓慧	陈　兵	陈方明	陈玉林	陈和胜	陈　勇	张　宝
张　磊	张士勇	张小妹	张世玉	张世超	张海波	范鹏翅
周丽丽	俞正东	洪绍贵	侯小坤	侯国军	海华圣	钱永和
钱桂林	陶　松	黄扬波	盛永强	童秀丽	董光兵	董素琴
谢金华	魏取洋	丁少明	丁春雨	马灵芝	方列青	王放明
王富春	王海楼	叶　琼	叶青松	刘红云	李靓亮	朱小二

（56人）

四　班

朱思红	任业明	何巧云	利　芬	陈　亮	陈　娟	陈　颖

陈玉昌	陈方勇	陈恩武	张立新	张晓燕	洪中竹	洪立洋
赵 丽	赵 勇	赵迎春	胡先安	胡英俊	侯玉梅	侯柏林
姚春燕	徐 明	徐秀娟	徐明星	徐黎明	陶先文	黄大军
童全吾	童新斌	谢松林	谢家所	董 胜	董海强	雷俊芳
鲁 飞	鲁为昌	熊 蓉	卢海波	张 燕	王之平	丁 娟
丁瑞芝	万春雨	汪金松	陈小马	陈 科	孙万桃	张旭东
张拥军	钱扬洁	郑宝新	程 亮	童中良	李国成	谢江涛
赵 海	赵孟银	刘 波	汪江明	张 羲	张勇保	

（62人）

高中部 2000 届

万慧莹	王 琼	王 勇	王 彬	王小波	刘明生	朱春燕
朱海丽	伍文婷	汪胜林	张开富	张玉龙	张玉伍	张俊清
陈小红	范光辉	范学莲	周 进	周建强	项 韦	袁昌学
章玉玲	谢小虎	谢玉龙	童小超	童忠志	陶月四	丁玉兰
丁名洋	王 翔	王云云	王青松	孔 菊	孔东霞	孔春花
刘 俊	伍春风	宇加玉	束 昊	朱正然	朱效菊	沈灵芝
张 希	张扬正	汪 清	汪金春	何 平	吴昌玉	林 盛
赵勇明	周元凡	耿桂平	钱扬兵	黄文俊	童 军	童冬阳
童金龙	童忠富	童晓东	谢刘胜	蒋广东	丁中庆	丁皖佳
孔 勇	孔凤云	王 旭	王之尖	王玉玲	王春生	王锦瑞
刘永丽	刘亚丽	刘明杰	刘明爱	刘胜利	许小彦	宋 超
吴 刚	汪玉丽	花名众	陆海生	陈 超	陈学华	张俊林
金 钟	周 燕	胡应保	侯春林	高万昌	徐双勇	徐军林
钱玉丽	钱之文	钱勇军	钱慧民	童晓菊	蒋桂芝	缪东生
丁亚荣	丁会星	丁利民	丁梅芝	于 永	王 家	王万胜
王花丽	王银莲	凤 畅	叶之闫	刘 俊	刘何燕	朱金凤
朱德海	李 萍	李立兵	汪金龙	汪晓山	花建国	吴 奇
张玉兰	张爱文	陈海明	杭敏燕	周旭东	赵 静	赵腊梅

赵晓棠	高永久	崔正明	钱明	童忠贵	童忠福	童晓宇
程旗保	谢琦	谢立群	谢丹丹	曹灵芝	陈小马	郑业军
孙士华	沈磊	吴立新	汪江	缪美	张勇	尹红梅
王燕	王川安	阮然	程亮	童臻珠	龙嘉顺	陆甦
丁娟	徐玲娣	钱涛	张汉洋	赵银萍	张旭东	包春梅
胡林芝	童丽敏	刘明勇	蔡茂胜	曹桂平	任杰	丁少凤
郑非	李金凤	童忠霞	赵万好	耿新华	程红生	宇运珍
刘明根	章春芳	孔慧萍	袁东升	朱启春	钱腾飞	童玉玲
魏取月	朱金花	邓海云	孙勇	万月娥	凤香	万超
刘明生	方玉林	谢业维	陈婵娟	谢治国		

（194人）

高中部2001届

范先红	刘立冬	赵昌	童汉文	孔令俊	袁云峰	陈东启
徐燕	陈文	徐学辉	丁昊苏	蒋水生	吴长福	叶之金
丁俊	胡恩保	童俊梅	侯海涛	钱海云	丁文明	孙文英
徐海东	鲁俊	杨平	孙碧清	陈胜	侯国栋	胡正春
包雁志	项磊	王永桃	万丽	刘错	骆正春	孔海生
花正富	陈金荣	冯玉兰	潘性柱	马骏	吴银	吴昌环
范兆娜	王文英	董振	朱德引	何幸锋	黄文明	吴利明
赵虎	童金虎	方胜	丁汉	章敏	翟光和	胡万友
童孝壮	赵东升	丁利	王金成	童朝能	童莉	孔桂香
柯常强	叶明江	钱勇	陈爱玲	杨建华	汪睿	张金锁
何敏琼	张士金	王守仁	缪飞雁	吴立群	钱之亮	汪刚
钱安平	朱月平	张晴	丁彩霞	丁汉超	王燕	刘玉平
丁玲玲	董光兵	孔春丽	冯春红	丁运生	张金花	黄金梅
许帮武	童金枝	丁以发	缪军刚	程慧	丁文杰	李立真
朱庆	蒋菲	陆军	王珊	鲁金国	童海	裴学宝
侯晓珊	潘春宏	王丽	邢兵松	毕光中	吴伶芝	李忠平

谢跃进	张 发	董孝芳	黄 俊	陈玉娇	钱海生	王先慧
童海英	路延年	张金玉	卢贤福	丁红梅	伍亚梅	翟大平
刘明海	童晓东	耿高发	喻加昌	钱帮华	万慧荣	陆玉昌
王江岸	王 春	徐开亮	王 云	刘敬宝	丁士发	蒋宏戬
张 晋	陈阿俊	董光红	朱传兵	十海涛	孙玉花	谢双子
王 群	丁宝灯	汪海燕	王 云	骆启顺	陈 双	徐红阳
董 志	许 生	童朝阳	曹昌翠	王富英	蒋素芳	孔令如
王开轩	卢海峰	孙小兵	缪津津	徐小三	方金枝	杨冬梅
付昌胜	钱文娟	王 玲	陈 平	伍小山	王世成	潘繁盛
丁 伟	朱玲玲	刘 琳	董亚艺	孙守华	朱拨云	张 志
赵小龙	侯红胜	林丁山	吴海军	夏章鎏	程金龙	侯丽丽
孙淑贞	卢月华	伍秀丽	潘天闩	缪 军	蒋保珍	汪海林
丁红梅	徐文兵	吴宝林	周 煜	王善正	张 丽	魏 琴
张代梅	孙中华	马 锐	江 程	程庆庆	缪燕燕	范玉荣
钱之俊	孙中军	阮海驰				

（213人）

高中部2002届

丁友兵	丁少凤	丁少军	丁少洲	丁少霞	丁凤云	丁双全
丁 平	丁冬霞	丁亚洲	丁同胜	丁伟山	丁伟克	丁志强
丁利琴	丁宗亮	丁保军	丁保国	丁凌峰	丁海艳	丁 辉
丁腊梅	卜庆红	万大明	马青阳	王玉凤	王玉杰	王平所
王 生	王成双	王 刚	王传水	王华根	王向会	王进红
王 坪	王俊玲	王 胜	王勇军	王爱国	王海峰	王海燕
王 超	方 慧	尹红娟	孔冬红	卢昌嵩	帅雪莉	包根发
朱军军	朱青松	朱春松	朱能锁	朱 稳	伍建雄	伍源泉
向文君	刘川徽	刘文超	刘正华	刘乐明	刘永燕	刘 伟
刘 闯	刘志勇	刘明海	刘 勇	刘 振	刘福荣	刘德凤
刘 巍	齐 鸣	江 超	许 虹	许俊松	孙万里	孙小波

孙 凡	孙 文	孙春生	孙 俊	孙俊生	孙晓山	孙梅香
李小兰	李玉凡	李福全	杨 勇	吴志祥	吴明明	吴前钢
吴素平	利 晶	何小丽	何敏航	汪开云	汪先祥	汪 军
汪 雨	汪国荣	汪金龙	汪金富	汪 荣	汪 琨	沈小伟
张文渊	张有钱	张 年	张 阳	张欢欢	张芬芬	张 舰
张悦悦	张 菲	张雪松	张 银	张蓓蓓	张 翼	陆文昊
陆玉霞	陆冬文	陆先柱	陈凤霞	陈华方	陈会敏	陈绍春
陈绍强	陈胜君	陈振国	陈 娟	陈 鹏	范涛涛	范海生
林树生	周亚丽	周会会	周欢欢	周和平	周春到	周海涛
周登峰	郑超越	赵 飞	赵永生	赵扬俊	赵军武	赵勇军
赵海燕	胡茂生	胡爱琴	钟 声	侯正华	侯正梅	姚安国
钱广松	钱玉生	钱扬平	钱扬春	钱光宝	钱 江	钱江波
钱学斌	钱 钟	钱 艳	钱爱成	钱爱琼	钱海燕	钱 雪
钱寒冰	钱 婷	候加兵	候超超	徐亚奇	徐兵川	徐晓颖
徐维维	高 云	陶玉海	陶银花	黄凤琴	黄晓琼	梅桂平
曹 玉	曹娟娟	章加云	章金丽	章 勇	彭昌武	董 文
董红艳	蒋红永	惠国强	程 奇	程金龙	童丹晨	童文富
童 庆	童兴龙	童安安	童 明	童金红	童效剑	童海青
童 敏	童 超	童朝勇	谢玉梅	谢江凤	谢军军	谢 苗
谢样云	谢祥云	谢 慧	谢黎明	熊云云	缪 苗	缪海涛
缪琳琳	缪 斌					

（219人）

高中部2003届

童 平	童志祥	陶 静	丁祖英	陆盼盼	刘永梅	丁 彬
朱超群	陈琴琴	汪 娇	王茂盛	章 进	张开梅	汪 涛
许亚斌	范丽平	万俊成	董红艳	王爱国	张欢欢	孔冬红
丁腊梅	童 庆	张青山	陶广胜	程永贵	周德风	刘 敏
朱迎春	董学莹	程 浩	帅巧红	童孝刚	王银兰	班珊珊

汪丹凤　徐　林　董　杰　许先斌　董学兵　谢　军　周岱兵
曹雪娇　张宜木　刘文娟　饶德玉　童亚军　丁　平　丁荣灵
王迎春　杨婷婷　蒋　浩　王传雨　花　玲　王　俊　鲁小双
谢　磊　汪小虎　乐玉珍　丁曼丽　钱扬松　徐后平　喻为霞
王良波　曹光荣　万翠云　李小燕　丁　伟　程桂林　张孝保
丁　辉　潘小丽　蒋文娟　丁俊超　林远清　钱　粮　周　明
张国顺　丁京京　周小波　周　寅　张国庆　童翠萍　胡彬彬
钱高俊　王为山　丁小刚　包应松　何　珺　孙　波　丁富贵
林芳芳　赵　庆　钱媛媛　程婷婷　赵宽陆　丁春霞　董广海
钱小丽　赵金会　王文彬　赵致富　王文兵　赵玲玲　赵杨勇
孙玉亭　孔绣程　丁揽月　童孝东　李学超　陶广胜　童朝松
谢文明　王桂花　赵小文　王根生　孙旭松　丁忠国　花日红
陈以牛　张玉梅　利启红　利文敏　孔春雨　张文虎　程　明
许成宝　陆冬梅　童　玲　李海燕　童中超　丁翠红　王小东
童　飞　孙运凯　郑小祥　程　辉　钱玉华　王亚平　赵旭东
钱玲玲　王志斌　赵春雨　徐新生　钱慧芬　汪学明　凤为保
裴学军　孙腊梅　任双龙　张昌松　王　琴　孙雄兵　曹昌霞
刘　洋　张雪萍　王前付　缪　飞　宇宝林　陆济川　缪秋娟
赵俊杰　郭登伟　王芝睿　陆金宝　丁海霞　赵　旭　孙运才
朱阿虎　陶　志　孙　灿　钱正权　张　伟　王　峰　丁冬艳
缪海东　陆梅芳　卢圣洁　董秀娟　孙守成　李国军　朱吉丽
伍帮成　刘林新　蒋建国　刘爱玉　徐　飞　张会娟　钱媛媛
童城里　侯素琴　潘天兵　吴昌芳　赵　松　丁中桥　王　荣
缪小娟　王德富　朱文静　王　琴　林　龙　杨　军　刘　娟
丁　继　朱国栋　丁　蕾　胡娟娟　孙俊佳　何竹青　丁　飞
陈　燕　耿建平　杜春林　于　慧　谢　珺　骆　杰　张迎春
胡万月　花正露　童孝平　利明月　方　东　丁　伟　赵金山
徐志阳　汪　敏　童军华　王　振　谢子龙　赵玉清　谢珊珊

丁芳芳	赵国勇	侯正强	刘修超	钱俊生	童旭东	王　俊
方祖军	马世伟	蒋广西	周亚丽	潘清浩	王岑岑	赵世超
王海燕	陆婷婷	张　静	丁小霞	钱杨俊	张昌伟	伍婷婷
张　花	包　勇	张青山	谢　豪	刘昌松	程永贵	周德风
魏　洋	刘　敏	章文亚	朱迎春	董学莹	张　娟	孙俊峰
齐传巧	赵佳佳	张玉鲲	程　浩	阮　康	陈士开	王　强
魏　青	张五建	帅巧虹	袁　超	谢松林	张士兰	童　鑫
徐凌云	丁　梅	李立强	沐　阳	童毓佳	童孝刚	王银兰
程　磊	班珊珊	汪丹凤	周建琴	张雪纷	任　众	徐　林
董　杰	孙燕梅	童军军	许先兵	董学兵	李振中	方海生
谢　军	侯力福	胡俊青	王　欢	周岱兵	谢小勇	曹雪娇
张宜木	童　平	童志祥	陶静静	许　蓉	谢业涛	丁祖英
任国梁	陆盼盼	刘永梅	毕　涛	丁　彬	许文俊	孙腊梅
陶金宝	朱超群	陈琴琴	汪　娇	王茂盛	卢　兵	张　顺
汪海波	张士兵	章　进	张开梅	钱春艳	叶　聪	汪　涛
张素平	许亚兵	范丽平	万俊成	张海林	钱丽丽	孔丽君
王守兰	林　超	蒋文娟				

（346人）

高中部2004届

徐　惠	丁以红	利启红	程　辉	徐志阳	谢子龙	王岑岑
陈婷婷	阮　康	沐　阳	方　芳	孙玉亭	赵小文	许成宝
丁忠桥	孙俊雄	毕　涛	赵　兵	吴冬冬	童忠群	盛志伟
赵金柱	吕　兵	汪　雨	潘红梅	宇文晋	夏文君	童　磊
郭　丽	李玉梅	郑　源	丁海林	刘　琪	徐芬芬	陈小翠
王建业	万银花	赵琴琴	夏　钦	丁　飞	张　讯	林雪月
张　艳	童中权	赵昌虎	姚小虎	闻静奇	丁迎龙	丁晶晶
汪高升	王　明	王乔娟	李学能	丁绍卫	钱　奇	宇阿娟
董秋雨	吴娇娇	王凌峰	何成成	孙菲菲	陈海云	王　丽

徐　燕	丁亚军	李凤清	童娟娟	王焕之	伍俊平	张琴琴
王万明	张婷婷	万金国	焦常生	童华伟	王　施	王　琴
江红兵	李中军	孙　勇	钱　强	孙守华	王　俊	李亚静
汪金梅	蒋文超	董　浩	张永志	刘晓群	张天龙	丁明惠
赵　月	王　娟	万多伍	童天春	杨　伟	孙海青	夏章燕
周　童	李文军	赵　民	童运运	朱从飞	张海圣	王守保
赵凤田	丁君利	周前山	赵　静	卢英勋	丁海波	朱吉林
童冬梅	汪　云	洪　燕	张素娟	钱晶晶	丁飞飞	刘明波
王　灿	孙旭东	何幸姚	丁荣燕	童小良	汪　军	伍红敏
李　伟	蔡　磊	程广友	孔卫群	伍婷婷	朱凤云	孙金梅
张海燕	李梦娇	骆克斌	孙玉蓉	包福全	侯政治	吴成金
聂　晨	王　阳	花建群	周　蓉	钱陶荣	包文军	王　彤
张　强	丁　华	黄　华	袁永鑫	王寅生	石国全	缪　敏
王小明	张海波	丁俊生	孙正生	伍俊峰	杨忠龙	赵海燕
丁方芝	柏　伟	余　露	童清清	刘朝俊	丁伟伟	王亚飞
王　成	徐海燕	孔爱平	丁　丽	赵艳阳	丁俊飞	谢太强
丁丽丽	汪传杰	王立立	徐根生	张开丽	丁冬莲	朱万军
孙红云	江　磊	骆万宝	丁志伟	刘文权	李　刚	朱荣林
孔丹萍	孙月荣	丁阿红	林　文	丁德才	阮苗苗	黄文敬
丁莉莉	范海兵	李晓光	潘莹莹	蒋光辉	刘　梅	王佳佳
刘春芬	孙　路	张文琴	张淑娟	杨冬梅	陈　宝	杭凯峰
侯正会	钱明飞	陶竹花	童兰惠	任俊梅	丁燕俊	马　志
王　欢	王学敏	包小艳	孙春阳	朱冬福	张耕夫	汪　琴
李学刚	陆金凤	陈　勇	陈小四	陈少娟	范　珍	夏国志
徐国青	徐培胜	海跃东	钱旭升	童珊珊	童学波	童　磊
董　伟	丁少龙	丁文青	丁运凤	于　洪	马　文	孔代兵
王　伟	王安群	卢　军	胡小牛	徐　进	钱　勇	陶　冉
黄　海	童　鑫	王　柱	王光照	孙华杰	孙俊涛	朱云飞

何丛蓉	吴振华	张　进	张进生	李　明	汪文超	郑　磊
班小珊	王雪萍	王宋宝	刘丽花	利　敏	张文文	汪　孝
汪　聪	范广胜	陈综福	范中胜	范青山	范春生	郑玉凤
海　宝	黄　东	程静雯	童　伟	童丽群	缪　萍	丁小婉
丁　飞	王　莹	王小凡	王小双	王春英	任爱兵	孙小翠
宇　辉	朱群萍	张　玲	张　平	周金玉	林秋云	赵　亮
赵　静	赵　蕾	徐文静	曹玉梅	蒋志远	谢菲菲	谢安定
孙　林	丁　凤	丁　杰	丁以翠	王　卫	王成双	刘　茜
刘雪雨	孙　斌	朱　翔	朱宝俊	利晶晶	张　兰	张强恩
杜　军	王　磊	张朝群	邹太红	陈元成	陈克强	侯玉钊
钱扬国	潘新东	徐光旭	沈玲丽	谢玉静		

（334人）

高中部2005届

一　班

刘春茂	童宗兵	杜菊香	徐　莹	曹昌定	方　蓓	汪春霞
丁　芸	赵晶晶	周茂凤	陈玉霞	王海燕	丁彩屏	张　杰
马加丽	刘秋婷	丁海蓉	王　娴	张　红	班凤森	水小燕
徐　静	丁婷婷	朱丽娟	赵　军	何　飞	孙文军	王　蕾
童春泉	林　燕	余　露	黄　军	丁小菊	徐文燕	缪军华
童灵灵	胡振华	王　菲	徐佳佳	宋　文	沈春玲	丁　丁
花　丽	丁欢欢	刘春霞	刘　敏	张文娟	丁欣欣	骆克敏
许军军						

（50人）

二　班

丁晓芳	王云花	丁迎龙	潘彩虹	陶　国	邝安娟	刘春荣
吕　艳	侯维利	丁　超	王婷婷	刘　梅	邢云云	张　平
赵　丽	赵小妹	丁　芬	童文娟	张巧云	丁　刚	王　晶
陈永胜	丁文青	徐玉洁	钱　超	王平蕾	万年花	张齐美

孔文娟	丁雪花	丁林飞	刘克亮	钟竹娟	钱云红	张芬芬
胡万媛	谢银鹏	钱江安	朱伟	乔平	蒋宁	刘小婷
徐娜娜	张免芝	魏巧云	丁凌云	张海燕	倪标	童雅丽
郑平	许云龙	童锐	王阳	丁冬莲	邹太红	郭丽
卢英勋	孙菲菲	刘晶晶	朱凤云	钱正权	徐海燕	

（62人）

三 班

刘俊生	胡丽芬	孔海燕	邢献琴	梅桂琴	徐国栋	赵玲玲
张翠华	陈君飞	童林	王阿美	石亚山	王丽冲	帅颖
杨阳	宋娜	孔红玲	侯巧云	黄梅	谢小玉	刘玮
王玉珍	袁归	丁雨云	利俊	钱玉文	赵金萍	刘婷婷
高兴	任俊飞	王春霞	童梅枝	孙金梅	王飞	古代娣
张帆	陈玲	王文宇	班勇	黄金龙	张小花	蒋俊
缪俊	缪俊林	孙敬平	姚伟	王欢	梅勇进	程恩梅
童燕	翟羽佳	张文虎	包文军	丁以翠	周童	袁永鑫
丁荣燕	刘希					

（58人）

四 班

林伟	王焕之	宛婉	徐伟	王洋	张伟	汪文清
张力	许翠春	朱金桂	康云	朱建华	张虎年	丁勇生
杨俊	丁海峰	汪朝舵	伍蓉蓉	谢锦柱	许爱春	赵前义
班凤俊	谢小亮	任勇超	柳丽娟	杜宝家	赵利	丁中国
王华	潘浴清	董文兵	徐新春	侯安丽	童玲	黄超
张伟成	王利君	丁学琴	郑海明	童勇勇	曹金平	马世举
宇正富	夏冬	胡小二	万多六	丁春梅	吴巧云	乐玉梅
蔡鑫中	谢俊生	曹伶俐	卢恺	丁迎贵	徐芬芬	夏飞
李亚静	丁海林	钱强	卢军	王明	汪海燕	

（62人）

五　班

朱建中　杨庆兵　丁鹏飞　刘　洋　赵凤娇　赵言伍　丁以如
蒋　驰　陆玉群　胡小三　钱　娟　孙晋芳　张思琴　何　滔
王　奇　刘凤琴　张龙年　杜　俊　赵澄澄　缪芬芬　王苏苏
林　森　童静佳　孙友俊　王　超　徐鹏飞　汪延春　李亿梅
董国强　丁鹏程　侯　升　侯正治　赵志诚　马明月　马方刚
王　辉　周　罡　胡阿弟　胡成伟　童　刚　范兴亮　晏周雄
丁　勇　王建雄　汪悦丰　陶佳佳　童海燕　范金龙　任露露
闻静奇　姚小虎　张昌松　童小良　王　杰　徐志阳　李凤清
陆梅芳　杭凯峰　王寅生　胡晓牛　周　蓉　孙守志　毕　涛
钱明飞　柏　伟　王小明　李学能

（67人）

六　班

方　蓉　张海凤　丁慧娟　赵　丽　闻晓虎　汪海林　沈佳敏
张　全　陈　希　丁　锐　刘　敏　赵亚罗　利先春　赵候芳
缪玲玲　童　敏　张凌云　伍柱庭　黄　超　范树林　赵　龙
谢贵娴　丁以凤　童军军　钱　朋　杨　敏　李晓光　刘　杰
侯虎林　王　岭　张天宇　陶红玉　汪　晗　谢俊生　张　彦
钱小虎　童书生　伍玉平　王　飞　王宜华　孙　诚　郑　磊
丁　娟　钱亚云　舒　伟　汪良燕　陆树中　赵军凯　孙世英
王光照　刘明波　王　伟　张玉好　张世满　徐文忠　谢玉发
周海燕　孙孝虎　吴娇娇　朱　翔　张永志　程　辉　王　军
王建业　张　智　陈　宝　伍银敏　陈旭东　张婷婷

（69人）

高中部2006届

一　班

丁　丁　丁凤玲　丁前龙　孔丹丹　孔娇娇　王小二　王永胜
王　磊　卢珊珊　孙万丽　孙运康　孙桂霞　吴文兵　吴　平

吴丽君	张巧云	张亚兰	张亚琴	张 健	李文娟	李学文
汪文波	邹太燕	陈 静	林 芳	侯勇军	侯维唯	俞君伟
姚莉君	宣小伟	赵 志	徐志云	钱行春	钱 磊	高田甜
梅士萍	章春燕	黄小伟	童小三	童孝云	童佳佳	童金枝
董娟娟	谢文明	谢玉良	谢红云	缪 琴	蔡 玲	潘群芳

（49人）

二 班

丁哲源	丁爱梅	丁晴晴	丁 霞	孔小二	方 军	王小雨
王文宇	王志保	王根花	王 强	王晶晶	卢至桐	刘 银
孙运国	孙 蕾	庄学美	朱茂春	何 玲	宋 卫	张文举
张 帆	张 亮	张海东	张 慧	李伟和	李学东	李非番
李敏然	汪 琼	陈敏之	范文婧	胡帮兰	徐 云	徐文奇
徐玉风	钱 军	钱青松	陶波涛	盛亚男	彭 飞	曾小虎
焦芬芬	程 俊	童婷婷	童朝兰	谢太伟	鲁飞飞	潘幸云
潘安安	张海燕A	张海燕B	俊生A			

（53人）

三 班

丁 欢	丁红雨	丁志文	丁南丽	丁慧慧	王风梅	王文俊
王佳欢	王治兵	王保柱	王洪春	王婷婷	王 晶	王晶晶
卢美美	任爱民	刘冬花	刘 波	孙孝苗	孙夏夏	孙 磊
宇虎年	朱 成	吴文婷	张 琴	张 稳	李 飞	汪 伟
周 成	周磊刚	范阳青	赵加飞	赵 新	徐 慧	钱俊强
曹昌俊	曹昌燕	梅春山	章 星	黄文凤	焦培培	程晓光
童海涛	谢月芳	谢爱平	缪 静	俊生B		

（47人）

四 班

丁小雪	丁友田	丁金龙	丁 勇	丁 玲	丁顺文	丁 峰
丁海军	丁菲菲	丁银锁	丁 超	万大超	王伟A	王伟B

王 军	王 华	王 丽	王珊珊	王银强	王路生	王 静
王 璐	代振东	卢 静	刘一万	刘凤琴	刘扣扣	刘林聪
孙 伟	孙晋芳	齐伟龙	张士平	张文东	张文兵	张 旭
张珊珊	张 薇	杨 忠	汪金山	陆成兵	侯小红	姚为珊
洪中平	赵天添	赵 冰	赵红梅	赵前义	班飞军	袁金宝
钱广胜	钱光友	钱海涛	黄玉坤	黄金凤	童勇勇	童裕国
童 鹏	董文兵	蒋婷婷	谢新璐	谢瑶瑶	缪文辉	翟江银

（63人）

五 班

丁兵朋	丁学琴	丁荣军	丁 辉	丁道亮	万文龙	孔福娣
王世龙	王启军	王虹云	王海涛	王素珍	王磊A	田小贝
田金红	伍 林	吕守新	孙小磊	孙 涛	宇正富	阮月行
吴以山	吴静林	张 凤	张必霞	张 帆	张拥军	张海燕
李未周	汪月波	汪庆生	陆玲玲	陈春龙	陈 超	陈 锁
林玉杰	林国雄	范金龙	侯晶晶	胡 灿	赵云强	赵志诚
骆玉翠	徐新春	秦启俊	郭文军	钱小程	钱 飞	钱根弟
钱璐璐	陶红玉	曹扣龙	程 志	程柏林	程 辉	童书生
童美林	童 晨	董月桃	谢 凡	魏俊生		

（61人）

六 班

丁冬生	丁 丽	丁学飞	丁忠敏	丁 磊	马世森	孔玉平
王正雁	王 伟	王存爱	王建业	王 朋	王 雨	王海波
王培丽	王磊B	卢 瑞	任 霞	刘永山	刘 洋	孙运龙
何丛蓉	何婧婧	吴前兵	张 进	张 倩	李克胜	李翠萍
杨小伟	汪 磊	陆凤莲	柏贵宝	胡 龙	赵俊俊	骆小二
钱广云	钱 勤	童中群	童俊娥	童寒雪	谢小妹	谢俊生
缪云生						

（43人）

七　班

丁凤艳　丁向云　丁　丽　丁银屏　丁鹏程　孔文伟　孔娟娟
方　蓓　王　芬　王　蓉　伍文娟　伍金凤　刘兰兰　刘秋婷
孙　飞　孙春娟　孙春蕾　许荷香　利丹丹　利　荣　利露露
张　伟　张　娟　李美玲　汪　慧　陈春艳　陈　娟　周　丽
金　龙　洪　静　赵爱珍　倪进萍　徐学林　徐美美　陶　娟
曹武进　黄婷婷　程　蓉　童庆胜　童　晨　谢文娟　蔡文静
潘晓敏

（43人）

高中部2007届

一　班

丁凤梅　丁荣珍　丁晓晓　丁海燕　万　丽　万　芬　万菲菲
孔令妹　王国平　王　康　王　敏　王　萍　王黎梅　叶　丽
伍　玲　刘文生　刘明胜　刘　磊　孙欢欢　孙　璐　朱小勇
朱季飞　许业生　吴金诚　吴前会　张　东　张旭军　张雪晴
李圣龙　陈苗苗　陈祖民　周小伟　周云周　周　舟　范学敏
郑业群　胡云山　赵　月　闻小云　徐双华　钱　松　钱娜娜
钱婷婷　陶　美　曹琳琳　童云云　童晓春　童桂琴　童甜甜
谢伟伟　谢金玲　谢继松　谢婷婷　谢　静　翟迎贵

（55人）

二　班

丁凤玉　丁迎春　丁学兰　丁春香　丁雪晴　万云云　王小二
王文文　王海英　王梦婷　王媛芬　包　镜　任义琳　刘亚梅
刘　梅　刘　超　孙阿丽　朱小燕　朱书书　朱云龙　江　颖
张金花　张金玲　李美美　汪金凤　汪　敏　沐冬梅　花　敏
陆承凤　陈　杰　林素娟　候芹芹　柏玉芳　赵勇军　唐自涛
徐　露　钱小俊　钱金龙　钱爱民　钱　盛　钱婷婷　陶志玖
陶婷婷　陶　超　童茶花　童宗民　童倩文　童朝龙　蒋林峰

谢静静　　裴娟娟　　潘　艳

（52人）

三　班

丁小娟　　丁　伟　　丁定心　　丁晶晶　　丁鹏飞　　万　斌　　孔咏梅
孔　蓉　　方陈程　　王文林　　王晓明　　王莉丽　　王梅思　　卢丹丹
任飞飞　　伍庆庆　　刘　圆　　孙凤玲　　孙文丽　　孙红梅　　朱来保
吴　超　　张亚萍　　张　会　　张　杰　　邹　力　　周春丽　　周　豹
周　蓉　　周静静　　范送恩　　俞　成　　胡　宗　　胡　蓉　　赵景荣
徐长生　　徐旭升　　钱丹丹　　钱冉冉　　钱羊琴　　陶　勇　　高　东
童　萍　　黄翠霞　　童　明　　童　健　　蒋　龙　　谢园园　　谢　菲
缪文醒　　缪林森

（51人）

四　班

丁立伟　　丁小勇　　丁文娟　　丁　欣　　丁绍凡　　丁晓艳　　丁　婷
丁　然　　丁翠花　　万　勇　　马士平　　马　丽　　孔胜伟　　方媛媛
王　云　　王　娟　　王　琴　　王　超　　代　中　　包　懋　　任静龙
伍　琼　　刘丽丽　　刘金凤　　刘　静　　孙　伟　　朱文婷　　朱华雨
朱华玲　　许银兰　　吴金婷　　张小丽　　张文丽　　张巧云　　张娟娟
张　敏　　陆梦丹　　陈小龙　　周　芬　　郑静静　　赵开明　　赵巧云
赵　兵　　赵静静　　赵　磊　　班强强　　钱云龙　　钱文招　　钱丽民
钱俊德　　钱洋洋　　陶晶晶　　童旭生　　童　俊　　董　莹　　谢冬生
谢　娇　　谢晓峰

（58人）

五　班

丁玉蓉　　丁　雯　　卜　娟　　王才林　　王金龙　　王雅静　　王　群
包淑敏　　帅丹丹　　刘云云　　刘文娟　　刘　平　　刘晶静　　孙美云
宇加荣　　朱学凤　　朱效芳　　邢文龙　　吴　静　　肖　敏　　花丽军
陈　芬　　林凤娇　　姚桂庆　　施祥和　　赵小银　　徐　飞　　徐海霞

耿志清　陶玲玲　盛晶晶　黄小芬　惠文霞　童立里　童振平
童辉辉　董永真　谢琳琳

（38人）

六　班

丁文伟　丁　甲　丁　杰　丁俊胜　丁　蕾　孔　进　王永平
王永生　王亚彬　王江峰　王　敏　王　鑫　卢　伟　任俊飞
伍万青　刘天保　刘　进　刘　环　朱明星　何开伟　张士文
张士超　张和平　张　亮　张美玲　李春燕　杨国玉　汪伶丽
汪俊松　沙仙才　陆玉丹　陈小二　陈　雷　周　龙　周敏成
杭月荣　林冬会　胡　鹏　赵海军　赵曙明　夏　勇　秦玉林
钱大成　钱玉萍　梅小峰　黄会敏　黄俊松　焦文祥　童小荣
童　文　童丽娟　童助超　童　建　童俊文　童俊胜　蒋　驰
谢小龙　谢　杰　谢　磊

（59人）

七　班

丁　冬　丁俊生　丁美玲　万　涛　王　云　王庆庆　王亭瑞
王　海　王海燕　王　渺　卢蒙蒙　乔　坤　任江萍　任　洁
刘素敏　刘　蓉　孙万荣　孙　飞　孙　丽　朱云峰　朱东旭
许云龙　许静茹　张小龙　张军军　张　强　李　伟　杨　敏
汪　洋　花木兰　陆玉后　范根林　郏方伟　闻　星　徐　磊
袁　航　郭　亮　陶俊生　程　林　程晓茸　童俊峰　蒋光法
谢　礼　谢佳佳　谢傲珠　蔡文婷

（46人）

八　班

丁银香　孔姣姣　王为涛　王云峰　王文志　王东升　王平中
王　玉　王　伟　王　芬　王海燕　刘家红　孙敬进　朱正龙
朱玉东　朱　强　朱德敏　江　龙　吴军军　张飞红　张　伟
张　帆　张　辰　张　敏　李小龙　李美玲　汪满金　陈　俊

范　娇　范振兴　郑　丽　胡习礼　胡习超　胡双星　胡　鸿
赵　龙　赵　伟　赵　峰　赵海峰　凌小云　徐海伟　徐颖华
耿世明　钱　磊　陶中监　陶　金　梅　洁　童　敏　童毅生
谢开兵　谢冬平　谢　平　谢纯丹　谢菲菲　缪丽君　潘元庆
戴晓妍

（57人）

高中部2008届

一　班

丁奇华　丁春生　万勇军　王开波　王　成　王金龙　王俊林
王　珍　王维菊　帅　莉　田国敬　任士祥　孙华文　孙志强
孙浩志　朱双双　江万丽　阮石磊　齐　丽　吴学通　张　凡
张　宇　张　俊　张俊清　张　荣　张　静　杨君君　汪为龙
汪文武　肖鹏飞　周俊保　周　悦　周桂林　周海平　周　蕾
季良宝　范累累　宣红亮　胡敏敏　项　政　夏　云　钱　伟
钱旭东　钱　浩　钱　薇　陶万胜　童子军　惠文娟　程云萍
鲁　蒙　缪　凡　缪　超

（52人）

二　班

丁大伟　丁思源　丁素娴　万丙发　万前程　马世敏　王成成
王海涛　王　琦　孙贝贝　孙　军　孙　晨　安利娟　朱昌迅
朱沪娇　何美良　利慧君　吴云云　张　宇　张林胜　张　娟
李玉林　汪万通　汪友楼　沈　洋　沈　萍　陈　岑　陈　娟
范文娟　范月琴　施　令　施加丽　胡凤云　赵荣玲　赵荣辉
赵　晶　赵璧玉　钟　勤　骆凤鸣　徐丹丹　郭　安　钱　伟
钱海兵　钱微微　童天伟　童金金　童　涛　童寅龙　谢金玉
谢淑娟　慈　祥　缪雪花　蔡小娟　魏帮跃

（54人）

三 班

丁以华	丁亮亮	丁娇娇	丁春梅	丁海燕	万飞飞	王 凡
王 升	王先俊	王盼盼	王 琦	王 琳	叶 祥	任小珊
任 勇	刘丽娟	刘志引	刘 姚	刘重庆	吕金凤	朱文昊
朱应周	何成峰	张 雨	张海峰	李 玉	杜士雨	汪 月
汪 丽	周 志	罗 静	范学辉	金 超	洪学影	胡 芬
徐双双	徐海生	钱 敏	陶爱敏	梅士钊	黄海波	黄 敏
程玉琴	童小霞	童 飞	童亚琴	童孝磊	童志雄	童俊平
谢亚青	谢 菲	翟巧英				

（52人）

四 班

丁冬冬	丁晓龙	丁 黎	水恒云	王 月	王 林	王巢然
王婷婷	叶文朋	石 磊	任晓月	伍文文	刘志军	宇文口
许艳琼	闫振国	齐春兰	张月琴	张洋洋	张敏敏	张 强
张敬安	张 霞	李 苗	汪 云	陈代辉	周秀琴	胡 丹
胡文燕	胡 婷	赵 星	项 磊	夏 勤	钱云飞	钱扬钟
高 勋	惠永龙	童天超	谢小娟	蔡代林		

（40人）

五 班

丁山山	丁伟伟	丁志文	丁凌云	丁静雅	王贝贝	王诗怡
王俊峰	王海涛	王 涛	王培培	王惠银	王鹏程	付军军
任春玉	刘明敏	刘桂香	刘 程	孙玉宁	孙建勇	朱立东
朱晓东	许蓉蓉	何腾飞	利 云	利先佳	张小蓉	张 讯
张 伟	张建平	张 钢	李东生	杨 锐	汪海明	沈国柱
花金贵	周 明	庙小双	范萧娴	侯红生	洪 洋	赵红艳
赵 娟	赵容容	夏扬勇	徐志苏	徐遐怡	钱姗姗	梅肖肖
程 蓉	童羊玲	童丽媛	童俊诚	谢 勇	谢政庆	鲁青玲

路　佳　　缪文娟　　蔡珊珊

（59人）

六　班

丁学亮　丁　雯　方　军　王先进　王玲俐　王晓峰　王海涛
王彬彬　王鹏程　叶仓龙　未　伟　田　美　任学会　刘元娇
刘　刚　刘　雅　孙丽君　孙珍珠　宇　春　朱小飞　朱正好
朱　勇　朱静静　许　翔　利晶晶　吴朝刚　宋　丽　张宝平
张珊珊　张海龙　张　露　杨海文　汪凤婷　花　陶　陆雅玲
陈玉加　周　健　周敦欢　范　春　范骏飞　胡　文　胡琴琴
赵　琴　夏青松　徐小群　徐君君　徐　勇　班凤明　班良菊
郭荣荣　钱宜程　钱　燕　童冬梅　童迎迎　童海燕　谢小俊
谢　峰　潘庆玲

（58人）

七　班

丁京凤　丁　锐　丁　静　万金琳　孔玉婷　孔　健　王文胜
王　扬　王建明　王细细　王金云　王金龙　王春香　王　磊
刘小娟　刘云雷　孙唯伟　朱存林　朱海燕　何小二　吴海荣
张少凤　张玲玉　张　磊　杨园园　汪　胜　沈　会　陈国政
陈　蓉　周　涵　庙小二　姚银银　赵　西　赵浩明　赵婷婷
赵　琴　赵雄飞　徐文燕　班良龙　耿　维　童涟漪　黄　煜
惠玲玲　程　浩　童　芮　童忠庆　童　威　童跃跃　童朝英
董玉华　缪潮海

（51人）

八　班

丁中彪　丁亚南　丁京琳　丁　涛　万多华　王成军　王宏伟
王　亮　王浩然　王菊香　王婷婷　王　超　包会琴　包俊锋
卢　娴　伍　俊　刘亚培　邢　蓉　利　凡　吴文静　张　军
张海霞　张婷婷　张　琳　张静怡　李童飞　杨　欢　王亚明

－ 374 －

汪明芝	陈俊芝	周玲芝	周　研	岳媛媛	范文骏	范俊峰
胡　凯	胡桂珍	赵云惠	赵　建	徐　科	徐　静	袁　娜
钱冬生	高　洋	黄　娟	程丽君	童玉洁	童佩佩	童忠昆
蒋娜娜	谢玉美					

（51人）

高中部2009届

一　班

丁平平	丁　雨	丁胜男	丁　蓉	万学伟	万暑杰	马迎春
孔　斌	孔　燕	王云云	王泽元	王亮亮	王　真	王　婷
王　琼	冯志刚	包　博	叶文群	伍孟飞	伍建成	刘　婷
朱传珍	何　宇	吴文景	吴亚元	吴健民	吴莲莲	张小云
张　文	张玉翠	张　芳	李立文	李　伟	沈　芯	沈素琴
陆世民	李伟伟	范学强	范洋洋	邾梦君	郑晓敏	侯丹丹
俞海峰	胡　冬	赵　阳	赵　进	赵真诚	赵智锐	闻　薇
耿　军	钱晓花	盛丹丹	童　雨	董亚丽	谢洋洋	谢顺强
缪　平	缪玉琴	王浩然				

（59人）

二　班

丁小伟	丁文静	丁亚运	丁　欢	丁志轩	丁建民	丁　婷
丁婷婷	孔小云	孔胜飞	王　东	王宏伟	王梅瑶	王　慧
包管斌	包　磊	任文君	任文祥	任　伟	任　璐	刘秀芬
孙小二	孙　锐	宇青云	朱芳婷	许蓉蓉	利　骏	吴进昌
张玉婷	张星月	张　健	李　超	杜志强	汪　云	汪冰清
范明月	胡亚帆	胡亚敏	赵开慧	赵　姗	赵　健	赵　锐
徐红良	徐志稳	海　琴	班文军	钱广俊	钱兆雨	钱啊玲
钱　敏	章　慧	黄小勇	喻　芹	童华中	谢业连	谢年峰
熊东红	缪丹丹	翟会会				

（59人）

三　班

丁　伟	丁传英	丁欢欢	丁芸芸	丁闻君	孔婷婷	王亚洲
王　君	王京津	王银珠	王　超	付红霞	包　翔	田　磊
刘　磊	孙丹凤	孙红超	朱海涛	汤小龙	汤仔秀	利　盛
张俊伟	张　祥	李云峰	沈昊浩	花　荣	邹太玉	陈玉杰
陈　姝	周　兰	林　雨	邴玲丽	胡金龙	胡重九	胡婷婷
赵　伟	赵　旺	骆丽丽	候为祥	钱云亚	钱莉丽	陶　松
曹芳芳	梅小芸	章成凤	黄海群	童中林	童丹丹	童　帅
童亚龙	童京晶	童明月	童盼盼	童效俊	童　敏	董文静
谢丽萍						

（57人）

四　班

丁　超	丁锦莲	万倩云	卞　涛	孔红梅	方　云	王亚军
王　军	王成明	王维孝	王　韩	王　照	卢　真	宁舒园
任　颜	伍胜旗	刘　云	刘双军	刘　阳	刘　武	刘舒凯
孙云马	朱小燕	朱文涛	朱明秀	朱玲欢	朱海云	何　强
张　娅	张　健	张容飞	张　敏	张　甜	张潇姝	李　群
汪　超	沈　伟	陈　悦	陈雪晴	陈　霞	周　杰	林　蓉
金　鑫	侯明俊	胡亚慧	赵文娟	赵翠花	曹乐乐	彭益超
曾子腾	童亭亭	童首亚	童　瞳	谢亚贵	谢　骏	赖延云
潘马原						

（57人）

五　班

丁马龙	丁　勇	丁玲玲	丁　磊	王　军	王　欢	王　丽
王金春	王　勇	王　敏	王　智	卢京生	叶京辉	刘永红
孙　雨	朱长芹	许　艳	张　云	张功意	张　庆	张　红
张志兵	张建东	张　悦	李　东	杨君君	汪　谦	汪　慧
陈桃红	周文军	周向东	周涛雨	罗启松	范小二	范阿飞

洪　妹　胡泽民　胡晓宏　费　雨　赵兰馨　赵益林　赵　锐
骆金超　凌笑笑　夏　涛　徐海生　钱　娟　童云云　童帅阳
童　健　童振华　童学平　童淑婷　管大庆　潘美丽　童婷婷 A
童婷婷 B

（57 人）

六 班

丁小雨　丁冬勤　丁庆庆　丁林兰　丁　差　丁　磊　万芬芬
马彩云　方东山　王　静　叶姗姗　叶　群　任庚年　任　亮
任　超　刘庭园　孙海静　何海军　利巧红　利　植　吴义伟
张　云　张亚玲　张灵慧　张　峰　张海丽　张蓓蓓　张　静
汪欢欢　花晶晶　陈　慧　周　东　林　亮　范　森　俞甘玲
俞　点　宣红芳　柯文杰　胡飞飞　胡丽平　赵亚超　项　华
骆　颖　徐亚敏　钱扬武　曹小飞　梁敏君　盛阳春　章福泉
童　斌　童腊梅　童道颖　童霜霜　谢秦云　魏白兰　魏珊珊

（56 人）

七 班

丁亚婷　丁　钊　丁宗蕾　丁雨琴　丁　超　万学艳　万　娟
王才芬　王　娟　刘新月　吕先爽　孙弼昀　宇文娟　宇杨峰
朱文启　朱　宏　朱晓凤　朱露露　吴昌俊　张飞兰　张　凤
张亚云　张岚琦　张国平　张　涛　张媛媛　李广原　李婷婷
汪春艳　沈江星　陈　诚　陈　婷　林　生　范文文　范月东
范　亚　郑运清　柳　明　洪　伟　胡亚运　赵伟 A　赵伟 B
赵　娇　奚　雨　徐　军　晏英杰　耿　静　钱　义　钱文明
钱伟航　钱国强　钱林森　陶　娟　崔明越　黄　文　喻　玲
程　淼　童桂林　董刘云

（59 人）

八 班

丁云云　丁军军　丁吉云　丁同平　丁晓云　马　刚　马　荣

马　敏	王成程	王　琪	王　蓉	王　静	王　磊	包训国
帅洪斌	伍丽红	刘巧云	宇　涛	朱学刚	许　磊	阮诗文
何国宝	利　伟	吴海燕	吴　婷	张　羽	杜芳芳	杨　璐
汪丹丹	汪少君	汪婷婷	汪晶晶	花　卉	花　伟	邹太山
陈　诚	郑运鲜	侯银萍	胡凤珠	胡欣悦	胡晶晶	赵　伟
赵雄飞	徐勇生	钱应柱	钱　玲	钱晓二	崔明祥	曹金梅
童菲菲	童婷婷	童耀耀	董　雯	鲁长春	管海燕	蔡　蕊
						（56人）

九　班

丁小雨	丁　宇	丁庆同	丁珊珊	丁娟娟	丁　露	万园园
王丹丹	王　刚	王智聪	王舒婷	叶春阳	伍文涛	伍雪程
刘明杭	孙海燕	吴贝贝	吴金金	张延慧	张春风	张　健
张　萍	张　强	李　敏	杨海波	沈国祥	陈永美	陈亚雄
陈　浩	陈慧娟	侯艳梅	赵　冉	赵朴文	闻世通	班风婷
袁航宇	钱　佳	钱国海	钱俊玲	崔伟雄	黄永承	黄　俊
程源源	童小丽	童中明	童亚军	童　鸣	王亚康	
						（48人）

十　班

丁凤琴	丁正荣	丁青峰	丁　俊	丁春霞	方　丹	王玉锁
王光宝	王　春	王晓洁	王　琴	王　璐	田茜茜	伍红莲
伍　兵	刘小菁	刘亚丽	刘庆美	孙小浩	孙亚运	孙　晨
朱　玲	朱海林	许　剑	吴姗姗	张开云	张　扬	张海婷
张　雄	李冬梅	李鹏程	杨　露	汪　书	汪丽君	汪娇娇
花亚平	花成松	陈美美	陈茹佳	林青伟	赵　阳	赵闻斌
夏　敏	班桂香	郭小娟	钱芳芳	高清梅	黄文军	程　成
童俊杰	童　浩	童　敏	谢　阳	谢海霞	鲁小丽	慈青阳
缪　亮	缪鹏飞	丁中彪				
						（59人）

高中部2010届

一 班

丁文荣	丁以丹	丁宇	丁燕	万贝贝	万佳	万杰华
王丹丹	王玉平	王林	王春年	王海荣	王艳	王蓉蓉
王磊	史亚萍	任迎丹	伍林丽	孙亚敏	朱来玉	朱海波
张冬	张琴琴	张慧	李学蓉	李春雨	杨文清	杨素亭
花盼弟	周友安	范亚兰	范素琴	郑高	郑静荣	胡明
胡志文	赵迅	赵贵淼	赵磊	闻书	项钱	项燕
项敏	倪晶晶	海敏	耿瑶	郭云	钱云云	钱文成
钱颖	钱慧慧	高雅	黄军	童倩	童素阳	童晶晶
童朝琴	童慧慧	蒋伟	谢叶玲	谢燕	缪利	缪娜

（63人）

二 班

丁传桂	丁志超	丁放	丁娇	丁照东	王金兰	王勇
王春霞	王胜群	王娟	卢云婷	任丹丹	任阳阳	刘文兵
刘志	刘秀萍	刘涛	刘晶	朱旭婷	毕阳阳	毕俊
阮婷婷	张阳兵	张春枝	张嫣	张静	张静云	李云
李涛涛	李晶晶	肖彩虹	肖婷	陆小刚	陈少进	范甜甜
赵红磊	赵金华	赵海云	赵海燕	赵菲	徐强	海腊梅
钱飞林	钱梦颖	陶威	梅心宁	盛玲	黄蓉	童飞
童玉霞	童昀昀	童陵俊	蒋敏敏	谢业定	蔡冬月	

（55人）

三 班

丁剑	丁春桃	丁晓宇	丁晓倩	丁彩云	丁敏	万小雪
孔盼盼	王金虎	刘小庆	刘芸	孙孝兵	孙芳芳	孙婷婷
吴义伟	张开强	张文慧	张春林	张健	张第	张琴
李俊枝	沈婷	花妹妹	陈欢欢	陈颖	周会娟	周强
季芸	巫容	范玲玲	范敏	宣亚兵	胡佳佳	项杰

夏欢欢　徐　胜　徐慕娟　钱羊静　钱圆圆　钱海燕　钱绪颖
陶芬芬　高　扬　曹昌勇　黄迎霞　黄　妹　黄金华　曾　振
程　红　童文静　童忠盼　童海燕　谢琦琦　裴婷婷　潘星星
钱媛媛

（57人）

四　班

丁中磊　丁凤云　丁伶巧　丁春林　方　兵　王　伟　王　莲
王　璐　刘蓉蓉　孙小龙　孙华丽　朱云成　许会会　张芬芬
张　洁　张　娟　张　强　杜　娟　杨　静　汪文龄　汪　燕
赵　阳　赵　俊　骆珊珊　徐金超　海甜甜　耿云飞　钱　程
钱　超　童婷婷　童　静　董文强　翟美美　蔡　丹　裴丹丹
潘海川

（36人）

五　班

丁友胜　丁方荣　丁　建　王旭峰　王　达　王　宝　王　强
王鹏成　卢中晨　任建平　伍苗苗　孙宏顺　朱佳伟　许俊娇
吴　进　张　兵　张富林　李　亮　沈名羊　周世东　巫　超
洪　超　胡　峰　闻媛媛　骆佳丽　徐安安　徐志平　钱文举
钱　伟　钱关师　钱超群　钱　磊　钱露萍　黄海东　童效敏
童海强　童雪裴　管芳芳

（38人）

六　班

丁　锁　万志明　万彩莲　卞　飞　王中奎　王　东　王　刚
王　荣　王　健　刘和平　刘亮亮　孙　飞　孙伟伟　宇国民
朱文涛　吴婷婷　张文进　张文科　张　伟　张　伟　张　军
张军军　张健健　汪　飞　汪崇明　陈亚雄　周　洋　侯明明
胡丹丹　赵其军　赵其强　赵婷婷　钱　超　陶海峰　童丽娟

鲁文俊

（36人）

七　班

丁志贵　丁显峰　孔义超　王志强　王京平　王　拓　王诚澄
王　胜　王　晶　石　露　刘　郁　刘　雨　孙雪地　孙霜霜
宇文艺　宇　志　朱亚平　张明洋　张祝冬　张　静　李晓露
汪　强　陈　磊　周　勇　周海英　洪　伟　徐　磊　钱伟伟
钱　成　钱金峰　童　欢　童效垚　谢　军　孙　薇

（34人）

高中部2011届

范　财　陈京城　万　里　丁少华　王玉飞　汪经纬　邢海兵
胡明文　童春林　孙　松　张　磊　陈勋龙　孙渡江　许忠超
万政生　丁春荣　钱书东　丁婷婷　张　其　范　路　宋　越
童子阳　丁　勇　方逊轩　钱　徽　刘　洋　赵余瑞　丁　浩
王　静　郏建波　张丹丹　王京生　黄海清　王春旭　丁祖军
郑旭东　黄　微　钱强强　王　政　董　伟　谢安天　王俊峰
王　伟　周晴宇　李东东　孙超超　刘　海　陶　蕾　范芝茗
陈超群　沈安强　童雪菲　胡旭日　汪城城　魏　昊　王　婷
方泽宇　徐　勤　丁俊平　陈晓婷　卢茂石　万　娟　丁　凯
花丽娟　钱梦梦　孙星星　仰美玲　张金玲　冯婷婷　钱晓平
张旭东　徐元培　董俊萍　钱光中　钱静静　张　银　钱　程
朱梅丽　徐银萍　徐冬冬　杨珊珊　吴青青　钱　程　孔艺伟
谢晓庆　王　慧　陶丽丽　吴明辉　王清清　张　巧　范　勇
李　伟　张　勇　刘　刚　童朝平　汪　静　汪文君　陈璐璐
万　云　周玉羊　王金祥　周花花　于　祥　王靖云　陶茜茜
钱彩云　曹　娟　黄　超　王　婷　钱　峰　利　莉　钱晓雯
孙伟招　钱帮兵　张　斌　李　阳　喻露露　童羊青　黄盼盼
骆健聪　朱晨美　丁　磊　吴腐选　伍文俊　洪　程　孔凌宇

童建民	谢 丽	洪金珊	耿梦丹	童津津	魏 燕	钱迎娣
周 娟	朱俊明	朱金霞	丁晓峰	丁国强	曹 露	李 磊
任定杰	童梦梦	王 伟	赵云芝	鲁玲玲	童女娜	丁 丽
徐春香	陈 文	钱路丽	喻 成	王 强	孔成学	钱袁生
王 涛	蒋桂芳	李启立	朱娟娟	黄雨俊	汪 艳	张嫚玲
丁玉娇	魏雪峰	王文蕾	周斌斌	朱明远	童 群	孙雨琴
花婷婷	陶 静	孔珊珊	徐文静	王彩云	童孝英	朱婷婷
王骏承	陈海玉	吴红玲	孙月萍	蒋双双	孙 莉	缪慧芬
孙娜娜	孔鲁云	王 欣	孙 猛	庙雨云	陈朦朦	丁俊美
朱晶晶	胡亚红	汪云云	陈 诚	彭 程	钱晓婷	董 勇
张京京	高 玲	林 兰	范 雪	万文琦	徐维妙	丁雪琴
李 敏	王 敏	张京育	王 云	左 青	李 佳	汪 东
王曼丽	周旭东	童金晶	徐维肖	花文星	万安腊	张国栋
杨 茜	童孝雨	汪文浩	周宗义	丁 玲	王成祥	谢业青
胡梦媛	任定磊	郑亚玲	巫芳芳	张 起	张 露	王 斌
丁玉环	李勇飞	周 惠	童晶晶	钱丹丹	万苗苗	张文时
姚东升	丁 玲	王 超	蒋晶晶	陆永杰	孙 健	任 含
胡 杰	张媛媛	梁 衡	张春阳	孙雅乔	陈魁岸	张 剑
伍云帆	伍亚娟	刘 伟	万爱君	汪 芬	王文娟	张亚鹏
王 超	沈 瑞	侯云飞	李丽娟	徐媛媛	汪天然	缪俊杰
李正正	汪 超	丁津菁	张 炎	刘敬生	方琴云	陶冬冬
张 琴	范金龙	赵晓亮	孔博文	赵勤勤	钱苑靖	刘秋雨
汪 萍	钱俊钰	程 茜	汪跃进	张名春	胡雅兰	闻 飞
赵梦迪	高云龙	袁 方	黄慧慧	陈 磊	胡安东	王 婷
江芬芬	花 晨	刘 健	何 涛	叶 静	童 强	张红艳
朱远洋	杨双全	潘金鑫	王 琴	汪素琴	童海海	童孝燕
黄 涛	吴 飞	吴小敏	万彤彤	高云龙	袁 方	黄慧慧
陈 磊	胡安东	王 婷	江芬芬	花 晨	刘 健	何 涛

| 叶　静 | 童　强 | 张红艳 | 朱远洋 | 杨双全 | 潘金鑫 | 王　琴 |
| 汪素琴 | 童海海 | 童孝燕 | 黄　涛 | 吴　飞 | 吴小敏 | 万彤彤 |

（336人）

高中部2012届

刘汉文	谢　文	童　群	王媛媛	陆静波	丁海生	任士友
张　丽	吴　俊	射俊明	左伟康	章敬毅	翟羽佳	丁俊鹏
丁爱郡	万里园	马　骏	朱春风	宇正品	何　玲	张国龙
陈　晨	邾晓辉	丁仙桃	李增辉	刘庆阳	王　涛	张　晨
杨丽莉	丁　俊	花　伟	丁庆兰	张　磊	汪海霞	黄云峰
黄　容	张　静	骆寒冰	丁友明	万文彬	魏取遥	童成程
童雪慧	曹晶鑫	谢　明	汪京安	郭　冉	利　辉	李小刚
万婷婷	丁盈盈	张俊超	杨珊珊	黄敬生	王子羽	孙爱宝
童孝州	周　龙	范顺清	陶　松	黄云宵	王森林	丁雪飞
许　可	范智振	王琪琦	朱雅君	汪　宇	张竞竞	孔京生
朱国庆	朱文杰	汪　婷	陈　辰	赵雪晴	童倩蓉	周玉林
徐　升	林珊珊	朱神芸	童云蓉	周玲玲	汪　静	张俊杰
吴程程	范飞强	盛锦荣	夏　庭	张宝苗	骆金龙	杭潇潇
陈　晨	利　倩	王　慧	汪　欢	汪云欣	陈浩天	谢顺琴
张海波	孔兵斌	朱紫燕	周海英	孙冰清	汪　奇	郁　磊
方庆松	朱永富	童　林	利跃峰	高燕明	钱文超	吴　静
吴　莹	丁　琪	孙彩香	黄海红	张　鸿	闫海峰	张云云
俞　芳	潘世洋	蔡纬渡	钱　磊	周　颖	骆冬生	车美琪
童玲丽	王校校	范旭升	万　园	陈小芳	候永生	张　靖
董　兵	钱文涛	蒋经纬	胡雪莹	谢磁磁	谢　超	夏雪飞
张　驰	萨　蓝	马刘松	叶　彬	黄建军	陆冬冬	许　明
金　晓	赵　剑	张金龙	叶明俊	孔文倩	陈　程	丁平红
丁海峰	丁　颜	张　童	金朝晖	梁　丽	丁越成	丁亚琴
钱　月	周鹏飞	饶慧超	周　日	丁　建	王安平	张小圆

秦 伟	利金城	陈振宇	金 洁	徐 涛	张枝浩	张艳文
缪 燕	邢 飞	俞 莹	侯珊珊	缪梦阳	吴亚会	陶京生
周凤娇	缪蕾蕾	张冬梅	张梦君	伍宏霞	丁少强	任俊松
丁 静	宇加伟	孔小伟	何雨晴	方 琪	黄海峰	袁婷婷
孔婷婷	骆 红	陶娇娇	陶亚东	张 斌	何 婷	丁伟峰
杜 燕	丁海涛	章 星	丁慧敏	丁林柱	黄素萍	朱欢欢
丁 燕	高 峰	丁晓飞	花海超	周 伍	吴 慧	谢玉星
王 震	叶 伟	胡 伟	吕 睿	孙 雅	丁露露	钱华俊
徐仁刚	许文超	侯彤彤	徐京安	周秀云	任小涛	孙文倩
孔纬琪	周亚婷	朱婷婷	魏 佳	陶海波	窦 云	许 洲
王 中	范卫军	陈 兵	金乃强	谢蓉蓉	高 威	王 杰
刘京驰	伍 孟	杨京磊	谢瑞章	高婷定	刘 静	丁 荣
陈肖害	朱 月	陈琴雨	陈勇飞	朱天宝	童 鑫	张晓惠
卢 超	马 亮	许 玲	胡桥云	闻祥雨	刘彩莲	朱玲玲
夏慧贤	张 健	宇娟娟	赵 远	刘婷婷	许 才	鲁文瑞
王金生	程 章	钟时欢	丁 露	钱广涛	钱皖豫	高 闻
孔文书	王成成	柏岩松	刘海涛	李茹洁	钱伊妮	杭军飞
吴蓉蓉	万文辉	张枝鸣	童晓进	徐婉玉	汪 斌	钱汉生
朱 凡	李 昊	王 亮	章步青	李梦雨	王 婷	马 杨
潘 飞	潘文生	张 雨	许 莉	朱荣春	陈京京	朱骏英
陈 宇	吴 雄	伍汉涛	黄云芳	范文祥	裴 丽	范 奇
张梦雯	丁娇娇	姚晶晶	黄 灿	李 童	万海燕	侯 超
童俊勇	赵雅婷	林 丽	杜金城	丁亚然	钱 娟	沈婷婷
王 露	任俊聪	童鸣明	乐必超	潘富成	汪 洋	季 进
钱 磊	钱峰坡	汪 磊	左虹雯	童孝飞	朱勇强	张珊珊
王 超	刘皖豫	胡习文	孙海波	肖荣富	丁 聪	谢俊松
陈俊生	丁海军	陈 民	童 强	张爱国	丁媛媛	张海亭
乐京城	张丽君	丁峰泉	杨 蓉	王慧敏	耿昌敏	何 佳

俞亚娟	梁伟	刘蓉蓉	陶洋	童勇诚	童忠生	孙迅
谢璐璐	宇军龙	谢晓龙	夏双双	伍孟鼎	万青	朱素敏
刘凤琳	童旭东	何忠洋	徐世杰	孙荣盛	孙美洁	刘美
赵小雨	赵文青	花紫修	项伟	汪婷婷	万蓉	丁峰
唐长顺	朱圣杰	黄伟	董春香	王月	范东明	梅玲芝
古云	丁超	胡俊	何浩	孔蓉蓉	孙敬霞	刘兵兵
徐左刚	朱伟	朱汉军	裴成飞	丁飞翔	方晶晶	汪星
张凌云	谢雨	古玉婷	王先平	胡伟涛	周煜东	蒋晓雪
缪艳	周秀银	陈子迅	傅蓉	胡伟	范然然	夏雨
王志祥	包梦新	陈澄	钱石凤	任志强		

（432人）

高中部2013届

翟羽佳	丁勇志	丁欢	潘海洋	童飞	丁安帮	王康
丁磊	骆冬祥	刘晨	谢康康	罗明珠	张洋	万永生
万林	吴成程	陈伟	胡双娇	丁海青	陶强	周杰
徐晴	庞立	五文健	何越	赵媛媛	夏慧贤	王月圆
丁菲	丁文癍	潘婷	黄多姿	王雄峰	钱伟楚	汪勇
钱杨明	陈浩	王运花	方书敏	谢佳	陈蓉蓉	王红梅
万晶晶	周宇	万京京	汪莹	王婷婷	丁玲玲	缪青玲
刘涛	赵珊珊	古宏俊	市茜	赵慧	赵佳佳	吴娇
闻香玉	花涛	田雅婷	汪媛媛	郑海霞	陈彩云	付常根
宇容容	丁田	丁娟娟	马磊	童芳芳	俞活	王芸
陈潇翔	李加冕	李冉	钱璐	王林通	赵鹏	张伟红
程子君	任梦青	丁青云	王聪	钱成	钱强	张强强
彭升	杨刚	品品	孙明明	夏凯兵	丁铃志	朱启松
王童琴	童星迁	黄海平	汪康	童飞	丁健雄	谢蓉蓉
谢媛媛	江林雨	丁静文	赵长春	王丁超	张京玲	徐蓉
陈帅	花云平	胡为龙	夏国靖	钱云琴	钱梦娟	童安竞

张雨润	宇祥	张庆	童双双	童婷	章正春	孔咬姣
陈望	张伟	刘佳玲	王小强	王肖	丁志	杜阿蕾
丁月秀	任琼斯	童彬彬	张兰	张艳	汪琪	曹婷婷
高绪珍	王智	陈园	李聪	孔令贤	赵春晓	赵丹丹
周明明	童雯	王玉	汪伟	汪悦	谢志燕	陈强
闻小妹	汪丹丹	黄璐	任士平	张文静	陆美玲	曹文娟
孙凤梅	汪玲银	乐永胜	陈敏	宇微微	张棋	任智双
王明富	丁健	丁盟盟	张长云	王凤凤	朱雅芬	王小萌
丁文涛	丁少平	丁玉	程京生	童浩	孙敏	刘畔
李圆圆	王婷	张士成	高翔	谢梦云	钱桂效	徐红
高斌	肖伟伟	陶明亮	翟晓慧	戴敏	王志	王杰
杭仁军	梁雪	耿志春	徐云云	缪文磊	伍爱明	童孝峰
童政文	马伟光	裴丽	汪慧敏	孙菲	刘俊	杜辉
潘勇军	朱金玉	孙小二	黄鹏飞	丁俊生	丁双成	李伟
孙雪萍	潘玲	王雅君	孙婷婷	齐芸芸	万花	季强
赵小安	范金鱼	孔雨寒	方世伟	徐品扬	丁海娟	缪青芸
周慧敏	丁春香	董明珠	程新香	石磊	惠博宇	缪张俊
惠涛涛	蒋欢欢	林静	童薇	曹晶晶	赵振中	郏志刚
蒋鹏程	刘青	花日红	马旭东	高强	马超	周彪
秦莉	陶琦	周文杰	汪蓉	陈海洋	班晏春	朱成龙
丁苏安	俞冬冬	丁海民	陆超	童芬芬	陈正龙	丁广东
夏维康	鲁云飞	孙文杰	李宁	汪鑫	春阳	汪金旗
孔阿沛	齐砚	赵婷婷	汪敬超	刘荣进	丁学超	丁勇强
张晓天	胡媛媛	丁玉蓉	丁玲	李巍	包强	钱程
孙康	钱振雨	孙冠军	周文斌	胡月	孔婷婷	姚瑶
范旭东	张杰	赵腾飞	包勇进	肖曙光	缪京徽	张健
王锦	张旭东	朱煜坤	方宇	何晓丽	何倩	李梦
伍单单	董光升	骆成智	徐徽	沈杰	秦娟	胡园园

利亚东　童文文　宋圆圆　宣　涛　花自强

（313人）

高中部2014届

王军松	黄文兵	朱德培	丁文萍	王婷婷	丁晓云	于　卓
杨　涛	王　健	方黎明	丁成星	孙　振	谢　倩	丁阿美
王　亭	王　冲	谢　涛	阮诗雨	赖海军	徐庶平	汪雪冰
侯婷婷	侯媛媛	陆蓉蓉	张　兰	花　蓉	余永健	朱丹丹
王　涛	张玉艳	万倩倩	仰苏毅	赵　雨	曹先俊	丁　伟
王学琪	朱振飞	李京辉	丁中余	王　洋	黄鑫浩	张小飞
孙　纳	丁娟杰	王　浩	徐剑峰	帅　浩	钱扬文	孙文静
张润泽	童智轩	卢　影	谢林林	谢文平	张寒微	刘子豪
董前雨	蒋　玮	汪凤林	未良龙	陶　岗	朱文佳	刘婷婷
童建业	梅传忠	梅传义	王　宽	陈露露	童海兰	钱军弟
王　明	万智文	钱文涛	丁芝康	刘婷婷	广冬雪	童　伟
姜河徽	陈　跃	范瑞生	张玉立	丁中瑞	范　瑞	陆鑫鑫
陈　睿	徐明明	鲁金荣	喻为根	王永媛	章　敏	凌　勇
刘　晓	胡鹏飞	汪晓红	沈　艳	陈　强	刘启成	丁国文
王宜勇	周正强	童腊梅	程　璐	丁文涛	朱小飞	张绒绒
王先路	缪梦伟	丁福州	李秋红	林月影	丁霖歆	王　菲
沈容容	丁明珠	王冬转	王思敏	丁慧慧	胡　瑞	孔玉环
钱京晶	周永青	丁文娟	夏　丽	阮书纬	叶文超	钱文生
谢　莹	庙冬冬	侯娇娇	黄梦蝶	朱　红	汪　杰	沈方婷
苏梦宇	王　慧	丁明月	李　彤	童雅丽	周　颖	钱美美
汪鑫鼎	徐晓蓉	丁孟涵	杨婷婷	张文文	王　月	童艳琴
王　芳	钱　进	崔世玉	蒋红梅	赵　伟	徐彦平	夏文武
李文兵	王　娟	朱菲宇	张海峰	孔圆圆	刘　斌	张瑞雪
孔　蓉	王丹丹	童磊磊	程　月	许　荣	刘紫阳	陈代娣
丁红梅	周玉玲	钱　亮	汪　涛	陈　晨	花素梅	张　蓉

黄晶晶	汪敏	刘俊	丁成成	张青萍	童磊羽	张智
王成	凌德志	刘梦真	于汉	范陶宁	宇仁杰	孙涛
李伟	王迟	张婷婷	丁玲	汪昊	花蓉	赵春枝
王娟	童超	张俊明	丁聪	王鑫	丁磊	汤素琴
丁云	徐慧	伍超伟	焦敏	胡春	许娟	钱豪
王婷	朱东明	丁磊	丁韦韦	丁学剑	夏志明	周佳佳
孙玲玉	丁春芬	李玲	夏亚苗	朱晓蕾	王静玉	万芬
王飞飞	骆京超	张浩	范金磊	童文	丁海燕	缪巧云
张燕	胡芳	侯正伟	潘世达	张悦	张童	赵小杰
章磊	钱敬龙	赵蓉	黄飞龙	童朝弟	徐文超	马国庆
陈明主	王玉邻	汪丽	徐海燕	肖伟	胡晓燕	张婷蓉
黄燕	童晶晶	同方	杨从好	吴午莲	万珍	丁海燕
钱城	汪婷婷	朱沁	薛京京	柯恩东	伍翔	丁静雨
胡强强	郭超	丁名扬	丁俊	包训雨	丁永	丁震坤
包莉娟	童孝亭	江鑫	叶能升	钱浩洋	孙自强	童磊
何诚诚	张正康	张意寿	童海峰	丁倪	丁晶晶	杨青
吴芳芳	高蓉	陶晶晶	王艳	胡新宇	赵凡	童鑫
冯学文	李小平	丁京云	刘涛	胡月	付淑燕	王蒙
胡敏	胡月	朱枝星	周强	周领	周云	丁英
张健	王睿	石云飞	骆启汉	高翔	钱璐	杨童
童耀	孙飘飘	王成光	花瑞君	侯文	赵涵	丁春生
丁军荣	杜伟	陈佳佳	包训吉	杨勇	赵文兵	沈云
丁凌云	胡婷婷	陈苏安	吴德水	范勇军	赵行飞	齐雪梅
丁运龙	徐扬	王志祥	童亮	赵明刚	汪路生	王方玲
钱磊	钱森	张强	谢业鑫	张叙	陆海波	花云姬
方蓉	王渺	花鹏春	丁健	杨强	陈勇	刘陈程
陶飞	刘伟	翟明星	周强	彭小刚	张伟	张文涛
钱梦京	胡文青	王学文	张东	王俊	伍学进	裴雨凤

朱伟伟　包金鑫　吴春华　赖惠蓉　魏观明　林　涛　潘　胜
包群超　黄玉洁　丁　静　谢业定　缪高峰　范　萌　徐　坤
汪　江　张　静　杨　阳　吴珊珊　胡志军　吴梦寒　张海生
花晴晴　宇文正盛　丁百惠子

（395人）

高中部2015届

胡亚峰　候漫林　刘　洋　钱　程　马俊杰　胡陆洋　黄云强
张科成　陈芳芳　胡超超　路世城　骆　路　丁　雨　王　萌
高聋聋　李平平　范冬兵　朱利萍　王　欢　童爱民　张　琪
汪爱玲　宛正茂　林京平　张　智　张成龙　胡伟军　下　磊
肖　凯　陶　悦　童亚星　张书豪　骆俊杰　张　兵　童　彤
赵　静　黄多祥　陈金松　钱文强　谢　翔　王　磊　杨浩宇
丁　涛　丁庆生　胡业伟　伍　丹　赵　佳　饶海东　吴　磊
李文文　杨　晨　丁弘历　张　琴　孙蓉蓉　陈　航　张　慧
吴　宇　张　颖　汪靖慷　张超胜　潘东东　杨　勤　耿帮安
洪汉溪　杨海琴　张玉栏　赵　杨　丁　磊　胡业文　黄金诚
何　东　刘明婷　王　辉　闻红琳　张媛媛　杨玉莹　沈俊杰
王加强　童春雨　刘嘉豪　花孙仙　丁亚丽　丁　玲　缪文静
张　威　方丽君　赵京京　王　倩　蒋　狈　蒋玮玮　徐　静
秦冬雪　周　琴　赵香香　马咏咏　刘俊锋　张海蓉　赵云云
陆芬芬　候　瑞　胡　敏　丁　旭　万多福　朱启阳　丁露露
占金苗　李　芬　刘小静　丁国强　凤　斌　孙红云　孙敬艺
孙海涛　赵　捷　孟　丽　王海桃　秦芬芬　黄　荣　金　静
王　涛　张　雅　丁友君　朱雨涵　童　鑫　倪莹莹　张　萌
夏彤彤　丁伟仪　王晓芳　张　环　汪敬雅　丁瑞英　童　瑶
吴前龙　王项兵　安　宁　盛雨晨　钱梦月　王　婷　汪凤娇
柯　颜　周军花　夏　操　徐　峰　张俊超　候　琳　倪　宁
陈　心　田雯君　方小平　张　杰　陈　妍　丁　雨　戴字芳

戴竹青　丁婷婷　谢荣荣　陶女女　曹心童　赵海燕　俞冰倩
范金鑫　郑海燕　刘　睿　张晶昌　黄慧慧　童凯凯　丁子灿
郑文婷　童赵辉　钱海林　徐　超　张　柯　黄　进　李文静
蒋　辉　黄　栋　孙　龙　丁　亮　张玉洁　盛春美　射皖凤
阮云峰　章进恩　吴　军　吴国强　张静怡　陈金龙　王　杰
范学奎　丁志飞　卢　杰　付小月　徐冬影　陆盼成　梅军誉
杨　宇　汪　坤　丁有生　程　龙　王斌斌　王紫薇　孙　学
王启民　谢振阳　沙重阳　张启润　丁文涛　谢　娜　程　庚
李定坤　王　宇　孙　涛　陈紫艳　徐　婷　丁青蔷　徐建宇
班康奇　缪汉丞　汪　洋　贾　宇　束文文　徐胜兰　陶金香
汪　静　曹　凡　陶　伟　丁文强　董丹丹　朱士红　张素婷
何建军　丁少能　朱曼曼　朱晓勇

（235人）

高中部2016届

陈　超　陈景锐　陈思蓉　丁友强　丁雨薇　丁　志　范勇志
问　政　季晓凤　江雪勤　金宇婷　卢　斌　潘学智　童建光
童乐平　童丽颖　王　韩　徐江辉　许必种　杨　颖　叶小庆
张　阳　赵家乐　周　震　朱腊凤　丁　凯　丁文燕　丁馨悦
丁中胜　董雨婷　高　盼　侯素琴　胡明珠　季超月　孔香宇
李家慧　李　靖　凌　颖　童　婕　万亚婷　王　娇　魏雪艳
吴震虎　谢平凡　徐子涵　杨苹苹　于　西　张　辉　张其伟
张　雨　张　震　赵露露　周　晨　周　旺　朱方名　班　慧
陈　锁　程　红　程潇霄　丁新星　端琼娜　范文祥　范文哲
胡文鹏　江　波　江　蓉　李　平　梁　峰　刘成洋　刘圆圆
彭晓伟　齐　磊　钱京城　任超群　沈　健　施能成　汪　浩
谢　晨　徐　克　俞玲芝　张梦奇　张婷婷　张　瑜　张　宇
张雨龙　鲍梦雅　陈　健　陈刘磊　陈伟陆　陈铁男　丁　辉
丁晓丽　范丽萍　郭　涛　胡琳琳　黄　强　孔芳芳　林帅寅

刘 欢	刘明昆	刘园园	马陈文	裴学超	钱瑞玲	钱 宇
孙 磊	孙守琴	汤 静	汤正华	童 茵	童 彤	童秀秀
汪林芝	夏荣康	谢 新	张海涛	张 伟	张翔宇	周学敏
朱志勇	曹国威	陈 玥	程书培	丁海洋	丁 慧	丁 健
丁雪婷	董文娟	洪康伟	黄依林	姜苗苗	蒋晓雨	利 丽
刘慧敏	马 艳	庙家进	倪巧玉	潘少聪	钱 俊	秦 敏
沈志新	孙 兰	孙 勇	童苏森	童孝明	汪 勇	王 健
肖黄尧	谢凯悦	徐 莹	张文婷	赵 结	周政兵	卜运慧
陈 成	陈 云	陈治东	丁 辉	侯 康	季 敏	梁 爽
林 燕	凌 航	刘 静	万宇航	王钱成	吴学刚	谢 宇
邢 薇	杨博文	张欣宇	赵池亚	周雅娟	汪 涛	

（174人）

高中部2017届

丁文祥	王 伟	王 蹈	王 蕾	伍建豪	安健涛	孙彬林
李 平	李 伟	杨 圆	吴 健	沙同彬	张 蓓	陈 云
陈香云	陈 俊	昌 斌	郝冠群	周红云	周慧玲	钱成娟
蒋 磊	程 晨	傅伟闻	童文杰	童 彤	童春宇	谢晓弟
丁凤琴	丁玉霞	丁雨薇	丁喜缘	丁 慧	王丁杰	古顺进
包 然	朱 颖	江敏敏	许 慧	孙 涛	李文军	李 慧
吴爱林	张宇航	张明茹	陈文豪	陈永杰	郑 溶	赵金刚
赵 薇	胡 飞	侯海林	俞晓东	秦海娟	桂 灵	钱国胜
徐慧敏	郭杉杉	黄文娟	童婷婷	丁 园	丁彤昕	丁建鑫
丁爱文	王 军	王 强	叶成刚	吕 阮	朱荣胜	刘 宇
刘明月	齐欣芸	汤成璋	张贝贝	张劲松	张京徽	张荣亮
张舒舒	季 玲	周雨杭	姚 遥	徐方芳	童诚诚	解泽昆
王 可	王嘉敏	古 乾	包振宇	刑琪琪	伍淑娟	任俊兰
孙金鑫	孙荣莉	花宇杰	吴冬冬	沈 萌	赵 苏	宣 阳
钱玉如	钱慧容	陶鸿兵	陶 蕾	黄成萌	黄 银	童 陈

谢　飞　翟明娣　魏赢赢　丁洪莹　王丽萍　王　宏　王　林
王家才　王　颖　叶　彤　邢朝俊　朱　超　刘习磊　花　朵
巫先进　杨文景　何贝贝　汪　娟　汪晨晨　汪　辉　张靖童
陈　宇　陈婷婷　季　勇　周文虎　赵　毅　俞能武　徐　敏
陶　然　龚舒帆　程　慧　窦　远　丁风顺　丁荣丽　丁茹云
万　甜　王　雪　邓能杰　叶　飞　乐海婷　朱元元　朱云云
朱玉玲　朱孝伟　朱晓伟　朱　海　朱梦琳　朱嘉伟　任丽伟
刘　飞　潘　跃　孙逸文　花晶晶　花　慧　李　壮　李　峰
李　燕　杨　洋　邹　玥　汪　旭　汪明月　汪　洋　汪晨晨
沈　斌　张　正　陈巧玉　陈　龙　陈佳佳　陈　祥　陈梦瑶
陈　晨　周文宣　周晖晖　周　座　周程程　赵万鑫　赵　虎
钱　聪　徐永强　徐俊生　凌　昊　董玉龙　程　照　潘文聪
宇文泽生

（190人）

高中部2018届

张子清　王　清　钱晨晨　司　雨　陈玉奇　赵雨茜　缪凯丽
王婷婷　任康伟　钟雨笙　范静萍　缪文龙　贾玲玲　童　燕
陆志宇　钱　磊　高　杨　郭　宇　邹　超　陈正东　包素玲
慈明珠　周俊胜　陈健强　肖甜甜　白　涛　陈良伟　任贵平
夏子康　范文龙　缪文静　丁　力　何迎接　丁金龙　丁凌云
胡学东　丁　涛　杨姗姗　尹望胜　汪晓宇　秦　伟　张　文
赵宏亮　朱健龙　孙为东　徐新月　邢玉春　李　荣　谢小雨
侯俊昭　陈圆园　范文静　王小龙　邢春风　许赵燕　刘海京
王海星　范俊海　李　龙　孙海涛　程芳玲　高孟环　刘明胜
范梦婷　何志盛　杨　诚　周　甦　伍娇娇　丁玉锁　李　超
周海军　伍　敏　朱学怡　陈天洋　齐冬梅　赵新宇　沈　杰
吴素玥　骆启凡　胡靖洋　赵军泉　汪健国　范超越　孙运鑫
丁永亮　张　淑　赵　斌　程赵敏　江　豪　谢业美　邢　瑶

阮 超	张 杰	方恒文	赵娇娇	任俊辉	刘 志	万京成
汪德生	翟 勇	沈蓉蓉	汪敏杰	朱春梅	花宇柱	丁珏芳
万文涛	李双弟	徐 航	俞文军	金 雨	汤 瑞	侯梦婷
童梦圆	赵清进	项云青	董浩然	俞园园	范佳文	王世纪
陶媛媛	朱宇腾	倪宏伟	周 洁	朱光跃	俞永瑨	张 瑞
钱文洁	汪 敏	朱笑宇	林美君	丁 琼	章先进	徐 帆
任慧易	王云龙	胡 蓉	万路遥	张 杰	张文典	杨文龙
沈 锐	赵腊梅	李进成	童铖浩	孙 旭	刘 颖	王文意
陆桥峰	胡海军	朱 森	陈 阳	丁赛雅	汪文静	卢晶晶
夏玉凤	谢明昊	钱月红	黄 伟	付志敏	黄 娟	季此子
朱来富	徐瑞倩	朱珊珊	丁润梓	丁志成	李建军	叶星慧
王 铮	徐光启	李 娟	石玉波	汪俊利	韩兆晖	伍锦慧
曹阿文	钱星昊	钱泽军	丁文军	周伟东	章 倩	丁喜龙
门纯纯	陈先宇	项 听	俞 韵	李国庆	陈昊文	

（188人）

高中部2019届

谢少甫	伍振宇	徐 涛	陈茂林	王文龙	周 晗	倪如平
倪海琴	伍 蓉	刘仁军	范恩硕	彭凤婷	李克隆	赵雨龙
俞 何	万宇航	林 露	伍国华	钱玉平	张 真	童 睿
朱永康	刘 伟	李文景	叶 照	沈明美	邢 丽	钱紫微
李文杰	花程诚	刘金鑫	李 颖	张丽雯	孙玉节	徐 莉
陈 洁	柯志雄	谢雪峰	谢 龙	伍海勇	柏文青	钱 萍
杨 政	李昌靓	童胜兰	张 玉	张荣海	孙 涛	丁文龙
蔡 蓉	胡雨婷	李 婷	张 蓉	王 晴	丁玉超	孙冰姨
万雨露	孙成成	胡 云	郑 阳	张 晶	汪文静	周晶晶
包正浩	万 兵	吕丁盛	谢晓春	童子欣	黄 蓉	范海霞
吴田田	陶婉婉	汪旭东	陈国荣	古成乐	胡文婷	王林涛
张文祥	丁 玲	黄玉竹	丁漂燕	王 敏	杨少杰	何雪旭

李 亮	谢 伟	胡梦婷	闵承龙	裴 恩	陈 伟	李 伟
许 杨	刘 奕	魏华侦	陈思雨	王莉莎	李 珂	程 琛
俞 安	张 彪	高文然	徐哲洋	徐 臣	高依婷	李丹丹
丁文豪	蔡 璐	童美玲	张玉洁	季 冉	李耿花	潘美玲
丁 然	季 繁	夏 杰	朱金龙	余 睿	傅静雯	钟文翔
金 栋	陈 健	黄瑞东	陈 志	薛 煜	何鹏飞	魏晓阳
昂 羽	吴俊峰	张 晴	丁 洁	万云腾	胡晨露	郭 龙
赵如梦	张 文	魏蓓蓓	张 若	李神晨	王雨潇	江瑞安
季小雨	李游游	闵欣雨	张 娟	何 微	郭兴达	未 琦
高 聪	谢 薇	王西灿	张雪晴	赵南云	张苏琴	章辰云
周 繁	刘凌凯	孙启文	王志同	曹 程	蒋晓龙	王佳敏
谢璐瑶	金晓龙	徐鹏程	许华先	童 舟	吴荣荣	许慧慧
程山惠	刘凤娇	陈舒萍	王 磊	倪 昕	吕 夏	俞成龙
汪金峰	陈玉柱	王 为	徐文杰	赵文涛	程淑敏	叶 佳

（182人）

附录二：开城中学学生获奖情况

1985 年

孙献礼同学在高中读书期间，精心照料本班残疾同学刘某，感人事迹和照片刊登于《中国青年报》《安徽日报》头版，获得表彰。

1987 年

童忠怀同学在安徽省中等学校哲学、政治经济学小论文竞赛中获二等奖。

1989 年

高三学生潘寒冰获得"半月谈中学生奖学金"，被授予国家主席杨尚昆题词的荣誉证书及300元奖学金。

1992 年

钱俊、童敬之等12名同学组成的学生篮球队在无为县首届中学生篮球赛上勇夺第五名。

1994 年

汪友波同学在"祖国万岁"征文活动中荣获全国一等奖。

张士平同学被哈尔滨建筑大学评为"三好学生"，并发来喜报。

1995 年

包毅同学获全国中学生生物竞赛地区三等奖。

1996 年

陆甦同学在全国青少年"热爱祖国、立志成才"读书征文活动中荣获全国一等奖。

童朝胜同学获全国中学生生物竞赛省三等奖。

1997年

王先梅同学在"爱祖国、爱科学"征文活动中荣获县二等奖。

万江平同学荣获县"十佳少年"光荣称号。

1998年

王红琴同学在青少年"爱祖国、讲文明"征文活动中荣获县二等奖。

汪海燕同学在青少年"爱祖国、讲文明"征文活动中荣获县三等奖。

在无为县中小学生文艺调演中我校《好小子》节目荣获三等奖。

1999年

饶晓棠同学获全国中学生生物竞赛省三等奖。

张爱文同学获全国中学生生物竞赛省三等奖。

侯正华同学在无为县第五届中学生田径运动会上获高中男子组100米第一名,三级跳远第三名。

谢小虎同学在无为县第五届中学生田径运动会上获高中男子组400米第一名,800米第一名。

丁以发同学在无为县第五届中学生田径运动会上获高中男子组3000米第三名。

吴昌玉同学在无为县第五届中学生田径运动会上获高中女子组跳远第三名。

王松青同学在无为县"光辉的五十年"征文比赛中荣获二等奖。

王松青同学在安徽省青少年"光辉的五十年"爱国主义读书教育活动中荣获三等奖。

谢小虎同学同学在巢湖地区第十届中学生田径运动会上，获高中男子组800米第四名。

2000年

程旗保同学在无为县中小学"迎奥运、颂祖国"征文评奖活动中荣获高中组二等奖，钱之俊同学荣获高中组三等奖。

丁彩霞同学在无为县第六届中学生田径运动会上获高中女子组铁饼第一名。

2001年

王玉杰、钱寒冰同学获全国中学生生物竞赛省三等奖。

汪国荣同学在无为县第七届中学生田径运动会上获高中男子组5000米第一名。

朱春松同学在无为县第七届中学生田径运动会上获高中男子组三级跳远第三名。

丁伟克同学在无为县第七届中学生田径运动会上获高中男子组标枪第二名。

阮小庆同学在无为县第七届中学生田径运动会上获初中女子组100米第一名，200米第一名。

余海同学在无为县第七届中学生田径运动会上获初中男子组跳高第三名。

在无为县中小学生小品比赛中，王小雨等同学的小品《考公民》荣获二等奖。

徐维难、周亚丽同学在"建党80周年"征文活动中荣获县二等奖。

王传冰同学在"讲公德、守法纪"征文活动中荣获县二等奖。

崔蕾同学荣获县"十佳少年"光荣称号。

赵佳佳、刘昌松同学在无为县首届中学生信息技术竞赛中，分获高中组二等奖、三等奖和高中组团体二等奖。

师生名录

在无为县中小学生税务征文活动中，宛婉、程群、缪佳佳、王希、缪迎霞、孙振同学分别荣获县一等奖、二等奖、三等奖。

在纪念中国共产党成立80周年"光辉的历程"主题征文活动中，张国顺同学的《父亲，我为你骄傲》荣获省二等奖。

孙振同学在纪念中国共产党成立80周年"光辉的历程"主题征文活动中荣获县三等奖。

2002年

孔东红同学在全国高中化学竞赛中获市二等奖。

在无为县中小学生"崇尚文明、传播科学"小品比赛中，王小雨等同学的小品《徒弟训师傅》荣获一等奖。

孙振同学在无为县中小学生"崇尚文明、传播科学"读书征文比赛中荣获三等奖。

在无为县中学物理自助学习"小论文"评选活动中，章进同学的论文《力的分解的确定性》荣获高中组一等奖。

在无为县中学物理自助学习"小论文"评选活动中，宛婉的《高压电线上的喜鹊》荣获一等奖，吴石玉同学的《物体落地的奥妙》荣获二等奖。

王元同学在无为县第三届中学生物理课外"小制作"评选活动中荣获二等奖。

吴石玉同学在安徽省作文比赛中荣获二等奖。

董学兵同学在无为县第八届中学生田径运动会上获高中男子组100米第三名。

谢业涛同学在无为县第八届中学生田径运动会上获高中男子组800米第二名。

许克兵同学在无为县第八届中学生田径运动会上获高中男子组跳高第二名。

孙振中同学在无为县第八届中学生田径运动会上获高中男子组铅球

第一名，铁饼第三名。

刘娟、孙腊梅、王桂花、缪敏同学在无为县第八届中学生田径运动会上获高中女子组4×400米接力赛第三名。

孙腊梅同学在无为县第八届中学生田径运动会上获高中女子组铁饼第一名。

2004 年

童兰慧同学在无为县英语比赛中荣获优胜奖。

在无为县第六届文化艺术节中小学生英语小短剧比赛中，袁航宇等同学的作品《灰姑娘》荣获三等奖。

管大庆同学在巢湖市第一届运动会青少年部田径比赛中获男子甲组800米第六名。

谢俊生同学在无为县第九届中学生田径运动会上获高中男子组100米第一名，200米第一名。

缪俊同学在无为县第九届中学生田径运动会上获高中男子组100米第二名，200米第二名。

谢银鹏同学在无为县第九届中学生田径运动会上获高中男子组400米第一名，三级跳远第一名。

王洪春同学在无为县第九届中学生田径运动会上获高中男子组跳远第一名。

赵军同学在无为县第九届中学生田径运动会上获高中男子组标枪第三名。

孔娇娇同学在无为县第九届中学生田径运动会上获高中女子组100米第二名。

柏玉芳同学在无为县第九届中学生田径运动会上获高中女子组1500米第一名，3000米第一名。

陆梦丹同学在无为县第九届中学生田径运动会上获高中女子组跳远第二名。

师生名录

2005年

王娴同学在学习《中小学生守则》征文活动中荣获县二等奖。

张必霞同学在学习《中小学生守则》征文活动中荣获高中组二等奖。

范振兴、海光、王才林同学在无为县第一届"讯飞·方正"杯农村中小学远程教育网络应用知识大赛中，分获第一名和第二名。

张蓉同学在学习《中小学生守则》征文活动中荣获县三等奖。

在关于表彰第八届无为县"十佳优秀少年"的决定中，我校黄超同学被评为"第八届无为县优秀少年"。

在无为县青少年"心系祖国、健康成长"读书征文比赛中，我校徐美美同学荣获三等奖。

谢俊生同学在巢湖市第五届中学生田径运动会上获高中男子组跳远第二名。

柏玉芳同学在巢湖市第五届中学生田径运动会上获高中女子组1500米第三名，3000米第三名。

2006年

王雄同学在无为县教育局组织的CCTV10希望英语风采大赛安徽省无为县"小星星杯"选拔赛暨无为县中小学生英语能力大赛中荣获三等奖。

丁凤玲同学在无为县"今夏星光灿烂"大众才艺电视大赛上获歌唱类二等奖。

童明月同学在无为县第十届中学生田径运动会上获高中女子组跳远第三名。

郑业群同学在无为县第十届中学生田径运动会上获高中女子组400米第三名。

谢金玉同学在无为县第十届中学生田径运动会上获高中女子组铁饼第一名。

缪雪花同学在无为县第十届中学生田径运动会上获高中女子组 3000 米第二名，800 米第三名。

柏玉芳同学在无为县第十届中学生田径运动会上获高中女子组 1500 米第一名，3000 米第一名。

缪丽君同学在无为县第十届中学生田径运动会上获高中女子组跳远第三名。

2007 年

在全省中小学幼儿园师生书画文学艺术作品大赛中，赵阳同学的硬笔书法作品荣获书画类中学组一等奖。

童雨同学荣获无为县青年歌手大赛歌唱类三等奖。

缪雪花同学在无为县"英博中学杯"万米越野长跑比赛中获女子青年组第一名。

胡芬同学在无为县"英博中学杯"万米越野长跑比赛中获女子青年组第二名。

王贝贝同学在无为县"英博中学杯"万米越野长跑比赛中获男女青年组第四名。

胡飞飞同学在无为县"英博中学杯"万米越野长跑比赛中获女子青年组第六名。

2008 年

丁凤琴同学在"迎奥运、促和谐"征文活动中荣获二等奖。

王艳同学在第二届巢湖市青少年儿童书信文化活动中荣获高中组一等奖。

丁庆同同学在无为县第十一届中学生田径运动会上获高中男子组 1500 米第一名，3000 米第一名。

钱程同学在无为县"秀水房产杯"万米越野长跑比赛中获男子学生组第二名。

任超同学在无为县"秀水房产杯"万米越野长跑比赛中获男子学生组第三名。

胡飞飞同学在无为县"秀水房产杯"万米越野长跑比赛中获女子学生组第五名。

孙仁超同学在无为县"秀水房产杯"万米越野长跑比赛中获男子学生组第七名。

陈慧娟同学在无为县"秀水房产杯"万米越野长跑比赛中获女子学生组第六名。

胡金龙同学在无为县"秀水房产杯"万米越野长跑比赛中获男子学生组第六名。

赵阳同学在无为县"秀水房产杯"万米越野长跑比赛中获男子学生组第九名。

附录三：开城中学部分校友简介

方光银　1966届初中毕业生。中国科学技术大学毕业后公派出国留学，获哈佛大学博士学位，现在该大学科研所工作。

孙灿明　1966届初中毕业生。中山大学毕业后入职安徽广播电视台，为正高级工程师、总剪辑师。一直担任安徽广播电视大学（现为安徽开放大学）外聘教授、中国传媒大学外聘教授，著有高校教材《电视制作技术》。

丁绍余　1967届初中毕业生。回乡后师从家族长辈学中医，1973年入江苏海事技术学院读书，毕业后任海员，秘书。1982年后调入铜陵广电局任记者、编辑。后回归中医，自主创业。2020年1月，年过70的丁绍余应邀赴武汉抗击新冠肺炎疫情，获中共武汉市委、市政府颁发的荣誉证书，并成为编号为1644号国家数据库抗疫人员。

蒋克林　1967届初中毕业生。曾在铜陵市财政局工作多年，2006年调入合肥市，任财政部安徽省专员办事处副巡视员，享受副厅级待遇。

丁鲁南　1968届初中毕业生。1968年入伍，1973年退伍，后就职于安徽省委视察室，任行政科长、办公室副主任等职。自幼热爱书法，师从名家李百忍。现为中国书画家协会会员、中国硬笔书法家协会理事、安徽省当代书画研究院副秘书长、李百忍书法研究会副会长。

师生名录

周鉴明 1972届高中毕业生。1972年入伍，1984年任空军某部大队政委，1985年考入空军指挥学院，毕业后调任中国人民解放军电子工程学院政治部。1992年转业至地方党政领导机关，先后任安徽省委办公厅接待处处长，海南省政府办公厅秘书处处长、应急办主任、省政府工会主席等职，多次立功受奖。中国当代著名书法家，多次在全国或国际书法大赛中获奖，有书法专著十余部。现兼职中国书法家协会会员、海南省书法家协会副秘书长、海南省文联委员、海南徽韵书画院院长、北京中联国兴书画院驻会副院长等职。

孔祥迎 1972届高中毕业生。复旦大学新闻系毕业后入职新华社，历任记者，安徽分社农村采访部主任、党组成员、纪检组长、副社长，新华社高级记者。

丁毅信 1972庙高中毕业生。安徽大学毕业后分配至中国科学技术大学，历任校党政办公室秘书、副主任，继续教育学院副院长，档案馆（校史馆）馆长，研究员。曾兼任中国高等教育学会校史研究会常务理事、安徽省档案学会副理事长、安徽省高校档案学会理事长。

魏守武 1972届高中毕业生。入伍后，进入武汉大学、中央党校学习深造。历任空降兵部队基层干部、宣传干事、股长、副处长；原广州军区空军政治部宣传干事、组织科长、组织处副处长，大校军衔。先后四次荣立个人三等功，转业后任副厅级干部。

程希骏 1972届高中毕业生。上海海运学院（现为上海海事大学）管理工程系毕业，获硕士学位。1987年起在中国科学技术大学管理科学系和统计与金融系任教，现为副教授。

王守平 1972届高中毕业生。入伍后历任空降兵部队基层干部，宣传干事、组织干事。后入空军政治学院学习，毕业后任原广州军区空军政治部秘书处处长、某旅政委、某师副政委、某指挥所副政委等职，大校军衔。先后三次荣立三等功。转业后在安徽省公安厅任职，荣立二等功一次。

胡彬 1972届高中毕业生。1976年应征入伍，在海军东海舰队任艇长、舰长等职，荣立三等功一次。1982年毕业于复旦大学哲学系。1995年转业至合肥市政府办公厅，先后任梅山饭店副总经理，合肥大昌公司总经理。

万和平 1974届高中毕业生。淮南矿业学院（现为安徽理工大学）毕业，历任北京矿务局技术员，华能精煤公司高级工程师，神华北京泰博坤公司副总经理等职。

陶先刚 1974届高中毕业生。中国科学技术大学副教授，从事化学基础课教学工作。

宇正香 1975届高中毕业生。安徽师范大学毕业后曾任无为中学教师，后调入浙江大学工作，现为浙江大学副教授。

林平 1975届高中毕业生。中国人民解放军洛阳外语学院毕业后分配至原总参谋部工作，在部队服役42年。大校军衔，正师级，荣立个人三等功两次。

安继斌 1975届高中毕业生。入伍后在海军某部服务，先后任团政治处书记、指导员、教导员，师党委秘书等职，大校军衔。在部队服役40年，荣立三等功两次。

谢士棠 1975届高中毕业生。武汉大学法律系毕业后分配至人民日报社，不久回武汉大学任法学院党委副书记。1991年调入湖南省委，先后任省委科工委宣传部副部长兼科教团工委书记、省直机关工委宣传部部长。后辞职读研究生，从事执业律师工作，现为湖南方哲律师事务所高级合伙人兼党支部书记、中南大学中日经济法研究所特邀研究员。

张明发 1975届高中毕业生。入伍后先后在中国人民解放军后勤工程学院、第二炮兵指挥学院（现为中国人民解放军火箭军指挥学院）学习深造，毕业后历任二炮工程技术总队三大队区队长、二炮营建办公室助理员、司令部管理处助理员、二炮后勤部基建营房部老干办副主任等职。2002年转业至北京市国土资源局工作。

陈克平 1975届高中毕业生。西南大学博士，现任江苏大学二级教授、博士生导师，享受国务院特殊津贴，江苏省具有特殊贡献的中青年专家，江苏省"333"第二层次人才，SCI期刊编委，国家自然科学基金、国家科学技术奖会评专家。获教育部颁发的"优秀指导教师"及江苏省教育厅颁发的"优

秀共产党员"荣誉证书。

丁忠俊　1976届高中毕业。入伍后历任南海舰艇后勤部战士、司机、文书、教员等职，1986年入中国人民解放军海军勤务学院学习，毕业后任海军后勤部、解放军总后勤部军需干部。2000年转业至财政部，任财政部机关服务局办公室主任。

盛学军　1978届高中毕业生。旅美博士。

王云贵　1978届高中毕业生。后入南京河运学校（现为南京航运学校）、武汉理工大学学习，毕业后入职南京长江油运公司，历任水手、驾驶员、船长等职，获一类船长证书、高级船长资格，1997年获"金锚奖"。2000年后从事海船管理工作。受聘任交通部中国海事局"通航安全评估专家库"成员。

张玉树　1978届初中毕业生。中科院硕士，多年从事模式识别与计算机图形学研究。先后在华东电子工程研究所、华为技术有限公司工作，承担相关课题研究，获机电部二等奖、华为个人成果创新一等奖。2006年创办安徽国基通用技术有限公司，任董事长。

童云　1978届初中毕业生。浙江大学学士，中科院硕士。曾在解放军某厂、中科院微电子中心工作，1990年获中科院科技成果二等奖。1992年任珠海金电电源有限公司副总经理，1999年至今任珠海赛迪生电气设备有限公司董事长。

师
生
名
录

张广荣 1978届初中毕业生。现为上海昂森工程建设公司总经理。

孔丰年 1978届初中毕业生。创办欣旺贸易有限公司，任公司法人、总经理。

朱启超 1978届高中毕业生。1991年赴美留学，毕业后曾任职于多家世界500强生物制药公司。现为美国西奈山医学院副教授。兼任国际书画艺术家联合会会长，中国剑光书画院、北美中国书画家协会会员。

张梅成 1978届初中毕业生。长期从事宾馆、饭店衣草洗涤，医院医疗垃圾回收处理企业的管理工作，现为河南玉康洗涤有限公司董事长。

方光才 1978年高一参加高考，被安徽师范大学录取，毕业后分配至巢湖师范专科学校任教，后考取天津大学研究生。1987年公派自费赴加拿大学习，后由学校资助去美国纽约大学深造，获博士学位。

伍先知 1978届高中毕业生。现任上海翊荣建筑工程有限公司总经理。在上海从事建筑行业30多年，多次获得上海市"白玉兰奖"以及"鲁班奖"。

丁福建　1979届高中毕业生。现为中国人民武装警察部队新疆总队副司令员，少将警衔。

牛弩韬　1979届高中毕业生。曾任马鞍山市、亳州市、淮北市市长，现任安徽省经信委主任。

花日茂　1979届高中毕业生。浙江大学工学博士，安徽农业大学教授、博士生导师。安徽省学术和技术带头人，获首届中国环境科学学会青年科技奖，享受国务院和安徽省政府特殊津贴。

汪维云　1979届高中毕业生。中国药科大学、中科院合肥物质科学研究院博士后。现为安徽农业大学教授、博士生导师，兼任中国中药协会中药新技术专业委员会常务理事和专家组成员。

丁以寿　1979届高中毕业生。现为安徽农业大学副教授、硕士生导师，安徽农业大学中华茶文化研究所所长，安徽省茶文化研究会会长，安徽省茶叶学会副理事长，中华茶人联谊会常务理事，国际茶文化研究会理事。

丁韶文　1979届高中毕业生。现为中国书画家协会副主席，深圳市书画家协会监事，中国启功书法研究院执行院长，深州市传统文化研究院秘书长，深圳市海派诗歌协会会长。书画作品曾在多地参展，多幅作品被深圳博物馆及港澳藏家收藏。

师生名录

伍开米 1979届高中毕业生。现任无为开城建筑工程有限公司经理，无为市上海商会名誉会长、党委委员。

卢英顺 1979届高中毕业生。复旦大学博士。现为复旦大学教授，博士生导师，主要从事"语言学概论""语法学""汉语词汇学""语义学"等课程的教学工作。

蒋平 1979届高中毕业生。南京大学工学博士，东南大学计算机科学与技术专业博士后、研究员，享受国务院特殊津贴。公安部、科技部特聘专家，东南大学兼职教授、博士生导师，中国公安大学等多所高校客座教授，中国指挥与控制学会副主任，南京市拔尖人才、科技领军人物和培养对象。现任南京市公安局副局长，二级巡视员。荣立个人一等功、二等功各一次，三等功三次。

骆先虎 1980届初中毕业生。北京农业大学动物营养学硕士，现为安徽农业大学副教授、硕士生导师，中国畜牧兽医学会动物营养分会理事，家畜环境卫生学会分会理事。获振华科技扶贫奖三次，被评为中国饲料工业协会先进个人。

孙运贵 1980届高中毕业生。现为四川美大康药业副总经理。

毕训强 1980届初中毕业生。1987年毕业于中国科学技术大学地球和空间科学系，1993年赴意大利国际物理中心做高级博士后。2002年任意大利国际理论物理中心副研究员。2011年回国工作，现为中国科学院大气物理研究所气候变化研究中心研究员，博士生导师。

袁志好 1980届高中毕业生。现为天津理工大学教授、博士生导师，校学术委员会副主任，材料与工程学院副院长，纳米材料与技术研究中心主任，天津市高等学院特聘教授、天津大学兼职教授，享受国务院特殊津贴，天津市劳动模范，天津市五一劳动奖章获得者。

张叔亚 1980届高中毕业生。安徽师范大学毕业后入职比亚迪集团，任后勤部高级经理、工会联合会副主席等职。

俞汉青 1980年初中毕业生。同济大学环境科学与工程学院博士，曾在英国、新加坡、中国香港从事研究工作，现为中国科学技术大学环境科学与工程系教授，博士生导师。2009年获国家模范教师称号，2020年获评全国先进工作者。

丁曜东 1980届高中毕业生。1987年任巢湖市人民医院内科医生、主治医师、副主任医师，2000年起担任医院行政工作，2015年起改任合肥市第八人民医院党委书记、院长，第四人民医院党委副书记、院长。兼任巢湖市政协委员、合肥市医学会副会长、安徽省医学会常务理事等。曾被安徽省政府授予"安徽省先进工作者（省劳动模范）"称号，2009年荣获"安徽省医院

优秀院长"称号。

童明兰 1980届高中毕业生。入伍后成为空军飞行员，获硕士学位，历任参谋、科长、处长、主任、高级工程师，大校军衔。被评为"全军优秀指挥官和参谋人才"，全军重点工程"2110"教学专家组成员，获全军教学成果、科技进步一、二等奖多次。

吴承银 1980届高中毕业生。1984年高校毕业后加入援藏队伍，入职西藏自治区体育运动委员会，历任政工科长、射击队领队，多次代表自治区率队参加全国运动会。现为成都中国青年旅行社总经理，是中国公民出境旅游线路开拓者之一。

朱启荣 1980届高中毕业生。管理学博士，现为山东财经大学特聘岗位教授、国际贸易专业博士生导师。

谢家政 1980届高中毕业生。内科硕士，现任皖南医学院硕士生导师，皖南医学院附属弋矶山医院呼吸内科主任医师，病区副主任。兼任安徽睡眠协会常务理事、安徽省全科医学会呼吸专业委员会常务理事、皖西南肺癌防治委员会常务理事。

孙保军 1980届高中毕业生。苏州医学院硕士，现为上海交通大学附属同仁医院主任医师、外科副主任、肿瘤科主任。兼任上海市肛肠专业委员会委员，肿瘤外科和跨学科治疗专业委员会委员，抗癌协会肿瘤微创治疗专业委员会委员。

伍晓林 1981届高中毕业生。江南大学博士，高级工程师，现任大庆油田勘探开发研究院总工程师。荣获大庆油田功勋员工、黑龙江省特等劳动模范、优秀共产党员等荣誉称号，获全国"五一"劳动奖章和全国劳动模范荣誉称号。

孙敬权 1981届高中毕业生。现为安徽省农业科学院研究员，主要从事农业生产技术、生物与代谢工程及发酵技术研究。获国家烟草专卖局（中国烟草总公司）科技进步一等奖两项，安徽省科技进步三等奖一项。

班风顺 1981届高中毕业生。北京林业大学毕业，现就职于中国建筑局（集团）有限公司，国家一级结构工程师。

利成云 1981届高中毕业生。安徽理工大学化工机械专业毕业后就职于中国化学工程总公司，先后任安装工程队队长、工程处主任、分公司经理等职。2001年自主创业，组建安装工程公司、民用加油加气站建设运营公司、新型建材公司等企业。

钱扬义 1981届高中毕业生。现为华南师范大学化学学院教授、博士生导师，省级中小学教师发展中心副主任，兼任教育部基础教育化学教学指导专业委员会委员、化学课程标准研制组核心成员、国培计划首席专家和中小学名师领航工程师导师、高等教育教学评估中心师范类专业认证专家、中国教育学会化学教学专业委员会理事等职。

师生名录

侯加根 1981届高中毕业生。中国石油大学博士，现任中国石油大学（北京）地球科学学院教授、博士生导师，享受国务院特殊津贴。获国家科技进步二等奖一次，省部级科技进步奖多次。

丁中文 1981届高中毕业生。厦门大学中文系硕士，现任福建省农科院办公室主任、研究员，国家可持续发展试验区专家组成员。主要从事农业经济和科技管理体制创兴等软科学研究，获省优秀软科学奖、省社会学奖各一项。

陶玉贵 1981届高中毕业生。大连工业大学硕士，现为安徽工程大学教授、硕士生导师，历任安徽工程大学生物与化学工程学院副院长、院长、党委书记，现任安徽工程大学社会合作处处长、微生物发酵安徽省工程技术研究中心主任等职，获中国产学研合作二等奖一项，粮油学会科学技术二等奖一项，省科技进步三等奖三项。

耿志明 1982届高中毕业生。华北电力大学工学学士，曾任芜湖发电厂高级工程师，现任淮沪煤电有限公司田集发电厂技术管理员。

孙敬方 1982届高中毕业生。先后在安徽农学院（现为安徽农业大学）、中国人民解放军兽医大学、中国药科大学学习，2000年赴美留学，获哈佛大学药物化学专业博士。回国后入职南京军区总医院，现为中国药科大学硕士生导师，从事教学、科研工作。获国家科技进步奖一项，曾受江苏省委组织部表彰，被评为玄武区"十佳青年"。

徐玉珍　1982届高中毕业生。华东师范大学教育学博士，现任首都师范大学教授、博士生导师，教育学院课程与教学论研究所所长，课程理论与教育发展国际研究中心主任，兼任全国课程专业委员会副理事长、国际学术期刊《课程研究》副主编、国际课程研究促进协会副理事长等职。

　　陈基明　1982届高中毕业生。皖南医学院附属弋矶山医院主任医师，影像科主任，皖南医学院教授、硕士生导师。多次获优秀教师称号。

　　张远平　1982届高中毕业生。先后任广州大学、湖南大学、香港某大学数学系教授，英年早逝。

　　赵三保　1983届高中毕业生。上海财经大学会计学专业毕业后分配至中国兵器国营某厂工作，历任该厂财务处副处长、处长、副总会计师、总会计师等职。2010年任北方信息控制研究院集团有限公司总会计师，2018年任该公司科技委员会委员。

　　张维强　1983届高中毕业生。后学习财务会计专业知识，曾任淮南矿务局成本会计、总账会计，淮南矿务局下属企业财务负责人。现为苏州工业园哈耶生物科技有限公司董事长。

　　丁蔻年　1984届高中毕业生。南开大学中文系硕士，曾任中国国际广播电视台、中央电视台主任记者，1996年获第六届中国新闻奖。2000年获全额奖学金赴美留学，获

华盛顿大学金融硕士学位。2006年回国工作，2009年后任中国化工油气股份公司总会计师、中广核产业投资基金管理（北京）有限公司副总经理等职。

张守保 1984届高中毕业生。南京气象学院毕业后任气象预报员，1998年起历任河北省气象台副台长兼气象科技产业开发中心副主任、主任，河北省气象台台长兼气象科技服务中心主任，气象局副局长。2013年起任新疆气象局副局长、局长，2019年至今任华风气象传媒集团有限责任公司董事长。

陆江星 1985届高中毕业生。先后在海军大连舰艇学院、海军指挥学院等军事院校学习深造，军事硕士学位，先后在海军政治部、海军某大学任职，现为海军某部副政委兼纪委书记。两次荣立三等功，曾被海军政治部评为优秀共产党员。

伍安东 1985届高中毕业生。1985年应征入伍，成为空军飞行学员，大校军衔。

程广斌 1986届高中毕业生。工学博士，现为南京理工大学教授、博士生导师，江苏省中青年学术带头人，长期从事单质炸药等研究。

丁友刚 1986届高中毕业生。管理学博士，现为暨南大学会计系教授、博士生导师，国际学院副院长，教育中心主任，财政部全国会计学术领军人才，兼任中国审计学会理事、广东省会计学会副会长、广州市审计学会副会长。

荣获2019年全国先进会计工作者荣誉称号。

童永生　1987届高中生，后转学。现为江南大学设计院三级教授，学校美术馆馆长。江苏省"双创人才"，"青蓝工程"中青年学科带头人，省级优秀教师，中国美术家协会会员，中国艺术研究院兼职研究员，故宫博物院访问学者。

章曙光　1988届高中毕业生。中国科学技术大学博士，现为安徽建筑大学教授、硕士生导师，信息网络中心主任，安徽省教学名师，兼任安徽省计算机学会常务理事、安徽省计算机教学研究会常务理事。获省科技进步三等奖一项，省教学成果奖多项。

袁卫东　1988届高中毕业生。现为安徽广播电视台农业科教频道总监，兼省MBA学会常务副会长、秘书长，中国广播影视联合会农业电视委员会副会长。

孙亚平　1989届高中毕业生。现任中国华侨城深汕新区副总裁。

蒋士文　1990届高中毕业生。1998年获东南大学硕士学位，同年获全额奖学金赴美深造。2005年获北美产险精算师执照，2020年任HICOXUSA保险公司总精算师。曾受邀访问复旦大学、上海财经大学和中国科学技术大学，促进中美两国精算方面的学术交流和发展。

师生名录

潘天波 1990届高中毕业生。历史学博士，中国艺术文化史学者，江苏师范大学教授，陕西师范大学人文社科学高等研究院特聘研究员（上林学者），陕西科技大学等多所学校特聘教授或客座教授，央视"百家讲坛"主讲嘉宾。

焦峰 1990届高中毕业生。现居北京，资深媒体人，报纸和杂志主编。在校期间，担任第十、十一届学生会主席，创办投石文学社，主编《投石》报。

张会 1990届高中毕业生。主任护师，硕士生导师。现为安徽医科大学第四附属医院护理部主任，兼任安徽省健康服务业协会护理健康服务分会副秘书长、安徽省儿科护理联盟副理事长、安徽省内科护理专业委员会委员。2008年奔赴汶川抗震救灾一线，成为都江堰市荣誉市民。

卢新燕 1990届高中毕业生。苏州大学硕士，现为福州大学厦门工艺美术学院教授，服装系系主任，服装时尚艺术研究所所长，兼任福建省形象设计协会会长、服装设计师协会副会长。

朱国祥 1990届高中毕业生。中央民族大学博士，现为贵州民族大学文学院教授、硕士生导师，从事民族方言与非物质文化遗产研究。2012年获教育部、国务院学位委员会颁发的"优秀博士研究生学术新人奖"。

童朝会 1991届高中毕业生。现为中国佛学书画家协会会长、团中央中国青少年书法美术大赛总评委。自幼酷爱书法艺术，笔耕不辍，书法作品多次在海内外举办个展，参加联展。

张加好 1993届高中毕业生。现为小说家、评论家，出版《情逝韶华》等三部长篇小说，诗词楹联集《一抹烟云》及《加好说红楼》《加好说三国》等研究专著多部。

陆先付 1994届高中毕业生。现为惠州市新荣昌纱线厂总经理、鑫荣盛纺织有限公司总经理、东莞市锦煌纺织科技有限公司董事长，兼任广东省芜湖海联会（商会）常务副会长，惠州市芜湖海联分会会长。

童天勇 1996届初中毕业生。现任东莞市天后服饰有限公司董事长。

范鹏翅 1999届高中毕业生。现任上海顶利欣食品有限公司董事长。

潘荣存 1999届高中毕业生。现任上海顶利欣食品有限公司总经理。

钱之俊 2001届高中毕业生。安徽省作家协会会员，芜湖市宣传文化领域优秀人才，芜湖市骨干教师，无为市语文教研员，钱钟书研究专家。

周德风 2003届高中毕业生。现为广东省芜湖海联会（商会）常务理事，深圳市海盛威国际贸易有限公司总经理，深圳市宏烨科技有限公司总经理。

丁以发 2001届高中毕业生。现为世界跆拳道联盟品势、竞技国际级裁判员，黑带五段，国家社会体育指导员，中国跆拳道协会高级教练员，高级培训师，晋级晋段考官，巢湖学院客座教授。

丁小山 2005届初中毕业生。现为无为市开城镇商会副会长，芜湖河山建设工程有限公司董事长兼总经理。事业有成后，不忘回报社会，造福桑梓，热心参与扶贫事业和儿童福利事业，为抗洪抢险、抗击新冠肺炎疫情捐款捐物，出资建设家乡的河山大道、西九华景区上山坡道的栏杆和凉亭、羊山报国寺钟楼，为恢复千年古寺双泉寺捐款十多万元。

档案资料

《关于新建中学命名的令》

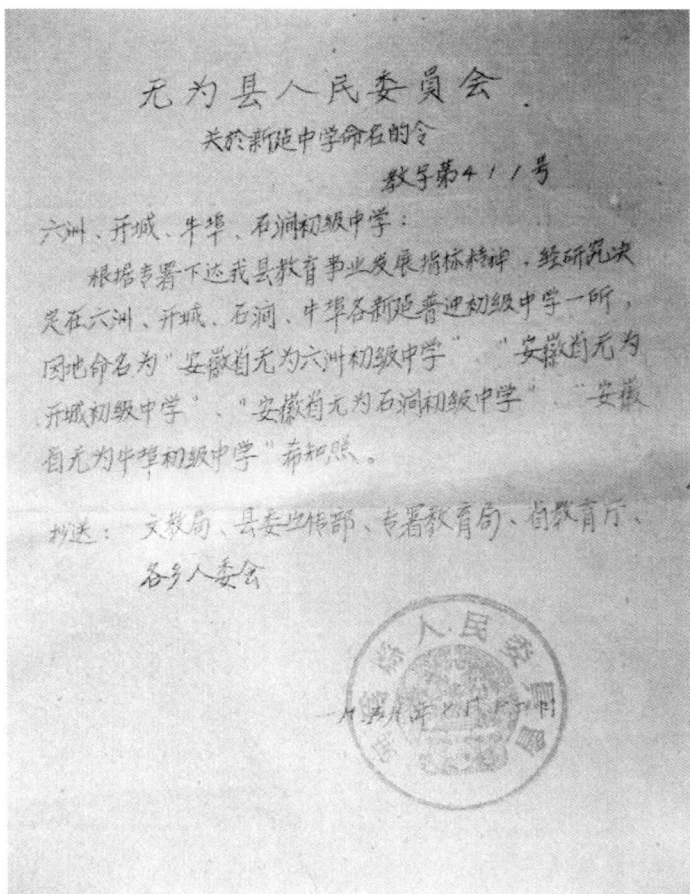

无为县人民委员会

关于新建中学命名的令

教字第411号

六洲、开城、牛埠、石涧初级中学：

根据专署下达我县教育事业发展指标精神，经研究决定在六洲、开城、石涧、牛埠各新建普通初级中学一所，因地命名为"安徽省无为六洲初级中学"、"安徽省无为开城初级中学"、"安徽省无为石涧初级中学"、"安徽省无为牛埠初级中学"。希知照。

抄送：文教局、县委宣传部、专署教育局、省教育厅、各乡人委会

档案资料

抓住机遇　加强管理
以创建促发展　以发展求生存
——无为开城中学创建市示范高中工作汇报

尊敬的各位领导、各位专家：

首先让我代表开城中学全体师生，热烈欢迎各位领导、各位专家莅临指导，对多年来一直关注我校发展的市、县领导表示衷心感谢。现就我校创建市示范高中的有关情况向各位领导和专家作以下汇报。

一、学校概况

开城中学始建于1959年6月，有50年的办学历史，现已经成为独立高中。目前，学校有25个教学班，在校生1300余人，教职工110人。校园占地面积60余亩（39999.6平方米），人均校园面积为33.3平方米，总建筑面积26893平方米，人均校舍面积为22.4平方米，绿化面积为2060平方米，人均占有绿地1.6平方米。布局合理。

近年来，学校发展迅速，办学条件有了极大的改善。现有两幢教学楼，一幢办公楼，一幢综合楼，两幢学生公寓楼和食堂（包括两个餐厅），五个理化生实验室都达到国家一类标准，三个微机室，一个语音室，五个多媒体教室和一个多功能厅及迅捷的局域网，各类藏书两万余册。现正筹建一座科技馆，扩大绿化面积，建设花园式学校，建设文化长廊，继续改善办公条件。

在办学过程中，我校始终坚持强化内功，强化管理，提高质量，超前发展，高考成绩稳中有升，2006、2007、2008连续三年荣获县高考本科达标奖，且名列前茅，2007年度获县教育局颁发的特长生培养奖，2008年度的特长生培养为全县第三名。获评省级教坛新星一人，教育硕士生一人，市、县级教学比赛获奖近20人，县级教学能手10人，在国家级、省级等各类刊物发表的论文有100余篇，省、市、县级立项课题有20项。撰写论文、交流论文获市、县奖的有350多篇。

二、建章立制，强化手段，精神文明之花常开

我校始终把学校的精神文明创建作为一项重要工作常抓不懈，把德育工作寓于精神文明创建之中，以德育促精神文明创建，以精神文明创建培育积极的德育工作氛围。我们开展精神文明创建，在思想上高度重视，行动上不断创新，内容上逐年深化，坚持把加强学生的养成教育，培养学生的文明行为习惯，提高全校师生的思想道德素质和学生的科学文化素质作为创建工作的重点。具体做法是：

第一，健全组织网络。形成党、政、工、团、关工委几位一体齐抓共管的创建格局，构成了由点（教学班）、线（班主任及任课教师——党支部、政教处及团委——学校德育及精神文明创建领导组）、面（学校全面工作）紧密相连，学校、社会、家庭三结合的"立体型"管理体系。学校成立了专门的精神文明创建与德育工作领导组，一个机构两块牌子，同时还建立了业余团校、家长学校、德育工作基地等。

第二，重视制度建设。精神文明创建和德育工作贵在持之以恒，重视建章立制，依靠规章制度来保证精神文明创建与德育工作常抓不懈。学校先后制定了《开城中学中学生一日常规》《开城中学班级量化考评细则》《开城中学文明班级评选办法》《开城中学文明学生评选办法》，特别是我们加强了班级工作的量化考评工作，使这些规章制度真正落到实处。

第三，改进工作方法。精神文明创建与德育工作的效果取决于所采

取的工作方法。在方法上必须常抓常新，不断改进，才能确保工作效果。我们的做法是：

1. 让每位教职工都动起来。学校积极营造全员抓精神文明创建、抓德育工作的氛围，要求"百分之百的教师既教书又育人"，每位教师必须把学校的精神文明创建与德育工作渗透到课堂教学中，写入备课笔记里。

2. 把标语牌立起来。学校在校园主干道、绿地、教学楼、综合楼门厅，悬挂或竖立了"校训""育人警语"等，还开辟了宣传橱窗。

3. 让爱国主义旗帜在学生心中升起来。每周一的升旗仪式，是全校最神圣的时刻，升国旗，唱国歌，倾听师生在国旗下的讲话，情操得到陶冶，灵魂得到升华。

4. 让集体主义观念在学生脑海里树起来。学校坚持班级管理量化考核评比，每年举办校园文化艺术节，以班为单位进行广播操比赛、拔河比赛、篮球赛、足球比赛、读书演讲比赛、歌咏比赛等，让学生树立良好的集体主义观念。

5. 让家长参与进来。学校把家庭教育纳入学校精神文明建设及德育工作之中，让家长参与到学校的德育工作与精神文明创建中来。开办家长学校，分年级办班，每学期活动一次，教师和家长互通信息，了解学生在学校和家中的表观，分析他们的性格特点，共同探讨教育方法，帮助他们健康成长。

第四，致力"三风"建设。校风、教风和学风是学校精神文明的组成部分，是学校德育工作效果的具体体现。

学校提出的"校风"是团结、奋进、求实、创新。"教风"是严格、扎实、准确、生动。"学风"是虚心踏实、刻苦钻研、一丝不苟、勇于探索。

"三风"建设首先从学校领导班子及广大党员抓起，要求领导班子及广大党员必须做到"六讲""六高""四不"，即讲政治，讲正气，讲学习，讲原则，讲奉献，讲团结；姿态高，风格高，学识高，思想境界高，工作水平高，服务热情高；不信谣传谣，不消极工作，不做有损学校形象的事，不把自己与一般群众相混淆。其次，抓教职工的思想道德建设，学校重视师德建设，除了例行每周一的政治学习，每周一全体教职工必须参加升旗仪式，要求教职工必须在理论水平上有所提高，思想认识上有所重视，工作作风上有所转变。最后，抓学生文明习惯养成教育，学校从学生文明行为抓起，逐步培养良好的文明习惯，通过文明班级、文明学生评选，加快学生文明习惯的养成，并实行"三好学生""优秀学生班干部""优秀团员"不文明行为一票否决。

由于领导重视，制度健全，措施得力，投入保证，精神文明创建工作不断地向纵深方向发展，取得了优异成绩。2007年，高三（5）班被评为巢湖市先进集体。2005年至今，学校先后有60多名同学被评为省、市级"三好学生""优秀学生班干部"及"优秀团员"。

我们认为：学校德育工作是学校精神文明建设一个重要方面，是全面实施素质教育的重中之重，是提高办学质量和推行素质教育的关键。我们始终坚持以创建文明单位为抓手，融德育于学校精神文明建设之中，建章立制，强化手段，有力地促进与推动了学校各项工作的蓬勃开展。

三、立足教学,重视科研,强力推进素质教育

实施素质教育，必须提高教师的素质，必须依赖课堂教学主渠道。我们立足教学常规，重视教育科研工作，树立科研兴校意识，有力地推进了素质教育的开展，学生素质普遍提高。

第一，常规教学扎实有效。我们在落实常规教学方面努力做到"五求"：

1.备课求"严"。提倡集体备课，以年级组为单位成立备课组，要求备课组做到"三定"（定内容，定中心发言人，定时间），"五统一"（统一进度，统一目标要求，统一重难点，统一练习题，统一单元测

试），"七备"（备目标，备学生，备教具，备教法，备学法，备作业，备课外辅导）。

2. 课堂求"实"。为了保证课堂教学效率，时刻要求教师努力做到"三个精心"（精心备课，精心组织课堂教学，精心教学反馈），"两个百分之百"（百分之百的教师挤尽课堂水分，提高课堂教学效率，百分之百的教师既教书又育人，共同做后进生的转化工作），"五个技能"（导入技能，讲课技能，提高技能，结束技能，板书技能）。

3. 辅导求"全"。要求教师在辅导学生时要求做到有全面性、针对性，因材施教，方法多样。特别提出抓中等生战略，落实后进生对象，加强后进生辅导。

4. 作业求"精"。要求每位教师做到"四个有"（有弹性，有效益，有反馈，有补救）。

5. 考风求"正"。考风不正，学风必不良，要求每考必加强考风建设。几年来，我们的常规教学管理成果得到见证，高考本科达线人数逐年提高，我们常规管理成绩也得到上级主管部门的充分肯定，先后获得"无为县教学贡献奖""无为县特长生培养奖"等殊荣。

第二，教育科研凸现特色。教学和教育科研始终是一对双胞胎。"教而不研，则教必失之于肤浅；研而不教，则研必失之于深晦。"充分调动教研组及全体教师的热情，让大家都参与到教学科研中来，学校还把教研培训列入每年寒暑假的教师全员培训的主要内容。我们制定了《开城中学教研成果奖惩制度》，规定凡撰写的教育教学教研论文发表或获奖，申报教研课题或课题研究取得成果（包括阶段性成果）都有相应的奖励，同时实行年度内无教研成果年终评优一票否决。近几年来，我校教研成果显著，不仅积极推动了学校教科研工作，使一些教师成为我县学科科研能手，学科带头人，还在学科课程与活动课程建设、教学改革等方面做出了很重要的贡献。几年来，全校教师在国家级、省级以上刊物先后发表各类教育教学论文100多篇，撰写论文、交流论文获市、县奖的篇数有350多篇。

第三，电化教育独树一帜。我校十分重视电化教育的发展，在现代教育技术的应用方面，走在全县的前列。我校电教中心有2个计算机室、1个阅览室、3个多媒体教室、1个64座语音室。近三年来，我们已经为高一、高二年级开齐了信息技术必修课程。我校单独组队代表学校参加全县信息技术比赛，取得团体总分第二名的好成绩。教师中有70%可以独立制作课件，并进行多媒体课堂教学，他们撰写的电教论文和制作的课件，多次在市、县获奖。现代教育技术的成功运用，使我校素质教育增添了强有力的一翼。

第四，研究性学习轰轰烈烈。学校注重新的课程计划的落实，不仅按要求开齐开足了高中阶段所有的必修课、选修课，还结合学校特点开设了心理健康课和时事政治课，按规定把"研究性学习"课程开设列入学校教改的重要内容。学校狠抓了教师培训、学生培训、学生课题申报指导、过程问题指导、研究成果展示工作的落实，学校制定了《开城中学研究性学习实施方案》，规定将教师指导研究性学习的有关资料装入教师业务档案，凡没有参与研究性学习学生课题指导工作的教师，在年终评优时一票否决。将学生的课题研究资料装入毕业生档案，凡没有进行课题研究的学生必须补齐这一课方能毕业。由于措施落实，奖惩明确，我校的研究性学习开展得轰轰烈烈，学生积极性高，收获大，真正做到了人人有课题，个个做研究。课堂教学是素质教育的主渠道，课程改革是素质教育的核心。素质教育是需要师生来共同推进的，教师的科研是教育教学改革的需要，学生的科研是改进学习方式的需要，而现代教育技术运用是占领教育制高点的需要。我们不仅在立足教学常规的基础上重视教师的科研，树立科研兴校意识，而且充分发挥现代教育技术手段的作用，在保证学科课程教学效果的基础上，大做"研究性学习"文章，有力地推进了素质教育的开展。

档案资料

四、明确目标，探索特色，创造立交办学模式

人要有个性，没有个性就缺少竞争力；学校要有特色，没有特色就缺少吸引力。针对过去长期停留在薄弱学校的层面上，学生文化课基础普遍较差的现实，明确办学目标，理清办学思路，大胆探索，认真实践，终于创造出一条既适合本校快速发展，也适合其他薄弱学校走出困境的办学之路。

我们的办学目标是："351"工程，即在三年内在领导班子素质、教师素质、学生素质、教研水平、办学质量五个方面有显著提高，创建市级示范高中。

办学指导思想：培养"合格+特长"的人，因材施教。

把学生素质、办学质量提高的落脚点放在走多层次立交办学之路上。学校不仅在艺术特色及青少年体育特色方面进行了有益的尝试，还在对普通班做特色文章上取得了一定的成果。

第一，艺术特色在全县颇具影响。特色教育的龙头是高中艺术特色。从2005年起步，开始创办美术特色班，现已形成一定的规模。现有美术特色班3个，学生160多人，2006、2007、2008年升入高等本科艺术院校的学生分别为15人、28人、31人，本科升学率均高于40%，而且在全国美术作品比赛中频频获奖。我们制定了美术特色班课程计划，开发了高中美术特色班教学讲义，规范教学，学生成绩稳步提高。

第二，青少年体育特色成绩显著。办学过程中，取得了显著成绩，在全县范围内产生了非常积极的影响。在全县中学生田径运动会上多人、多次打破县级记录。1999年10月在全县第五届田径运动会上获男子团体总分第一名、女子团体总分第六名。2002年9月在全县第八届田径运动会上获高中男子团体总分第四名。2004年10月在全县第九届田径运动会上获男子团体总分第一名、女子团体总分第三名。2006年10月在全县第十届田径运动会上获女子团体总分第一名。2007年12月在

全县"英博杯"越野长跑中，获团体总分第二名。2008年11月在全县第十一届田径运动会上，获高中女子团体总分第二名。

第三，特色教育思路不断创新。如何让普通班的学生也学有所长，是学校特色教育发展的关键之一。为此，学校在总结过去经验与教训的基础上，做了两方面的工作：一是积极抓好各类业余班专业训练工作，学校有围绕升学预备教育而成立的田径队，音乐业余班，高中美术业余班，文化课按普通班要求不放松，专业课利用业余时间训练；二是做好高二年级学生的分流工作，学生升入高二年级时，根据学生的志愿及专业特长，从普通班中再分流一个特长班，为更多的同学创造升学机会。近三年来，仅从普通班升入高等本科院校的学生就已经超过20人。有人算了一笔账，近几年如果不走特色教育这条路，起码有100人进不了大学大门，60人的体育天赋可能不会被发现，300人可能不会领略到成功的快乐。有位家长说，在其他学校是落榜生，在开城中学可能就是专科生、本科生，开城中学"挽救"了一批升学无望的学生，照亮了他们的人生道路。2002年2月，我校在全县完职中教育教学目标管理督导评估中，被评为"先进单位"。2007年9月获全县"特长生培养奖"，2008年为全县第三名。

每一个学生都能赢得未来，都有成才的潜能。学校教育应该是多样化的，学生的发展也应该多样化的，不求人人升学，但求个个成才。我校长期以来坚持以"合格+特长"为办学指导思想，在巩固普通高中教育成果的基础上，强调学生发展的个性化，注重办学特色，走多层次立交办学之路，选对了一条路子，换了一片天空。

五、加快培养，苦练内功，全面提高教师素质

"工欲善其事，必先利其器"，学校教学质量、学校知名度的提升，都在于要有一支高素质的教师队伍。历年来我校十分重视教师队伍建设，特别是加快了青年教师的培养步伐。

第一，措施得力。

1. 压担子。委以重任，让年轻教师从起始年级开始"一竿子插到底"，学校虽然承担风险，但教师承受住了压力，成才速度明显加快。

2. 搭台子。学校通过积极开展各种练师活动，开展多媒体辅助教学展示等，给青年教师搭建展示各种教学技能的舞台。

3. 做样子。学校一批名师在教育、教学、教研诸方面不断提高自己，为青年教师树立学习的榜样。

4. 引路子。对有培养前途的教师在发展方向上，制定专门的培养目标和培训计划，采取集中培训与个别辅导相结合的方法，使一些青年教师尽快脱颖而出。

5. 架梯子。我校有一批中老年教师甘为人梯，通过传帮带等形式，积极帮助青年教师解决教育、教学、教研中遇到的困难,学校也创造一切机会让教师参加各种培训和进修。

6. 立柱子。我校注重青年教师培养的面，通过培养，使各门类各学科都有拿得起放得下的台柱子，并通过关心、支持、奖励等手段让根根柱子都得劲。

第二，方法有效。

1. 制定培养目标。首先，制定实施培养青年教师的"136计划"，即要求青年教师必须一年适应，三年出成绩，六年成名师。

2. 强化培养手段。教师的培养必须想点子，设法子，要有具体的措施保证目标、计划的实现。每年我们都要召开一次新老教师"导师制"工作会议，老教师谈经验，青年教师虚心拜师求教，领导提出恳切要求；每年我们都要例行开展青年教师基本功比赛，切实打好教学基本功。

3. 注重师德建设。每位教职工都要围绕"管理育人，教书育人，服务育人"做出一个庄严承诺存入个人业务档案。

4. 通过多种途径不断提高教师的专业水平及业务能力，80%的教师参加了继续教育，近三年有100多人次走出校门参加各种研讨会、培训会。

目前，学校青年教师培养初见成效，一支奉献意识强，科研能力棒，思想觉悟高，业务素质好，职业道德高尚的教师队伍，已经形成，为素质教育的全面实施提供了根本保证。

六、科学决策，明确职责，不断优化管理手段

管理出质量，管理出效益，没有严格的管理，就没有不断提高的办学水平。我校建立了有效的党支部监督和教代会民主管理下的校长负责制。

第一，建立有效的管理制度。制度管理是学校进行科学规范管理的前提，是实施民主管理的基础。大量实践证明，管理制度越健全，执行制度越严格，学校的教育行为就越规范、越科学、越有秩序。近年来建立了比较系统的管理制度，如《领导班子述职制度》《校务公开制度》《开城中学班级量化考核制度》《开城中学人事制度改革实施方案》《财务审批制度》《经费预决算制度》《购物申报制度》《公物管理制度》等。

第二，实施目标管理。实施目标管理是充分发挥人力资源的有效手段。学校提出了三年的奋斗目标，并把目标分解到每个部门、每位教师，特别是把创建市示范高中作为目标管理的落脚点，取得了显著成效，不仅极大提高了教职工的凝聚力，调动了广大教职工的积极性，而且随着各个子目标的实现，引起了社会广泛关注及高度评价。

第三，实行民主管理。学校每年召开一次教代会，审议学校工作报告，通过学校的重大决策，评议学校领导班子，制定各种规章制度等。由于职代会广泛参与学校的管理，不仅增强了学校决策的科学性，而且还充分调动了广大教职工参政议政的积极性、主动性。

档案资料

七、把握现在，展望未来，前途光明

把握现在，就不会忘记昨天，就会对明天充满信心。开城中学虽然离市示范高中的高标准要求还有一定的距离，但我们会珍惜今天来之不易的成绩，把握好现在，我们会对未来充满信心，也会紧紧抓住即将到来的一个又一个机遇。

第一，超前谋划，加快发展。要使学校有较大的发展空间，必须超前谋划。

1.抓紧制定《开城中学发展规划》，为下一阶段发展勾画宏伟的蓝图。

2.修改与完善《开城中学特色教育发展规划》，进一步推进特色教育的健康发展。

3.在拓展特色教育的空间上做文章，在保证美术特色龙头的基础上，逐步将特色教育的空间拓展到高中体育、音乐、计算机及英语等学科。

4.在特色班的课程建设上下功夫，在正确处理好文化课与专业课的课程设置关系，专业课内的学科时间分配等方面下大气力，争取在一两年内取得成果。

5.在教学改革上动脑筋，继续开设心理健康课和时事政治课，开好研究性学习课程，积极探索语文、英语教学改革的新路子。

第二，面对现实，正视自我。我校是从一个薄弱学校的基础上发展起来的，虽然巨大发展变化是有目共睹的事实，但由于办学规模的急剧扩大，带来了一系列亟待解决的问题。

1.学校的管理需要进一步加强，管理手段、管理水平和管理效益要与学校的办学规模要同步提高。

2.学校的教师队伍建设任务仍然十分艰巨，学校虽然拥有一批名师，但教师队伍结构不合理，中高级职称的教师明显偏少，生师比过大，一方面影响正常的教学秩序，另一方面也有悖于教育主管部门的有关规定，必须尽早给予解决。

3.学生基础普遍较差，素质参差不齐，学校需要做大量的工作，教师更要做扎实的工作，确保不让一个学生掉队，让每一个学生都能顺利踏上成才之路。我们认为这些问题都是学校发展过程中出现的问题，也只有通过发展来解决，也一定有能力解决这些问题。

我们认为，发展是目标，创新是动力，质量是生命，稳定是保证，只有与时俱进，不断创新，不断发展，狠抓教育教学质量，维护学校的稳定，学校才能永远立于不败之地。学校的发展历程已经向人们揭示，只要有付出，一定就会有收获。人们有理由相信，经过大家的努力，开城中学一定能办成一所巢湖市一流，全省知名的特色市示范高中！

谢谢大家！

章金罗

档案资料

致开城中学历届校友

校友们：

大家好！

无为县人民政府办公室转发的《开城中学、大江中学撤并调整实施方案》，即政办〔2018〕17号文件决定："自2017年起，开城中学、大江中学高一停止招生，三年过渡，至2019年，撤销大江中学、开城中学普通高中建制，高中停办……"今年，随着最后一届高中毕业生离校，开城中学将从无为教育的历史长河中消失。

开城中学创办于1959年，到2019年，整整存在60周年。从最初的初级中学发展到完全中学，再到独立高中，最后成为巢湖市示范高中，前后培养了近90届初、高中毕业生，毕业生总数15000余人，其中精英人才数以百计，为无为县教育事业做出了积极贡献，为祖国各条战线培养了大批建设者。开城中学虽将不复存在，但她曾经有过的辉煌，为祖国社会主义事业所做的贡献，却是不应该被遗忘的。

为了给我县保留一份珍贵的教育史料，为了给开城中学广大校友保存一段亲切美好的记忆，学校决定按照老校长潘恒俊的创意，编写一部安徽省无为开城中学简明校史，定名为《开城中学六十年》，主要包括以下几个部分：序言，校史沿革，师生名录，往事回眸，档案资料，后记。

这是一项浩繁的工程，是一个严肃、细致的工作。为确保该书的质量，争取在较短时间内编成付梓，已于今年四月成立"开城中学校史编委会"。其组成情况如下：

主　　任：潘恒俊

副　主　任：章金罗　程荷生　周　勇　周鉴明　赵同峰　班风顺

下设：

一、顾问组：

王惠舟　范先白　蒋克钊　童朝胜

二、编辑组：

总　　编：潘恒俊

副　总　编：章金罗

编　　委：周　勇　赵同峰　徐先挺　耿松林　童毅之　伍开卯
　　　　　钱之俊

通讯编委：杨正方　俞佳培　孔祥迎　丁毅信　谢士棠　焦　峰
　　　　　张家好

三、编务组：

班风顺　耿业定　周德平　周春林　包晓兵　张晓凤　周丹慧
董　俊　各届校友群主（略）

四、财务组：

财务主管：程荷生

会　　计：张光荣

我们将秉持"尊重历史、服务社会、传递正能量"的宗旨，尽最大努力编好这部简明校史。殷切希望我校历届校友，从以下几个方面给予大力支持：

一、各校友群积极宣传编写简明校史的意义和编辑动态，及时转发编辑组陆续公布的学校资料和相关文稿，以便广大校友校对、纠错、提出修改意见；

二、提供个人所保存的资料、照片和相关信息；

三、撰写回忆录，重现当年情境，丰富简明校史的内容；

四、推荐精英校友人选；

档案资料

五、在力所能及的前提下，给予资金支持。

我们已在农业银行开城支行建立"开城中学校史编委会"专用账号：6230521990021892871。校友自愿捐赠，以 100 元为起点，不设上限。已建立严格的财务管理制度，确保专款专用，杜绝一切不合理开支。校友捐赠款到账后，即在校史群公布，开支做到账据齐全，最后结算，接受监督和质询。

《开城中学六十年》成书后，免费赠送校友，并赠送县委宣传部、开城镇政府、教育局、档案馆、图书馆及兄弟学校，永久收藏。

安徽省无为开城中学

开城中学校史编委会

二〇一九年五月一日

关于保留开城中学校牌的报告

市教育局：

  "安徽省无为县开城中学"虽已于二〇一九年撤销建制，不复存在，但它在无为县教育史上整整屹立六十周年，曾是一所享誉开城，在全县颇具影响的完全中学，是巢湖市示范高中，进入全县名校行列。开城中学在它存续的六十年中，前后培养了近九十届初、高中毕业生，总数一万伍千多人，为祖国的社会主义建设培养了大量人才，为改变开城及周边地区文化生态，为提高开城人民的文化素养，作出了不可磨灭的贡献！它的名字、它的辉煌业绩，将长久地留在广大开城人民和莘莘学子心中。开城中学的校史无疑是开城这座千年古镇的文化教育史的重要组成部分，因此，作为开城中学标志的校牌就有了永久保存的必要。它会告诉后人：开城镇曾经有一所完全中学，这所中学就在这里。这就是它存在的价值！开城中学校牌将成为开城镇的重要文化遗存，而且年代愈久，它的历史价值将会更加突显。

  校门门楣上"安徽省无为开城中学"校名，是无为人民衷心爱戴的张恺帆先生于一九八三年十一月题写的。张恺老不仅是革命老前辈，也是著名的书法家，他的书法作品曾受到毛主席的赞赏。张恺老早已作古，他的手迹更显珍贵！在千年古镇上保留他题写的校名，将会增加古镇的文化品位，具有特殊的意义。

  开城中学校园整体移交给了开城小学，开城小学搬来之后，已在原开中校门后边新建了校门，两边构建栏杆，把开城小学校区与原开城中学教工住宅楼完全隔开，位于原开城中学住宅楼门楣上的开城中学校名标牌与开城小学大门之间的距离约二十米，不影响开城小学立校牌。

　　基于以上理由，我们请求保留"安徽省无为开城中学"校牌，并申请作历史文物保护，不留遗憾！

安徽省无为开城中学留守组

开城中学校史编委会

二〇二〇年元月六日

开城中学校史编委会会议纪要

为积极推进开城中学校史编撰印制发行工作，2020年10月17至18日，开城中学校史编委会在无为市无为宾馆举行了第二次会议。出席会议的人员有：原无为县教委主任王惠舟，原开城中学校长潘恒俊、章金罗，原开城中学教导处主任程荷生、周勇，政教处主任耿业定、包晓兵，校友孔祥迎、丁毅信、周鉴明、赵同峰、钱扬宏、班凤顺、周德平、耿松林、徐先挺、童毅之、伍开卯、周春林、赵行昌、董俊，特邀代表张晓凤。会议由潘恒俊校长主持。

会议就校史编撰的现实意义和历史意义、体例和书名、文字资料修订、"知名教师"及"资深教师"荣誉称号设置、"优秀校友"评定标准、资金筹措途径、校史出版发行及编委会成员具体分工等问题进行了认真讨论和研究。现将会议主要内容及决议纪要如下。

一、会议一致认为，开城中学是永安河畔的一座教育丰碑，是开中人的精神家园，是无为市、安徽省乃至我国农村中学的一个缩影。编撰开城中学校史填补了无为教育史的一项空白，保留了丰富的乡村教育发展史料，承载了广大师生的美好记忆，记录了万千开中人在艰苦条件下创业求知、昂扬奋进的精神，意义重大。

二、会议决定，开城中学校史出版物定名为《开城中学六十年》，内容主要有校史沿革、往事回眸、师生名录、档案资料几个部分，另有序言、后记和多幅历史照片。

三、会议对编委会成员进行了明确分工：（一）校史修订工作，由

档案资料

潘恒俊负责，孔祥迎、丁毅信、耿松林、童毅之协助。（二）历届校友名单校对工作，由周勇负责，周丹慧协助。（三）"优秀校友"征集工作，高中部由章金罗负责，包晓兵协助，初中部由周德平负责，董俊协助。（四）经费筹措工作，由赵同峰、班风顺共同负责。（五）首发式和联欢会策划及议程安排，由周鉴明负责，周春林、童毅之协助。

会议强调，五项工作分工明确，责任到人，各小组必须加大工作力度，齐头并进，确保校史编写质量和出版、发行任务按时完成。

四、会议决定授予部分师生荣誉称号。（一）授予郑养法、季涛两位老师"知名教师"荣誉称号。（二）授予在开城中学执教三十年及以上教师"资深教师"荣誉称号。（三）授予部分校友"优秀校友"荣誉称号。

会议认为，评选"优秀校友"是一件复杂而又严肃的工作，必须公平公正。希望全体校友广泛参与，积极推介备选对象，提供翔实的个人资料，最后由评审组公正评定，力争不留遗憾。

五、继续征集高、初中毕业班的毕业合影照片，继续欢迎校友撰写开中校园生活的回忆文章。校史出版在即，截稿时间：2020年11月20日。

六、会议决定经费筹措的主要途径是校友捐赠及地方政府人力物力支持。

七、会议决定，《开城中学六十年》印制5000册，外地出席首发式需要住宿的校友规模为300人左右。首发式时间暂定为2021年4月6日，分上下两场进行：6日上午10时整，在开城中学原址举行《开城中学六十年》首发式，具体会务工作由校史编委会会务组主办，开城镇政府协办（包括会场布置、安全保障、车辆接送、节目演出等）。6日17时整，在无为宾馆举行师生校友大联欢，联欢会由编委会会务组主办，1972届毕业班校友协办，其他校友配合。

此外，会议还研究讨论了涉及校史编撰发行的其他问题。最后，会议要求编委会全体成员加大宣传力度，加强校友联络，最大限度争取地方政府和开中校友对校史编撰发行工作的支持，以扩大社会影响，传承千年古镇文脉，寄托万千学子心愿，启迪新时期乡镇教育。

　　本纪要由周春林记录整理。

二〇二〇年十月十九日

关于《开城中学六十年》校史
编纂等工作的通知

开城中学历届校友：

开城中学始建于1959年，因教育行政区域调整，于2019年撤销。60年间开城中学为社会培养了15000余名学生，他们活跃在祖国的各条战线，为国家的建设和发展作出了积极贡献。

为扩大社会影响，寄托学子心愿，传承古镇文脉，启迪乡镇教育，潘恒俊老校长自2019年初牵头成立开城中学校史编委会，着手校史编撰工作。此项工作填补了无为教育史一项空白，保留了丰富的乡村教育发展史料，承载了广大师生的美好记忆，记录了万千开中人创业求知、昂扬奋进的精神，意义重大。

为积极推进校史编撰工作，2020年10月17至18日，开城中学校史编委会在无为市无为宾馆举行了第二次会议。会议就校史编撰的现实意义和历史意义、体例和书名、文字资料修订、资金筹措途径、校史出版发行及编委会成员具体分工等问题进行了认真讨论和研究。会议决定，开城中学校史出版物定名为《开城中学六十年》。会议将编委会成员分成五组，明确了负责人，要求各组，加大力度，齐头并进，确保校史编写质量和按时完成。

会议决定，《开城中学六十年》印制5000册，首发式时间暂定2021年4月6日，分上下两场进行：2021年4月6日上午10时整，在开城中学原址举行校史首发式；17时，在无为宾馆举行师生校友联欢会。

截至2020年11月10日，校史编委会已收到数十篇校友文稿，文稿截止时间为2020年11月20日，之后的文稿将无法收入校史。目前，校友捐款正在火热进行中，已收到捐款203106元，捐款公共账号：中国农业银行开城支行，6230521990021892871，户名：潘恒俊。

校史出版在即，离首发式也只有五个月，请收到通知的历届校友积极参与，大力支持，并通过您的微信同学圈、朋友圈或电话，相互转告，以最大范围通知到各届校友。

特此通知。

开城中学校史编委会

二〇二〇年十一月十日

档案资料

关于再次核对师生名单的通知

开城中学全体师生：

大家好！

开城中学在她存在的六十年里，共培养初、高中各届毕业生15000多人，先后在开城中学工作过的教工亦有数百人。这些学生和教工的名单，是正在编写的校史《开城中学六十年》的重要组成部分。准确辑录这份名单，一直是编委会致力追求的目标。

因为学籍档案的残缺不全，呈献给大家的这份《师生名录》，是不少人经过艰难搜寻、辛苦抄录、几经校对才整理出来的，但其中的错误很多，或漏登姓名，或将名字写错，或将同学届别弄错。今年4月，我们曾将这份名单在校史群、校友群公布，在大家的帮助下，纠正了几百处错误。但那次宣传不到位，名单传播不广泛，很多人都未看到，因此仍有很多错误未得到改正。现在再次公布这份《师生名录》，希望看到它的老师、同学认真校对纠错，并及时转发到所有校友群，动员广大师生都来参加校对工作。拜托！

亲爱的全体老师、校友们，校史即将付印，故此次校对是最后的纠错机会，若错过，就无法补救了！

请大家都来参加师生名单的校对和纠错吧，争取不留历史遗憾！

开城中学校史编委会

二〇二〇年十一月二十四日

后　记

　　从 1964 年自来安县调回故乡无为，到 2004 年移居合肥市，我在开城中学连续工作生活了 40 年。退休前的三十三度春秋，我一直耕耘在教学一线，年复一年，把一批批童稚未脱、活泼天真的少年迎进校园，又把一批批意气风发、怀揣梦想的青年送出校门，走向高等学府，走向广阔的天地。我见证他们的成长，分享他们的快乐，为他们走上成才之路奉献自己的青春和汗水。自 1978 年起，我参与学校教学管理工作，1983 年走上学校领导岗位，直到 1997 年。在十几年的时间里，我和我的团队为改善办学条件，为提高教育教学质量和管理水平，为学校的不断发展而夙兴夜寐、殚精竭虑。因此，我对开城中学的感情是不言而喻的。

　　近年来，全县高级中学布局大调整。早在我校之前，已有石涧中学、陡沟中学、蜀山中学、牛埠中学等四所学校停办，2019 年，开城中学、大江中学也撤销建制，不复存在。这是地方政府着眼全局而作出的重大决策，相信政府会更合理地配置教育资源，这一决策也将更有利于全县中等教育的发展。但是，面对为之奋斗数十年、几乎奉献毕生心血的学校突然消失，就个人情感而言，仍然是怅然若失的。这些在无为大地上曾轰轰烈烈地存在了半个多世纪的完全中学，就这样无声无息地消失，没有一点历史回音，再过若干年，人们将不再记得它们曾经的存在。对此，我总觉得是一种遗憾，于是萌生了编写开城中学校史的想法，并着手写了若干篇带有史料性质的回忆文章。在此后一年多时间里，我数次应邀参加校友聚会。在这些聚会上，我公开了编纂校史的设想，得到绝大多数校友的热烈支持，他们纷纷献计献策，并表示愿意出钱出力助我编好校史，因此我信心大增。

2019年4月，我就校史编纂的相关问题，与程荷生、耿业定、周勇等老同事及校友班风顺、赵同峰、周鉴明、徐先挺、耿松林、童毅之、钱之俊、周春林等协商，并征求原县教委主任王惠舟意见，大家一致认为：编写一部乡村中学校史，填补我县乡村教育史空白，传承开城千年古镇文脉，保留特定年代的教育史料，承载万千开城中学师生的美好记忆，是一件大好事！建议尽快组建编辑队伍，趁学校还在，校产、档案尚未移交的有利时机，抓紧启动编纂工作。班风顺当即捐款2万元作为启动资金。

经过数天酝酿和协商，2019年4月28日，"开城中学校史编委会"正式成立，刻制了专用印章，在中国农业银行开城支行建立了专用账号。5月1日发出《致开城中学历届校友》公开信，宣布校史编纂工作正式开始，号召广大校友予以大力支持。紧接着，特聘编委张晓风（巢湖市摄影家协会主席），率领数名专业摄影师，带着相机和航拍器来到开城中学，完整地拍摄了校容校貌。公开信和影像资料在网上发表后，全国各地校友反响热烈，纷纷来信来电表示支持，点击收看影像资料超过3万次，可见莘莘学子对母校的怀念和关心。

应当编写一部怎样的校史？开始大家意见并不完全一致。讨论时，童毅之提供巢湖一中、徽州师范等校的几种校史范本，供大家参考。经过深入研讨达成共识：校史定名为《开城中学六十年》；它不是严格意义上的编年史，但必须清晰地反映学校从创办到发展、再到停办的变化轨迹；既保留丰富的教育史料，又不是单纯的史料汇编，它用生动的校园生活的方方面面，展示生活于其中的不同时期师生的精神风貌，从而使校史充实而丰满。

校史编纂工作启动以来，得到众多校友的支持、参与和资助，截至2021年3月，校友提供各届毕业合影照片140多幅，其中童朝阳一人提